16	3	2	13
5	10	11	8
9	6	7	12
4	15	14	1

Arlete Cavaliere

TEATRO RUSSO
Percurso para um estudo da paródia e do grotesco

Edição revista e ampliada

editora■34

EDITORA 34

Editora 34 Ltda.
Rua Hungria, 592 Jardim Europa CEP 01455-000
São Paulo - SP Brasil Tel/Fax (11) 3811-6777 www.editora34.com.br

Copyright © Editora 34 Ltda., 2024
Teatro russo © Arlete Cavaliere, 2009/2024

A FOTOCÓPIA DE QUALQUER FOLHA DESTE LIVRO É ILEGAL E CONFIGURA UMA APROPRIAÇÃO INDEVIDA DOS DIREITOS INTELECTUAIS E PATRIMONIAIS DO AUTOR.

Esta coletânea de ensaios foi publicada originalmente pela editora Humanitas, da Universidade de São Paulo, em 2009.
O capítulo "Vladímir Sorókin e os dilemas da cena russa contemporânea" foi escrito especialmente para esta edição.

Imagem da capa:
Vladímir Maiakóvski, Janela ROSTA, *1920, litografia a cores s/ papel, 53 x 71 cm (detalhe)*

Capa, projeto gráfico e editoração eletrônica:
Franciosi & Malta Produção Gráfica

Tratamento das imagens:
Cynthia Cruttenden

Revisão:
Danilo Hora, Fábio Furtado

1ª Edição - 2024

CIP - Brasil. Catalogação-na-Fonte
(Sindicato Nacional dos Editores de Livros, RJ, Brasil)

C376t Cavaliere, Arlete
Teatro russo: percurso para um estudo da paródia e do grotesco / Arlete Cavaliere. — São Paulo: Editora 34, 2024 (1ª Edição).
384 p.

ISBN 978-65-5525-193-7

1. Teatro russo - História e crítica. 2. Paródia. 3. Grotesco. 4. Autores russos. I. Título.

CDD - 792.01

TEATRO RUSSO
Percurso para um estudo da paródia e do grotesco

Comicidade e riso: do princípio aos fins 9

Parte I
A TRAMA DO RISO NO TEATRO DE GÓGOL: A INVENÇÃO DO TRAJETO

O inspetor geral e o espelho invertido 37
Os jogadores: a mascarada do jogo 81
O verso e o reverso do amor 109
Gógol, teórico do teatro:
À saída do teatro...
e *Desenlace de O inspetor geral* 147

Parte II
O RISO NA TRAMA DO TEATRO RUSSO: OUTROS ITINERÁRIOS

Tchekhov: da farsa ao drama 197
O simbolismo no teatro russo
nos inícios do século XX:
faces e contrafaces 243
O teatro de Maiakóvski: mistério ou bufo? 283
Vladímir Sorókin
e os dilemas da cena russa contemporânea 337

Referências bibliográficas 369

Sobre a autora 383

Dedico este trabalho a Aurora Fornoni Bernardini, com quem aprendi que nós somos o que fazemos repetidamente.

"A excelência não é um feito, é um hábito."

Aristóteles

A Pascal agradeço o templo iluminado.

"Todo escritor cria os seus precursores. A sua obra modifica a nossa concepção do passado, tal como modificará o futuro."

Jorge Luis Borges

Comicidade e riso: do princípio aos fins

"E que seja tida por nós como falsa toda verdade que não acolheu nenhuma gargalhada."

Friedrich Nietzsche

A coletânea de ensaios aqui apresentada procura, como indica o título, seguir os rastros de um percurso para o estudo do teatro russo, apoiado, sobretudo, em duas linhas de força determinantes para a manifestação do riso e da comicidade: a paródia e o grotesco.

As reflexões que integram cada um dos ensaios deste estudo guiam-se, porém, mais pelo exame (e consequente análise) da natureza e função dessas duas categorias estéticas na estruturação artística de determinados fenômenos do teatro russo (texto e espetáculo) do que propriamente pela comprovação de uma dada teoria sobre elas que pudesse fundamentar *a priori* a escolha do objeto de estudo e o caminho percorrido.

Foi, ao contrário, o próprio percurso que indicou o itinerário a seguir. O foco analítico, centrado em textos e autores teatrais de diferentes épocas da história do teatro russo (vinculados, de algum modo, a formas do riso e da comicidade) revelou, por meio do exame das especificidades e diferenças estéticas detectadas, algumas intersecções e analogias estruturais capazes de oferecer ao "olhar crítico" um mesmo substrato estético, artístico e cultural atinente aos procedimentos da paródia e do grotesco. O material teatral estudado, portanto, fez o apelo teórico, e não vice-versa.

É nesse sentido que a paródia e o grotesco surgem como chaves teóricas explicativas e integradoras, surgidas dos pontos de contato e dos entre-lugares, responsáveis estes pela instauração de uma espécie de diálogo subliminar do risível, operante nos fatos teatrais estudados.

Em consequência, tem-se como resultado um diálogo crítico-teórico entre os ensaios, nascido no decorrer do percurso analítico e não estabelecido de antemão como condição de análise. A ressonância estética e histórico-cultural surgida entre os textos analisados encaminhou, afinal, os elos explícitos ou implícitos entre os ensaios. É este processo que interessa aqui observar.

Ao perseguir as relações dialógicas operantes (também de forma crítico-intratextual) para um estudo do riso no teatro russo, este trabalho, embora se proponha a uma possível integração de cunho semiótico com o universo da cultura russa, certamente não pretende ser conclusivo ou totalizante. Revelaram-se muitas pistas, algumas mais insidiosas do que outras. Por isso, talvez a ousadia analítica tenha se limitado aqui às evidências, deixando o processo analítico aberto para a inclusão ulterior, decerto incessante, de outras vozes (outros textos, autores e encenadores), cujo viés risível, de matiz paródico ou grotesco, venha a constituir novos itinerários a ser desvendados a partir do percurso central.

Por outro lado, é possível considerar que os textos e autores analisados nesta coletânea constituem, a meu ver, células essenciais, nuanças de um organismo teatral russo articulado segundo as leis do riso e da comicidade, de acordo com o foco analítico aqui proposto.

Verificou-se, assim, que toda a cosmogonia artística da obra de Gógol, tomando aqui o seu teatro como referência exemplar, constitui, sem dúvida alguma, a gênese matricial de uma forma de teatralidade construída por meio dos diferentes movimentos da paródia e do grotesco, os quais se fazem reverberar em certa dramaturgia e em diferentes manifestações cênicas e artísticas russas.

A primeira parte desta coletânea, por isso mesmo, está consagrada inteiramente à dramaturgia e às ideias teatrais de Gógol e procura, em certa medida, lançar as bases teóricas e metodológicas sobre as quais se assenta a análise dos outros textos dramáticos que integram a segunda parte do estudo reflexivo. Tchekhov, Blok e Maiakóvski comparecem, assim, de modo transversal, neste diálogo crítico proposto pelo estudo preliminar do teatro gogoliano.

Ora, essa leitura que se propõe integrativa dos diferentes autores analisados não pode se eximir, já de início, de uma reflexão sobre o riso no desenvolvimento da história do teatro e da comédia russa que leve em conta o papel da comicidade e do riso na cultura russa.

Além da teoria de Mikhail Bakhtin[1] sobre o "mundo do riso" e a "cultura cômica popular", outros dois teóricos russos, menos estudados entre nós,[2] também se debruçaram sobre a questão da comicidade no universo da cultura russa. D. S. Likhatchóv e A. M. Pantchenko, assim como Bakhtin, empreenderam um vasto estudo sobre o riso e a comicidade no âmbito da cultura russa medieval.[3]

A obra desses dois autores traz um exame exaustivo da finalidade do riso no mundo medieval russo, por meio de análises agudas de vários textos, examinados, porém, não como textos em si, mas como parte de uma determinada cultura e indissoluvelmente ligados a um determinado comportamento. Esse comportamento

---

[1] M. Bakhtin, *Tvórtchestvo François Rabelais i naródnaia cultura sriednieviekóvia i renessansa* (*A obra de François Rabelais e a cultura popular da Idade Média e do Renascimento*), Moscou, Khudójestvennaia Literatura, 1965 (ed. bras.: *A cultura popular na Idade Média e no Renascimento: o contexto de François Rabelais*, São Paulo, Hucitec/UnB, 1987). Cf. também M. Bakhtin, "Rabelais i Gógol: iskússtvo slóva i naródnaia smekhaváia Kul'túra" ("Rabelais e Gógol: arte do discurso e cultura cômica popular"), em *Vopróssi literatúrii i estétiki* (*Questões de literatura e de estética*), Moscou, Khudójestvennaia Literatura, 1975 (ed. bras.: *Questões de literatura e de estética*, São Paulo, Hucitec/Unesp, 1988).

[2] Boris Schnaiderman apontou, pela primeira vez entre nós, a importância dos teóricos russos em um artigo de sua autoria, "Paródia e mundo do riso", publicado na revista *Tempo Brasileiro*, n° 62, jul.-set. de 1980, inteiramente dedicada ao estudo da paródia. Também faz referência a eles no prefácio à edição brasileira do livro de Vladímir Propp, *Comicidade e riso*, São Paulo, Ática, 1992.

[3] Conforme nos informa Boris Schnaiderman, D. S. Likhatchóv e A. M. Pantchenko publicaram *"O mundo do riso" na Rússia antiga* (*"Smiekhovói mir" drévnei Russi*, Leningrado, Naúka, 1976) e, em 1984, os autores, em colaboração com N. V. Ponyrko, apresentaram uma ampliação deste mesmo livro, com novo título, *O riso na Rússia antiga* (*Smiékh v drévnei Russi*, Leningrado, Naúka), acrescido de uma coletânea de textos cômicos da Rússia antiga. As citações que aqui se seguem integram esta última versão da obra dos autores russos que me foi cedida por Boris Schnaiderman.

é examinado em função de um largo contexto, pois possui sua gramática, sua estilística e seus gêneros.

Dessa forma, o objeto de estudo dos teóricos russos é a cultura enquanto tal, com sua tradição literária, seus hábitos de linguagem, seus gestos e todo o seu cotidiano. É nesse sentido que aparecem associados inúmeros problemas referentes a uma concepção de mundo que forma, afinal, um determinado universo cultural e ideológico. Os fatos da cultura russa medieval conformam, portanto, aquilo que Likhatchóv e Pantchenko denominam "mundo do riso".

Os estudiosos abordam a questão do humor, sobretudo no âmbito da tradição popular e da concepção do riso como um dos elementos essenciais para uma compreensão não apenas da natureza do homem em si mesmo, mas também da relação íntima entre o riso e os fatos de uma dada cultura como um todo, particularmente os fatos da linguagem, da literatura e da arte em geral.

Já é suficientemente conhecida a noção bakhtiniana atinente ao riso popular, e que, em certa medida, é também a de Likhatchóv e Pantchenko, segundo a qual existe uma cultura popular que resiste muitas vezes à cultura oficial e produz o seu ponto de vista particular sobre o mundo e suas próprias formas de expressá-lo.

Segundo Bakhtin, a crítica literária e a estética partem em geral de manifestações estreitas e empobrecidas da arte cômica, e tentam encaixar o riso e o cômico em concepções restritas e limitadoras. O aspecto do autêntico riso festivo popular acentua, assim, uma cosmovisão desagregadora e cômica do mundo. Em virtude de sua própria natureza popular, insubmissa e contestadora, o riso pode abolir todas as hierarquias éticas e sociais. O riso é, segundo essa ótica, por sua própria natureza, politicamente anarquista.

Likhatchóv e Pantchenko acentuam o aspecto de irreverência próprio ao riso e à comicidade, vinculando-o à criação de uma espécie de antimundo em oposição ao mundo oficial, regulamentado e organizado. A paródia é destacada pelos teóricos como um dos elementos característicos da tradição histórica e cultural russas, bem como um procedimento essencial para marcar a oposição entre o sério e o cômico, entre o cômico e o trágico.

Os estudiosos afirmam:

"O mundo do riso" é, ao mesmo tempo, completo e incompleto; apresenta-se como um sistema em si, mas apenas como uma parte de um sistema mais amplo. Por um lado, o mundo do riso constitui um sistema íntegro que pode ser descrito e caracterizado, por outro, esse sistema dependente e incompleto exige o seu estudo como parte da cultura de seu tempo. [...] O riso exige um meio, como nenhuma das outras formas de atividade humana. Assim, o riso depende de todo um ambiente, dos pontos de vista e das representações dominantes neste meio, ele exige os seus cúmplices. Ele tende a ser um padrão para a interpretação do mundo.[4]

E ainda:

Exteriormente, em sua camada superficial, o riso deforma intencionalmente o mundo, faz experimentos com ele, priva o mundo de explicações racionais e ligações de causa e efeito, etc. Mas, destruindo, o riso ao mesmo tempo constrói: ele cria o seu antimundo fantástico que traz em si determinada concepção do universo, determinada relação com a realidade ambiente. Essa relação do riso com a realidade é variável nas diferentes épocas e em diferentes povos.[5]

Também Vladímir Propp, embora fazendo uso de um recorte analítico bastante diferente daqueles acima citados, trouxe uma importante contribuição para o debate sobre a comicidade e o riso. Com todo o rigor do etnólogo e filólogo, Propp[6] tentou esta-

---

[4] D. S. Likhatchóv, A. M. Pantchenko e N. V. Ponyrko, *O riso na Rússia antiga*, Leningrado, Naúka, 1984, p. 204.

[5] *Idem*, p. 203.

[6] V. Propp, *Probliémi komísma i smiékha*, Moscou, Iskússtvo, 1976 (ed.

belecer uma tipologia do cômico, na base de materiais fornecidos pela literatura e pelo folclore russo, com vistas a uma definição de sua especificidade, psicologia e percepção.

Propp examina um amplo material literário e extraliterário, procurando estabelecer os possíveis aspectos e variedades de comicidade e de riso (inclusive como recursos artísticos). A preocupação do estudioso é, em última análise, definir, com a máxima precisão possível, quando e em quais condições nasce o riso e estabelecer com exatidão as características das condições da comicidade. Mas o foco de análise privilegiado é o aspecto do riso denominado por Propp "riso de zombaria".[7] Nesse sentido, segundo a sua formulação do cômico, fundamentada em ampla exemplificação, as diferentes e variadas propriedades do riso encontram, especialmente na obra de Gógol, a mais ampla comprovação.

Embora o espectro de meu estudo não seja deflagrar propriamente uma discussão teórica sobre a função do riso, do humor e da comicidade nos diferentes fenômenos humanos e culturais, ela certamente se fará sentir nas entrelinhas dos ensaios, dada a vinculação neles implícita a uma compreensão mais aguda da arte teatral russa como fato de cultura, na acepção de Iuri Lótman.[8]

---

bras.: *Comicidade e riso*, trad. Aurora Fornoni Bernardini e Homero Freitas de Andrade, São Paulo, Ática, 1992). É curioso observar que este livro de Vladímir Propp é publicado no mesmo ano da primeira versão do texto sobre o riso de Likhatchóv e Pantchenko.

[7] Segundo os tradutores brasileiros do texto de Propp (cf. nota 6), o termo russo "osmiévanie" pode equivaler a "derrisão", "ridicularização", "escárnio" ou "riso de zombaria".

[8] Em vários de seus ensaios teóricos, Iuri Lótman trata das relações entre os fenômenos artísticos e os mecanismos da cultura, estabelecendo correlações entre a semiótica da arte e a semiótica da cultura e abrindo a possibilidade de ver, por um lado, na obra de arte criada pelo homem, um dispositivo pensante e, por outro, como um fato de cultura, definida como um mecanismo natural historicamente formado de inteligência coletiva, possuidora de uma memória coletiva e capaz de realizar operações intelectuais. Assim, se a obra de arte pode ser considerada como um texto composto de símbolos, e daí sua densa polissemia, a cultura constitui também um sistema de signos que integra a linguagem de variados fenômenos humanos. A definição de cultura como memória da co-

O enfoque se propõe, sobretudo, a verificar em que medida é possível observar, por meio da perspectiva do estudo específico da paródia e do grotesco, os elementos-chave que parecem tecer o encadeamento estruturante de boa parte da história do teatro russo, seja no campo da dramaturgia ou no da arte da encenação.

Assim, tendo em vista o escopo dos ensaios aqui reunidos, me parece mais adequada uma apreensão da categoria do riso e do cômico no âmbito da estética e da poética teatrais, uma vez que é por esse viés analítico que será examinado o fenômeno do teatro russo como linguagem, sem desprezar, certamente, o seu confronto com o mundo geral da cultura em que se acha inserido. Pois é certo que texto e espetáculo nos fornecem uma interpretação do comportamento real do mundo e nos permitem encontrar um sentido, um sistema, enfim, um código ético e de beleza artística, específico e particular a um determinado contexto. Se o que se busca é, em última análise, uma leitura da própria natureza do fato teatral, não se pode desprezar o complexo fenômeno que cerca a ativação do mundo pela arte do teatro porque, como pontua Bakhtin, o signo não pode ser separado do universo social sem renunciar à sua natureza como signo.

O teatro russo de base cômica que se quer focalizar constitui assim, como qualquer fato artístico, um fenômeno estético integrado ao universo da cultura, sendo, portanto, sua expressão viva e dinâmica.

É nessa perspectiva de análise que parece pertinente examinar a presença da paródia e do grotesco na cena russa, sem excluir as manifestações diferenciadas que o riso comporta, como o humor,

---

letividade pressupõe também, segundo o semioticista, a construção de um sistema de regras para a tradução da experiência imediata em texto. Dessa forma, a cultura é, para Lótman, um sistema da memória coletiva e da consciência coletiva e, ao mesmo tempo e inevitavelmente, uma certa estrutura de valores únicos para uma dada cultura. Cf. a propósito, especialmente, "Sobre o mecanismo semiótico da cultura" e também, "Sobre a semiótica da arte", em I. Lótman, B. Uspiênski e V. Ivánov, *Ensaios de semiótica soviética*, Lisboa, Livros Horizonte, 1981. Cf. também, I. Lótman e B. Uspiênski, *Tipologia della cultura*, Milão, Bompiani, 1975.

a ironia, o sarcasmo, o ridículo, a zombaria, a sátira etc. O riso e a comicidade prefiguram, no desenvolvimento do teatro russo, uma de suas mais significativas formas de expressão dramática, isto é, parece se destacar uma espécie de linha integradora, bastante orgânica, na estruturação de uma determinada poética e estética teatral.

Nessa configuração cômica do teatro russo, a paródia comparece como eixo articulador tanto em sua acepção restrita referente ao registro essencialmente cômico (aquele que revira comicamente o texto parodiado e faz irromper o riso irreverente e zombeteiro) como em sua acepção etimológica mais abrangente, que encerra a ideia de "canto paralelo" e de intertextualidade.[9]

---

[9] Interessa aqui, ao lado da concepção bakhtiniana de paródia como registro essencialmente cômico que revira o texto parodiado, num confronto irreverente com os grandes temas da cultura oficial, a utilização mais ampla do conceito de paródia, de acordo com a acepção etimológica, já amplamente referida pela crítica moderna, concebida não necessariamente no sentido de imitação burlesca. De acordo com esta apreensão, o conceito de paródia acerca-se também da ideia bakhtiniana de dialogismo, mas fica destacada sua importância fundamental como recurso estilístico estrutural. Essa noção de paródia também diverge da de Iuri Tiniánov em "Dostoiévski i Gógol k teórii paródii", do livro *Arkhaísti i novátori (Arcaizantes e inovadores)*, Leningrado, 1965, ensaio escrito em 1919 segundo o qual a paródia é quase que necessariamente inversão da obra parodiada, distinguindo-a de "estilização", em que há correspondência exata entre os planos das obras em jogo. Entre nós, Haroldo de Campos, alicerçando-se em J. Kristeva, chegou a destacar uma concepção mais abrangente de "dialogismo" carnavalesco, transpondo-o para o campo da metalinguística e atentando para o aspecto sério-cômico do riso socialmente desorganizante do carnaval. Essas questões estão desenvolvidas na sua introdução crítica a *Oswald de Andrade: trechos escolhidos*, Rio de Janeiro, Agir, 1967, e em dois ensaios sobre o *Fausto* de Goethe: "A escritura mefistofélica", em *Deus e o diabo no Fausto de Goethe*, São Paulo, Perspectiva, 1981, e "A escritura mefistofélica: paródia e carnavalização no *Fausto* de Goethe", *Sobre a paródia*, dossiê da revista *Tempo Brasileiro*, nº 62, jul.-set. 1980. A noção ampla de paródia foi também manipulada pelo crítico em seu *Morfologia do Macunaíma*, São Paulo, Perspectiva, 1973. Cf. também a respeito o artigo de David Hayman, "Um passo além de Bakhtin: por uma mecânica dos modos", *Sobre a paródia, op. cit.*, p. 29, em que o autor propõe uma discussão mais aprofundada das teorias de Bakhtin no que concerne à ambivalência do Carnaval e da função das másca-

Os ensaios a seguir perseguem, portanto, uma apreensão mais alargada do conceito de paródia, capaz de flagrar na dramaturgia e na cena analisadas um contexto metadiscursivo que põe em evidência uma espécie de "refuncionamento"[10] das formas do passado e, ao mesmo tempo, um processo de construção e desconstrução teatral. Daí a utilização aqui proposta do conceito moderno da paródia como autorreflexividade, com o intuito de perceber o objeto de análise, ou seja, os textos, autores e encenadores teatrais selecionados, segundo um movimento contínuo de virar-se para dentro, isto é, de refletir sobre sua própria constituição.

A paródia é aqui entendida não apenas como um jogo irônico entre o primeiro plano paródico e o segundo parodiado, mas, sobretudo, como uma "irônica transcontextualização"[11] na qual subsistem uma inversão e uma repetição com diferença crítica. Ficam implícitos, assim, um distanciamento crítico e uma sobreposição estrutural de textos que apontam para uma reapropriação dialógica do passado. Este movimento assinala, porém, a intersecção da criação e da recriação, da invenção e da crítica nela implícita, e formula, afinal, um modo particular de consciência histórica que interroga, com seriedade, a forma criada perante os precedentes significantes. Trata-se de focalizar um processo de continuidade estética e cultural, embora por meio de uma espécie de distância crítica instauradora da mudança.

Com isso, é possível afirmar que, se a comédia russa nasce, em certa medida, por inspiração paródica e intertextual com relação a modelos estrangeiros ocidentais do século XVIII, é preciso destacar também a sua estruturação única e original, resultante do próprio fluxo e desenvolvimento da cultura e do teatro russo (es-

---

ras. Esses aspectos sobre a conceituação teórica da paródia são discutidos em meu livro O *nariz* e A *terrível vingança* — A *magia das máscaras*, especialmente no capítulo "A arte do discurso: a paródia", São Paulo, Edusp, 1990.

[10] A expressão é de Linda Hutcheon em A *Theory of Parody: The Teachings of Twentieth-Century Art Forms*, Londres, Methuen, 1984 (ed. port.: *Uma teoria da paródia: ensinamentos das formas de arte do século XX*, trad. Tereza Louro Pérez, Lisboa, Edições 70, 1985).

[11] A expressão é também de Linda Hutcheon, *op. cit.*, p. 48.

pecialmente a partir do século XIX) em busca da criação de uma linguagem teatral verdadeiramente nacional.

Aqui é oportuno lembrar que Iuri Tiniánov[12] examinou o conceito de paródia justamente do ponto de vista da evolução literária, inserindo a sua função na rede de relações que se estabelece entre os fatos sincrônico e diacrônico. Destacou, assim, a importância fundamental da paródia no convívio paralelo de discursos e sujeitos (indicação da convivência estrutural na fisionomia de toda produção literária e artística, do seu comprometimento inevitável com as leis estéticas do passado e de seu tempo) e, ao mesmo tempo, a sua irreverência diante das convenções estereotipadas.

A paródia constitui, nesse contexto, uma espécie de impulso para um processo "natural" de alteração das formas estéticas através dos tempos e um protótipo do estado de transição nesse processo gradual de desenvolvimento das formas literárias.

Daí decorre o seu modo de autorreflexividade na tentativa de apontar para o caráter de convenção, considerado central na definição do fato artístico. A paródia apresenta, como quer Tiniánov, uma função essencial na evolução e na transformação das diferentes formas literárias, na medida em que se interpõe no tênue equilíbrio entre o ato pessoal do artista de suplantação e a inscrição de continuidade histórico-literária.

Também T. S. Eliot, em um consagrado ensaio de 1920,[13] salientou o sentido histórico da tradição para a plena compreensão do verdadeiro artista, em quem deve estar inscrita a consciência

---

[12] Segundo as palavras de I. Tiniánov, "quando se fala de 'tradição literária' ou de sucessão costuma-se figurar apenas uma linha reta que une o representante mais jovem de um determinado ramo literário ao mais antigo. Mas na realidade a questão é muito mais complexa. Não se trata de uma linha reta contínua, mas antes de um ponto de partida, de um distanciamento de um determinado ponto; trata-se de uma luta". Cf. "Dostoiévski i Gógol (k teórii paródii)", edição italiana: *Avanguardia e tradizione*, Bari, Dedalo Libri, 1968, p. 135.

[13] Cf. T. S. Eliot, "Tradition and Individual Talent" ("Tradição e talento individual"), texto que integra a edição brasileira: T. S. Eliot, *Ensaios*, São Paulo, Art Editora, 1989.

do passado e incorporado um conjunto vívido de todos os textos já escritos. Assim, a diferença entre o presente e o passado estaria no fato de que o presente consciente constitui, de certo modo, uma consciência do passado num sentido e numa extensão que a consciência que o passado tem de si mesmo não pode revelar: "Os escritores mortos estão distantes de nós porque *conhecemos* muito mais do que eles conheceram".[14]

Argumenta ainda o dramaturgo, poeta e ensaísta inglês:

> Nenhum poeta, nenhum artista, tem a sua significação completa sozinho. Seu significado e a apreciação que dele fazemos constituem a apreciação de sua relação com os poetas e os artistas mortos. Não se pode estimá-lo em si; é preciso situá-lo, para contraste e comparação, entre os mortos. Entendo isso como um princípio de estética, não apenas histórica, mas no sentido crítico. É necessário que ele seja harmônico, coeso, e não unilateral; o que ocorre quando uma nova obra de arte aparece é, às vezes, o que ocorre simultaneamente com relação a todas as obras de arte que a precedem. Os monumentos existentes formam uma ordem ideal entre si, e esta só se modifica pelo aparecimento de uma nova (realmente nova) obra entre eles. A ordem existente é completa antes que a nova obra apareça; para que a ordem persista após a introdução da novidade, a *totalidade* da ordem existente deve ser alterada: e desse modo as relações, proporções, valores de cada obra de arte rumo ao todo são reajustados; e aí reside a harmonia entre o antigo e o novo.[15]

É dessa perspectiva de análise que se deve avaliar o papel fundamental do teatro de Gógol e do riso gogoliano. Isso tanto para a constituição da comédia como gênero nacional no âmbito da

---

[14] "Tradição e talento individual" em T. S. Eliot, *Ensaios, op. cit.*, p. 41.
[15] *Idem*, p. 39.

tradição teatral russa, quanto (e principalmente no que concerne à estruturação de uma ótica artística peculiar) para ver e sentir o mundo de onde emerge certa especificidade do riso e do cômico no teatro russo como fenômeno particular de um modo de expressão da cultura russa. Os elementos constitutivos da teatralidade de Gógol aparecem, assim, "refuncionalizados" em outros textos teatrais do futuro, como se espera demonstrar.

No desenvolvimento da comédia russa, cujos inícios podem ser surpreendidos, principalmente, na obra de Dmitri Fonvízin (1743-1792), mas também na de Aleksandr Griboiêdov (1790-1829),[16] a criação teatral de Gógol vem empurrar definitivamente para o passado todo o período do teatro russo pautado até então, em grande parte, pela obra satírica do século XVIII.

Com efeito, não apenas a comédia *O inspetor geral*, texto de 1836, como também todo o conjunto de textos dramáticos gogolianos[17] (pequenas comédias bem menos encenadas do que a sua consagrada obra-prima, mas, não por isso, desprovidas de valor estético) evidenciam um dos pontos culminantes da criação artística do escritor e inauguram uma linhagem do cômico dramático e cênico que se projetaria, mesmo que por vezes de forma subliminar, no trabalho criativo de outros dramaturgos russos e encenadores importantes do século XX, inclusive de nosso século.[18]

---

[16] Griboiêdov é autor da peça *Gore ot umá* (*A desgraça de ter espírito*), texto teatral escrito em 1823 que tem sido considerado pelos historiadores e críticos do teatro russo como a primeira grande comédia nacional russa.

[17] O conjunto dos textos dramáticos de N. V. Gógol (1809-1852) integra, além de *O inspetor geral*, mais duas peças acabadas, *O casamento* e *Os jogadores*, que serão objeto de análise neste estudo, e também alguns fragmentos dramáticos inacabados. Gógol escreveu ainda outras duas pequenas peças, *À saída do teatro depois da representação de uma nova comédia* e *Desenlace de O inspetor geral*, espécies de comentários em forma teatral do seu *O inspetor geral*, que serão examinadas em um ensaio específico deste trabalho. Essas peças foram traduzidas diretamente do russo e estão reunidas em um volume publicado pela Editora 34, de São Paulo, em 2009.

[18] É preciso salientar a ampla utilização da obra gogoliana por artistas das vanguardas russas a partir de adaptações cênicas, operísticas e cinematográficas tanto de sua prosa como de seus textos teatrais. Destacam-se, em particular, a

Não tardou, assim, embora Gógol não tenha vivido o suficiente para testemunhá-lo, o questionamento decisivo tanto no plano teórico como na prática artística, de uma visão crítica que por muito tempo fizera da obra gogoliana uma apropriação da "Escola Natural"[19] russa e do realismo oitocentista.

A partir da criação de Gógol, o riso no teatro russo, e também, talvez se possa dizer, no desenvolvimento literário e cultural russo, não seria mais o mesmo, ou, se quisermos, não se expressaria do mesmo modo. Não foi, então, por acaso o extremo interesse que os seus textos suscitaram (do ponto de vista teórico e do ponto de vista da prática artística) durante o período do simbolismo russo e das vanguardas russas nos anos 1920, interesse que permanece até os dias de hoje.

Não há dúvida de que se constroem no teatro de Gógol os fundamentos sólidos para o desenvolvimento ulterior de novas experiências teatrais, seja no campo da dramaturgia, seja no da encenação. Muitas das descobertas da teoria e da prática do teatro moderno e contemporâneo afundam suas raízes no terreno fértil da dramaturgia e das ideias de Gógol sobre a arte teatral. A teoria

---

encenação de Meyerhold de 1926, baseada em *O inspetor geral*, a ópera *O nariz*, de Shostakóvitch, e também a adaptação cinematográfica de *O capote*, realizada em 1926 por Grigóri Kózintsev e Leonid Trauberg, com roteiro de Tiniánov. Muito recentemente, dois espetáculos inovadores que integraram a Estação de Teatro Russo-Brasil 2006 basearam-se em textos gogolianos: *Proprietários de terra à moda antiga*, uma adaptação teatral da novela homônima de Gógol, com direção de Mindáugas Karbáuskis, e *O capote*, também baseado no conto de Gógol, com direção de Valéri Fókin.

[19] O crítico V. G. Bielínski foi um dos maiores defensores da chamada "Escola Natural" russa, cuja característica principal seria a descrição realista da vida da população das cidades. O gênero predominante dessa tendência foi denominado "ensaio fisiológico", com o qual Gógol guardaria estreita relação, principalmente pelo caráter de protesto, aliado à documentação "objetiva" de uma realidade social e humana. Embora este gênero russo tivesse muito em comum com a tendência então em curso na literatura francesa, não se identificava com o que se costumou chamar em literatura de "Naturalismo", corrente bem posterior à "Escola Natural". As possíveis relações da literatura gogoliana com essa tendência literária russa foram examinadas em meu livro *O nariz e A terrível vingança — A magia das máscaras*, op. cit.

e a prática teatrais gogolianas exigem, como veremos a seguir, a transgressão do realismo vigente e apontam para a cena moderna, com sua predominância da hipérbole e do grotesco cênicos.

É preciso assinalar também que, a despeito do indiscutível aspecto inovador da linguagem e dos procedimentos artísticos de seu teatro, Gógol vem se inserir num contexto histórico-teatral que já fizera largo uso do cômico e do riso satíricos, de cujos temas, frequentemente dirigidos à crítica da sociedade russa, o dramaturgo pouco se afastou.

Com efeito, em seus textos não aparece, do ponto de vista temático, nenhum vício humano, nenhuma mazela social que já não tivessem sido explorados pelo teatro russo de seu tempo.

Mas o riso do teatro gogoliano, embora viesse se alinhar às várias camadas conformadas pela tradição da comédia e da cultura cômicas na Rússia, pareceu transcender qualquer moldura e abriu perspectivas artísticas e estéticas inovadoras para o desenvolvimento da história teatral na Rússia.

Krystyna Pomorska[20] oferece uma explicação pelo prisma histórico-literário para o aspecto multiforme da obra gogoliana. Segundo a estudiosa, não se pode esquecer que Gógol é um fato de transição e que sua obra se desenvolveu no limiar de duas correntes estilísticas, culturais e ideológicas: o romantismo e o realismo. Dessa forma, a liberdade individual de Gógol se expressaria em maior grau na medida em que vivia um contexto artístico para o qual confluíam as mais variadas tradições, sem que predominasse uma única vertente.

Por outro lado, o próprio escritor, de origem ucraniana, captava diferentes influências, que, nessa época de transição, tinham livre acesso em seu trabalho criativo e constituíam uma gama enorme de elementos que desempenhavam papel importante em sua liberdade de criação. Nessa medida, observa-se em sua obra toda

---

[20] K. Pomorska, "Ob izutchênii Gógolia: metodologuítcheskie zamétki" ("Sobre o estudo de Gógol: notas metodológicas"), em *To Honor Roman Jakobson*, Paris, Mouton, 1967. Essas reflexões estão apontadas em meu livro sobre Gógol, *op. cit.*, p. 95.

a tradição do folclore ucraniano e do teatro de bonecos e de feira. Ao mesmo tempo, tudo isso se apresenta impregnado, por um lado, de todo o romantismo alemão, principalmente através da figura de E. T. A. Hoffmann, e também de outras tendências, tais como a de Laurence Sterne e do romantismo francês.

Não se pode esquecer de que os traços de comicidade que permeiam toda a sua dramaturgia e que, de modo geral, irisam também a tonalidade de toda a sua obra têm a ver com a tradição da literatura e do teatro cômico e satírico desde Molière até os *vaudevilles* que penetravam amplamente nos anos 1820 na Rússia, sem contar a própria utilização e elaboração artística, por Gógol, de toda a cultura cômica popular russa.

É preciso salientar ainda a influência que até mesmo o romance do século XVIII exercia sobre Gógol, pois, sendo originariamente um homem de província, ele se submetia ainda mais às forças do passado, tanto mais que seu próprio pai cultivava a comédia burlesca do período iluminista, chegando inclusive a escrever composições nesse gênero.[21]

O papel histórico-literário de Gógol pode também ser explicado, segundo Krystyna Pomorska, de um ponto de vista étnico, ou seja: em que medida a origem ucraniana do escritor e todo o ambiente ucraniano poderiam determinar a criação de uma nova linguagem artística baseada na língua falada, no fluxo do discurso popular ucraniano, com seus diálogos livres e soltos, típicos do "contador" de histórias populares.

Graças a todos esses elementos, já presentes em seus primeiros textos narrativos, se desenvolveria uma dramaturgia viva e renovadora, cujos elementos fantásticos e inverossímeis seriam então deslocados do universo e do folclore ucranianos para a vida burocrática da capital ou mesmo das pequenas cidades da província russa, e miravam, em certo sentido, a estrutura do poder imperial de São Petersburgo.

---

[21] Aspectos sobre a infância de Gógol e outros elementos biográficos importantes para a compreensão de certas relações da vida e obra do escritor ucraniano serão contemplados em alguns dos ensaios que compõem este volume.

Assim, o teatro de Gógol expõe personagens, senão plenamente urbanos, bastante "urbanizados", isto é, o homem impregnado dos "vícios" da cidade e que, diante de uma vida burocratizada, absurda e sem sentido, se apresenta como um alucinado, mentiroso, trapaceiro ou ridículo, sempre sob a forma de caricaturas grotescas que são o paroxismo desta sua maneira tragicômica de ver o mundo que o rodeia.

Mas o riso gogoliano decorrente é um riso que transfigura a realidade, tornando-a real e fantástica, conhecida e desconhecida, ao mesmo tempo geral e única, em que o contraditório e o incompatível se congregam para renascer como ligação. A simples tagarelice cômica de algum personagem ressoa nesse contexto como um problema verbal, como algo importante que transparece lado a lado e que dá a impressão de não ser um fato insignificante.

Daí resultar também, no plano da linguagem, a contínua queda das normas literárias e dramatúrgicas da época, na medida em que realidades diferentes revolvem a superfície oficial do discurso, exigindo novos meios de expressão, porém numa luta pela necessidade de se exprimir corretamente sem ferir o cânone e sem poder evitá-lo.

Os textos dramáticos de Gógol expressam, além do aspecto lúdico da fábula cômica arquitetada, um jogo cômico com a língua no qual as frases se encadeiam não exatamente pela lógica do discurso, mas segundo um princípio de expressividade do discurso, uma espécie de "semântica sonora" irreverente, conforme bem demonstrou Boris Eikhenbaum em seu estudo sobre *O capote*.[22] Também A. Slonimski[23] considerou as diferentes formas dos alogismos gogolianos (sonoro, gramatical ou semântico) e as decorrentes rupturas de toda ordem como o elemento fundante de certa

---

[22] B. Eikhenbaum, "Kak sdélana *Chinel* Gógolia" ("Como é feito *O capote* de Gógol"), em *Texte der russischen Formalisten*, Munique, Fink Verlag, 1969 (ed. bras.: em Donísio de Oliveira Toledo, [org.], *Teoria da literatura: formalistas russos*, Porto Alegre, Globo, 1973).

[23] Cf. A. Slonimski, *Tékhnika komítcheskovo u Gógolia* (*A técnica do cômico em Gógol*), Petrogrado, Akademia, 1923.

"aspereza" discursiva, característica essencial da linguagem grotesca dos textos de Gógol.

Assim, o envelope sonoro da palavra, muitas vezes independente do sentido lógico, confere ao discurso uma comicidade peculiar graças à acumulação absurda de sons, ou simplesmente de nomes e sobrenomes bizarros, cuja expressividade cômica ocorre no plano acústico, nas repetições e nos trocadilhos, e não no plano temático.

Essa escritura sonora subjacente ao texto gogoliano revela também uma espécie de dramaturgo-ator, isto é, aquele que escreve, mas que interpreta e representa o próprio texto a partir do jogo teatral que se opera na tessitura mesma da palavra escrita, a cujo mecanismo lúdico se vincula um sistema de diferentes gestos mímico-articulatórios. A palavra como que escapa da página e adquire corpo e relevo, cor e música, e passa a viver como personagem autônomo dentro de todo o conjunto teatral criado por Gógol.

Esses procedimentos artísticos conferem às suas peças uma tonalidade cômica peculiar, estruturada por meio de contrastes violentos e de reviravoltas inesperadas tanto no plano da efabulação dramática como também na composição da trama (do "siujet", na terminologia formalista russa): a estruturação dos personagens, de seu discurso, os diálogos e toda a linguagem cênica projetada pelo texto são, a qualquer momento, revirados para mostrar o seu avesso.

Há em seus textos uma sucessão, quase alucinada, de diferentes tons que passam subitamente do melodramático e do sentimental para o épico, ou para o absurdo, ou, muitas vezes, para a não-concordância sempre "estranhante" entre a tensão dramática proposta por certas cenas e atos e sua resolução inesperada e surpreendente, que pode ocorrer com a irrupção de um jogo discursivo puramente sonoro e sem sentido (inúmeros exemplos aparecem em *O inspetor geral* e na peça *O casamento*, como veremos adiante), ou, então, por meio de lances dramáticos solenes e patéticos que rompem o encadeamento cômico anterior (como acontece no final de *O inspetor geral*, de *Os jogadores* e também de *À saída do teatro depois da representação de uma nova comédia*).

É a partir dessa estruturação, baseada numa violência repentina de contrastes de toda ordem, que a simples anedota risível, eixo constante das comédias gogolianas, se transforma em comicidade amarga, estranha, por vezes melancólica, lançando o universo artístico de Gógol para o campo da estética do grotesco.[24]

---

[24] Uma das conceituações modernas mais abrangentes da estética do grotesco coube ao encenador russo de vanguarda V. Meyerhold, contida em seus escritos das décadas de 1910 e 1920, em particular na terceira parte da sua coletânea de textos, intitulada *O teatre* (*Sobre o teatro*), de 1912. Segundo Meyerhold, "[...] o grotesco é uma exageração deliberada, uma reconstrução (desfiguração) da natureza, uma união de objetos considerada impossível, tanto no interior da natureza, quanto em nossa experiência cotidiana, com grande insistência no aspecto sensível, material da forma assim criada [...]. No domínio do grotesco, a substituição da composição esperada por uma composição exatamente contrária, ou a junção de certos procedimentos bem conhecidos adequados para a representação de objetos contrários àquela na qual se aplicam esses procedimentos, chama-se paródia. O teatro como combinação extramaterial de fenômenos naturais, temporais, espaciais e numéricos que, de modo constante, contradizem o cotidiano de nossa experiência é, em sua própria essência, um exemplo de grotesco. Nascido do grotesco da mascarada ritual, o teatro será inevitavelmente destruído à menor tentativa de suprimir-lhe o grotesco, pois este é o princípio de sua existência".

Cabe ressaltar a atualidade dessas concepções e de seus desdobramentos do ponto de vista de uma poética cênica, uma vez que podem ser alinhadas, ainda hoje, junto às preocupações e questionamentos contemporâneos sobre a estética do grotesco. Tanto a teorização de Mikhail Bakhtin sobre o grotesco, integrada ao seu estudo sobre o riso na cultura popular, como também outras considerações teóricas sobre o grotesco, inspiradas principalmente na estética do Romantismo alemão e atinentes ao tom lúgubre e terrificante que o grotesco adquire na época moderna — como refere o texto clássico sobre o tema do teórico alemão W. Kayser (*O grotesco: configuração na pintura e na literatura*, São Paulo, Perspectiva, 1986) e também, entre nós, o crítico Anatol Rosenfeld ("A visão grotesca", em *Texto/contexto*, São Paulo, Perspectiva, 1976) —, parecem estar contempladas na conceituação de Meyerhold que procura plasmar o movimento dialético presente nessa ambivalência estrutural do jogo entre o plano bufo e o plano sério, o qual toma a forma do uníssono dos contrários nas diferentes moldagens do grotesco. A discussão da síntese teórica meyerholdiana sobre a estética do grotesco teatral foi desenvolvida em minha tese de doutoramento, especialmente no capítulo "O grotesco cênico de Meyerhold", e está sintetizada no livro que lhe sucedeu, *O inspetor geral de Gógol/Meyerhold: um*

Nesse sentido, o princípio do riso subjacente ao teatro de Gógol submete-se, a todo momento, a um processo gradativo de transformação. Este riso, fio condutor de todos os seus textos teatrais, vai como que alinhavando cenas e atos, personagens e diálogos, segundo um movimento dialético no qual imagens carnavalizadas ligadas a um sistema da cultura cômica popular (cujo riso destronador e renovador conduz às exagerações grotescas próximas à bufonaria com seus elementos do cômico popular) contrastam, de forma extraordinária, com um universo dramático aparentado ao trágico.

O princípio cômico estruturador sempre se transforma num esgar trágico, e a visão carnavalesca que preside os seus textos se faz sempre enfraquecida em seu desfecho para dar lugar a um tom lúgubre e espantoso, como se o universo do texto se tornasse, numa fração de segundos, hostil e alheio. A fusão desses dois aspectos acaba por determinar uma unidade complexa e contraditória, pois, se por um lado irrompe o cômico e o bufo, por outro, numa espécie de contrafação simultânea, o teatro gogoliano faz também abrochar o disforme ou o monstruoso.

Não resta dúvida de que se trata aqui da instauração de um riso e de uma comicidade teatrais que apontam para a estética do grotesco:[25] uma forma de estilização baseada no contraste e na dissonância que conduz àquela mescla "estranha", junção desautomatizante, tendente a mostrar a vida cotidiana por um aspecto

---

espetáculo síntese, São Paulo, Perspectiva, 1996. Cf. também, sobre a estética do grotesco, André Karátson, "Le grotesque dans la prose du XXe siècle (Kafka, Gombrowicz, Beckett)", *Revue de Littérature Comparée*, Paris, abr.-jun. 1977; e Maarten Van Buuren, "Gombrowicz et le grotesque", *Littérature: Texte Contre-Texte*, Revue du Département de Littérature Française de l'Université de Paris VIII, dez. 1982.

[25] O estudo de A. Slonimski, *Tekhníka komítcheskovo u Gógolia (A técnica do cômico em Gógol)*, *op. cit.*, empreende uma análise meticulosa de todo o desenvolvimento da obra de Gógol, pautada, segundo o teórico, pela contraposição contínua (entre o caráter sério e o cômico) que estrutura a maioria de seus textos e que orienta, com frequência, o movimento do riso para a súbita irrupção da catástrofe a que se associa, em última análise, a linha patética do grotesco gogoliano.

"estranhante", distinto do habitual, e que leva, por isso mesmo, o receptor a assumir uma postura crítica diante daquilo que ocorre no palco. Fica destacada, assim, a problematização do princípio da *mímesis* e da sua consequente representação artística como reprodução estética de pessoas, objetos, lugares e acontecimentos da realidade fenomênica.

Ora, essa técnica de escritura dramática que minimiza a importância da fábula, concentrando o foco de ação não propriamente na intriga, mas na maneira como ela se desenvolve e nos procedimentos artísticos empregados, corresponde plenamente à nova orientação estética do teatro russo moderno, especialmente o teatro russo de vanguarda, cuja linguagem, centrada numa comicidade e num riso ambivalentes, busca afastar o seu receptor da simples percepção automática da fábula cômica, com suas peripécias e algazarras cênicas, para levá-lo propriamente à fruição das brincadeiras próprias à linguagem cênica, isto é, dos mecanismos lúdicos do fenômeno artístico, dos achados mágicos e inesperados que fundam a linguagem teatral enquanto tal.

É aqui que se inserem a presença e a importância da paródia para a apreensão da escritura dramática gogoliana com boa parte do teatro russo moderno e contemporâneo, na medida em que se instaura, por meio de uma leitura oblíqua do teatro de Gógol, um processo teatral integrado de remodelação estrutural e de reciclagem dramática e teatral, capaz de uma revisão crítico-criativa, ou seja, uma espécie de transgressão autorizada em relação ao passado. Não se trata, certamente, de surpreender uma simples imitação nostálgica de um modelo do passado, mas sim de fazer confrontar estilos e códigos teatrais que estabelecem a diferença no seio da semelhança. Daí a descoberta, no presente estudo, de paralelismos textuais e cênicos que dialogam entre si e que aparecem erigidos por meio de inversões irônicas — e não necessariamente ridicularizadoras — pois estão inseridos num amplo contexto metadiscursivo e num jogo irônico com múltiplas convenções da tradição teatral.

Nessa ordem de raciocínio, a todo o material dramatúrgico gogoliano vai se alinhar aquela dramaturgia inovadora, que, no panorama do teatro russo, tem início no limiar do século XX, especialmente com a dramaturgia de Tchekhov, de simbolistas como Aleksandr Blok, passando pelo radicalismo poético do teatro de Maiakóvski nos anos 1920. Também encenadores das vanguardas russas como Meyerhold, Vakhtângov, Kózintsev e Foregger[26] captaram na escritura gogoliana a possibilidade de experimentações cênicas que pudessem recorrer à linguagem cômica e irreverente do circo e do espetáculo sem fábula, nos quais reinam apenas os alogismos, a comicidade do absurdo, o grotesco, enfim, o procedimento artístico revirado que se autorrefere.

Não resta dúvida de que o teatro gogoliano abre amplas possibilidades, também no plano cênico, para a criação do moderno "teatro teatral" e para a sondagem de uma teatralidade revivificada. Contrária aos cânones do teatro realista, que, centrado na fábula, desenvolve uma situação e uma tese de maneira lógica, a comicidade lúdica da teatralidade da cena moderna aponta para um fazer teatral dialético, uma vez que o desenvolvimento da fábula se dá por meio de uma série de antíteses e de inúmeros mecanismos próprios ao jogo teatral, tais como a confusão no desenvolvimento da ação dramática, a anarquia das palavras, a substituição de personagens, o *nonsense* na coordenação do gesto e da palavra enunciada, da palavra e suas entonações, enfim, um jogo lúdico com o procedimento artístico cuja intenção consciente é revirá-lo

---

[26] Vale lembrar o grupo FEKS (*Fábrica Ekstzentrítcheskovo Aktiora* — Fábrica do Ator Excêntrico), um Estúdio Dramático criado pelos encenadores de vanguarda Kózintsev e Trauberg, que encenaram em 1922 a peça *O casamento* de Gógol segundo leis estéticas experimentais de seu credo teatral, chamado *Ekstzentrism* (Excentrismo). O espetáculo levava o seguinte subtítulo: "Eletrificação de Gógol. Um truque em três atos. As aventuras completamente inverossímeis do excêntrico Serguei". O texto condensado na forma de telegramas, com falas desconexas, números de *music hall*, exercícios de prestidigitação, movimentos mecanizados e grotescos dos atores e muitas outras extravagâncias cênicas concebiam o espetáculo como uma acumulação de truques "eletrificantes", à aparência de um caleidoscópio vertiginoso. Cf. a propósito, Marie-Christine Autant-Mathieu, "L'Excentrisme au théâtre et au cinéma, La FEKS (1922-1926)", em Claudine Amiard-Chevrel (org.), *Théâtre et cinéma années vingt*, Paris, L'Âge d'Homme, 1990. Cf. também A. M. Ripellino, "A época do construtivismo", em A. M. Ripellino, *Maiakóvski e o teatro de vanguarda*, São Paulo, Perspectiva, 1971.

pelo avesso ou colocá-lo a nu, fazendo da comicidade e do riso um instrumento crítico vigoroso para suscitar o prazer estético.

Ora, essas reflexões de ordem estética nos reenviam à questão do riso e de sua função na arte e na cultura russas.

É lícito afirmar que certa "práxis" artística do teatro russo moderno e contemporâneo, já embrionária, como se espera demonstrar, no teatro de Gógol, alinha-se a um pensamento moderno sobre o riso como categoria estético-filosófica, que o insere, juntamente com o jogo, o inconsciente e a própria arte, no espaço do indizível e do impensado, necessário para que o pensamento sério se desprenda de seus limites.[27]

Dessa forma, o riso é entendido no contexto de uma oposição entre a ordem e o desvio, com a consequente valorização do não--oficial e do não-sério de que nos fala Bakhtin e que pode abarcar, afinal, uma realidade mais essencial do que aquela limitada pelo sério. Segundo o filósofo alemão Joachim Ritter (1903-1974),[28] o riso e o cômico constituem um movimento positivo e infinito que põe em xeque as exclusões efetuadas pela "razão" e que, por isso mesmo, pode manter o "nada" na existência.

Nesse sentido, o riso é um meio de explicação do mundo porque faculta a apreensão de uma realidade que a razão séria não pode atingir, pois, banida pela "ratio", a realidade do cômico se afigura como marginal e ridícula.

Nessa ótica, o riso e o próprio fenômeno da teatralidade (como expressão artística e cultural que faculta o conhecimento do mundo e a apreensão da realidade) encerram, por meio de uma espécie de acesso a um *não-saber*, uma verdade infinita e profunda

---

[27] Cf. o estudo de Verena Alberti, *O riso e o risível na história do pensamento* (Rio de Janeiro, Zahar, 2002), em que se discutem as relações entre o riso e o pensamento ao longo da história ocidental e as diferentes formas pelas quais o riso foi tomado como objeto do pensamento desde a Antiguidade.

[28] *Apud* V. Alberti, *op. cit.*, p. 12. O texto do filósofo alemão comentado pela autora intitula-se "Über das Lachen" ("Sobre o riso"), publicado pela primeira vez em 1940. A indicação bibliográfica informa: *Subjektivität: Sechs Aufsätze*, Frankfurt, Suhrkamp, 1974.

em oposição ao mundo racional e finito da ordem estabelecida, liberando o pensamento dos limites da razão.

O riso se coloca, assim, ao lado de outras experiências do não-saber, como as do sacrifício, do poético, do sagrado e do erotismo. Essa proposição constitui o cerne do pensamento filosófico de Georges Bataille, para quem o riso seria a revelação do indizível e pode, por isso mesmo, nos levar mais longe do que o pensamento, pois se situa para além do conhecimento, para além do saber, movimento indispensável para que o pensamento ultrapasse a si mesmo e possa submergir no "não-conhecimento".[29]

Ao se atentar, portanto, para essas experiências teatrais russas pautadas pela paródia e pelo grotesco, observa-se a irrupção de um espaço estético que deve ser fruído dentro do indizível, do não-nomeável, do não-lugar da linguagem, na medida em que esse teatro pode nos arrastar, juntamente com o riso (irônico, debochado ou aterrador) que ele suscita, para a incômoda, ainda que cômica, ausência da sintaxe que mantém juntas as palavras e as coisas, inviabilizando o "comum" do lugar e do nome. Nesse sentido, tais manifestações teatrais, matizadas pelo riso paródico e grotesco, estabelecem o espaço do impensável e da não-linguagem porque têm o poder de abalar as superfícies e "deformar" os planos e as certezas de nosso pensamento.

Dessa forma, é também lícito pressupor que tal linhagem do teatro russo propõe uma outra racionalidade para a captação do mundo, pautada pela transgressão do percurso "normal" do pen-

---

[29] Cf. Georges Bataille, *L'érotisme*, Paris, Minuit, 1957. Verena Alberti, em "O riso no pensamento do século XX", em *op. cit.*, pp. 11-37, identifica na obra de Bataille um dos exemplos mais radicais da presença imperiosa do riso na filosofia, pois, segundo a estudiosa, a questão do riso constitui o "enigma essencial" de toda a sua trajetória filosófica, em que a experiência do riso equivale para este filósofo a uma "revelação" fundamental e à correlação estreita entre o *rir* e o *pensar*. A autora identifica, especialmente numa conferência de Bataille de 1953, intitulada "Não-saber, riso e lágrimas", conexões profundas com o pensamento de Nietzsche em *A gaia ciência* (1882) no que se refere a uma atitude filosófica que confere ao riso a função fundamental de fazer o homem sair da verdade séria, da crença na razão e da positividade da existência. Cf. também Jacques Chatain, *Georges Bataille*, Paris, Seghers, 1973.

samento na busca daquele "antimundo" de que nos falam Likhatchóv e Pantchenko.

Não é certamente sem razão que se verifica em Gógol, assim como também, em certa medida, em Tchekhov, Blok, Maiakóvski (para nos atermos apenas aos autores focalizados no presente estudo), e, mais recentemente, em certa estética do teatro russo contemporâneo, como na dramaturgia de Liudmila Petruchévskaia,[30] etapa prospectiva desta pesquisa, um largo uso dos jogos de palavras, do chiste, da pilhéria e de toda forma de instrumentos linguísticos cuja comicidade advém, principalmente, do fato de que a razão e o julgamento crítico declaram, de forma paródica e autorreferente, a ausência de sentido.

Ou, mais precisamente, porque o jogo de palavras e toda espécie de brincadeira linguística suscitam, *a priori*, a ligação entre duas séries de ideias separadas, fazendo transgredir a forma usual de exercício da atividade intelectual. A sonoridade da palavra é, assim, realçada em detrimento de sua significação, o que resulta no caráter "não-sério" da racionalidade inerente aos chistes, aos trocadilhos ou aos calembures.[31]

---

[30] Além de Liudmila Petruchévskaia, contista e dramaturga nascida em Moscou, há muitos representantes importantes da dramaturgia e da prosa russa contemporânea, por exemplo, Venedikt Eroféiev, Tatiana Tolstaia, Viktor Eroféiev, Viktor Peliévin, Dmitri Prígov e ainda outros que podem ser considerados integrantes do movimento "pós-modernista russo" do final do século XX e início deste século, ou, como melhor considerou a estudiosa e especialista Irina Yatsenko, ao levar em conta a singularidade desse movimento na Rússia, trata-se de escritores representantes da "prosa russa não-tradicional" ou "da literatura russa alternativa". Cf. I. Yatsenko, *Rússkaia ne traditsiónaia proza* (*A prosa russa não tradicional*), São Petersburgo, Zlatoust, 2006. Cf. também I. S. Skoropánova, *Rússkaia postmodernístskaia literatúra: nóvaia filossófia, nóvyi iazyk* (*A literatura pós-modernista russa: nova filosofia, nova linguagem*), São Petersburgo, Niévski Prostor, 2001.

[31] Freud, em seu conhecido estudo sobre *Os chistes e sua relação com o inconsciente* (1905), foi certamente um dos primeiros estudiosos a estabelecer a relação entre o chiste e o inconsciente, identificando o processo de formação do chiste como análogo ao do sonho. Além disso, o psicanalista identifica a origem do prazer no jogo com as palavras e os pensamentos na infância, que cessa tão logo a crítica ou a razão declaram sua ausência de sentido. Este texto integra o

Tal procedimento textual, traço essencial da escritura gogoliana e de certa dramaturgia que com ela dialoga, quando transportado para o plano cênico, corrobora esse aspecto risível na imprevisibilidade das ações cênicas, dos gestos, da expressividade corporal, cujo resultado constitui uma visualidade espetacular lúdica, inesperada e incongruente. O texto cênico matizado da paródia e do grotesco revigora e amplifica o prazer estético, situando-se nessa espécie de "não-lugar" do pensamento porque é contraposto à ordem do sério. Daí irrompe muitas vezes o *nonsense*, o aparente não-sentido, o fantástico, o inconsciente e o absurdo, indispensáveis, porém, para a apreensão da totalidade da existência.

Nessa medida, o espaço do riso paródico e grotesco no teatro russo se configura, ao mesmo tempo, como transgressão da ordem social e da linguagem normativa, abrindo perspectivas amplas para a desordem diante das restrições impostas e da existência de uma ordem preestabelecida. Não há dúvida de que é possível atribuir à experiência do riso e do risível na cultura russa um valor de liberdade e de purgação em relação às coerções sociais.

É nesse movimento, orientado para uma concepção do mundo do riso e do cômico como oposição à ideologia da seriedade e

---

volume VIII da edição brasileira das *Obras completas* de Freud, Rio de Janeiro, Imago, 1977. É interessante notar que também Henri Bergson, na sua série de três artigos sobre o riso publicados na *Revue de Paris*, em 1899, e publicados depois, em 1900, em forma de livro sob o título *O riso: ensaio sobre a significação do cômico* (ed. bras.: Rio de Janeiro, Zahar, 1980), embora enfatize em seu estudo a função social do riso e seu aspecto corretivo para restabelecer o vivo na sociedade, em oposição ao mecânico e ao rígido expresso pelo cômico e pelo riso, ao final do ensaio, ao tratar da comicidade de caráter e de questões relativas ao teatro, à comédia e ao *vaudeville*, não deixa de salientar que o absurdo cômico, concernente à estranha lógica de personagens e situações cômicas, apresenta uma lógica particular da mesma natureza que a dos sonhos, pois nela será possível reconhecer um relaxamento geral das regras de raciocínios que adormecem o espírito, como ocorre, por exemplo, nos jogos de palavras. Além disso, o filósofo francês identifica também as obsessões e uma espécie de loucura que facultariam ao cômico e ao sonho um relaxamento das regras de raciocínio capaz de promover lógicas falsas ao estatuto de verdadeiras. Cf. Henri Bergson, *op. cit.*, pp. 93-101.

como destruição da hierarquia e da ordem, que se insere a concepção bakhtiniana e também a de Likhatchóv e Pantchenko, segundo a qual a comicidade constitui uma forma específica de conhecimento social, de leitura crítica da opressão e de desmistificação da ideologia dominante.

De outra parte, a veia paródica e grotesca do teatro russo potencializa também, de forma contundente, o caráter regenerador do riso, na medida em que, como linguagem artística, cria por meio do poético e do risível outras formas de expor novas possibilidades para além dos sistemas de sentido fechados.

O riso e a comicidade podem, portanto, ser analisados no âmbito desta discussão, pois flagrando-os como instrumento de acesso à realidade do não-sério, ao teatro, ao poético e à cultura, são facultados, em última análise, a ocupar o espaço de uma outra verdade, sancionada por uma outra lógica e uma outra razão, fundamento essencial, aliás, da arte no mundo moderno e contemporâneo.

Parte I
A TRAMA DO RISO
NO TEATRO DE GÓGOL:
A INVENÇÃO DO TRAJETO

O *inspetor geral* e o espelho invertido

"A sátira é uma lição, a paródia é um jogo."
Vladímir Nabókov

Com exceção da comédia em cinco atos *O inspetor geral* (em russo, *Revizor*, 1836) e talvez, embora em menor grau, de outra em dois atos, *O casamento* (em russo, *Jenítba*, escrita em 1833, cuja versão definitiva é de 1842), a dramaturgia de N. V. Gógol parece ter passado quase despercebida não apenas dos palcos, inclusive russos, como também da maioria dos estudos críticos que se debruça sobre a produção literária do autor.

Por outro lado, não têm sido poucas as adaptações teatrais inspiradas na prosa gogoliana, como *Almas mortas* (1843), *Diário de um louco* (1835), *O capote* (1839), *Proprietários de terra à moda antiga* (1835) e outros. Sem dúvida, esse interesse se explica pelas qualidades dramático-cênicas flagrantes na literatura gogoliana como um todo, aspecto este não raras vezes analisado pela crítica.[1]

Gógol interessou-se muito cedo pelo teatro. Seu pai chegou a escrever algumas peças e até mesmo a representá-las nas propriedades de seus ricos vizinhos ucranianos. O jovem Gógol desempenhava alguns papéis e participou ativamente do teatro escolar, ain-

---

[1] Cf. especialmente Iuri Mann, *Gógol: trudy i dni, 1809-1845* (*Gógol: a obra e a vida, 1809-1845*), Moscou, Aspekt Press, 2004. Cf., também do mesmo autor, *Postigáia Gógolia* (*Para compreender Gógol*), Moscou, Aspekt Press, 2005. E ainda: Nina Gourfinkel, *Nicolas Gogol: dramaturge*, Paris, L'Arche Editeur, 1956, e Georges Nivat, "L'interpretation et le mythe de Gógol", em *Histoire de la littérature russe — Le XIXe siècle: l'époque de Pouchkine et de Gogol*, Paris, Fayard, 1996.

da em sua Ucrânia natal. Já em São Petersburgo, em 1828, tentou se tornar ator profissional, mas foi reprovado no exame a que se submetera. Dedicou-se então a escrever artigos sobre teatro, nos quais criticava duramente o gênero *vaudeville*, que tinha, na época, amplo acesso aos palcos russos.

Nestes artigos, algumas de suas ideias sobre a arte teatral pareciam antecipar concepções que marcariam, cinquenta anos mais tarde, as propostas dos fundadores do Teatro de Arte de Moscou, Stanislávski e Nemiróvitch-Dântchenko. Gógol insiste na importância da figura do diretor teatral tanto para a plena compreensão cênica de um texto como para a interpretação dos atores, exigindo o que denomina "verismo na representação da vida".

> O diretor deve escutar a vida interior encerrada em uma obra e deve tratar de harmonizá-la em todas as suas partes, como em uma orquestra; cada papel deve ser estudado em cena com os demais atores e não em casa, e o diretor deve presenciar todos os ensaios.[2]
> [...]
> Que estranho monstro se tornou o teatro depois que o melodrama se infiltrou entre nós! E onde está nossa vida, onde estamos nós com nossas próprias idiossincrasias e rasgos? O melodrama mente desavergonhadamente. Só um grande gênio, raro e profundo, pode captar aquilo que nos rodeia cotidianamente, aquilo que sempre nos acompanha, aquilo que nos é comum [...][3]

---

[2] Os textos de Gógol aqui citados figuram na edição comemorativa do centenário da morte do autor, *Gógol i teatr* (*Gógol e o teatro*), Moscou, Iskússtvo, 1952, que integra, além de todas as suas peças, uma vasta seção com artigos de sua autoria, anotações e cartas a atores e amigos, nos quais o escritor discute temas sobre teatro e o panorama teatral russo da época. Constam também dessa publicação vários escritos sobre a obra do dramaturgo de críticos e escritores contemporâneos do autor.

[3] *Idem*, p. 373, "Peterbúrgskaia stséna v 1835-1836" ("O palco petersburguês em 1835-1836") — fragmento de um artigo de Gógol.

Mas o escritor ucraniano tinha, certamente, uma forma peculiar de perseguir este "verismo". Se a obra de Gógol como um todo chegou a ser considerada uma expressão satírica da realidade russa de sua época, é necessário detectar, para uma abordagem mais acurada de seus textos, o olhar poético gogoliano para "ver" o mundo e as coisas, sua "ótica desautomatizante".

O mundo que o cerca se apresenta não raramente transformado, como se a realidade, filtrada pela imaginação criadora do autor, resultasse em quadros do mundo exterior simultaneamente realistas e fantasticamente transformados. A sua visão molda a realidade através da desproporção no proporcional. Dessa forma, ela se apresenta muitas vezes por meio de transformações romanticamente fantásticas, como em algumas de suas obras da fase inicial, a chamada "fase ucraniana", em que se observam fortes elementos românticos, ou através da acumulação absurda de detalhes que fazem da realidade um aglomerado de elementos contraditórios, mas que a revelam na sua mais profunda essência, tornando esse caos fantástico e desconexo a sua mais fiel expressão. Tal procedimento está largamente empregado nas suas "histórias petersburguesas", nas quais o fantástico, anteriormente buscado nas lendas e no folclore ucranianos, brota agora da própria realidade cotidiana e urbana de São Petersburgo.

Na verdade, Gógol escreveu poucos textos teatrais. Em fevereiro de 1832, o escritor anuncia, numa carta ao amigo Pogódin, haver começado uma comédia, *São Vladímir de 3º grau*, que conteria "muita malícia, muito sal e muito riso". Contudo, certamente, a censura tsarista não permitiria o tema: a ordem de São Vladímir era uma das mais importantes conferidas pelo tsar. Atacar a quem recebia tal distinção significava atacar o próprio soberano. Nesta carta, Gógol demonstra não ignorar os obstáculos que teria de enfrentar para a publicação ou a representação deste seu primeiro texto teatral:

> Estou enlouquecido por uma comédia. O enredo já começou a se esboçar nos últimos dias. Já tenho até mesmo escrito o título sobre a capa de um grosso caderno: *São Vladímir do 3º grau*. E quanta malícia, quanto sal e

quanto riso! Mas eu a interrompi bruscamente ao ver minha pena tropeçar sempre diante de passagens que a censura jamais toleraria. E para que serve uma peça que não vai ser representada? Um drama vive apenas sobre o palco. Sem o palco ele não passa de um corpo sem alma. Que artista aceitaria mostrar ao público uma obra inacabada? Só me resta inventar um enredo tão inocente que não possa ofender nem mesmo o chefe de polícia do quarteirão. Mas para que serve uma comédia sem verdade e sem raiva! Pois bem, não consigo começar a comédia. Inicio a história e diante de mim o palco se põe em movimento, soam os aplausos, os rostos aparecem dos camarotes, dos comitês dos bairros, das poltronas, e arreganham os dentes, e... a história que vá pro diabo.[4]

Gógol abandona o projeto, provavelmente durante a redação do segundo ato, mas a fábula, segundo o testemunho de Mikhail Schépkin (1788-1863), um dos atores mais importantes da época e amigo do dramaturgo, seria a seguinte: a personagem principal é um funcionário de São Petersburgo com uma única obsessão: receber uma condecoração, a cruz de São Vladímir do 3º grau. Ele persegue seu objetivo de todas as maneiras possíveis e exige os préstimos do amigo Aleksandr Ivánovitch, homem muito próximo do ministro. Mas este, ao contrário do que se espera, não parece disposto a ajudá-lo e, invejoso, faz de tudo para impedir a ascensão da carreira do pobre funcionário. Após várias peripécias que envolvem o irmão, a irmã e um falso testamento de família, o "herói", enganado por todos e no mais completo desespero, acaba enlouquecendo. Sem conseguir afinal receber a tal condecoração, acredita ser ele mesmo São Vladímir. Na última cena, ao olhar longamente para o espelho, abre os braços e imagina ser uma enorme cruz de São Vladímir.[5]

---

[4] *Idem*, p. 393, "Iz píssem N. V. Gógolia" ("Das cartas de N. V. Gógol").

[5] Do texto restaram apenas fragmentos esparsos. Importante testemunho

Embora inacabado, Gógol voltou a trabalhar o manuscrito em diferentes épocas e estruturou algumas das passagens na forma de pequenas peças independentes. Esses fragmentos deram origem a outros textos teatrais, peças muito curtas, espécies de estudos teatrais: *Manhã de um homem de negócios, O pleito, Sala de lacaios* e *Fragmento*.

Entre 1832 e 1839, Gógol escreveu ainda outras pequenas comédias: *Os jogadores, O casamento* e *À saída do teatro depois da representação de uma nova comédia*. Nenhuma delas foi representada antes de 1843, quando então foram reunidas para as *Obras completas* de Gógol, publicadas, portanto, anteriormente à morte do escritor, que ocorre em 1852.

O inspetor geral, seu último e mais conhecido texto teatral, foi representado pela primeira vez em 1836, em São Petersburgo. *O pleito*, em 1844; *Fragmento*, sob o título de *Sabátchkin*, foi representado em 1860; *Sala de lacaios*, em 1863; e *Manhã de um funcionário*, em 1871. Todas sobem à cena, pela primeira vez, no Teatro Aleksandrínski, em São Petersburgo.

Tanto os quatro fragmentos, transformados em peças de um ato e provenientes de sua primeira tentativa teatral, *São Vladímir de 3º grau*, como as outras três peças citadas constituem textos dramáticos que, submetidos à ótica analítica contemporânea, despertam extremo interesse no que se refere à sondagem do processo de criação artística do dramaturgo e à elucidação de aspectos referentes ao estudo crítico da história e da estética do teatro russo.

Mas a obra-prima da dramaturgia gogoliana é, sem dúvida alguma, *O inspetor geral*. O dramaturgo costumava atribuir o tema da peça a Púchkin, que lhe havia narrado a história de um aventureiro que se apresentara numa cidadezinha em Nóvgorod como inspetor geral para explorar os funcionários. Também o próprio Púchkin, durante sua permanência em Nóvgorod, para onde

---

deste primeiro texto teatral de Gógol aparece no diário do folclorista A. N. Afanássiev, em que o estudioso deixou registrado o enredo da comédia gogoliana a partir das impressões de seus contemporâneos. *Apud* I. L. Vichniévskaia, *Gógol i ievó komédii* (*Gógol e suas comédias*), Moscou, Naúka, 1976.

tinha ido recolher materiais para sua *História de Pugatchóv*, parece ter sido tomado por engano por um inspetor viajando incógnito em missão secreta. Gógol soubera também do caso de Piotr Pietróvitch Svinin, diretor da revista *Anais da Pátria*, que na Bessarábia se fizera passar por um alto funcionário de São Petersburgo, até ser desmascarado pela polícia local.

Como precedente literário, existe a hipótese de que Gógol possa ter conhecido a obra do poeta ucraniano Grigori Kvitka-Osnoviánenko (1778-1843), cuja comédia de 1827, *O viajante da capital, ou Tumulto em uma pequena cidade*, conta a história do aventureiro Pustolóbov, que, disfarçado de inspetor público, engana os funcionários de uma pequena província. Embora esse tipo de equívoco não fosse raro na época, o tema era dos mais atrevidos, e a peça de Gógol provocou grande escândalo.

Gógol escreveu *O inspetor geral* em tempo recorde. Em algumas semanas, chegou a uma primeira versão e, no primeiro trimestre de 1836, os cinco atos da comédia foram revisados e algumas cenas refeitas. Em seguida, amigos de seu círculo literário foram convidados a ouvir a leitura do texto feita pelo autor. Impressionados com a força da peça, esses intelectuais recorreram a suas relações pessoais no ambiente da corte para obter do tsar a autorização para encenar a comédia.

A peça foi apresentada pela primeira vez a 19 de abril de 1836, na presença do tsar Nicolau I e de sua família. Se dependesse dos poderosos que rodeavam o tsar, a peça teria sido imediatamente retirada de cartaz. No entanto, Gógol contava com amigos influentes sobre o soberano, os quais, astutamente, jogaram com a vaidade de Nicolau I, comparando-o a Luís XIV, absoluto e culto. O tsar seria então o supremo árbitro da questão, como fora o rei francês no caso de *O tartufo*, de Molière. Ao final do espetáculo, ele teria comentado: "Essa é uma peça e tanto. Todo mundo recebeu o que merecia. Eu, mais do que o resto".

O assunto foi considerado inadequado por grande parcela do público que parecia receber a peça como uma chicotada. Os conservadores viram nela uma calúnia e uma propaganda perigosa. Por outro lado, os liberais consideravam-na um fiel retrato da realidade e dos tempos difíceis sob as ordens do tsar Nicolau I.

A peça ainda não havia sido publicada e o público desconhecia a epígrafe, que responderia a todas as críticas e que o autor imprimiria já na primeira edição: "A culpa não é do espelho se a cara é torta", um provérbio russo.

Bielínski, um dos mais importantes críticos literários da época, reconheceu que naquela anedota, aparentemente tão simples, escondia-se uma vastíssima sátira social construída com unidade psicológica e dramática. Aliás, a palavra "anedota" foi com frequência empregada pelos contemporâneos de Gógol, assim como pelo próprio escritor, para explicar a gênese de seus contos e peças teatrais. "Por favor, dê-me uma anedota", chegou a escrever ao amigo Púchkin, quase implorando a motivação fundamental para a criação de um próximo texto.

A anedota sobre um pobre funcionário que perdera a espingarda comprada com os seus escassos recursos, obtidos com muito sacrifício e privações, foi, segundo testemunho do crítico Ánnenkov, objeto de muito riso numa conversa entre amigos, da qual Gógol participara: "Todos riram daquela anedota, cuja base era um acontecimento da vida real, com exceção de Gógol, que ouvia tudo pensativo e cabisbaixo. A anedota teria sido a primeira ideia para a sua novela O capote".[6]

A recepção dos espectadores na primeira representação de O inspetor geral, em São Petersburgo e em Moscou, revelou, no entanto, o efeito profundo que aquela "anedota" operara na sensibilidade do público. A peça parecia não se limitar a um simples e engraçado juízo moral da realidade russa, sob as ordens de Nicolau I, ou ao triunfo do "realismo crítico", como queria Bielínski, mas abria, por meio da configuração grotesca dos personagens, das situações e da própria linguagem do texto, uma ampla sondagem do ser humano — do aspecto irreal da existência e de suas camadas mais profundas — matizada de ironia e amargura.

Nabókov apontou com justeza que Gógol jamais se preocupara em fazer "retratos da vida". O "espelho" de sua escritura projeta, segundo o estudioso russo, um jogo de luzes e reflexos de-

---

[6] Cf. P. V. Ánnenkov, *Literatúrnye vospominánia* (*Recordações literárias*), apud I. L. Vichniévskaia, op. cit., p. 61.

Nikolai Gógol, *O inspetor geral*, 1836, página de rosto da primeira edição.

Gógol lê *O inspetor geral para escritores e atores do Teatro Máli*, água-forte de Oleg Dmítriev e Valentina Danílova, 1951.

Nikolai Gógol em retrato de Otto Friedrich Theodor von Möller, 1841.

Nikolai Gógol e Vissarion Bielínski, desenho de Boris Lebedev, 1947.

formados e deformantes, do qual a poesia emerge, arrastando o leitor/espectador para um mundo artisticamente recriado, dotado de uma refração especular muito singular. Belo ou monstruoso, real ou irreal, trágico ou cômico, grotesco ou sublime, o mundo dos espelhos gogolianos se constitui, assim, em pura transfiguração poética, capaz de nela fazer incluir, ao mesmo tempo, a imagem reflexa e desestabilizada do receptor e de seu próprio mundo, como indica a epígrafe de O *inspetor geral*.[7]

Em suas *Memórias*, Ánnenkov, referindo-se à primeira representação em São Petersburgo, deixou anotado:

> Desde o primeiro quadro lia-se em todos os rostos o espanto. Ninguém sabia o que pensar daquilo que acabara de ser mostrado. Esse espanto crescia de ato em ato. A maioria dos espectadores, completamente desorientada, persistia nessa insegurança. Não obstante, havia na farsa momentos e cenas de tamanha vida e de tamanha realidade que em duas oportunidades explodiu uma gargalhada geral. Algumas vezes, no entanto, escutava-se um riso de um extremo a outro da sala, mas era tímido e morria no mesmo instante. Quase não se aplaudia, mas a atenção era extrema. Convulsivo e com esforço, o público seguia todos os matizes da peça. Com frequência, um silêncio de morte. Tudo isso indicava que se havia comovido vigorosamente o coração dos espectadores. Depois de terminar o quarto ato, o sobressalto se transformou quase em uma desaprovação geral, que chegou ao auge no quinto ato. Muitos se perguntavam por que o autor teria escrito a comédia, outros reconheciam talento em algumas cenas, muitos declaravam terem se divertido muito, mas a impressão geral deste público seleto era: "É impossível, é uma calúnia, é uma farsa!".[8]

---

[7] Cf. Vladímir Nabókov, *Nicolas Gogol*, Paris, Rivages, 1988, p. 53.

[8] *Apud* L. Leger, *Nicolas Gógol: el humorista genial*, Buenos Aires, Ediciones Suma, 1945, p. 150.

Na estreia em Moscou, as reações não foram diferentes. O espetáculo agradou pouco ao público, formado em grande parte por representantes da aristocracia. O ator Mikhail Schépkin (1788-1863), que interpretou em Moscou o papel do prefeito, sentiu-se desolado diante de tal acolhida e foi consolado por um amigo: "Meu querido, como é que você queria que fosse de outro modo? Uma parte do público é composta por aqueles que tomam (isto é, pelos corruptos), a outra, pelos que dão".[9]

Na revista *Molvá* (*Rumores*), editada por Nadéjdin, o autor da crítica se expressa da seguinte maneira:

> *O inspetor geral* não chegou a interessar o público; fez-lhe rir ligeiramente, mas não o comoveu. Durante os entreatos se podia escutar — metade em francês — um murmúrio de desaprovação e de queixas: "*Mauvais genre*". A peça chegou até mesmo a ser aplaudida em algumas passagens, mas, caído o pano, não se escutou uma só palavra. Era assim que deveria ser e foi isto o que sucedeu.

Bulgárin, outro crítico da época, declarou que *O inspetor geral* não era uma comédia, que os escândalos administrativos não podiam ser temas teatrais e que se tratava simplesmente de uma farsa e de um conjunto de caricaturas. Notou ainda que a cidade da peça de Gógol não existia na Grande Rússia, mas sim na Ucrânia.

Mas, dessa injustiça, Gógol foi recompensado por um artigo do crítico literário Viazémski, publicado na revista *O Contemporâneo*: "É uma verdadeira comédia. Mesmo que se apresentem caricaturas, não se trata de modo algum de uma farsa. Há queixas de que não há na peça um só homem sensato. Há sim: o autor".

Em virtude da violência das críticas, o dramaturgo procurou desfazer o que chamava de "alguns equívocos de interpretação", tentando diminuir o impacto social de seu texto. Dizia que seu ob-

---

[9] As citações a seguir constam da obra de Leger, *op. cit.*, pp. 154-60.

jetivo, ao escrever a peça, fora "acusar todas as coisas más da Rússia e rir-se delas". Afirmava que o personagem principal e perfeitamente honesto da peça era apenas o riso e que a ideia de um inspetor geral, um juiz supremo, tinha implicações religiosas. Não podia aceitar o fato de sua comédia haver se tornado uma bandeira de triunfo para uma parte da sociedade e um símbolo de subversão para outra. E de maneira alguma desejava ser tomado por um contestador do Estado russo e de suas estruturas.

"Todo mundo está contra mim" — escreve ao ator e amigo Schépkin, em 20 de abril de 1836, no dia seguinte à estreia.

> Acreditam os velhos e respeitáveis funcionários que não considero nada sagrado porque me atrevo a falar assim de pessoas em serviço ativo. Também os militares, os comerciantes e os literatos resmungam, mas vêm assistir a peça. Para a terceira apresentação era impossível conseguir lugares. Sem a suprema intervenção do soberano minha peça não teria sido representada e há pessoas que solicitaram sua proibição.
> [...]
> Agora eu sei o que é ser um autor cômico. À menor sombra de verdade todos se voltam contra ele. Não é apenas uma pessoa, mas todas as classes sociais. Imagino o que teria sido se eu tivesse tomado algum episódio da vida petersburguesa que me é agora melhor conhecida do que a provinciana. É penoso ver as pessoas contrárias a alguém que lhes dedica um amor fraternal.[10]

Transtornado, o dramaturgo decide então abandonar a Rússia por algum tempo e escreve do exterior, em tom de desabafo, ao amigo Pogódin:

> Não me aborrece nem a bisbilhotice, nem ver que estão indignados e que se afastam de mim todos aqueles

---

[10] Cf. "Písma Gógolia k Schépkinu" ("Cartas de Gógol a Schépkin"), em *Gógol i teatr* (*Gógol e o teatro*), *op. cit.*, p. 402.

que descobrem em meus textos os seus próprios caracteres. Não me aborrece tampouco ser censurado por meus inimigos literários. Mas o que me aflige é a ignorância que reina na capital e constatar a que lamentável situação se reduziu o escritor entre nós. Todo mundo está contra ele e nada restabelece o equilíbrio a seu favor. Tratam-no de incendiário e rebelde. E quem fala assim? Altos funcionários, homens de experiência que deveriam ser capazes de compreender as coisas tal como são, gente que o mundo russo considera culta. Tal suscetibilidade me desconcerta porque é índice de uma profunda e obstinada ignorância.[11]

Como uma espécie de autodefesa, Gógol adotou o mesmo procedimento que Molière quando este escreveu sua *Crítica à Escola de mulheres*: o dramaturgo russo criou uma comédia em um ato, escrita em 1836 e publicada em 1842, intitulada *À saída do teatro depois da representação de uma nova comédia*.[12] Trata-se de um diálogo que se desenvolve no saguão de um teatro ao final de um espetáculo. Os espectadores, à espera de suas carruagens, trocam impressões sobre a peça. Uns criticam, outros a defendem tentando justificar o autor que, incógnito, assiste a tudo. As referências dos interlocutores remetem diretamente à recepção de *O inspetor geral*:

    O LITERATO — Mas ela não é nada engraçada! Seria engraçada em quê? Que tipo de prazer ela proporciona? O argumento é inverossímil. São absurdos atrás

---

[11] Cf. "Iz píssem N. V. Gógolia" ("De cartas de N. V. Gógol"), em *op. cit.*, p. 394.

[12] Texto publicado pela editora Paz e Terra (Coleção Leitura, São Paulo, 2002), em tradução direta do russo de Arlete Cavaliere e Mário Ramos Francisco Jr. e incluído em Nikolai Gógol, *Teatro completo*, São Paulo, Editora 34, 2009. Uma análise mais detida desse texto encontra-se adiante no capítulo "Gógol, teórico do teatro".

de absurdos. Não há trama, nem ação, nem sequer qualquer reflexão.[13]

[...]

MAIS UM LITERATO — Creiam em mim, disso eu entendo: a peça é abominável! É uma obra suja, imunda! Nenhuma personagem é verdadeira, são todas caricaturas! Na vida real não é assim. Não, acreditem, eu sou o melhor para falar sobre o assunto: sou um literato. Falam de observação, de animação... Pois sim, é tudo uma estupidez. São palavras de amigos do autor; amigos elogiando, todos amigos! Eu ouvi dizer até que ele está sendo comparado a Fonvízin, quando a peça, sinceramente, não é digna sequer de ser chamada de comédia. Uma farsa, uma farsa! E além de tudo, uma farsa destinada ao fracasso.[14]

O personagem-autor, ao escutar as objeções e críticas a seu texto, responde com um longo monólogo, que conclui esta peça de Gógol como uma espécie de eco que reverbera, em tom de metalinguagem, a angústia e as incessantes crises de criação que marcaram sua própria vida.

Mas por que começa a surgir essa tristeza em meu coração? É estranho... É lastimável que ninguém tenha reparado na personagem respeitável que está em minha peça. Sim, havia uma personagem nobre e honrada que esteve presente em todo o decorrer da apresentação. Essa personagem nobre e honrada era... Era o riso. Ele é nobre porque se atreve a se mostrar, ainda que a função que lhe atribuem pelo mundo não seja lá muito nobre. É nobre porque se atreve a se mostrar, apesar de trazer consigo um ofensivo epíteto ao autor de comédias: o epíteto de "frio egoísta", que até mesmo obscureceu a pre-

---

[13] *À saída do teatro...*, em N. Gógol, *Teatro completo, op. cit.*, p. 339.
[14] *Idem*, p. 340.

sença dos ternos impulsos de sua alma. Ninguém tomou a defesa desse riso. Eu, o autor de comédias, servi a ele com honestidade, e por isso devo colocar-me como seu protetor.[15]

Gógol parece incapaz de suportar as críticas de que sua peça fora objeto porque se considerava um leal súdito do monarca e não desejava, de modo algum, o título de liberal e muito menos de revolucionário. Mas será que todas as interpretações, inclusive as posteriores, conferiram a *O inspetor geral* um significado absolutamente oposto ao desejado pelo dramaturgo? Pode ser. Certamente não se trata do primeiro caso na história literária. O problema, no entanto, se situa em outro plano. Como produto artístico, o texto contém em si mesmo um valor revolucionário na força negadora de antigos valores e na capacidade de transcender o universo estabelecido em uma forma própria.

O que de fato surpreende em *O inspetor geral* é que Gógol problematiza a sociedade de seu tempo não porque a elege como conteúdo ou tema de sua peça, mas pela maneira como a apresenta, pelo questionamento irreverente do próprio tratamento da matéria artística, isto é, no "fazer dramatúrgico" e na utilização transgressora da língua russa.

Basta lembrar, por exemplo, o sistema criativo de Gógol de fazer corresponder os nomes próprios a características curiosas de seus heróis. Através da escolha dos nomes, trabalhados para desnudar a sua própria essência semântica e sonora, o escritor cria máscaras perfeitas para os personagens. É o que se verifica em quase todos os personagens de *O inspetor geral*.

O impostor Khlestakóv, por exemplo, não por acaso carrega em seu nome a alusão ao verbo russo "khlestat", cuja sonoridade onomatopeica corresponde a seu significado: bater com chicote, surrar, fustigar, vingar. E, certamente, Khlestakóv nada mais é do que o bizarro algoz daquela cidadezinha de província, que, afinal, lhe cai nas mãos como vítima indefesa. Além disso, em seu nome

---

[15] *Idem*, p. 376.

ressoa também uma expressão popular russa ("khlestát iazikóm", fustigar com a língua), que faz referência aos seus atributos como contador de lorotas e bravateiro arrogante.

Também o inspetor de escolas Khlópov exerce sua nobre função batendo palmas a torto e a direito, conforme se pode inferir do verbo "khlópat", do qual deriva o nome. E o juiz desleixado Liápkin-Tiápkin conduz o tribunal da maneira que bem entende, fazendo tudo de qualquer jeito, como indica outra expressão popular ("tiáp-liáp") contida em seu nome.

Assim, uma análise mais detida dos nomes dos personagens desta peça revela o evidente jogo sonoro e a resultante comicidade lúdica que corroboram, afinal, a atmosfera insólita daquele universo, repleto de máscaras estranhas, das quais vão emergir os *clowns* gogolianos.

Mas é também, e sobretudo, na forma da representação teatral proposta pelo texto que se pode detectar a grande inovação dramatúrgica de Gógol. Alguns críticos da época fizeram alusão à ambiguidade e ao cinismo da linguagem teatral do dramaturgo.

Ora, a epígrafe de O *inspetor geral* já nos dá a chave do jogo ambíguo: "a culpa não é do espelho se a cara é torta". Na verdade, trata-se de uma espécie de exposição daquilo que o espectador deseja ver da vida no teatro. Porém, ao mesmo tempo, o público reconhece no palco tudo aquilo que no fundo não desejaria ver ou, então, vê seus desejos não somente realizados, mas também criticados. O público se percebe, portanto, não como sujeito, mas como objeto. É o espelho invertido. Daí seu caráter transformador, enquanto questiona a estrutura social e ataca a sociedade que necessita de tal estrutura. A vida social aparece não como entidade, mas como uma realidade viva e contraditória que se projeta sobre os espectadores.

Os personagens grotescos da peça, apresentados em todas as suas deformações e exageros, beirando caricaturas, desenham a imagem de um mundo deformado no limiar do fantástico e do monstruoso, ainda que cômico. No espelho invertido da cena, os disfarces e as máscaras sociais criam, afinal, um jogo sutil de rupturas que leva a uma espécie de autorreconhecimento, surgido dessa irrealidade às avessas. "Do que estão rindo? Estão rindo de si mesmos", proclama, ao final, o prefeito trapaceado, em desespero tragicômico.

Claro está que Gógol insiste na magia do teatro, mas parece querer destruí-la: o espelho da cena já não reflete o mundo da sala, mas os disfarces ideológicos desta mesma sala. E o espetáculo se volta "contra" o público e, nesse sentido, se transforma em teatro de denúncia.

De outra parte, O inspetor geral não configura um modelo de peça de agitação ou de protesto. Tampouco pode ser considerada uma obra política, no sentido pragmático. Mas o é, na medida em que mostra indivíduos como objeto de indagação. Não possui, certamente, um "uso imediato", localizado, mas sua ampla abertura se opera na análise profunda por meio do riso, que fratura o próprio processo do mundo e do homem.

Gógol decompõe o espelho do teatro ao propor um novo posicionamento perante a ordem das relações tradicionais entre a cena, a sala e o mundo, embora os códigos de representação teatral da Rússia dos meados do século XIX não pudessem absorver a proposta irreverente contida em sua peça.

Apenas em 1926, a ousadia estética do encenador da vanguarda teatral russa, Vsiévolod Emílievitch Meyerhold, possibilitaria uma leitura cênica concernente à inovação dramatúrgica gogoliana.[16]

Assim como o texto de Gógol, essa encenação surge também, quase um século depois da publicação da peça, em meio a acirradas polêmicas de crítica e de público, e foi a que alcançou maior repercussão em toda a Rússia e Europa, tendo se incorporado definitivamente na história do teatro russo.

* * *

A intriga de O inspetor geral não apresenta, à primeira vista, nenhum ingrediente dramático que já não houvesse sido experi-

---

[16] Cf. a propósito desta encenação de Meyerhold, Arlete Cavaliere, *O inspetor geral de Gógol/Meyerhold: um espetáculo síntese*, São Paulo, Perspectiva, 1996.

mentado pela tradição da comédia russa. A estruturação dramática da comédia de Gógol, dividida em cinco atos e pautada pelas regras clássicas das três unidades, não se afasta muito do esquema tradicional da comédia do século XVIII, do qual provinham também as peças de Fonvízin e Griboiêdov.

A comédia de engano era já muito conhecida do público, habituado aos prazeres dos "quiproquós" dos *vaudevilles* e das comédias de erros ou de situação que invadiam os palcos russos com uma série de trapaceiros, espertalhões, funcionários ineptos e amantes enganados, aos quais se interpunham inúmeros "revisores" ou *raisonneurs* prontos a restabelecer a ordem (ou o equilíbrio) entre o bem e o mal, a verdade e a mentira, o vício e a virtude, enfim, heróis que franqueavam ao espectador, por meio do deleite do cômico e do riso, o prazer da superação do conflito entre os justos e os injustos, com o necessário triunfo dos primeiros. A fundamental intriga amorosa também vinha acrescentar um colorido romântico e sentimental, indispensável para a recompensa dos virtuosos.

Mas a comédia de Gógol desmonta essa arquitetura dramática, na medida em que expõe a desagregação não apenas de um herói, de uma família, de uma classe social, de uma repartição pública qualquer, ou mesmo de uma situação bizarra, de cuja ordem e desordem é possível rir e corrigir. Aqui, trata-se do desarranjo de uma cidade inteira. Todas as camadas de um microcosmo social e humano, e, portanto, todos os personagens (desde o prefeito e sua família até o mais insignificante habitante) estão submersos em uma atmosfera de iniquidade que parece, pouco a pouco, assumir a amplitude de uma catástrofe social e existencial. E o revisor-*raisonneur* já não surge em Gógol para lhes fazer sermão com o intuito benfazejo de lograr o equilíbrio, a ordem ou a virtude. Ao entrecho da comédia tradicional, Gógol instala um falso revisor, um revisor às avessas, um *raisonneur* oco, falador sem discurso, um excêntrico blefista, capaz de deixar exposto esse universo aparentado ao pesadelo e de mostrar a vida a contrapelo.

A comicidade que daí decorre provém, certamente, dessa espécie de suspensão no vazio, da contrafação do riso que surge, em última análise, de um jogo especular do falso e do verdadeiro, do real e do irreal, que constitui, afinal, o arcabouço dramático da comédia gogoliana.

A ação da comédia se articula, assim, na dialética desse movimento. A peça se abre com a notícia da chegada de um certo inspetor: "Chamei-os aqui, meus senhores, para lhes dar uma notícia bem desagradável. Está a caminho um inspetor geral", anuncia o prefeito na primeira fala. Um falso inspetor, porém, enreda a ação dramática que se conclui com a notícia da chegada do "verdadeiro" ("Acaba de chegar de São Petersburgo um funcionário por ordem do tsar. Ele ordena que o senhor se apresente agora mesmo. Ele está hospedado no hotel"). Com essa última fala, o movimento especular da ação dramática nos reenvia ao ponto de partida, pois o final da peça exibe a imagem refletida do início, deflagrando um recomeço.

Esse movimento fabular, cujo fio condutor parece ser a palavra "inspetor geral", está sempre pronto a recomeçar. Em cada um dos cinco atos, em cada cena, em cada personagem, ecoa a palavra-chave detonadora da ação: é sempre a mesma chave que abre o movimento dramático. Nesse sentido, a cena muda final parece prefigurar a breve interrupção de um movimento contínuo, como se todos aqueles personagens, transformados em bonecos imóveis, apenas esperassem a palavra mágica ("inspetor geral") para se colocar de novo em ação como um mecanismo automático e repetitivo.

Na peça em um ato *À saída do teatro depois da representação de uma nova comédia*, Gógol expõe, na fala de um dos personagens, sua concepção sobre a arte dramática como um mecanismo articulado que deve se mover de modo orgânico:

> O SEGUNDO — As pessoas simples já se habituaram a esses relacionamentos amorosos e casamentos, sem os quais uma peça não pode terminar, de jeito nenhum. Claro que isso é o enredo; mas que enredo? O mesmo que um nó no canto de um lenço. Não, a comédia tem de enfeixar-se por si mesma, com todo o seu conteúdo formando um grande e único nó. O enredo deve abranger todas as personagens, e não uma ou duas. Deve to-

car naquilo que emociona, mais ou menos, a todos os atuantes. E assim, todos são protagonistas; o curso e o andamento da peça derivam do funcionamento de toda a máquina: nenhuma roldana deve ficar enferrujada e fora de funcionamento.[17]

Com efeito, a figura do inspetor amarra e desamarra continuamente cada um dos habitantes daquela cidadezinha de província e, por isso, Khlestakóv constitui, sem dúvida, o grande nó dramático no qual estão entrelaçados todos os fios que estruturam a comédia.

No entanto, o herói central, em torno do qual gravitam todos os outros personagens, não passa de uma ficção, ou melhor, de uma dupla ficção. Porque se trata, é certo, de um personagem teatral, fictício, movido, portanto, pelas leis que regem a representação artística, cuja dialética do falso e do verdadeiro encontra-se, como se sabe, na essência mesma de sua gênese.

Dessa forma, o herói Khlestakóv, simultaneamente modelo e duplo do inspetor geral, figura que causa pavor e a todos engana (aliás, quase que por acaso, na efabulação da comédia), não passa de um inspetor-simulacro, um herói de mentira, personagem construído como uma espécie de falsa duplicata do verdadeiro, como uma imagem no espelho, cuja presença "real" no entrecho dramático é referida ao final, sem que, de fato, se corporalize na cena. A figura do inspetor, mesmo no desfecho da peça, segue sendo mera alusão, miragem fantasmática, jamais posta em cena.

Nesse sentido, a ação dramática perfaz também uma espécie de movimento de engodo, instaurando na tessitura da comédia a ambivalência fundamental da arte teatral, fundada sobre a duplicidade falso-verdadeiro, realidade-irrealidade, arte-vida.

Khlestakóv constitui assim a personificação mesma da arte da representação teatral, da função do ator de ser e não ser o outro, enfim, da teatralidade como engodo ambivalente (e necessário) na pretensa busca da imitação da vida pela arte. Disso decorre, certamente, o riso zombeteiro gogoliano: um riso que brota do

---

[17] *À saída do teatro...*, em N. Gógol, *Teatro completo, op. cit.*, p. 342.

próprio estatuto da arte do teatro, do caráter paródico que lhe é inerente, posto que alojado no diálogo necessário entre o real e o irreal e na fusão do falso e do verdadeiro, convenções essenciais do fenômeno teatral e de toda arte.

A figura de Khlestakóv atualiza dramaticamente a celebração fundamental do teatro, isto é, a metamorfose do ator em outro, em personagem fictício. Nesse processo de mascarar e desmascarar se estabelece a ossatura da comédia de Gógol, assim como o próprio fundamento da arte teatral.

Ora, a questão dos duplos e da duplicidade,[18] a imagem espelhada que deforma e ao mesmo tempo revela, e que aparece na epígrafe desta comédia, são elementos constitutivos da visão artística de Gógol. Contos, novelas e peças de teatro do escritor exibem, quase de modo obsessivo, um universo dúplice, repleto de desdobramentos de toda espécie. Situações e personagens se movem, com certa constância, no limiar de dois mundos: real-irreal, verdadeiro-falso, sonho-realidade se refletem especularmente de modo a fazer emergir imagens duplicadas, conformando a cosmogonia artística de Gógol, estruturada por uma infinidade de fragmentos paralelos e duplos que dialogam entre si e desestabilizam a visão do leitor-receptor, pois no mundo de espelhos gogoliano tudo pode ser um "outro".

Em *O inspetor geral*, não apenas a figura do inspetor Khlestakóv surge reduplicada, mas há como que uma contaminação em cadeia de duplicatas que se imiscuem, revirando a todo o momento a percepção da fábula e toda a arquitetura textual. Os vários níveis de estruturação do texto parecem reproduzir ao infinito este efeito especular que a sustenta.

Logo de início, depois de anunciar "a notícia bem desagradável" aos seus asseclas, o prefeito, em sua segunda réplica do tex-

---

[18] Cf. a propósito a recente versão do excelente ensaio de Abram Terts (Andrei Siniávski), "Dva povoróta serebriánovo kliutchá v *Revisore*" ("Duas voltas de chave de prata em *O inspetor geral*"), em *V teni Gogólia: Revisor i Miórtvye duchi* (*À sombra de Gógol: O inspetor geral e Almas mortas*), Moscou, Globulus Enas, 2005. A primeira versão, em tradução francesa de Georges Nivat, foi publicada pela Éditions du Seuil, de Paris, em 1978.

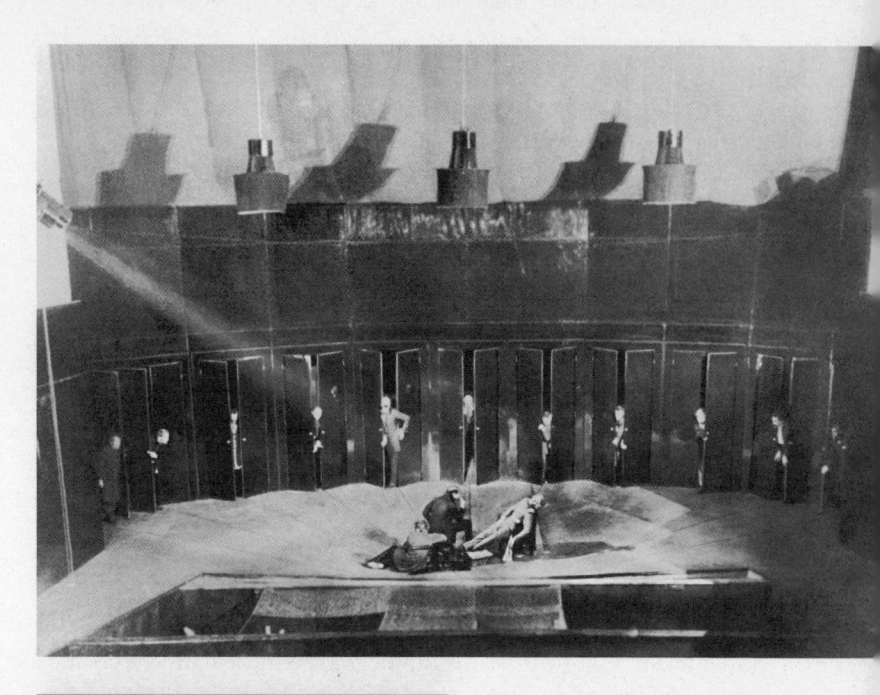

Quatro cenas da montagem de *O inspetor geral* dirigida por Vsiévolod Meyerhold em 1926. Acima, o episódio "O suborno"; à esquerda, o ator Erast Gárin no papel de Khlestakóv.

59

to, já confere ao discurso o matiz insólito e fantástico que vai marcar a tonalidade da comédia até o final: "Eu bem que pressentia: sonhei esta noite toda com duas ratazanas impressionantes. Palavra de honra, nunca vi nada parecido: pretas, de tamanho sobrenatural! Chegaram bem perto, cheiraram e foram embora".

Sonho e realidade já se insinuam aqui como duplicidade incoercível que corrói aquele cotidiano provinciano como "duas ratazanas impressionantes", capazes de produzir, a todo momento, "um acontecimento extraordinário", "uma coisa imprevista", "uma notícia inesperada".

A imagem das duas ratazanas configura, por assim dizer, uma espécie de segunda epígrafe da peça, pois parece aludir, logo de início, não apenas à duplicação do herói central, mas também aos inúmeros modelos duplicados que vão se suceder até o final.

Já na cena III do primeiro ato irrompem dois Piotr Ivánovitch: Dóbtchinski e Bóbtchinski, *clowns* que se desdobram, imiscuindo-se um no discurso do outro, repetindo-se mutuamente como figuras circenses, amalgamados e desdobrados ao mesmo tempo numa inversão contínua e simultânea entre a imagem modelo e a duplicata. Dob-Bob, fazendo de um discurso o duplo do outro, e como porta-vozes da chegada de Khlestakóv/inspetor na hospedaria da cidade, acabam por engendrar não apenas a complicação da fábula, mas também o nó da ação dramática, pois é precisamente por meio deles que a figura do esperado inspetor aparece "inventada" em duplicata. O duplo Dob-Bob forma o duplo verdadeiro-falso inspetor. A notícia falsa/verdadeira faz detonar, assim, o movimento vertiginoso e irreparável de desdobramentos contínuos, duplicidades sucessivas que transformam aquele universo em um jogo de espelhos infinito.

A conclusão do primeiro ato com a cena VI apresenta um outro par bipolar de personagens, o duplo feminino Ana Andréievna e Mária Antónovna. Mãe e filha passarão a disputar, ao longo de toda a trama, as posições de modelo ou duplicata, invertendo-as entre si sucessivamente na obstinada tarefa de sedução do ilustre visitante, o qual, por sua vez, duplicará também as declarações de amor e o pedido de casamento, numa alusão paródica aos ingredientes românticos indispensáveis na comédia russa convencional.

Óssip, o criado fiel e também uma espécie de extensão desdobrada do patrão Khlestakóv, expõe na abertura do segundo ato a imagem invertida do herói desenhada anteriormente. O longo monólogo do criado que abre a cena e desfia as características do futuro impostor, em franca oposição à imagem erigida no primeiro ato, constrói o solo cômico e ambivalente no qual vai se contrapor, logo a seguir, outro par de personagens bipolares, isto é, o prefeito da cidade e o "inspetor" Khlestakóv, cujo "falso" conflito coloca em causa não apenas a lógica-ilógica do discurso de ambos, no embate discursivo da mentira e da verdade, mas também — e como consequência — a manutenção do erro.

O segundo ato surge, assim, como imagem invertida do primeiro: o "verdadeiro" inspetor, que se anuncia no primeiro ato, se metamorfoseia no falso, imagem reflexa encarnada na figura de Khlestakóv, que, até a última cena da comédia, torna-se a única "verdade" plausível e a mola propulsora da trama. Verdade falseada, certamente, mas que edifica, de forma paradoxal, um microcosmo ordenado, ainda que fundado no insólito. Assim, organiza-se, logo de início, um universo "às avessas", no qual a desordem nada mais é do que a ordem ao reverso, e cujo paroxismo encontra-se no famoso monólogo de Khlestakóv no terceiro ato, uma das cenas antológicas da história do teatro russo.

No discurso excêntrico e absurdo desta cena, próximo ao *nonsense* e que conduz a comicidade do texto a seu ponto culminante, Khlestakóv, herói simulacro e imagem duplicata, cria uma outra imagem falseada, produto de seu próprio discurso e delírio, de qual emerge ainda um outro inspetor, um outro duplo, autoimagem refletida no espelho da mentira, duplicata em duplicata. Confirma-se na tessitura da comédia a aderência de vários planos especulares, refrações de universos em paralelo, imantados pela palavra mágica gogoliana, emprestada aqui a Khlestakóv, que, como duplo do autor, transfigura o mundo, desestabiliza a noção de real e irreal, falso e verdadeiro, e nos oferece uma multiplicidade de visões, que é, afinal, o estatuto da arte de Gógol.

  ANA ANDRÉIEVNA — Imagino com que bom gosto e que bailes maravilhosos devem ser.

KHLESTAKÓV — A senhora nem queira imaginar. Sirvo, por exemplo, melão, mas um melão que custa setecentos rublos. A sopa, numa sopeira, e vem de navio direto de Paris. A gente levanta a tampa e sai um tal cheiro, impossível de se encontrar igual na natureza. Todos os dias vou a bailes. Lá a gente organiza também um bom *whist*: o ministro das Relações Exteriores, o embaixador francês, o embaixador inglês, o embaixador alemão e eu. A gente joga até não poder mais. E ao subir correndo as escadas de minha casa no quarto andar, mal consigo dizer à cozinheira: "Mávruchka, o meu capote...". Ah, não! Que bobagem! Esqueci que moro no primeiro. Só a escada me custou... Mas o mais interessante é dar uma olhada na minha antessala antes de eu me levantar. Condes e príncipes conversam e zumbem como abelhas e só se escuta zzz... zzz... Às vezes também o ministro... (*O prefeito e os outros erguem-se de suas cadeiras, atemorizados.*) Até nas correspondências vem escrito: "Para sua excelência". Certa vez até cheguei a dirigir uma repartição. Foi muito estranho: o diretor foi embora — para onde, ninguém sabia. Então, naturalmente, começou um "diz que diz que": como? o quê? quem vai ocupar o lugar? Muitos generais apareceram e quiseram passar a mão, mas a coisa não era nada fácil, não. À primeira vista, parece fácil, mas se a gente olha bem, só o diabo é que sabe. Aí, eles se dão conta, não têm saída, então sobrou pra mim. E no mesmo instante pelas ruas surgem mensageiros, mensageiros, mensageiros... Imaginem, trinta e cinco mil só de mensageiros! Como é que está indo a coisa, eu pergunto? "Ivan Aleksándrovitch, vá dirigir a repartição!" Pra dizer a verdade, fiquei um pouco constrangido. Recebi-os em robe de chambre, quis recusar, mas pensei: "Isto vai acabar chegando aos ouvidos do soberano, e também a minha folha de serviço...". "Está bem, senhores, aceito o cargo, aceito", digo. "Então vá lá, digo, eu aceito, mas vou logo avisando, olha lá! Estou por dentro de tudo, vão ver só..." E foi dito e

feito: era só eu entrar na repartição — era aquele terremoto. Todos se agitavam e tremiam como folhas.
(*O prefeito e os demais tremem de medo. Khlestakóv se inflama ainda mais.*)
Ah! não! Brincadeira comigo, não. Passei um sabão em todo mundo! Até o Conselho de Estado tem medo de mim. O que fazer? Eu sou assim! Não poupo ninguém... vou logo dizendo a todo mundo: "Eu me conheço muito bem". Estou em todo lugar, em todo lugar. Vou todos os dias ao palácio. E logo vou ser nomeado marech... (*Escorrega e por pouco não cai no chão, mas os funcionários o seguram com respeito.*)[19]

Com efeito, o segundo Khlestakóv, aquele que se sobrepõe ao primeiro, é ainda mais "impressionante" e de tamanho ainda mais "sobrenatural". Construção da fantasia e da invenção discursiva do primeiro, aparece nesta cena, para além da reduplicação do inspetor, a prefiguração mesma do poético e da gênese das formas artísticas, estas capazes de magnetizar o próprio criador (e com ele o receptor), transportando-o ao êxtase, à iluminação ou à loucura.

Khlestakóv não é aqui apenas ator de si mesmo, mas encarna a *"poiesis"*, a imagem do artista e do ato de criação. Ao descrever as quimeras da sociedade petersburguesa e compor um painel da vida mundana, Khlestakóv como que atualiza também o processo de criação da comédia gogoliana: um jogo mágico de espelhos, que refrata ao infinito um universo povoado de imagens reduplicadas, falsas e fantasmagóricas.

Não por acaso, toda a cena, ao levar a paródia ao paroxismo, condensa na tessitura dos diálogos o processo mesmo da impostura, da projeção falseada, além das inúmeras referências literárias, por meio das quais o "poeta-Khlestakóv" dialoga com todo o ambiente literário petersburguês da época, elevando a comédia gogoliana ao grau máximo da metalinguagem e do dialogismo intra e intertextual.

---

[19] *O inspetor geral*, em N. Gógol, *Teatro completo, op. cit.*, pp. 104-5.

KHLESTAKÓV — Não gosto de cerimônias. Ao contrário, eu até faço todo o esforço para não ser notado. Mas é absolutamente impossível a gente se esconder, simplesmente impossível. É só eu sair para ir a qualquer lugar e pronto, já começam a falar: "Olha quem vai lá, é Ivan Aleksándrovitch!". Certa vez até me tomaram pelo comandante-chefe. Os soldados saíram correndo dos quartéis e se perfilaram diante de mim. Depois um oficial que é muito meu amigo me disse: "Pois é, irmãozinho, tomamos você pelo comandante-chefe". [...]
    Também conheço atrizes lindíssimas. Até alguns vaudevilezinhos... Sempre me encontro com literatos. Púchkin é meu amigo do peito. Sempre digo a ele: "E aí, meu velho Púchkin?" — "Assim assim, meu velho" — às vezes responde — "vai-se levando...". Muito original.
    ANA ANDRÉIEVNA — Quer dizer que o senhor também escreve? Como deve ser agradável! Certamente, o senhor também publica nas revistas?
    KHLESTAKÓV — Claro, nas revistas também. Aliás, há muita coisa minha escrita. *As bodas de Fígaro*, *Roberto, o diabo*, *Norma*. Até nem me lembro mais dos nomes. E tudo assim, como que por acaso: eu nem queria escrever, mas a direção do teatro me pediu: "Por favor, meu caro, escreva alguma coisa, vai". Pensei comigo mesmo: "Por que não? Toma lá, meu amigo!". E acho ainda que escrevi tudo numa noite só e deixei todos maravilhados. Tenho uma cabeça ágil como o vento. Tudo que apareceu sob o nome do barão Brambeus,[20] *A fragata Esperança*, *O Telégrafo de Moscou*,[21] fui eu que escrevi tudo isso.
    ANA ANDRÉIEVNA — Então quer dizer que Brambeus é o senhor?

---

[20] Pseudônimo de O. I. Senkóvski (1800-1858), escritor, jornalista, redator da revista *Biblioteca para Leitura*, muito conhecido na época.

[21] *A fragata Esperança*: novela de Marlínski, pseudônimo do dezembrista A. A. Bestujev (1797-1837), participante da rebelião contra o tsar Nicolau I,

KHLESTAKÓV — Perfeitamente. E também corrijo os artigos de todo mundo. Smírdin[22] me paga por isso quarenta mil rublos.

ANA ANDRÉIEVNA — Então, certamente, *Iúri Miloslávski*[23] também é obra sua.

KHLESTAKÓV — Sim senhora, obra minha.

ANA ANDRÉIEVNA — Logo adivinhei.

MÁRIA ANTÓNOVNA — Mas, mamãe, lá está escrito que é do sr. Zagóskin.

ANA ANDRÉIEVNA — Outra vez! Sabia que você iria teimar comigo de novo.

KHLESTAKÓV — Ah, sim! De fato, quer dizer, é isso mesmo. É de Zagóskin, mas há um outro *Iúri Miloslávski* que é meu.

ANA ANDRÉIEVNA — Eu acho que li foi o seu. Como está bem escrito!

KHLESTAKÓV — Confesso que vivo de literatura. Em Petersburgo minha casa é de primeira. É conhecida como a casa de Ivan Aleksándrovitch. (*Voltando-se a todos.*) Façam-me a gentileza, meus senhores, se forem a Petersburgo, por favor, venham mesmo à minha casa. Sabem, também dou bailes.[24]

Surge aqui, como se vê, ainda um outro inspetor, um inspetor-literato que "vive de literatura". Essa espiral de "inspetores" inventados e reinventados a cada ato, a cada cena, a cada frase dos personagens, parece configurar o ato de plasmar literariamente a comédia, o processo mesmo de sua criação.

---

ocorrida em dezembro de 1825. *O Telégrafo de Moscou*: revista progressista editada por N. A. Polevói a partir de 1825 e fechada em 1834 por decreto de Nicolau I.

[22] A. F. Smírdin: livreiro muito conhecido de São Petersburgo e editor da revista *Biblioteca para Leitura*.

[23] *Iuri Miloslávski*: romance histórico da M. Zagóskin, publicado em 1829 e que, na época, teve muito sucesso.

[24] *O inspetor geral*, em N. Gógol, *Teatro completo, op. cit.*, pp. 101-3.

Observe-se que a chegada do primeiro inspetor é anunciada na carta de um certo Tchmykhov, cuja leitura, efetuada pelo prefeito logo no início do primeiro ato, faz girar o mecanismo dramático da comédia. Mas há ainda outra carta (outra duplicata) que conclui o movimento da primeira, fazendo rodopiar a trama em delirante vertigem até a imobilidade total da cena muda no desfecho da peça. Trata-se do texto escrito por Khlestakóv ao amigo literato Triapítchkin, que mora em Petersburgo, dando-lhe notícias da trama de enganos em que se acha envolvido e, ao mesmo tempo, propondo-lhe farto material para a confecção de outro artefato literário.

KHLESTAKÓV — Aqui há muitos funcionários. Acho que eles estão me tomando por um alto funcionário. Na certa, ontem fiz muito farol. Que idiotas! Vou escrever a Triapítchkin em Petersburgo contando tudo. Ele escreve lá os seus artiguinhos, que se divirta com todos esses aí. Ei, Óssip! Traga aqui papel e tinta. [...]
Coitado daquele que cai nas garras de Triapítchkin. Ele perde o pai, mas não perde a piada. E gosta também de um bom dinheirinho. [...][25]

A íntegra do texto da carta de Khlestakóv só será desvendada aos habitantes da cidade e ao leitor-espectador no final da comédia, quando a intriga e seus personagens ridicularizados aparecem novamente descritos, desta feita não pelo Gógol-dramaturgo, mas pela pena do "literato" Khlestakóv, que, por sua vez, transmite a outrem a possibilidade de nova invenção de um novo "inspetor". A peça de Gógol engendra nova comédia e duplica-se, assim, na criação literária potencializada na escrita das cartas e na alusão ao reverberar infinito da matéria literária.

Na penúltima cena da comédia, o chefe dos correios lê a carta de Khlestakóv:

---

[25] *Idem*, p. 131.

"Apresso-me a informar você, meu caro Triapítchkin, sobre algumas coisas incríveis que aconteceram. Durante a viagem, um capitão de infantaria me limpou de tal maneira que o dono da hospedaria queria me mandar para a cadeia. Mas eis que de repente, por causa de minha cara e meus trajes petersburgueses, toda a cidade me tomou por um governador-general. E agora estou hospedado na casa do prefeito, numa boa, e estou arrastando uma asinha, sem mais aquela, tanto para a mulher como para a filha. Apenas não decidi ainda por qual delas devo começar. Acho que pela mamãezinha, pois me parece que ela já está disposta a todos os favores. Você se lembra da miséria que passamos juntos? Quando dividíamos o almoço? E como certa vez o dono de uma confeitaria me agarrou pelo colarinho por causa de uns pasteizinhos que ficaram por conta do vigário? Agora a vida mudou completamente. Todos me emprestam dinheiro ao meu bel-prazer. Que gente pitoresca! Você iria morrer de rir. Sei que você escreve pequenos artigos. Coloque essa gente em seus textos. Em primeiro lugar, o prefeito. É um asno perfeito..."[26]

Segue-se a caracterização cômico-grotesca de todos os funcionários envolvidos pela diabólica impostura, até que o prefeito em desespero profere o discurso final como que concluindo essa "reescritura" sucessiva e infinita de "inspetores gerais" inventados por "escrevinhadores de nada" e "rabiscadores de papel", desdobrados pela metalinguagem em renovadas e incessantes comédias.

O PREFEITO — [...] Vejam só! Vejam todos! Todos os cristãos! Vejam como o prefeito passou por idiota! Foi feito de bobo, de bobo, velho idiota! (*Ameaça a si com o próprio punho.*) Ah! Seu narigudo! Tomou aquele nadinha, aquele trapo, por uma personalidade importante! Agora lá vai ele pelos caminhos fazendo alarde!

---

[26] *Idem*, p. 167.

Vai contar pra todo o mundo essa história. E ainda por cima, além de a gente passar por palhaço, vai cair nas mãos de um escrevinhador qualquer, um rabiscador de papéis que vai meter a gente numa comédia! Isso é que é duro! Não vai levar em consideração nem o meu cargo, nem minha posição e todos vão rir às gargalhadas e bater palmas. Do que estão rindo? Estão rindo de si mesmos!... Ah! Vocês!... (*Furioso, bate com os pés no chão.*) Todos esses rabiscadores de papel, esses escrevinhadores de nada, malditos liberais! Filhos do diabo! Queria dar um nó em vocês todos, reduzir todos a pó e mandar vocês pro fundo do inferno! Bem juntinho do demo!...[27]

De toda essa arquitetura dramática decorre, certamente, uma outra lógica para a apreensão do mundo e dos seres que nele habitam. Aos incessantes desdobramentos e duplicidades que se operam, como vimos, nos vários planos da estruturação do texto gogoliano, corresponde uma certa visão turva do real, esmaecida pelos contornos imprecisos e dúplices, quase vacilantes, posto que multiplicados ao infinito, dos personagens, da intriga e da própria ação da peça. As fronteiras entre o real e o fantástico se desintegram, a mentira se entrelaça à verdade e o discurso também se desagrega nessa irreparável instabilidade em que se apoia o universo gogoliano. Porque, afinal, o que anima a arte de Gógol é tudo aquilo que não está na frente, nem mesmo no verso, mas no reverso do texto.

Nabókov, com razão, se referiu a esta comédia de Gógol como poesia em ação, isto é, a irrupção dos mistérios do irracional por meio de palavras racionais.[28]

Nesse sentido, o bilhete à esposa que o prefeito escreve sobre uma conta do hotel, lido em voz alta no ato seguinte, parece emblemático:

---

[27] *Idem*, p. 172.
[28] Cf. V. Nabókov, *op. cit.*, p. 66.

ANA ANDRÉIEVNA — O que está escrito aqui no bilhete? (*Lê*.) "Apresso-me a informar você, coração, que a minha situação era lamentável, mas, graças à misericórdia divina, dois pepinos salgados e principalmente meia porção de caviar, por um rublo e vinte e cinco copeques..." (*Interrompe*.) Não estou entendendo nada. Que história é essa de pepinos e caviar? [...] Ah! Então é isso. (*Continua lendo*.) "Mas graças à misericórdia divina parece que no final tudo vai dar certo. Prepare depressa um quarto para o ilustre hóspede, aquele forrado com pedacinhos de papel amarelo."[29]

Um texto sobreposto a outro, um discurso dentro de outro, um inspetor desdobrado em outro, uma comédia reduplicada em outra desvelam esse mundo gogoliano subterrâneo, irracional, ininteligível e subliminar que perpassa cada filigrana, cada microestrutura da comédia e que constitui, na verdade, a matéria primeira da arte literária de Gógol.

É dentro desse tecido movediço e instável, que encobre a superfície "das palavras racionais" da comédia, que um prefeito pode vestir uma caixa de papelão em vez do seu chapéu ("Comissário de polícia — Anton Antónovitch, isso aí é uma caixa e não o seu chapéu. Prefeito — E por que não a caixa? Que me importa a caixa?"), gansos e gansinhos podem viver nas repartições públicas em meio às pernas dos solicitantes; o médico do hospital não precisa saber uma palavra de russo e só deixar escapar um som meio parecido com a letra "i" e um pouco com a letra "e"; e o professor de história, ao falar de Carlos Magno, pode jogar as cadeiras no chão e destruir a sala de aula. Nessa lógica vigente, o melão de Khlestakóv pode muito bem custar setecentos rublos, e a sopa chegar de navio numa sopeira, direto de Paris.

O absurdo franqueia, sem dúvida, a comicidade e o bizarro, mas Gógol não coloca personagens em situações absurdas, pois elas já se movem num universo absurdo do qual provém a dimensão trágico-patética de sua condição humana. Daí provêm também

---

[29] *O inspetor geral*, em N. Gógol, *Teatro completo*, *op. cit.*, p. 92.

o embaralhamento constante do discurso e da frase, o deslocamento incessante do sentido, as reviravoltas da ação: tudo em perfeita consonância com o mundo habitado por figuras e imagens grotescas a se reduplicarem sem cessar, como que na busca inopinada do reverso da razão no qual o irracional as entrelaça para revelar sua essência em meio a essa espécie de caos universal.

Neste plano subterrâneo e insondável, articulado segundo uma lógica própria cujas leis vigentes conformam um universo afastado da realidade empírica (como um pesadelo que de repente se materializa), irrompe uma multidão de seres e de coisas secundárias, detalhes aparentemente insignificantes que perpassam a trama em segundo plano, mas que pouco a pouco se agigantam, tomam corpo e, sem interferir propriamente no desenrolar da ação, compõem uma segunda vida da comédia.

Dessa forma, nos nomes comicamente grotescos, neologismos inventados de forma magistral por Gógol para revelar seus personagens, assim como também nas várias expressões populares e nas frases de sintaxe contorcida que matizam os diálogos do texto, se refrata essa espécie de submundo secundário e irracional.

Da mesma sorte, os inúmeros personagens secundários, "atores figurantes" que despontam nas fissuras do texto, acabam por conformar um vasto tecido em duplicata, sombra fabular estruturada de mônadas isoladas que encarnam um mundo secreto, um pano de fundo não menos absurdo e grotesco.

Basta atentar, por exemplo, às duas cartas, há pouco citadas, para que se possa agregar um subtexto com personagens e pequenas ações que jamais serão submetidas à luz da cena. É o caso de Tchmykhov (o autor da primeira carta), que conhecemos por meio da leitura do prefeito, com o acréscimo de mais dois personagens: a irmã Ana Kirílovna e o marido Ivan Kirílovitch:

> O PREFEITO — [...] "então aconselho tomar precauções, mesmo porque ele pode chegar a qualquer momento, se é que já não chegou e está hospedado incógnito em algum canto... Ontem eu..." Bem, aqui já vem assuntos de família: "minha irmã Ana Kirílovna veio nos visitar com seu marido; Ivan Kirílovitch engordou muito

e continua tocando violino..." e etc. etc. Vejam só que situação.[30]

Na segunda carta, o personagem-miragem é Triapítchkin, o amigo jornalista citado por Khlestakóv:

> Vou escrever a Triapítchkin em Petersburgo contando tudo. Ele escreve lá os seus artiguinhos, que se divirta com todos esses aí. Ei, Óssip! Traga aqui papel e tinta. [...]
> Coitado daquele que cai nas garras de Triapítchkin. Ele perde o pai, mas não perde a piada. E gosta também de um bom dinheirinho.[31]

Outro exemplo é o personagem que desponta da carta lida pelo chefe dos correios:

> Não faz muito tempo, um tenente escreveu a um amigo, descrevendo um baile de maneira tão frívola... muito bom mesmo: "Minha vida, meu querido amigo, corre às mil maravilhas: mulheres, muitas mulheres, música, bandeiras galopando...".[32]

Acrescente-se a essa galeria imensa de tipos gogolianos invisíveis e submersos nos diálogos a figura do médico alemão Khristian Ivánovitch Guíbner, os professores um tanto esquisitos da escola, os filhos citados de Dóbtchinski (e também os de Zemlianíka), os soldados sempre bêbados e ausentes (referidos pelo prefeito) e ainda a mulher do serralheiro com sua microfábula relatada a Khlestakóv:

---

[30] *Idem*, p. 48.
[31] *Idem*, p. 131.
[32] *Idem*, p. 54.

MULHER DO SERRALHEIRO — Ordenou que meu marido fosse recrutado para o Exército. Nem tinha chegado a vez dele, esse vigarista! Ainda por cima, é proibido por lei. Era casado. [...]
  [...] O filho do alfaiate, aquele bêbado, este sim tinham que ter levado. Mas os pais mandaram um belo presente e então o prefeito caiu em cima da comerciante Pantelêieva. Mas a Pantelêieva também mandou pra mulher dele três peças de tecido, e aí é que ele veio pra cima de mim. "Pra que é que você precisa de marido? Ele não presta pra nada." "Eu é que sei se ele presta ou não presta pra nada. Isso é da minha conta, seu vigarista!" E disse mais: "Ele é um ladrão, se não roubou nada até agora, tanto faz, porque vai acabar roubando mesmo e de qualquer maneira vai ser recrutado no ano que vem". E eu: "Como é que fico sem marido, seu vigarista! Sou uma mulher fraca, patife!". Que toda sua família pereça sem a luz do sol. E se tem sogra, que a sogra também...[33]

Há ainda a "família invisível" do dono da hospedaria:

BÓBTCHINSKI — [...] Então Piótr Ivánovitch logo estalou o dedo para chamar o dono da hospedaria, o Vlass, sabem quem é? Há três semanas a mulher dele teve um menino tão espertinho, na certa vai ser tal qual o pai, dono de hospedaria.[34]

E mais a historieta do juiz Amós Fiódorovitch:

AMÓS FIÓDOROVITCH — [...] Confesso que queria vir aqui, Antón Antónovitch, só para lhe dar uma cadelinha. Irmã de sangue daquele cachorro que o senhor co-

---

[33] *Idem*, pp. 138-9.
[34] *Idem*, pp. 57-8.

nhece. E o senhor soube que Tcheptovitch e Varkhovinski estão em litígio, o que para mim é a maior maravilha: caço coelhos nas terras de um e de outro.[35]

Sem contar a interminável multidão de espectros que povoam a vida-simulacro de Khlestakóv em São Petersburgo, desde o amigo Púchkin até o tsar em pessoa, passando pelas figuras de embaixadores, ministros, condes e príncipes.

Todos eles configuram figuras-miragens a descortinar um segundo plano da comédia, um universo repleto de protótipos gogolianos que se reproduzem ao infinito, indícios de "pequenas" comédias nos bastidores da "grande" comédia como que à espera do jogo cênico. Nesse pano de fundo, outras tantas microfábulas se insinuam, reverberando o processo criativo do dramaturgo e, ao mesmo tempo, dando conta da visão de um mundo em *trompe-l'oeil*, como se a "verdadeira intriga" da vida estivesse alojada no reverso, escondida no submundo irracional da desrazão.

A comédia *O inspetor geral* parece estruturar-se como pura imitação de uma intriga.[36] Duplo paródico da comédia de erros e exercício de linguagem dramática que se autorreflete, o texto de Gógol, como todas as grandes obras de arte, ainda nas palavras de Nabókov, é um prodígio de linguagem e não de ideias.

Trata-se de uma dramaturgia de ruptura que apresenta de forma transversal o processo de produção do texto. Como tal, procura um corte com os moldes anteriores, realizando uma inversão e um deslocamento. Destrói para construir: é ao mesmo tempo o corte com a tradição da comédia russa e a instauração de uma outra linguagem. Ao se destacar do teatro que critica, Gógol configura melhor sua própria linguagem teatral pela diferença ou inversão de significados e constitui, ao mesmo tempo, absorção e rejeição. Seu teatro finge ser o real, o objetivo, mascarando-o para des-

---

[35] *Idem*, p. 55.

[36] Cf. a propósito, Iuri Mann, "Péred chedévrom: komédia Gógolia *Revizor*" ("Diante de uma obra-prima: a comédia de Gógol *O inspetor geral*"), em *Postigáia Gógolia (Para compreender Gógol), op. cit.*, pp. 167-85.

mascarar o que é, fazendo de sua própria produção objeto de indagação. Ocorre a desmistificação do discurso realista e sua ilusão de referencialidade na suposta ligação do teatro com a realidade, dando lugar a uma escritura de máscaras paródicas, um jogo de mascarar e desmascarar que conforma a refração muito particular do mundo de espelhos gogoliano.

Ora, essa complexa conformação estrutural do texto, esse movimento especular muito denso que organiza de forma imanente o mundo artístico criado pelo dramaturgo, não pode prescindir, porém, de uma leitura que leve em conta outra sorte de refração. A comédia se refrata, certamente, em uma dada cultura, isto é, como parte de uma determinada unidade estrutural de um fenômeno cultural mais amplo.

Nessa medida, o universo dramático criado por Gógol modela, em certo sentido, o mundo da realidade extratextual que constitui, ela mesma, um todo estrutural complexo. O receptor da época de Gógol encontra-se inserido em um determinado sistema cultural, regido por certas normas e regras e marcado pela hierarquia de rígidas convenções sociais e pelo sistema estatal altamente burocratizado do reinado de Nicolau I. Os vários graus da carreira profissional e as regras de conduta definem um campo semiótico, um sistema muito ramificado que orienta a atividade pública do homem dessa época como nobre ou como comerciante, funcionário ou oficial, petersburguês ou provinciano, produzindo, assim, certos tipos sociais e psicológicos. A realidade histórica e social constitui, em si mesma, uma espécie de palco sobre o qual representam indivíduos sob a máscara de papéis sociais ou psicológicos determinados por certa conduta da realidade social.

Nessa ordem de raciocínio, a recriação da vida sobre o palco adquire, no tempo de Gógol, traços do teatro dentro do teatro, na medida em que se opera um desdobramento da semiótica social na semiótica teatral.

É nessa perspectiva de análise que se pode focalizar também o caráter cômico das marionetes gogolianas, uma vez que a representação lúdica, própria da realidade fenomênica, ou seja, o jogo da representação social em si mesmo, pode não admitir a comicidade nem provocar o riso, mas a representação lúdica de outra representação lúdica, como ocorre em O *inspetor geral*, não pode escapar da visada cômica e do mundo do riso.

Focalizada assim não apenas como resultado de um ato de criação isolado, a comédia de Gógol pode ser entendida, sob outra ótica analítica, como material de reconstituição de tipos de conduta cultural de determinada época.[37] É possível, então, flagrar na imagem do impostor Khlestakóv, além de um dos elementos constitutivos fundamentais da realidade textual da comédia de Gógol, certos tipos de conduta de uma coletividade, organizada segundo as leis estruturais de uma certa cultura: texto teatral e texto cultural, embora estruturados por linguagens diferentes, funcionam dentro dos limites de um mesmo tecido histórico-cultural, único e indivisível.

Assim, para o herói principal da comédia se deslocam sintomas comuns a um tipo mais geral, presente na consciência artística de Gógol como a essência de um substrato cultural, espécie de arquétipo cultural criador que se desdobra em diferentes personagens em muitos dos textos gogolianos. É lícito, segundo essa perspectiva, vislumbrar na consciência artística do escritor e, ao mesmo tempo, em elementos contextuais, manifestações de uma criação histórica mais geral, de uma certa máscara cultural, de um tipo de conduta formada historicamente no âmbito da cultura russa.[38]

---

[37] I. Lótman considera tal procedimento analítico dentro do domínio da pragmática do texto artístico. Define o conceito de ligações pragmáticas, tal como formulado por Peirce e Morris, como as relações entre o signo e as pessoas que recebem e transmitem a informação. Assim, considera as ligações pragmáticas como a correlação entre dois textos (entre o coletivo cultural e o artístico) organizados diferentemente e ocupando lugares hierárquicos diferentes, embora funcionando dentro dos limites de um todo cultural único. Cf. "À propos de Khlestakov", em I. Lótman e B. Uspiênski, *Sémiotique de la culture russe*, Lausanne, L'Âge d'Homme, 1990, p. 208.

[38] Lótman se refere no estudo citado ao personagem histórico de Roman Maddox, que, durante toda a sua existência, no reinado de Nicolau I, se fez passar por inúmeros e diferentes personagens que alteravam os rumos dos acontecimentos históricos, enganando as autoridades oficiais por meio de sucessivas mentiras e engendrando na realidade histórica a impostura como em uma ab-

Em outras palavras, condições históricas e culturais específicas se articulam organicamente para o surgimento da figura literária e teatral de Khlestakóv, na medida em que o herói gogoliano constitui o desdobramento de um certo tipo histórico e psicológico criado de forma orgânica por uma determinada cultura na qual se dá a prefiguração daquilo que Lótman denomina "fenômeno Khlestakóv", isto é, o surgimento de um tipo cultural "khlestakoviano" cujos modelos de conduta se encontram nas bases de uma sociedade altamente semioticizada.

No fluxo do desenvolvimento histórico e social da Rússia, a época de Nicolau I significou a interrupção de um impulso dinâmico e orgânico operante desde a época de Pedro, o Grande. O "fenômeno Khlestakóv" se instala no espaço e no tempo da paralisia do Estado, apropriando-se do imobilismo das esferas burocráticas e do caráter insólito e ilusório da atividade estatal, em que a mentira, o jogo de "ficções" e as mistificações de toda ordem constituem um substitutivo eficaz da ação efetiva do Estado.

Além disso, o "fenômeno Khlestakóv" supõe a existência de um poder despótico. A correlação entre o impostor e a autoridade central, plasmada na comédia de Gógol, através do duplo Khlestakóv-prefeito, não se caracteriza, nesse contexto, como mero antagonismo entre trapaceiro e trapaceado, na medida em que eles constituem duplos inseparáveis, fundados por um absolutismo autocrático que carrega em seu cerne a transgressão de suas próprias leis.

Daí a impressão de uma atmosfera movediça e instável, em que possibilidades ilimitadas e, ao mesmo tempo, ilusórias alimentam as ambições de impostores como Khlestakóv. Ao impedir a livre expressão do pensamento e o acesso às fontes verdadeiras de informação com relação a tudo o que se passa na sociedade, a au-

---

surda comédia de erros. Refere-se também às imposturas de outra figura histórica do tempo de Gógol, Ippolít Zavalichin, personagem real que evidencia também o tipo histórico e psicológico invariável de uma dada realidade social e cultural, estruturada, segundo Lótman, como um texto com o qual a comédia *O inspetor geral* interage, estabelecendo ligações pragmáticas.

tocracia absolutista de Nicolau I necessita da mentira, mas, paradoxalmente, precisa também conhecer esse pensamento e toda a informação oficialmente ocultada. Resulta em um poder alicerçado na vigilância secreta e na mentira ritualizada, terreno propício ao surgimento da trapaça e do impostor.

O Khlestakóv gogoliano concentra, como texto artístico, diferentes elementos constitutivos de um fenômeno maior, de um texto maior, segundo a concepção de Lótman, no qual se pode detectar uma categoria de tipos de conduta conscientizados culturalmente.

Boris Uspiênski, em um ensaio dedicado à análise da impostura na Rússia como fenômeno histórico e cultural,[39] considera que, embora a impostura não constitua um procedimento sociocultural estritamente russo, em nenhum outro país esse fenômeno ocorreu com tanta frequência e exerceu tanta importância quanto na história do povo e do Estado russo.[40]

Além da compreensão desse fenômeno de um ponto de vista político, isto é, a impostura como base da luta pelo poder tsarista,[41] deve-se considerar a importância de mecanismos culturais

---

[39] B. Uspiênski, "Tsar et imposteur: l'imposture en Russie comme phénomène historique et culturel", em *Sémiotique de la culture russe, op. cit.*, p. 329.

[40] Uspiênski admite a ideia de que o sucesso do primeiro falso monarca russo, Dmitri, tenha feito da impostura uma espécie de doença crônica do Estado russo. Desde então, e praticamente até os meados do século XIX, não há nenhum reinado que não tenha sido marcado pelo aparecimento de impostores. Por outro lado, a impostura na Rússia estaria ligada à lenda utópica do retorno do tsar-salvador, isto é, ela marca a busca incessante da realização dessa lenda. Cf. *op. cit.*, pp. 329-30.

[41] B. Uspiênski ressalta que a ideia de uma eleição divina, de uma espécie de predestinação mística do tsar, pode explicar não somente a concepção específica do poder imperial na Rússia medieval, mas igualmente a psicologia dos impostores. Na ausência de critérios precisos (especialmente em certos períodos da história russa) que permitam distinguir um tsar autêntico de um falso, o impostor pode acreditar ser ele mesmo um predestinado, um eleito. Além do falso Dmitri, há que se destacar Pugatchóv, Boris Godunóv e, em certo sentido, Catarina II. Cf. *op. cit.*, p. 339.

específicos e de concepções ideológicas da sociedade russa que conformam a gênese da figura do impostor.

Nesse sentido, um dos traços importantes do fenômeno da impostura na Rússia, a saber, a fé no impostor como reação social, atrela-se, segundo Uspiênski, a aspectos religiosos profundamente enraizados na cultura russa.

Antes de mais nada, se a impostura está diretamente ligada à atitude com relação ao monarca e nasce na história da Rússia de um movimento constante de usurpação do poder, é preciso perceber que essa atitude se define por uma concepção do poder imperial como sagrado e de natureza divina. Assim, pode-se supor que a impostura como fenômeno típico da Rússia tsarista fundamenta-se na sacralização do tsar e na ideia da eleição divina: Deus e o tsar fundem-se numa duplicidade ambivalente dentro da consciência religiosa cristã russa, a qual admite o fundamento do poder do monarca estabelecido por Deus e da predestinação mística como elemento definidor do verdadeiro e autêntico tsar. Portanto, se o tsar verdadeiro recebe o poder de Deus, então o impostor e falso-tsar usurpador obtém o poder por ordem do diabo.

Daí decorre, certamente, a ideia da impostura como mascarada diabólica e como comportamento blasfematório de anticonduta, pautada pela atitude sacrílega da apropriação demoníaca de atributos sagrados. A instauração, por meio da impostura, de um falso mundo, de um "mundo ao revés", no qual o "alto" e o "baixo" se acham invertidos pela oposição entre o poder autêntico e o inautêntico, confere ao impostor, ao "herético", na consciência popular, traços do bufão mascarado, mas também do feiticeiro que tem parte com o maligno. Mascarar-se, ocultar a verdadeira face (ou a real identidade) e representar um outro ou agir por meio da mentira, mascarando a verdade, constituem atributos da impostura e da anticonduta, regidas por princípios demoníacos, pois "vestir uma máscara" é, nesse contexto, o antípoda de um rito religioso.

A esta concepção do poder imperial entre o divino e o diabólico, entre o verdadeiro e o falso, entre o sério e o paródico, se articulam, simultaneamente, tanto o mito cultural russo do tsar salvador, que volta para restabelecer a ordem, como aquele relativo ao tsar impostor, o falso monarca, usurpador do trono. Este fenômeno de dualidade que faz coexistir a ideia do autêntico e do falso, da conduta e da anticonduta, do mascarar e desmascarar, conforma a ideologia e os mecanismos culturais da impostura na Rússia tsarista.

Gógol parece esboçar em sua comédia *O inspetor geral* o processo profundo e muito complexo da interação entre o mundo teatral e o extrateatral. A "teatralização" e a ritualização mesma de certos aspectos do mundo extrateatral penetram de tal forma no espaço artístico gogoliano que se poderia nele detectar não apenas formas de conduta e situações transformadas em modelo de comportamento na realidade extra-artística, mas também formas de comportamento, elementos e fenômenos constitutivos de um substrato histórico-cultural que define essa complexa interpenetração entre os espaços teatral e extrateatral.

A esse conjunto de reflexões finais caberia agregar, talvez, o alargamento do conceito de arquétipo cultural, tal como proposto por Eleazar Meletínski.[42] Ao se ocupar das transformações dos arquétipos na literatura de Gógol, Meletínski vai privilegiar essencialmente dois dos principais binômios, duas oposições essenciais, que permeiam, segundo o etnólogo, a dimensão mitológica dos arquétipos universais e sua gradativa "desmitologização" nos textos do escritor ucraniano: cosmos e caos, herói e anti-herói.

Assim, na trajetória criativa de Gógol, orientada para a paródia e para o grotesco levados até o absurdo, essas bipolaridades arquetípicas transformam-se em metáforas de um mundo social caótico: o caos primordial é representado pelo caos social e econômico, e o arquétipo do anti-herói diabólico projeta-se muitas vezes no simbolismo da tentação burguesa ao dinheiro.

---

[42] Cf. especialmente E. M. Meletínski, *Os arquétipos literários*, trad. Aurora Fornoni Bernardini, Homero Freitas de Andrade e Arlete Cavaliere, São Paulo, Ateliê, 1998. Cf. também sobre as questões histórico-culturais presentes na cosmovisão do universo artístico de Gógol, A. I. Ivanítski, *Gógol: morfológuia zemlí i vlásti* (*Gógol: morfologia da terra e do poder*), Moscou, RGGU, 2000.

Nesse sentido, a figura do trapaceiro-*trickster* mitológico, atualizada na figura de Khlestakóv, constitui uma espécie de variante negativa ou um antípoda do herói cultural e exibe, na literatura gogoliana, matizes novos, abrindo, sobretudo, perspectivas modernas ao mito, vinculando-o a uma narrativa do duplo e da duplicidade, que corresponde, em última análise, à manifestação do caos e do vazio, própria ao absurdo existencial e à desordem generalizada, que geram este demonismo da vida cotidiana moderna.

Há, sem dúvida, em *O inspetor geral*, a exposição de um universo submetido a uma gradual desorientação diante de uma realidade tornada enigmática e insondável, na qual a ideia do caos e da desordem cósmica passa pela desorganização progressiva do mundo e da própria linguagem que o representa.

Resultam, portanto, da comédia de Gógol, duas concepções de mundo que se espelham e se justapõem dialeticamente: uma ligada à cultura popular, com suas imagens carnavalizadas, repletas de heróis-bufões e impostores com seu riso destronador e renovador, e outra vinculada a um mundo fragmentário e individualista, expressão da angústia e do terror, e fruto da alienação a que se submete o homem ao se defrontar com um universo cujas categorias básicas perdem sua validade.

A cena muda e a imobilidade do movimento final, desfecho da comédia gogoliana, parecem, assim, prefigurar também a petrificação de um universo cuja dimensão mitológica e heroica, como quer Meletínski, se perde em meio à crise profunda de um tempo--espaço que a todos transforma em títeres inertes.

Os jogadores: a mascarada do jogo

"A paixão pelo jogo é a mais forte das paixões."

Aleksandr Púchkin

Os biógrafos e estudiosos da obra de Gógol desconhecem exatamente quando lhe surgiu a ideia de escrever *Os jogadores*. No momento em que envia o manuscrito ao editor, em 1842, o escritor chega a afirmar que começara a trabalhar no texto em 1833, concluindo-o em São Petersburgo, no ano de 1834, antes de uma de suas inúmeras e frequentes viagens ao estrangeiro. Mais tarde, em 1842, Gógol teria retomado o manuscrito da pequena comédia e, em abril daquele ano, tendo já modificado várias passagens, o envia concluído, de Roma.

Como suas outras comédias, a peça *Os jogadores* foi escrita aos poucos, durante longo período, com inúmeras correções e diferentes variantes. Nessa mesma época, Gógol concebe também a ideia central de seu *O inspetor geral*, trabalha nas variadas versões da comédia *O casamento* e estrutura o seu monumental romance-poema *Almas mortas*.

Dessa forma, esta pequena comédia, embora construída de maneira orgânica como um texto teatral acabado, destaca-se como uma espécie de laboratório de criação, no qual se processam as pesquisas e as experiências cênico-literárias do dramaturgo para a consecução de temas e motivos e, especialmente, a gênese dos seus inúmeros tipos-trapaceiros, como Tchítchikov, em *Almas mortas* ou Khlestakóv, em *O inspetor geral*, sem contar a enorme lista de pequenos funcionários, prefeitos, senhores de terra, viúvas e mocinhas, vítimas da trapaça. Esta peça em um ato desponta, assim, no conjunto dramatúrgico de Gógol como uma espécie de síntese de seu processo criativo teatral e, em certo sentido, de toda a sua cosmogonia artística.

Talvez, por isso mesmo, Iuri Lótman chegou a considerar este breve texto teatral, sem temer o exagero, como um dos experimentos teatrais mais audaciosos da história do teatro, apontando que a justa avaliação crítica do texto ainda estava por ser feita. Segundo o semioticista, *Os jogadores* inaugura uma nova época na história do teatro europeu, pois se trata de um dos primeiros exemplos teatrais no qual a presença estética se realiza pelo método da ausência, na medida em que Gógol desestabiliza e retira da cena todos os aspectos habituais da convenção teatral. Segundo Lótman, o movimento dramático do texto se rege por meio de dois princípios fundamentais, aliás, essenciais para a criação gogoliana: o princípio da ausência e o princípio da presença imaginária.[1]

Se, de um lado, *Os jogadores* expõe um painel dos diversos estereótipos consagrados pela tradição cômica, repleta de quiproquós armados por aventureiros e trapaceiros de toda espécie, aqui um dos ingredientes frequentes da comédia convencional está ausente: trata-se de uma peça sem disputas amorosas, sem mocinhas, galãs e rivais românticos e, portanto, desprovida do sentimento amoroso e de personagens femininas.

Vale lembrar que a primeira representação da comédia acontece em Moscou, em 2 de fevereiro de 1843,[2] no mesmo ano em que sua outra peça, *O casamento*, texto em que a motivação dramática do amor e da relação amorosa é posta sob a mira paródica do dramaturgo. A única referência em *Os jogadores* a um personagem feminino é o nome de Adelaída Ivánovna, que, na verdade, nada mais é do que a denominação de um baralho marcado, admirável invenção que possibilita ao herói Ikharióv adivinhar as cartas dos adversários a distância (objeto-fetiche com o qual ele

---

[1] Cf. Iuri Lótman, "O realizme Gógolia" ("Sobre o realismo de Gógol), em *O rússkoi literature: staty i isslédovania, 1958-1993* (*Sobre a literatura russa: artigos e estudos, 1958-1993*), São Petersburgo, Iskússtvo, 1997. Segundo a edição russa, trata-se do último artigo de Lótman, escrito no hospital em setembro de 1993, sob encomenda de um eslavista americano que preparava uma coletânea de artigos sobre a obra de Gógol.

[2] Em São Petersburgo, o texto sobe à cena em 26 de abril de 1843, no Teatro Aleksandrínski.

chega a conversar em momentos de delírio e solidão e no qual deposita esperanças e sonhos da felicidade a ser conquistada). Mera alusão à figura da mulher idealizada, Adelaída Ivánovna destaca-se como reminiscência das heroínas românticas, a quem o herói dedica amor e consideração, mas representada aqui como carta de baralho e simulacro paródico do amor romântico.[3]

Como o próprio título indica, a ação dramática de *Os jogadores* se desenvolve, desde o enredamento fabular até a intriga, personagens e a estruturação dos diálogos, em torno do motivo do jogo de cartas.

Ikharióv é um hábil jogador de cartas, um trapaceiro profissional que chega a uma hospedaria com oitenta mil rublos no bolso, saldo de seu último golpe sobre algum ingênuo adversário. Trata-se de mais um personagem da infindável lista de heróis gogolianos que se vê perseguido por uma ideia obsessiva. Neste caso, o jogo de cartas.

A possibilidade de encontrar, aonde quer que ele fosse, novas vítimas para seu infalível esquema (é capaz de substituir as cartas do baralho durante a partida por outras de sua própria fabricação), deixa-o em tal excitação que chega a tremer. Ele conhece na hospedaria três possíveis candidatos a sua ardilosa armadilha: Utechítelhny, Krúguel e Chvókhniev, estes também jogadores inveterados. Os três aceitam o convite para uma partida, tendo também como plano oculto enganá-lo. Mas, ao perceberem de imediato a habilidade extraordinária do novo parceiro, lhe propõem unir forças em um consórcio invencível para futuras vítimas. Ikhariov aceita de bom grado fazer parte do bando. Os quatro sócios embusteiros planejam enganar o respeitável proprietário de terras Mikhail Glov. Mas a tentativa é frustrada, pois o velho homem prima pela honestidade e considera o jogo um vício a ser evitado por todos aqueles que pretendem uma vida de virtudes.

No entanto, antes de partir, o virtuoso homem lhes confia a proteção de seu filho de vinte e dois anos. O jovem Glov ficará por mais alguns dias à espera da considerável quantia de duzentos mil

---

[3] Sobre o tema e a motivação do amor nos textos de Gógol, cf. o ensaio "O verso e o reverso do amor", que integra esta coletânea.

Nikolai Gógol, *O casamento* e *Os jogadores*, cartaz da estreia das duas peças no Teatro Bolchói, em Moscou, 1843.

Nikolai Gógol em meio a um grupo de pintores, escultores e arquitetos russos em Roma, 1845.

Primeira edição das *Obras completas* de N. V. Gógol, 1853.

rublos, proveniente de uma hipoteca. O rapaz é induzido ao jogo e, em poucos e rápidos lances, perde todo o dinheiro da tal hipoteca. Faz-se um contrato que facultará aos embusteiros receber a soma no prazo de alguns dias. Um funcionário do escritório de hipotecas é chamado para que se possa acelerar o processo. Mas não há nada que se possa fazer: o dinheiro da hipoteca não pode ser recebido antes do prazo previsto. Os três parceiros de Ikhrariov têm muita pressa: em outra cidade, nova partida os aguarda para outra bem-sucedida trapaça. Ikhariov, muito solícito, atende ao pedido de ajuda de seus associados e aceita lhes dar os seus oitenta mil rublos, em troca do contrato de duzentos mil, para que não perdessem a próxima cilada. Os companheiros partem para o jogo e Ikhariov comemora feliz seu novo golpe: tem uma pequena fortuna em mãos, conseguida sem muito esforço, em troca de seus "míseros" oitenta mil rublos. Formula, então, projetos e sonhos megalômanos para o futuro próximo na capital, mas a felicidade dura pouco ao saber, quase enlouquecido, que acabara de ser terrivelmente ludibriado: o velho Glov e o jovem filho, cujos nomes, aliás, eram fictícios, assim como o funcionário do escritório de hipotecas, todos em conluio com os seus três "sócios" formavam uma quadrilha bem armada para enganar o vaidoso e experiente trapaceiro.

A construção e a conclusão da peça constituem um autêntico *coup de théâtre*: impossível ao "herói" Ikhariov, e com ele o leitor/espectador, adivinhar, antes das últimas frases do texto, o embuste diabólico. Todos os personagens que o rodeiam demonstram a mesma paixão pelo jogo, porém seus discursos são falseados, enganosos, na medida em que se definem como construções discursivas e improvisações de comportamentos cujo imperativo é a tática a ser fabricada.

Do mesmo modo como em *O inspetor geral*, a arquitetura dramática se sustenta aqui sobre a base de uma anedota, sempre a revelar, ao final, um olhar trágico-cômico em relação ao desfecho dos sucessos apresentados. O motivo da ilusão diante da realidade e do engano implacável e hiperbólico em suas dimensões mais uma vez comparece como tema fundamental no contexto da criação gogoliana.

No entanto, se em *Os jogadores* a intriga, baseada também em um jogo de máscaras, não se afasta muito de outros textos dramáticos de Gógol, a surpresa insólita final surge aqui reduplicada. Enquanto em *O inspetor geral*, por exemplo, à encenação da mentira está convocado, desde o início, o leitor/espectador como testemunha da construção dramático-fabular, neste pequeno texto, toda a arquitetura do engano e da mentira se opera, por assim dizer, à revelia do receptor, que passa a fazer parte dos trapaceados gogolianos. O dramaturgo, desta feita, não compartilha com seu leitor/espectador a comicidade do embuste e da trapaça. Cabe apenas a ele a manipulação secreta e a cumplicidade do engodo.

Por outro lado, no esforço de dar fidedignidade ao "verdadeiro" jogador Ikhariov, a composição dramática do herói principal aparece bastante detalhada, descartando, por meio do desenho verossímil do personagem, a hipótese do falseamento da intriga: sabe-se que o herói possui domínios em duas províncias com cento e oitenta camponeses ("almas"), estudou na Universidade e tem os meios necessários para passar o tempo sem nada fazer:

> CHVÓKHNIEV — [...] Escute, quando seu patrão fica em casa sozinho, o que ele faz?
> GAVRIÚCHA — Como assim o que ele faz? Todo mundo sabe o que ele faz. É um patrão que se comporta bem: não faz nada.[4]

O impulso desmedido para o jogo é posto também em evidência, e Ikhariov se apresenta, logo no início, com tal frenesi que é capaz de a tudo renunciar, desde que apareça a ocasião do jogo.

> IKHARIÓV — Não há nada de excepcional neles, ao que me parece. Por outro lado... Ah, eu queria limpá-los! Santo Deus, como eu queria! Só de pensar me dá palpitações. (*Pega a escova, o sabão, senta-se diante do*

---

[4] *Os jogadores*, em N. Gógol, *Teatro completo*, trad. Arlete Cavaliere, São Paulo, Editora 34, 2009, p. 184.

espelho e começa a barbear-se.) Até a mão está tremendo, não consigo me barbear de jeito nenhum.⁵

Além de admitir ser um jogador experiente: "Desde os anos mais tenros isto já era minha aspiração. Ainda na escola, na hora das lições do professor, já dava cartas aos meus colegas por debaixo da carteira", Ikharióv justifica orgulhoso o seu engenhoso ofício, na cena XXIII, que antecede as cenas do desvendamento da trágica cilada:

> Que rumo as circunstâncias tomaram! Não é mesmo? De manhã eram só oitenta mil, e ao anoitecer já são duzentos. Hein? Para outro seria preciso um século de serviços, de trabalhos, o preço de eternos sentimentos, privações, saúde. E aqui, em algumas horas, em alguns minutos, um príncipe regente! [...] Mas qual é a causa de tudo isso? A que devo tudo isso? Exatamente àquilo que chamam de trapaça. Mas isso não é verdade, não é trapaça de maneira alguma. É possível fazer-se trapaceiro num minuto, mas aqui é a prática, o estudo. [...] Bem, se eu não conhecesse, por exemplo, toda a sutileza e nem estivesse por dentro de tudo isso, aí teriam me enganado de uma vez. E olha que queriam me enganar, mas aí viram que não estavam lidando com um homem ingênuo, e eles mesmos recorreram à minha ajuda. Não, a inteligência é uma coisa grandiosa. No mundo é preciso malícia. Eu olho para a vida de um ponto de vista completamente diferente. Assim, viver como vive um tolo não é nada, mas viver com malícia, com arte, enganar a todos e não ser enganado — aí está a verdadeira meta.⁶

A "verdadeira tarefa e finalidade" dramática deste discurso consiste, como bem acentua o próprio Ikharióv nesta espécie de

---

⁵ *Os jogadores*, em N. Gógol, *Teatro completo, op. cit.*, p. 186.
⁶ *Idem*, pp. 233-4.

fala metadiscursiva, em enredar o leitor/espectador na cilada teatral, desviando-o da suspeita do "jogo" gogoliano.

O discurso final, uma explosão de revolta diante do inevitável engano, não poderia, neste contexto, ser menos inusitado:

> Pra Justiça! Pra Justiça! [...]
> Como? Não tenho direito? Roubam, furtam dinheiro à luz do dia como ratos! E não tenho direito? Pois eu vou é colocá-lo na cadeia [...]! Vai ver só, vão agarrar toda a sua quadrilha de ratos! Vocês vão aprender a não enganar a confiança e a honestidade de pessoas de boa-fé. A lei! A lei! Vou apelar para a lei! [...]
> O diabo carregue Adelaída Ivánovna! (*Apanha Adelaída Ivánovna e a joga com força na porta. As damas e os dois voam pelo chão.*) Para vergonha e desprezo dos homens é que existem ratos assim. Estou quase a ponto de enlouquecer — como tudo isso foi diabolicamente representado! [...] E eu nem posso me queixar! [...] Que vá tudo pro inferno! Que terra infestada![7]

Aqui se encontra a expressão dramática do tema fundamental de toda a criação gogoliana: a mentira, a trapaça, o engano e, por extensão, a criação imaginária, ou melhor, a correlação ambígua e contraditória daquilo que existe no plano da realidade objetiva com o que existe no plano da imaginação.

Em *Os jogadores* aparece, na superfície primeira da efabulação, uma situação típica da tradição literária da comédia e da cultura cômica popular: há o embusteiro, o pai honesto, o jovem inexperiente (sempre por todos enganado), e, conforme os cânones de um autêntico *vaudeville*, o enredo se conclui com o desmascarar final do mentiroso.

Mas a conclusão do texto de Gógol desvela ainda outras camadas: todos os personagens, é certo, são mentirosos, mas o maior dos trapaceiros é o único ali que realmente está submetido à men-

---

[7] *Idem*, pp. 237-8.

tira e desponta como vítima principal da trapaça. A voz do narrador do conto *A Avenida Niévski* parece se imiscuir na tessitura dramática de *Os jogadores*, ecoando de forma subliminar na última fala da comédia. Também o narrador, ao concluir a novela, deixa transparecer o princípio que rege a cosmovisão gogoliana:

> Que mundo maravilhoso o nosso! [...] De que modo tão estranho e tão incompreensível o destino brinca conosco! Conseguimos alguma vez aquilo que desejamos? Alcançamos aquilo para que parecem estar intencionalmente preparadas nossas forças? Tudo acontece ao contrário. [...] Tudo é engano, tudo é sonho, nada é aquilo que parece.[8]

Nessa ótica, em um único tecido fabular se sobrepõe um segundo, no qual o mundo em *Os jogadores* aparece, por meio da mentira, no seu aspecto verdadeiro, pois a mentira se constitui, afinal, na única verdade.

Filiado à tradição cômica teatral — desde Molière, Shakespeare e Beaumarchais, escritores a quem o dramaturgo ucraniano, não raras vezes, manifestou admiração[9] —, e também ao processo literário russo, em particular, ao dos anos 1830 e 1840, em que o tema do jogo e do engano aparece na obra de vários escritores russos (Púchkin e Liérmontov são, sem dúvida, referências primeiras),[10] Gógol vinha inserir os "seus jogadores" no interior de um

---

[8] N. V. Gógol, *A Avenida Niévski*, trad. Arlete Cavaliere, São Paulo, Paz e Terra, 2002, p. 119.

[9] Vários textos de Gógol sobre a arte teatral apresentam esses escritores como referências importantes em suas reflexões. Cf. especialmente os seus *Trechos escolhidos da correspondência com amigos* e sua *Confissão de um autor*. Algumas das ideias de Gógol nesses textos estão discutidas no ensaio "Gógol, teórico do teatro" que integra esta coletânea.

[10] Salientem-se, por exemplo, *A dama de espadas*, de Púchkin, e *Mascarada*, de Liérmontov, textos que constituem referências importantes no trabalho de criação gogoliano.

tecido literário e cultural altamente semiotizado, cujos procedimentos temáticos ou estilísticos, submetidos, por vezes, às variadas formas do cômico, certamente se faziam reverberar na sua escritura. No entanto, a estruturação dramática de *Os jogadores* deixa transparecer que o uso das convenções e estereótipos teatrais bem conhecidos do leitor/espectador de seu tempo subverte-se aqui, pois uma das molas essenciais da arquitetura cômica tradicional está desprezada.

Basta atentar ao título da comédia de Gógol: a referência imediata circunscreve a ideia dos jogadores como trapaceiros profissionais que enganam e falseiam os procedimentos fraudulentos para vencer o jogo. É a esta primeira figuração, conhecida do público russo na época de Gógol e consagrada pela tradição literária, que corresponde a imagem primeira dos jogadores gogolianos.

No entanto, a camada exterior da intriga, da qual se espera que trapaceiros experientes enganem rivais inexperientes, vê-se absolutamente revirada pelo desfecho, quando se destaca uma nova conotação para o enredamento dramático e para o próprio título: os jogadores gogolianos são personagens-atores, pois dissimulam as verdadeiras intenções — "representam" e não "vivem" os sucessos do jogo.

A comédia, de modo inesperado, passa da adesão para a subversão da tradição cômica. *Fígaro*, de Beaumarchais, ou *O tartufo*, de Molière, por exemplo, enganam quase todos os personagens, mas não o público: todo o mecanismo do engano é revelado ao espectador de imediato, o que o torna cúmplice da trapaça, e não vítima. Mas, em Gógol, a cena se mantém dentro da esfera do engano até o final, quando, só então, caem as máscaras dos jogadores. Não há indícios da farsa arquitetada, pois o dramaturgo não nos oferece critérios para distinguir a mentira da verdade.

O esperto trapaceiro não domina a intriga, como sói acontecer na trama cômica tradicional e, consequentemente, a ação dramática não se articula para o sucesso de seus intentos.

É preciso assinalar também que, do ponto de vista da composição dramatúrgica, quase todos os textos gogolianos para teatro revelam uma espécie de interação de tendências opostas. Por um lado, o desenho da composição surpreende pela precisão: unidade de tempo e espaço e articulação orgânica do jogo dramático, com o envolvimento de todos os personagens em função de um único acontecimento (nó da ação, seja ele uma inspeção, um casamento ou um jogo de cartas), sempre numa organização simétrica das ações e das cenas construídas.

A esta composição precisa corresponde a consequente ilusão cênica: não se pode detectar em nenhum de seus textos teatrais a insurgência de um ou mais personagens contra o desenvolvimento dramático traçado e esperado, ou seja, não há nenhum procedimento formal que possa questionar qualquer fundamento da convenção da cena ilusionista.

No entanto, as assimetrias, as "contradições" dramatúrgicas gogolianas, o rompimento com as convenções teatrais, são introduzidas por procedimentos subliminares, quase imperceptíveis.

No caso desta comédia, composta por vinte e cinco pequenas cenas, o encadeamento dramático se constrói pela justaposição de pequenos fragmentos da ação dramática que estruturam cada uma das cenas. Mas esses fragmentos se justapõem em ritmo acelerado, quase frenético, rompendo com frequência a causalidade linear por força da irrupção de um diálogo inesperado e absurdo, ou um monólogo inusitado de algum personagem que vem abalar a cadeia dramatúrgica que se constrói. Esse movimento, repleto de saltos rápidos e inesperados, como que estruturado por células dramáticas de um único organismo, ainda que isoladas e ágeis, culmina com a cena final surpreendente que faz rodopiar não apenas o herói e o leitor, mas toda a aparente simetria sobre a qual a comédia parecia se estruturar.

Certamente, os exemplos mais flagrantes aparecem nas cenas em que o jogo de cartas se põe em movimento, matizando o ritmo e o discurso dos jogadores:

IKHARIÓV — Sejam bem-vindos, senhores, as cartas estão na mesa.

UTECHÍTELHNY — (*Aproximando-se da mesa de jogo.*) Ora, vamos lá: os velhos tempos, os velhos tempos! Está ouvindo, Chvókhniev, as cartas, hein? Quantos anos...

IKHARIÓV — (*Para um lado.*) Não se faça de idiota!

UTECHÍTELHNY — O senhor não quer bancar? O senhor não quer montar a banca?

IKHARIÓV — Não me importo se forem apenas quinhentos rublos! Quer cortar? (*Distribui as cartas.*) (*Começa o jogo. Ressoam exclamações.*)

CHVÓKHNIEV — Quatro, *ás*, cada um me deve dez.

UTECHÍTELHNY — Me dê aqui este baralho, irmão; vou escolher uma carta pela felicidade da mulher do nosso chefe distrital.

KRÚGUEL — Permitam que eu acrescente um *novezinho*.

UTECHÍTELHNY — Chvókhniev, dê o giz. Eu anoto e dou baixa.

CHVÓKHNIEV — Que o diabo o carregue, *parolê*!

UTECHÍTELHNY — E cinco rublos, *mazu*!

KRÚGUEL — *Attende*! Permita-me dar uma olhada, creio que ainda deve haver dois *três* no baralho.

UTECHÍTELHNY — (*Levanta-se bruscamente do lugar. Para si mesmo.*) Que o diabo o carregue, isto aqui não é assim! As cartas são outras, isso é evidente. (*O jogo prossegue.*)

IKHARIÓV — (*Para Krúguel.*) Posso saber: servem as duas?

KRÚGUEL — As duas.

IKHARIÓV — Não vai dobrar?

KRÚGUEL — Não.

IKHARIÓV — (*Para Chvókhniev.*) E o senhor? Não vai apostar?

CHVÓKHNIEV — Vou esperar a outra rodada. (*Levanta-se da mesa, aproxima-se rapidamente de Utechítelhny e diz prontamente.*) Com os diabos, irmão! Ele troca tudo! É um trapaceiro de primeira ordem.[11]

---

[11] *Os jogadores*, em N. Gógol, *Teatro completo*, op. cit., pp. 190-2.

Observem-se também, na "encenação" do carteado com o jovem Glov, as rápidas reviravoltas da ação dramática, acompanhadas pelo discurso quase cifrado dos participantes, que conforma o engano e a trapaça:

UTECHÍTELHNY — Bravo, cadete! Ei, moço, as cartas! (*Enche o copo dele.*) Sabe o que é preciso? É preciso ousadia, golpe, força... Pois bem, senhores, eu farei a banca em vinte e cinco mil. (*Distribui à direita e à esquerda.*) Bem, hussardo... E você, Chvókhniev, o que vai colocar? (*Distribui.*) Que cartas estranhas. Vejam só que cálculo curioso! O *valete* está morto, o *nove* ganhou! O que você tem aí? E o *quatro* ganhou! Mas que hussardo, hein? Repare, Ikhinhanóv, com que maestria ele aumenta a aposta! E o *ás* ainda não saiu. Mas por que, Chvókhniev, você não enche o copo dele? Aí, aí, aí está o *ás*! Vejam só, Krúguel já arrematou. O alemão sempre tem sorte! O *quatro* ganhou, o *três* ganhou. Bravo, bravo, hussardo! Está ouvindo, Chvókhniev, o hussardo já ganhou cerca de cinco mil.

GLOV — (*Dobrando a carta.*) Com os diabos! *Parole pe*! Aí está mais um *nove* na mesa, é uma boa carta, e aqui tenho mais quinhentos rublos!

UTECHÍTELHNY — (*Continua distribuindo.*) Hu! Maravilha, hussardo! O *sete* está mort... ah, não, *pliê*, com os diabos, *pliê*, de novo *pliê*! Ah, perdeu, hussardo. Bem, o que fazer, irmão? Nem todo dia é dia santo. Krúguel, chega de contar! Bem, coloque essa que tirou. Bravo, o hussardo venceu! Vocês não vão parabenizá-lo? (*Todos bebem e o parabenizam fazendo um brinde.*) Dizem que a Dama de Espadas sempre traz azar, mas eu não vou dizer isso. Lembra, Chvókhniev, da sua moreninha que você chamava de Dama de Espadas? Onde estará ela agora, coitadinha? Será que ela se entregou ao vício? Krúguel! A sua está morta! (*Para Ikhariov.*) E a sua também! Chvókhniev, a sua também está morta; o hussardo também se arrebentou.

GLOV — Diabos, tudo à banca!
UTECHÍTELHNY — Bravo, hussardo! Finalmente, aí está o verdadeiro costume de um hussardo. Reparou, Chvókhniev, como o sentimento verdadeiro sempre vem à tona? Até agora tudo nele levava a crer que seria um hussardo. Mas agora se vê que ele já é um hussardo. Aí está a sua verdadeira natureza... O hussardo está morto.
GLOV — Tudo à banca!
UTECHÍTELHNY — Hu! Bravo, hussardo! Cinquenta mil ao todo! Aí está o que é a grandeza de espírito! Onde é que vamos encontrar um tipo desses... É mesmo uma proeza! O hussardo se arrebentou!
GLOV — Tudo à banca, que diabo, tudo à banca!
UTECHÍTELHNY — Opa! Hussardo! Cem mil! Nossa! E os olhinhos, que olhinhos? Reparou, Chvókhniev, como os olhinhos dele brilham? Vê-se algo de Barclay de Tolly. Aí está o heroísmo! Mas não há nenhum *rei*. Aí está, Chvókhniev, uma *dama de ouros* pra você. Toma lá, alemão, pegue, engula o *sete*! *Routé*, é mesmo *routé*! Só uma carta baixa! Pelo jeito não há *rei* no baralho, que estranho. Aí está ele, aí está ele... O hussardo se arrebentou!
GLOV — (*Inflamado.*) Tudo à banca, diabos, tudo à banca![12]

O ritmo incessante e frenético do jogo de cartas, eixo da comédia, penetra também na tessitura ágil do texto, cujas frases sincopadas, como cartas autônomas de um baralho, embaralham e desembaralham o fio discursivo para, afinal, enredar Ikhariór e com ele o leitor/espectador nos lances deste jogo teatral. Com a "cartada" final no desfecho inesperado, irrompem instáveis a precisão aparente das formas teatrais e a das regras do jogo de cartas: reinam a incerteza e o caos onde antes vigoravam a ordem e a razão.

A referência explícita na cena citada à figura da dama de espadas não é, certamente, sem propósito. O paralelo entre Ikhariór

---

[12] *Os jogadores*, em N. Gógol, *Teatro completo, op. cit.*, pp. 217-9.

e o desventurado jogador Hermann da novela puchkiniana parece acentuado de modo consciente por Gógol. Já na epígrafe de *Os jogadores*, "Delá davnó minúvchikh dnei" ("Negócios do tempo de outrora"), a citação a um verso de outro texto de Púchkin, *Ruslan e Liudmila*, matiza a peça gogoliana com uma reminiscência, certamente irônica, à literatura romântica dos "tempos de outrora", sem contar a referência ao próprio procedimento de utilização de epígrafes, largamente empregado por Púchkin em vários de seus textos.

Ambos os jogadores, Ikharióv e Hermann, perdem a razão, entrelaçados em um jogo de casualidades e de indeterminação lógica, em que a inteligência e a imoralidade revelam-se impotentes diante do enigmático e insondável destino. Mas, em Gógol, o jogo funesto se reveste de coloração paródica graças a novos procedimentos literários, em que a ironia reatualiza o tema do jogo de cartas e o método da trapaça, submetendo a derrota final do herói sob nova luz e, ao mesmo tempo, fazendo-o dialogar de modo oblíquo com os "jogadores do passado", como acentua ironicamente a epígrafe.

Basta notar que à heroína romântica da novela de Púchkin, a jovem Lisavieta Ivánovna, amada de Hermann, corresponde na peça de Gógol apenas o nome feminino (Adelaída Ivánovna) do precioso baralho, segredo de Ikharióv, uma clara alusão à secreta relação de Hermann com a protegida da velha condessa em *A dama de espadas*.

Também não será casual a nítida intertextualidade que se opera na composição da cena do jogo com o jovem Glov, já citada, em relação à cena final do jogo decisivo na novela de Púchkin, quando ocorre a trágica derrocada de Hermann. A frase derradeira, "a sua dama está morta", utilizada pelo adversário de Hermann, este último pronto a enlouquecer diante da imagem da defunta condessa que lhe pisca um olho sobre a carta do baralho, reverbera no texto gogoliano, em tom de derrisão, na fala de Utechítelhny, a estabelecer vínculos estreitos entre as duas cenas de jogo.[13]

---

[13] Uma análise minuciosa sobre os aspectos intertextuais presentes em *Os*

Ora, se é certo afirmar que se insinua em *Os jogadores* um segundo plano de significação, aberto apenas no final da peça, é possível também identificar neste breve texto teatral outros planos que se ocultam superpostos na estruturação da trama dramatúrgica, da mesma forma que as camadas infinitas de mentiras conformam a fábula-primeira e projetam os jogadores para a simulação do jogo. Dessa maneira, a estruturação do texto ocorre, assim, em camadas de mil-folhas que enformam os vários tecidos de significação da comédia.

Decerto, aflora também dessa tessitura um questionamento de ordem autorreflexiva, relativo aos problemas inerentes à convenção teatral. Se os acontecimentos que se desenrolam no texto/palco podem ser considerados a representação da realidade objetiva recriada pelo dramaturgo, essa transfiguração artística que se opera no plano da criação constitui, por outro lado, a única e autêntica realidade da cena. Dessa forma, o que se propõe à representação no palco é toda a mascarada teatral da vida e já não é a realidade objetiva, mas a realidade imaginária projetada pelo texto.

É nesta dupla realidade do fenômeno da arte teatral que se aloja a "mentira" inerente ao teatro a que o texto de Gógol parece fazer referência. Opera-se também um jogo com o leitor/espectador que se vê ludibriado pela teatralidade gogoliana, que esconde no verso da representação da vida o reverso do ato teatral como

---

jogadores aparece no ensaio de Andrei Evdokimov, "'Kak eto bylo tchertóvski razygrano!': intertekstuálny análiz komédi N. V. Gógolia *Igrokí*" ("'Como isto foi diabolicamente representado!': uma análise intertextual da comédia de N. V. Gógol *Os jogadores*"), em V. B. Kataev e E. Vakhtel (orgs.), *Ot Igrokóv do Dostoievsky-trip: intertekstuálnosti v rússkoi dramaturguii XIX-XXvv* (*De Os jogadores a Dostoiévski-trip: intertextualidade na dramaturgia russa dos séculos XIX-XX*), Moscou, MGU, 2006, no qual o ensaísta examina as referências do texto gogoliano a outros escritores russos. Além de Púchkin e Liérmontov, o estudioso identifica relações intertextuais com um texto escrito pelo próprio pai de Gógol, e também com o dramaturgo A. A. Chakhovski, que havia publicado nos anos 1820 uma comédia com o mesmo título, e também com Krilov, Davídov e Griboiêdov, de cujos textos Gógol teria retirado certas citações.

forma artística: em *Os jogadores*, há uma encenação dentro de outra encenação, como se do interior do palco/texto pudesse irromper um outro palco/texto. Os jogadores desta curta comédia representam ("jogam": em russo o verbo jogar — "igrat" — refere-se também ao ato de interpretar um papel no teatro) outros jogadores, e a fábula circunscreve, afinal, uma outra fábula: o mais esperto dos trapaceiros emerge como o único jogador "honesto": aceita ingenuamente as "regras do jogo" e, fiel ao pacto, empresta seu dinheiro em auxílio aos parceiros. E será ele, talvez, a única vítima da mentira.

Já o "homem honesto", o velho pai Glov, revela-se um trapaceiro que representa o papel do homem honesto: trata-se de um personagem teatral que, como tal, "joga" o jogo da representação, mas que se desdobra na cena gogoliana ainda duplicado, a "fingir" (representar) o papel de nobre pai. Por sua vez, os personagens-jogadores representam o papel de jogadores-parceiros de Ikharióv, quando, na "verdade", são jogadores-adversários. Da mesma forma, o jovem Glov-filho mascara-se de ingênuo jogador inexperiente, ocultando o seu papel na perversão do conluio entre os jogadores.

Assim, no plano da teatralidade projetada pelo texto, o leitor/espectador encontra-se duplamente no espaço da mentira, o que, em última análise, reafirma a realidade imaginária ("a mentira") construída pela criação artística. Mas a mentira nesta comédia é desvelada no final para que irrompa uma "verdade", também ela realidade imaginária, dado que produzida pela ação poética transfiguradora do real, razão de ser de toda arte.

Gógol também expõe aqui o problema dos papéis duplos (do homem e de sua *persona*, da vida que representa o papel da vida), mas que, com efeito, não se constitui uma vida, tema, aliás, recorrente em seus textos. Com efeito, talvez seja esta também uma das questões constitutivas de todo o universo artístico gogoliano: a vida não é mais que um palco no palco, é uma realidade imaginária que representa o papel da autêntica realidade.

Nessa ordem de raciocínio, essa representação do teatro dentro do teatro que vem impressa em *Os jogadores* reforça o tema do jogo como espaço do lúdico em que se apoia todo ato teatral.

Nascido da máscara, como bem apontou Anatol Rosenfeld,[14] e tendo nela o seu fundamento, o teatro nos fala incessantemente de máscaras, enquanto as põe e tira. O tema do teatro é o próprio teatro — o mundo humano; o tema do ator, o próprio ator — o homem.

Ainda nessa ótica, quando, na representação teatral, a máscara empírica do ator é encoberta pela máscara dramática, o disfarce se transforma em revelação e a verdade mais profunda pode transparecer. É, pois, na máscara da ficção que pode se estabelecer a verdade.

Resulta, portanto, dessa estruturação dramatúrgica em camadas latentes de *Os jogadores*, ao lado do jogo de cartas que dá motivação à fábula, um outro "jogo", este estrutural, que é o da metalinguagem e da paródia como recurso estrutural. Os jogadores gogolianos, personagens dramáticos e ficcionais, desenhados na trama como "atores" trapaceiros, jogam também um outro jogo, aquele da reflexão intratextual, ao aludir ao teatro como linguagem artística, instrumento de comunicação e expressão de uma possível "verdade".

Nesse sentido, a figura de Utechítelhny, cujo nome encerra, de forma irônica, o atributo daquele que consola e conforta (adjetivo proveniente do verbo "utéchit": consolar, confortar), desponta como mola propulsora de toda a comédia, a unir as diferentes camadas da tessitura dramática, operando como o articulador principal da intriga e atuando como uma espécie de autor e diretor cênico, a manipular todos os atuantes do jogo, cujo fim último é trapacear Ikharióv. Além disso, ele mesmo é o ator principal do jogo de cartas farsesco por ele arquitetado para fraudar a suposta vítima Glov-filho, também falseada. Cabe, sem dúvida, a Utechítelhny movimentar o eixo essencial da mentira fabular, como também "dirigir" uma representação teatral dentro de outra, projetando a concepção da "mentira" cênica como "verdade" última da arte do teatro.

---

[14] Cf. Anatol Rosenfeld, "O fenômeno teatral", em *Texto/contexto*, São Paulo, Perspectiva, 1976, p. 43.

A questão puramente estética esbarra aqui, inevitavelmente, com questões filosóficas fundamentais: o que é para Gógol a realidade? E, ainda, o que é a verdade? A representação artística, ao longo da trajetória da criação de Gógol, transfere-se, aos poucos, do plano estético para suscitar problemas de ordem ética e existencial, causa da profunda crise que o acometeu, como homem e como artista, no final da vida.

Como pensador religioso, Gógol supõe acreditar na realidade da verdade e busca desesperadamente, durante toda a vida, distinguir a verdade da mentira e criar uma literatura "da moral e do bem",[15] mas como pregador dessa mesma verdade, parece desafiar um árduo combate com suas contradições mais íntimas, que se refratam em seu universo artístico, sobretudo, por meio de um riso contraditório repleto de comicidade trágica e sinistra.

Por isso, a problemática instaurada em *Os jogadores* concernente à duplicidade inerente à representação teatral faz alusão, talvez, ao conflito fundamental do Gógol-criador, qual seja, o princípio da ruptura dos limites de toda e qualquer representação. "Tudo é engano, tudo é sonho, nada é aquilo que parece." Isto coloca em dúvida a própria possibilidade da representação artística, isto é, da invenção da "mentira" poética, fundamento primeiro da própria arte. A passagem, portanto, no final de sua vida, da palavra como criação para a palavra apologética surge para Gógol como obstinação existencial e necessidade imperativa.

É bom enfatizar uma vez mais que toda a ação de *Os jogadores* permanece sob a máscara da mentira até o final, e, se não fosse a última cena, toda a peça poderia terminar com a vitória da virtude sobre a trapaça (Ikhariov, afinal, joga "honestamente" com seus amigos-parceiros). Mas a verdade, ao contrário, revela-se na exposição do engano em camadas: Gógol enfoca a virtude e a verdade não pela oposição trapaceiro/homem honesto, mas sim contrapondo ao trapaceiro um novo e mais ardiloso trapaceiro, diante do qual o primeiro se afigura "ingênuo e honesto".

---

[15] Este aspecto da obra gogoliana está discutido no ensaio "Gógol, teórico do teatro", que integra esta coletânea.

Mas é possível também inscrever a ambiguidade estrutural desta comédia de Gógol na perspectiva da tradição literária e cultural russa e ocidental, pois salta das camadas do texto *Os jogadores* um dialogismo com todo um momento histórico-literário.

O jogo de cartas torna-se na Europa ocidental e na Rússia, desde o final do século XVIII, uma verdadeira obsessão.[16] De Hoffmann a Balzac, de Púchkin a Liérmontov e Dostoiévski, não apenas o tema do jogo de cartas, mas também o acaso, o duelo, o desafio perante o destino, o embate vida-morte, enfim, a vida vivida (representada?) como uma partida de jogo, cujo final pode ser inusitado e surpreendente, exprimem a insatisfação e a desorientação da Europa depois das campanhas revolucionárias e da audaciosa "aposta" napoleônica. Instala-se no imaginário europeu e russo uma concepção trágica do mundo, na qual o duelo e o jogo de azar circunscrevem, nesse contexto, desafios que se joga com o acaso e com o destino, promovendo-os a uma espécie de "novo deus" que manipula e decide a existência humana.[17]

É certo, também, surpreender no jogo de cartas, como, aliás, em todos os jogos, um simulacro do embate social. Mas na Rússia de Gógol esse embate é quase um jogo impossível. A imobilidade da sociedade russa, sob as ordens de Nicolau I, confere ao ato do jogo certamente um papel substitutivo. Metáfora da fragilidade social de uma sociedade opressiva, o jogo (e tudo aquilo que ele representa de imprevisibilidade e de ilusão) pode assegurar, ainda que, por vezes, tão somente no plano do imaginário, a necessária parcela de audácia e aventura para a vida.

Se no final do século XVIII o jogo simboliza na Europa ocidental e na Rússia a possibilidade miraculosa e instantânea de as-

---

[16] Cf. I. Lótman, "*Píkovaia dama* i tiéma kart i kártotchnoi igry v rússkoi literature natchála XIX veka" ("*A dama de espadas* e o tema das cartas e do carteado na literatura russa do começo do século XIX"), ensaio traduzido por Helena Nazário e publicado no *Caderno de Literatura e Cultura Russa*, nº 1, São Paulo, Ateliê, 2004.

[17] Cf. também a respeito, Georges Nivat, "Le 'Grand Jeu' russe", em *Vers la fin du mythe russe: essais sur la culture russe de Gógol à nos jours*, Lausanne, L'Âge d'Homme, 1988.

censão social da nobreza privilegiada, nos anos da década de 1830 ele se transforma em combate árduo com (e pelo) dinheiro, daí tornar-se sinônimo de tragédia: derrocada vertiginosa e desgraça potencial do indivíduo perante uma sociedade sob o poder do dinheiro.

Todavia, quaisquer que sejam seu contexto e modalidades, o ato de jogar não perde jamais o seu aspecto de desrazão, e mesmo de desrealização do mundo. O jogo reúne em um mesmo tempo-espaço os criadores e atuantes de um microcosmo, um mundo sob licença em que as leis do cotidiano estão temporariamente suspensas para a vigência de novas regras e outros códigos de conduta. Da mesma forma que a festa ou a feira da praça pública, o jogo funda o espaço da exceção, do espetacular e o tempo do gozo, da alegria e do êxtase.

O conceito de Mikhail Bakhtin[18] sobre o cronotopo ilustra perfeitamente esta unidade das categorias de tempo e espaço, como ocorre também no universo da festa e do carnaval. Advém desta unidade a sensação de singularidade e de transformação repentina do mundo e de sua ordem habitual.

Em vários textos de Gógol, em particular em *Os jogadores*, preservado o tempo-espaço lúdico em que a ação se desenvolve, a pretensa unidade alegre e prazerosa é, porém, posta em desequilíbrio pela irrupção inesperada da surpresa maléfica, do engano e da mentira, das forças obscuras e incontroláveis do acaso que podem conduzir à loucura. O jogo, da mesma maneira que a festa e a feira carnavalizadas na literatura gogoliana, caracteriza-se também pelo tempo-espaço da crise no qual o acaso e o destino se transformam em inquietante demonismo. O jogo de cartas circunscreve assim não mais a "licença poética" da vida, mas a anomalia trágica e a irregularidade do mundo, submetido às leis da mentira.

Uma ilustração exemplar desse movimento aparece, por exemplo, logo no início do conto *A terrível vingança*: em meio à grande

---

[18] Cf. M. Bakhtin, "Formas de tempo e de cronotopo no romance: ensaios de poética histórica", em *Questões de literatura e de estética: a teoria do romance*, São Paulo, Hucitec, 1988.

festa de um casamento ucraniano, em que os convidados comem, bebem, dançam e se divertem a valer, ocorre a súbita aparição do prodígio — a metamorfose inusitada de um dos convidados em monstruoso feiticeiro que aporta o mal e a infelicidade.

Iuri Mann[19] faz considerações pertinentes ao detectar nos textos de Gógol o rompimento constante do espaço circular e limitado em que se encontram os personagens gogolianos (uma festa, uma cidade, uma repartição pública, uma hospedaria, etc.) pelo espaço linear determinado pelo brusco deslocamento de um ou mais personagens. Assim, uma fuga, uma perseguição impetuosa, uma corrida frenética, sempre presentes na obra do escritor (cf., além da fuga dos trapaceiros em *Os jogadores*, o galope da troica no final de *Almas mortas*, a fuga de Khlestakóv no final de *O inspetor geral*, ou a do herói que foge pela janela na comédia *O casamento*), abrem ao mundo fechado e circunscrito em suas próprias leis e códigos de conduta a perspectiva linear e abrupta do espaço infinito, incontrolável, livre e veloz, dos impulsos e forças do desconhecido.

De um ponto de vista tipológico, esse movimento, assim como o tempo e o espaço que o caracterizam, pode ser associado a variadas formas da mitologia popular, em particular, à chamada "caça selvagem", segundo Mann.[20]

Com efeito, a fuga dos trapaceiros no final de *Os jogadores* corrobora essa visão. De todos os elementos mencionados do cronotopo do jogo (o extraordinário, a atmosfera de licença e a festividade lúdica) emerge também essa "fuga selvagem" final, na qual a mentira e o engano engendram o insondável e o diabólico que instauram o tempo da crise.

Ora, essa natureza ambígua do texto gogoliano, que busca revelar, em última análise, os mistérios do insondável ou do irracional, pode ser destacada ainda na própria especificidade semiótica do jogo de cartas, conforme analisa Lótman no ensaio referi-

---

[19] I. Mann, "La poétique de Gogol", em *Histoire de la littérature russe — Le XIXe siècle: l'époque de Pouchkine et de Gogol*, Paris, Fayard, 1996.

[20] *Idem*, p. 767.

do. Em sua essência imanente, o jogo de cartas apresenta também outra ambivalência: além do jogo que as cartas do baralho engendram, com suas situações conflitantes e regras internas que determinam o "ganho" ou a "perda" lúdicas, as cartas podem adquirir também um sentido de adivinhação, seja no prognóstico ou na programação. É à interpenetração e influência recíproca desses dois aspectos estruturantes que se pode atribuir o papel especial do jogo de cartas na imaginação dos contemporâneos e na literatura de ficção na Rússia do final do século XVIII e início do século XIX.

Além disso, o jogo de cartas comporta também a modelização de dois tipos de situações conflitantes bastante distintas, isto é, os jogos de cálculo e os jogos de azar. A diferença entre eles determina a maneira como resulta o "ganho" ou a "perda", isto é, pelo cálculo ou pelo acaso.

Ora, é evidente que na peça *Os jogadores*, se, de um lado, reina a lógica do cálculo estratégico e o duelo intelectual da inteligência e da perspicácia entre os experientes jogadores, do outro, o que impera ao final é o que se poderia chamar de "acaso", ou melhor, o imprevisível, o casual e mesmo o irracional. O jogador Ikharióv enlouquece ao final não porque a sorte lhe escapa das mãos e com ela seus rublos e a partida perdida, mas o que o transtorna é o embate com fatores por ele desconhecidos e a imposição de um universo caótico para quem, até então, se movia pelas leis do cálculo e do predeterminado. A ambivalência entre o cálculo e o acaso, o previsível e o imprevisível, transposta ardilosamente pelo dramaturgo na efabulação e na trama dramáticas por meio da dinâmica jogo de cálculo-jogo de azar, confere também ao tema do jogo de cartas o modelo ideal de uma situação conflitante homem/mundo exterior, na qual o herói Ikharióv se vê preso numa armadilha, pois ignora o "jogo" que o mundo faz com ele.

Dessa forma, como se verifica, aliás, em quase toda a literatura de Gógol, ao mecanismo (na aparência "lógico", que movimenta o enredo) atrelam-se sempre o absurdo, o inesperado, o fantástico: no caso de *Os jogadores*, a não-previsibilidade da estratégia dos adversários nos conduz, certamente, ao plano da zombaria e da comicidade, mas a arquitetura dramática da peça, moldada por essa espécie de hesitação em camadas entre a ordem e a desordem, mentira e verdade, real e irreal, razão e desrazão, lógica e casualidade, faz surgir da natureza ambivalente, própria ao jogo de cartas e tema da comédia, uma outra ambivalência constitutiva do universo artístico gogoliano: a que advém desse confronto, insuportável para a maioria de seus heróis, com forças poderosas e irracionais, percebidas quase sempre como demoníacas, as quais engendram o caos, a destruição, a ruína ou a loucura.

A noção escatológica que se desprende das falas finais do herói, enganado e enlouquecido, aponta para o triunfo do mal, mas, ao mesmo tempo, a revelação da trapaça e da mentira abre-se para a possibilidade iminente de seu extermínio por meio da consagração da verdade e da salvação, ideia pela qual Gógol-artista se viu perseguido durante toda a vida.

IKHARIÓV — [...] Para vergonha e desprezo dos homens é que existem ratos assim. Estou quase a ponto de enlouquecer — como tudo isso foi diabolicamente representado! Que sutileza! O pai, o filho, o funcionário Zamukhrychkin! E, afinal, tudo por debaixo do pano! E eu nem posso me queixar! (*Pula da cadeira e anda agitado pelo quarto.*) Vá trapacear depois dessa! Abuse da malícia da inteligência! Você se aperfeiçoa, você acha os meios! Diabos, o espírito nobre, o trabalho, tudo por água abaixo. Vai sempre aparecer um trapaceiro pra lhe passar a perna! Um rato pra destruir de uma vez o edifício em que você trabalhou por tantos anos! (*Agitando as mãos com desgosto.*) Que vá tudo pro inferno! Que terra infestada! A sorte só chega àquele que é burro como uma porta e não entende nada de nada, não tem nada em que pensar, nada que fazer, a não ser jogar uma ninharia no bóston com um velho baralho de segunda mão![21]

Surge aqui também uma espécie de perversão dramática a tornar o leitor/espectador cúmplice do herói, mas frustrando toda

---

[21] *Os jogadores*, em N. Gógol, *Teatro completo, op. cit.*, p. 238.

a possibilidade de ordem e de coerência por meio da justaposição de uma nova figuração da ordem, esta fantástica e inacessível.

Mas, talvez, ainda uma leitura final se impõe. A Rússia de Gógol, sob as ordens de Nicolau I, pode ser definida também como um jogo imprevisível de circunstâncias, cujas regras permanecem para seus contemporâneos como fatores desconhecidos. Não apenas na obra de Gógol, mas na literatura russa de toda uma época, desde Púchkin, Liérmontov e, inclusive depois, com Dostoiévski, o tema do jogo de cartas estabelece um diálogo metafórico e cultural com todo o assim chamado período petersburguês. Surgem representações literárias argutas sobre o acaso, a sorte e o destino pessoal de heróis enredados pelo jogo, pelo duelo, pelo desafio com o destino, mas também, e sobretudo, pelos fios de uma história e sociedade que parecem jogar o jogo do imprevisível das circunstâncias e dos caprichos da fortuna. A história e a sociedade russa surgem, assim, percebidas como inorgânicas, fantásticas e ilusórias.

Desde as reformas do período de Pedro, o Grande, o movimento histórico russo parece determinado pelo papel da casualidade, papel este surgido de uma ambígua percepção: de um lado, o desenvolvimento intelectual e filosófico move-se em sintonia com o movimento europeu, e de outro lado, a base sociopolítica da sociedade segue no ritmo de um outro movimento, mais lento e em correspondência com outros princípios.

> Cada fator de uma série, do ponto de vista do outro, era indeterminado, casual, mas uma constante intromissão mútua dos fenômenos destas séries levava a uma transição brusca, semelhante a uma indeterminação dos acontecimentos, que obrigava os contemporâneos a declarar como "ilimitados", fantásticos, inexistentes, um sem-número de aspectos da vida russa.[22]

No sistema político tsarista e na intrincada burocracia estatal que o sustenta, a penetração das leis do favoritismo surge como

---

[22] I. Lótman, *op. cit.*, p. 95.

transgressão de toda espécie de regras e, portanto, como domínio do imprevisível e do "acaso". O excesso transgressor ou o jogo de diferentes arranjos, *a priori* impossíveis ou inesperados, imprimem à vida sociopolítica russa a imagem de uma cadeia de causalidades e da supremacia do acaso. Ora, não surpreende que o jogo de cartas se manifeste nesse contexto como modelo natural deste aspecto da existência russa, cuja percepção artística é capaz de fazer colidir nos enredos e no destino dos heróis arranjos e desarranjos, submetidos não apenas à lógica determinada ou à estratégia racional do cálculo, mas também ao não-motivado, ao inesperado, ao absurdo do acaso, em última análise, ao mundo caótico do irracional, movido como títere pelas mãos do desconhecido.

É esta saga artístico-cultural, parodiada, em certa medida, por Gógol, que vai percorrer a literatura russa posterior, como uma corrente subterrânea de temas, enredos e procedimentos literários.

Não apenas em *A dama de espadas*, de Púchkin, como já assinalamos, em que a crise ambivalente vivida pelo herói Hermann (não por acaso um russo-alemão) expressa a antítese racional (predeterminado) x caos (casual/não-motivado), mas também em Pietchórin, herói central de *O herói do nosso tempo*, de Liérmontov, é possível detectar a contraposição desses dois sistemas de apreensão do mundo, cuja dialética aparece de forma evidente. Em particular no texto *O fatalista*, de Liérmontov, no qual o embate filosófico travado pelos protagonistas sobre a ideia da fatalidade ou predestinação, em contraposição à determinação racionalista, aponta, com bem examinou Lótman, para o movimento ambivalente entre Ocidente/Oriente que marca o desenvolvimento histórico-cultural da Rússia.[23]

---

[23] Cf. o interessante ensaio de Iuri Lótman, "*Fatalist* i probléma Vostóka i Západa v tvórtchestve Liérmontova" ("*O fatalista* e o problema do Oriente e Ocidente na obra de Liérmontov"), em *O rússkoi literature* (*Sobre a literatura russa*), São Petersburgo, Iskússtvo, 1997, em que a figura de Pietchórin é analisada na confluência de dois sistemas culturais e de pensamento, o Ocidental e o Oriental, de cuja antítese, segundo Lótman, pode surgir uma terceira essência cultural alternativa como modelo cultural para a Rússia, uma espécie de cultura-síntese entre Ocidente e Oriente.

Em *Os jogadores*, a colisão de dois movimentos opostos (em princípio, interexcludentes) aparece refratada nos vários níveis composicionais do texto. No movimento da fábula arquitetada pelo jogo de cálculo, o acaso vem desarranjar o domínio da ordem estabelecida. Ikhárióv, o herói desarranjado, surge no final da peça como vítima dessa alternância ambivalente de ordem-desordem, verdade-mentira, predeterminado-casual, porém, para além do macrocosmo histórico-cultural projetado pelo texto, a irrupção do caos final, em um universo onde antes parecia reinar a "ordem", faz também do papel do acaso e da transgressão de regras vigentes o instrumento instaurador de uma outra ordem/desordem. É nessa transformação imotivada e inesperada da ordem estabelecida que o caos gogoliano pretende consagrar a revelação da verdade.

Ao explodir a ordem mecânica do jogo (e, portanto, da vida), a arte gogoliana promove, por meio da irrupção inesperada do caos, a insurgência da desordem e do jogo das casualidades, por meio da qual fatores desconhecidos, desautomatizadores, irracionais e, por isso, "diabólicos", desestruturam e reorganizam o mundo segundo as leis irreverentes do acaso. Em lugar do abismo, da imobilidade pré-determinada e da morte (o jogo perdido), resulta desse consórcio imprevisível a inesgotável probabilidade de sempre recomeçar o jogo para, talvez, de uma feita, como pretendeu Gógol, lograr o ganho da verdade.

O verso e o reverso do amor

A biografia de Gógol tem despertado na crítica um interesse considerável nos últimos anos.[1] Personalidade bastante singular, altamente enigmática, o escritor deixa-se revelar em muitos de seus últimos escritos (textos esparsos e correspondência com amigos)[2] como um homem de educação profundamente religiosa e cristã, expressa indubitavelmente no seu medo patológico da morte e do castigo. Acrescentem-se ainda o papel importante da mãe na sua formação e a grande dificuldade de suas relações afetivas e amorosas. Os aspectos doentios da personalidade de Gógol (e de seus personagens) costumam ser fundamentados no processo autodestrutivo que o escritor manifestou no final de sua vida, deixando-se morrer de inanição.

Há quem veja nas deformações de acontecimentos e pessoas de seus relatos uma forma de libertação de seus próprios complexos e recalques psicológicos, fazendo do riso o meio principal de

---

[1] Há várias publicações russas recentes sobre a biografia de Gógol. Destaquem-se, especialmente, Iuri Mann, *Gógol: trudy i dni, 1809-1845* (*Gógol: os trabalhos e os dias, 1809-1845*), Moscou, Aspekt Press, 2004. Cf. também, do mesmo autor, *Postigaia Gógolia* (*Para compreender Gógol*), Moscou, Aspekt Press, 2005. E ainda: Igor Zolotússki, *Gógol*, Moscou, Molodáia Gvardia, 2005; I. I. Garin, *Zagádotchny Gógol* (*O enigmático Gógol*), Moscou, Terra-Knijny Klub, 2002; Ruslan Kireev, *Velíkie smérti: Gógol, Tolstói, Tchekhov* (*Grandes mortes: Gógol, Tolstói, Tchekhov*), Moscou, Globulus ENAS, 2004; B. F. Tchij, *Bolézn N. V. Gógolia* (*A doença de N. V. Gógol*), Moscou, Respublika, 2001; Simon Karlinsky, *The Sexual Labyrinth of Nikolai Gogol*, Chicago, University of Chicago Press, 1992.

[2] Cf., especialmente, a sua *Confissão de um autor* e *Trechos escolhidos da correspondência com amigos*.

liberação. Até mesmo a ausência, em grande parte de sua obra, de personagens femininos plenamente desenvolvidos e de enredos de amor (ao lado do medo flagrante na maioria dos heróis gogolianos perante a mulher, o amor e o casamento) é um convite a uma interpretação analítica que focalize na própria obra a figura do escritor.

Alguns de seus biógrafos apontam para o fato de que o grande mal de Gógol foi não ter amado nunca e ninguém, e que, por isso, ele teria conhecido um só lado da vida, do qual provêm as caricaturas que inundam toda a sua obra.

Compreende-se, assim, porque as raras figuras femininas, na obra de Gógol, praticamente não agem, e os próprios heróis, muitas vezes, não parecem de carne e osso, e sim manequins tragicômicos que riem e choram, fazem rir e chorar, mas não vivem porque não amam, e disso decorreria o aspecto incompleto e fragmentado dessas figuras-marionetes.

Assim, o humor e o "riso entre lágrimas" que brotam dos textos gogolianos revelariam, além de um procedimento artístico e literário, um doloroso problema de dupla personalidade e dualismo religioso. A luta do escritor entre dois mundos (o da arte e o da moral), sua preocupação em rir do demônio, em vez de simplesmente amar a Deus, e o conflito entre ocidentalismo e eslavofilismo acabariam por mergulhar o escritor num delírio místico e na demência, que lhe roubaram completamente a razão.

Não me parece válido, no plano da investigação analítica, perscrutar a vida afetiva ou sexual de Gógol, mas sim observar a apreensão que o escritor parece demonstrar em seus escritos com relação à natureza demoníaca da beleza e o aspecto destrutivo do sentimento amoroso, o que corresponderia, em certo sentido, aos traços biográficos e psicológicos apontados pelos biógrafos.

Se essa multiplicidade de aspectos dá margem à utilização de diferentes tipos de abordagem interpretativa, é na forma como Gógol trabalha a palavra para veicular todos os seus temas e transformá-los em matéria artística que a investigação de seus contos, novelas e peças de teatro se torna tarefa extremamente motivadora.

É nessa perspectiva de análise que me parece interessante focalizar dois textos de Gógol em que a temática do amor, ou pelo menos a questão amorosa (aliás, muito rara nos escritos gogolianos), aparece de forma flagrante.

Um dos textos constitui uma novela publicada em 1835, intitulada *A Avenida Niévski*,[3] que integra os *Contos petersburgueses*, escritos entre 1832 e 1842. O outro é um texto dramático, publicado em 1842, intitulado *O casamento*. Ambos podem ser tomados como paradigmas e expressão significativa da modernidade tanto da prosa quanto do teatro de Gógol.

Destaca-se, além da temática amorosa que aqui nos interessa, a mesma percepção "estranhante" com que Gógol apreende o mundo, as pessoas, as coisas e, neste caso, o amor. Aqui também, como ocorre no conjunto da obra gogoliana, o insólito surge do real, e o absurdo se destaca do cotidiano mais banal, através de uma linguagem matizada de elementos da língua falada, de jogos de palavras, de trocadilhos populares. É precisamente por meio do tratamento inovador da linguagem narrativa e dramática, da expressividade verbal que impregna o estilo, os diálogos e o discurso dos personagens, que Gógol logra mesclar o real ao fantástico, ao insólito, ao inesperado, ou, como o próprio escritor classifica muitos dos sucessos de seus enredos, ao "fato extraordinariamente estranho" ("neobyknovénno stránnoe proíschestvie").

Como o próprio título da novela sugere, o nó aglutinador da trama deste texto se limita a uma avenida central de São Petersburgo, a Niévski *prospekt*, eixo principal da cidade e que se tornou símbolo dela, a capital do império russo na época de Gógol.

Não se pode desprezar o fato de que esse fundo urbano sobre o qual vai se desenrolar a ação (aliás, como também no caso da peça *O casamento*) adquirira, especialmente durante o reinado do tsar Nicolau I, época em que viveu Gógol, a reputação jamais perdida de uma cidade estranha, espectral, sinistra, onde os acontecimentos revelam muitas vezes um aspecto trágico e mesmo assombroso.

Essa simbologia nasceu não apenas em função da atmosfera política e cultural do regime do tsar autocrata, marcado pela vio-

---

[3] Publicada no Brasil em tradução direta do russo: N. V. Gógol, *A Avenida Niévski*, trad. Arlete Cavaliere, São Paulo, Paz e Terra, 2002.

lência, pela repressão e pela brutalidade da censura. É certo que, sob as ordens de Nicolau I, todo pensamento e cultura não-oficiais foram condenados drasticamente à clandestinidade, à prisão ou ao exílio; no entanto, a imagem de São Petersburgo como uma espécie de miragem miraculosa e fantástica se estabelece desde a sua construção e fundação pelo tsar Pedro I, o Grande. A cidade surge nos inícios do século XVIII sobre os pântanos, onde o rio Nievá deságua junto ao Golfo da Finlândia, mas a abertura "daquela janela para a Europa" foi uma proposta de modernização abrupta e mesmo dramática que pretendeu descartar da história da Rússia a velha Moscou e toda a sua tradição histórica e religiosa.[4]

Ora, o narrador abre a novela *A Avenida Niévski* com uma introdução de várias páginas, nas quais o caráter paradoxal dessa artéria urbana é posto em destaque. O narrador gogoliano nos apresenta, por meio de uma justaposição de imagens fragmentadas e em ritmo quase cinematográfico, uma montagem de *flashes* que percorrem a avenida e seus transeuntes, desde o amanhecer até altas horas da noite, passando por uma descrição quase alucinada daquele momento frenético entre o final da tarde e o começo da noite, quando a avenida atinge o seu mais alto grau de excitação: povoada por uma multidão de diferentes rostos e corpos que invadem suas calçadas e criam um movimento vertiginoso de luzes, sombras e cores.

Irrompe, assim, logo nas primeiras páginas uma estranha mistura de fantasia e realidade, de ser e parecer, de falso e verdadeiro. É justamente dentro dessa atmosfera urbana petersburguesa, posta pela ótica gogoliana, que o embate entre o sonho, a ilusão e a realidade se evidencia. É justamente nessa avenida que os heróis vão se locomover. É este embate que a intriga amorosa vai revelar.

E quem são seus transeuntes-protagonistas? Depois do plano geral, a "câmera" gogoliana vai colocar o foco narrativo em dois jovens: Piskarióv, um jovem artista-pintor, e seu amigo Pirogóv, um oficial-tenente. Eles passeiam tranquilamente pela Avenida

---

[4] Para uma ampla análise da fundação e da história de Petersburgo, cf. Solomon Volkov, *São Petersburgo: uma história cultural*, Rio de Janeiro, Record, 1997.

Niévski e, simultaneamente, seus olhos são atraídos por duas jovens que passam pela avenida, uma loira e uma morena. Os dois amigos se separam em direções opostas para perseguir cada um a beldade de seus sonhos.

Piskarióv, o artista, se põe a seguir a bela morena, pela qual sucumbe em paixão instantânea e diante da qual treme sem poder pronunciar uma só palavra. É a paixão absoluta que o leva a imaginar se tratar de uma elegante dama da sociedade petersburguesa, quando, na verdade, depara-se, para seu desgosto, com uma prostituta de luxo cínica e fútil. O jovem artista, ingênuo e inexperiente, embora profundamente chocado com a descoberta, ainda tem esperanças de salvar a moça, pois a considera uma pobre vítima inocente. Mas, diante da proposta de casamento e trabalho honesto para a edificação de uma vida pobre e simples (porém repleta de amor e arte), a bela cai na gargalhada e destrói para sempre os sonhos deste inapto sedutor gogoliano. Depois da desilusão atroz, o pobre rapaz não consegue mais pintar, torna-se um viciado em ópio e, finalmente, suicida-se, cortando a garganta em seu fétido quartinho. As frases desesperadas do herói atestam o profundo abismo entre seus sonhos e a cruel realidade:

> Seria melhor que você não existisse! Que não pertencesse a este mundo e que fosse somente fruto da imaginação de um pintor! Eu então me afastaria da tela, ficaria olhando e beijando você eternamente. Eu viveria e respiraria através de você, como num sonho maravilhoso, e então seria feliz. E não teria mais nenhum desejo. Eu a invocaria como anjo da guarda antes do sono e da vigília, e a esperaria até que surgisse o momento de expressar o divino e o sagrado. Mas agora... que vida horrível! Para que viver? Por acaso a vida de um louco é agradável para seus parentes e amigos, que um dia o amaram? Meu Deus, que vida a nossa! Um eterno conflito entre o sonho e a realidade![5]

---

[5] N. Gógol, *A Avenida Niévski*, op. cit., p. 98.

A este personagem quase trágico, pintado com as cores do realismo psicológico do século XIX, Gógol opõe uma espécie de duplo: a câmera narrativa muda rapidamente o foco para a trajetória do amigo Pirogóv, mas a passagem abrupta para a farsa cômica, a ser apresentada ao leitor, não se faz de modo menos irônico:

> Assim morreu, vítima de uma louca paixão, o pobre Piskarióv, quieto, tímido, modesto, infantilmente ingênuo, levando consigo uma faísca de talento, que talvez pudesse ter se incendiado, ampla e brilhante. Ninguém chorou por ele, ninguém esteve junto de seu cadáver, a não ser, é claro, as habituais figuras do inspetor municipal e do rosto indiferente do médico municipal. Seu caixão foi lacrado para Okhta, discretamente, sem cerimônias religiosas; atrás dele chorava somente um guarda e isto porque havia bebido mais do que um litro de vodka. Nem mesmo o tenente Pirogóv, que em vida lhe demonstrara a mais alta proteção, apareceu para ver o cadáver do pobre infeliz. Além do mais, ele não estava em absoluto preocupado com isto: ele estava ocupado com um acontecimento extraordinário.[6]

Essa digressão, sem dúvida, produz o efeito de um distanciamento crítico discursivo em relação ao fato narrado, pois afasta o leitor da possível adesão sentimental às vicissitudes da vida do infeliz Piskarióv e lança a narrativa, de imediato, a uma outra direção, a um outro universo discursivo, àquele do tenente Pirogóv, que partira, não por acaso, em direção oposta na Avenida Niévski.

E o narrador também conduz a narrativa para o seu oposto: irrompe agora o universo do riso e da comicidade farsesca, em que o amor e as relações amorosas serão, então, apresentados por uma outra perspectiva.

O tenente Pirogóv, ao seguir a jovem loira, depois de se distanciar da Avenida Niévski, vai dar num bairro de artesãos alemães, onde vive tranquilamente a sua presa (e aqui, certamente,

---

[6] *Idem*, p. 103.

não se pode mais referir "sua amada") com o marido Schiller, um rústico funileiro alemão. O audacioso herói não parece temer o marido tampouco o amigo dele, o sapateiro Hoffmann, cujos nomes constituem deliberadamente, no discurso narrativo, um jogo paródico com a tradição da literatura romântica alemã, sem contar a comicidade circense da cena, cuja motivação (o nariz do "ilustre" alemão a ser cortado) nos remete também ao eixo fabular de outra novela de Gógol: *O nariz*.

> Diante dele estava sentado Schiller, não aquele Schiller que escreveu *Guilherme Tell* e a *História da guerra dos trinta anos*, mas sim o famoso Schiller, mestre dos funileiros da rua Mechtchânskaia. Junto de Schiller, em pé, estava Hoffmann. Não o escritor Hoffmann, mas o notável sapateiro da rua dos Oficiais, grande amigo de Schiller. Schiller, bêbado, estava sentado numa cadeira, batendo os pés e dizendo algo de modo apaixonado. [...] Schiller estava sentado, expondo seu nariz bastante grosso com a cabeça levantada para cima; e Hoffmann o segurava pelo nariz com dois dedos e dava voltas com a lâmina de sua faca de sapateiro sobre sua superfície. [...]
> — Eu não quero, eu não preciso do nariz! — dizia ele agitando as mãos. — Tenho por causa do nariz um gasto de três libras de tabaco por mês. [...]
> Hoffmann que também estava bêbado respondia afirmativamente: "20 rublos e 40 copeques"! Sou um alemão de nobre estirpe; tenho um rei na Alemanha. Eu não quero nariz! Cortem meu nariz! Peguem meu nariz![7]

Pirogóv continua a flertar sem o menor escrúpulo com a bela alemãzinha. Até chega a encomendar ao marido dela umas esporas novas, como pretexto para poder frequentar com mais assiduidade a morada do casal. Afinal, ele, Pirogóv, é um oficial russo,

---
[7] *Idem*, pp. 108-9.

classe superior àqueles grosseiros artesãos alemães que deveriam se limitar, segundo ele, a produzir seus artefatos na periferia pouco nobre da capital, para depois vendê-los na rica Niévski.

Mas, no momento da audácia máxima, quando quer conquistar a todo o custo o amor da bela alemã e se atira a beijá-la no meio da sala, por ocasião de uma de suas visitas à casa do artesão, a porta se abre e entram Schiller, Hoffmann e o carpinteiro Kuntz completamente bêbados, mas fortes e valentes o suficiente para lhe dar uma boa surra.

A reação de Pirogóv não será menos inusitada do que a sua aventura amorosa:

> Ele considerou a Sibéria e os chicotes como o mais insignificante castigo para Schiller. Voou para casa para se vestir e ir ao general descrever, com as cores mais chocantes, a violência dos artesãos alemães. Também pretendia apresentar por escrito uma petição ao Estado Maior para, caso a designação do castigo fosse insuficiente, aumentá-la ainda mais.
> No entanto, tudo terminou de um modo estranho: durante o caminho entrou numa confeitaria, comeu dois pastéis de massa folhada, leu algo na *Abelha do Norte* e saiu de lá bem mais aliviado. Além do mais, a tarde bastante fresca e agradável o impeliu a dar uma volta pela Avenida Niévski.[8]

E segue-se o não menos inusitado desfecho narrativo:

> Que mundo maravilhoso o nosso! Pensava eu ao passar pelo terceiro dia na Avenida Niévski, lembrando-me desses dois acontecimentos. De que modo tão estranho e tão incompreensível o destino brinca conosco! Conseguimos alguma vez aquilo que desejamos? Alcançamos aquilo para que parecem estar intencional-

---

[8] *Idem*, p. 119.

mente preparadas nossas forças? Tudo acontece ao contrário. [...]
De que modo estranho o destino brinca conosco!
Mas o mais estranho de tudo é o que acontece na Avenida Niévski. Oh! Não acredite na Avenida Niévski. Eu, toda vez que passo por ela, me envolvo ainda mais em minha capa e me esforço para não olhar para nada que me apareça pela frente. Tudo é engano, tudo é sonho, nada é aquilo que parece.[9]

As expressões "Tudo acontece ao contrário", "De que modo estranho o destino brinca conosco!", "Tudo é engano, tudo é sonho, nada é aquilo que parece" não guardariam a chave da poética gogoliana? Uma escritura ambivalente que finge ser o real, o objetivo, mascarando-o para desmascarar o que é, fazendo de sua própria produção objeto de indagação.

A estranheza, a ambiguidade irônica da conclusão que apresenta a realidade por meio de sua negação: "Não acredite na Avenida Niévski" não constitui, afinal, um contraponto negativo à afirmação inicial da narrativa com relação à força, à exuberância e à concreção da avenida descrita pelo narrador logo nas primeiras linhas da novela?

Não há nada melhor do que a Avenida Niévski, pelo menos em Petersburgo, onde ela representa tudo. Mas o que não brilha nesta rua — beleza de nossa capital? [...] Nenhum guia de cidade e nenhuma agência de informação poderiam oferecer notícias tão precisas quanto a Avenida Niévski. Oh! Avenida Niévski onipotente! Única alegria do pobre no passeio em Petersburgo!

O narrador parece zombar de seu leitor porque, ao negar ao final o amor pela Avenida Niévski, declara simultaneamente o seu amor pelo reverso. Esse final expressa a exata contraposição de sua introdução: Gógol, por meio deste procedimento, revela um

---

[9] *Idem*, pp. 119-20.

processo de produção textual que põe em confronto uma multiplicidade de visões contrapostas, mas que dialogam entre si para descerrar aquela ótica desautomatizante e tragicômica com a qual focaliza o mundo, os seres e também, neste caso, o amor.

Parece evidente que o texto apresenta dois casos amorosos contrapostos, duas histórias de amor absolutamente diferentes, que correm em paralelo e que revelam o amor e sua contrafação cômica: o verso e o reverso do amor, isto é, o aspecto trágico e cômico e a própria duplicidade inerente ao sentimento amoroso. A razão e a desrazão se configuram aqui por dois personagens, o artista Piskarióv e o oficial Pirogóv, amantes que se espelham e se completam.

Pirogóv, com efeito, constitui uma espécie de desdobramento especular de Piskarióv. Os dois heróis se apresentam amalgamados e ao mesmo tempo desdobrados, acentuando-se, assim, a ideia de paralelismo e inversão simultâneos entre a imagem modelo (o amor romântico idealizado) e a sua duplicata cômica (o amor da derrisão, o rebaixamento carnavalizado do amor).

Há também um falso encanto na Avenida Niévski, assim como nas relações amorosas apresentadas. Mas a Avenida Niévski não deixa de ser sedutora ao narrador gogoliano. Nem o amor:

> Pensa você que aquelas damas... Bem, nelas então você deve acreditar menos ainda. [...] E Deus o livre de espiar por sob os chapéus das damas! Mesmo de longe, quando a capa de uma beldade esvoaça, por nada desse mundo iria atrás dela para bisbilhotar.[10]

No entanto, por trás da negação (ou, se quisermos, da denegação) estão ocultados na máscara e no disfarce a atração, a sedução e a revelação do amor. De modo análogo, no plano da produção artística, a "irrealidade" apresentada pelo texto desvela uma outra realidade, ainda mais essencial, cara a toda literatura e a toda arte.

---

[10] *Idem*, p. 121.

Não será certamente por acaso que Gógol deu a Piskarióv o atributo do artista:

> Este jovem pertencia àquela classe que constitui entre nós um fenômeno bastante estranho, pois pertencia à cidade de Petersburgo, tanto quanto a pessoa que nos aparece em sonhos pertence ao mundo real. Esta categoria excepcional era muito singular naquela cidade onde todos eram funcionários, comerciantes ou artesãos alemães. Ele era um pintor. Não é verdade que é um fenômeno estranho? Um pintor petersburguês! [...] É a esta categoria que pertencia o nosso jovem pintor Piskarióv, tímido, vacilante, mas cuja alma estava cheia de faíscas de sentimento, sempre prontas a transformarem-se em chama.[11]

O que parece significativo é ainda um outro desdobramento relativo à autorreflexividade da narrativa, uma vez que este artista gogoliano é capaz, como aponta o narrador, de criar um mundo de imagens porque "sua alma estava cheia de faíscas de sentimento, sempre prontas a transformarem-se em chamas". Ele expõe seus sonhos, se nutre desses sonhos e transforma a realidade numa outra realidade: a realidade artística.

A imaginação como fonte do próprio poder de criação do artista também pode levá-lo a sucumbir perante o desacordo profundo com as leis do mundo que o cerca. Por isso, Piskarióv, o artista sonhador, sucumbe diante da beleza, do amor e da inevitável realidade dos fatos.

A figura do narrador gogoliano, disfarce e máscara do escritor (do artista), se desloca refratada, desdobrada e espelhada no herói-artista Piskarióv. É a construção de uma imagem por meio da imagem do "outro", que a incorpora, a nega, dialoga com ela, distancia-se dela para vê-la e ver a si mesma melhor. Estamos, assim, diante de um processo de criação que se autorrefere, a fazer alusão ao infinito diálogo da literatura e da arte com o "outro".

---

[11] *Idem*, pp. 78-80.

Também Pirogóv, como desdobramento cômico do "outro", prefigura a instauração no texto dos expedientes do riso e da comicidade por meio não apenas da inserção no relato das engraçadas aventuras e desventuras amorosas do bufão ridículo, mas também do aspecto lúdico, irreverente e inusitado do texto literário, do jogo irônico, por vezes sarcástico, que brota da própria construção do texto e que, afinal, são a marca incontestável da arte gogoliana.

É por essa perspectiva ambígua, relativa tanto ao tratamento da temática amorosa quanto ao fenômeno literário como procedimento artístico, que se instaura a realidade de uma não-realidade que perpassa, na construção do texto, o questionamento da realidade "tal como ela é" e do amor "tal como ele é" — base da efabulação do relato e do fazer artístico gogoliano, que desfaz, a todo momento, o sentido tradicional da *mímesis*, da arte como imitação.

Da mesma forma que em *A Avenida Niévski*, o movimento básico do texto teatral *O casamento* se constitui a partir da temática amorosa e, em certa medida, pela mesma dinâmica ambivalente do tragicômico.

A ação da peça também se desenrola em São Petersburgo, o que parece significativo, uma vez que, em sua primeira variante, a ação se passava numa cidade de província. Gógol, na redação final do texto, transfere a fábula e seus personagens para o ambiente petersburguês, matizando-os, certamente, da aura surrealista e fantástica que atribui ao ambiente urbano da capital do império. Além disso, a comédia na primeira versão de 1833 se intitulava *Os noivos* (*Jeníkhi*, em russo).

A fábula consiste nos esforços de Kotchkarióv em fazer casar o amigo Podkolióssin com a rica filha de um comerciante, Agáfia Tíkhonovna. Esses esforços tomam formas diferentes, o que imprime o caráter cômico à peça, desde a insistência de Kotchkarióv em convencer o amigo das vantagens do casamento até suas artimanhas, pouco honestas e muito ardilosas (daí a comicidade resultante), para eliminar os possíveis concorrentes.

Podkolióssin, homem indolente, incapaz de agir, passa seu tempo a fumar cachimbo, estirado em seu sofá. Ele pretende se casar, mas, apesar dos esforços da casamenteira Fiókla Ivánovna, que já há três meses o visita diariamente para lhe apresentar os atributos desta ou daquela beldade, sua indecisão o impede de tomar iniciativa e até mesmo de ter a coragem de ir conhecer pessoalmente tal ou qual belezura aconselhada pela experiente casamenteira. O amigo Kotchkarióv, cujo temperamento é absolutamente oposto ao de Podkolióssin, decide se empenhar ao máximo nessa empreitada para, a todo custo, conseguir levar o indeciso amigo ao altar. O voluntarioso Kotchkarióv consegue, então, não apenas arrancar de Fiókla o endereço da jovem Agáfia, moça de 27 anos, ávida por um marido que seja nobre (e não um comerciante), mas também arrancar de casa o inseguro Podkolióssin para levá-lo, à força, à casa da dita-cuja formosura.

No entanto, outros pretendentes, convocados pela casamenteira Fiókla, aguardam na casa da moça e já estão à espreita para a entrevista com a exigente noiva. Lá estão: Iaítchnitsa, baixo-funcionário da Chancelaria; Anútchkin, oficial de infantaria reformado; e Jevákin, um oficial da marinha. O astuto Kotchkarióv, por meio de artimanhas discursivas, acaba por eliminar todos os possíveis rivais, deixando o campo livre para a conquista do amigo. Mas a investida não parece tão complicada, uma vez que a jovem está bastante entusiasmada e disposta a eleger Podkolióssin para marido. Este, por sua vez, se vê seduzido pela ideia de se casar com a bela e rica pretendente, e se decide pelo casamento, porém depois de muito hesitar e ainda empurrado pelo amigo. No entanto, de súbito, na iminência do casório, se dá conta de que a vida tranquila de celibatário está por um fio e acaba por fugir do enlace: em um acesso de incertezas, salta pela janela no último minuto antes da cerimônia.

É curioso notar que os heróis principais deste texto teatral não surgiram de uma só vez. Nas primeiras variantes não havia nem Podkolióssin nem Kotchkarióv, e a peça se estruturava a partir de um único fio condutor para o conflito dramático: o desejo da filha de um comerciante em se casar, a procura dos noivos pela casamenteira e a chegada dos diferentes pretendentes.

Certamente, a criação destacada das figuras de Podkolióssin e de Kotchkarióv adensa o conflito dramático e a contraposição

Nikolai Gógol, *O casamento*, 1842. Kotchkarióv apresenta Podkolióssin à noiva, gravura a partir do desenho de R. Chtein.

Nikolai Gógol, litografia a partir do desenho de E. Dmítriev-Mamónov, 1852.

Programa de uma apresentação das peças *O casamento* e *Os jogadores*, de Nikolai Gógol, em 1902.

bipolar exposta pela intriga do texto, assim como a mudança do título e do lugar da ação parecem estabelecer um outro impulso estrutural para a peça.[12] Novamente aparece neste texto gogoliano o embate sonho-realidade, ser-parecer, realidade-irrealidade. E uma vez mais os duplos estão presentes. Com efeito, a contraposição dos heróis Podkolióssin-Kotchkarióv conforma o movimento central da fábula e também o eixo em torno do qual a ação dramática se estrutura.

Nas figuras de Podkolióssin e Kotchkarióv encontra-se também uma das motivações mais profundas da peça. Se Podkolióssin (nome que faz alusão àquele que está "sob as rodas", isto é, sem movimento) pode ser visto como personificação satírica da indiferença social, prenúncio dos heróis "oblomovistas" da literatura russa, Kotchkarióv, embora mola propulsora do conflito dramático, não apresenta, na verdade, nenhuma motivação clara para seu dinamismo impetuoso, e sua energia dramática acaba por resultar no vazio e na falência da ação.

O *casamento* é o único texto teatral de Gógol cuja intriga gira em torno da temática do amor, ou pelo menos das possíveis relações afetivas homem-mulher. Mas, embora o título da peça possa sugerir, de início, uma alusão à consecução do enlace amoroso e a camada superficial do discurso a ele se refira, não se trata aqui, em absoluto, da exposição dessa temática. Não existem personagens amorosos ou apaixonados, e o sentimento do amor não é sequer referido. Trata-se, isto sim, de sua negação, ou melhor, da exposição do simulacro do amor.

A peça se constrói por meio da "encenação" (e este termo teatral é bastante adequado para a explicação das intrigas gogolianas) de um casamento que acaba por não acontecer. A fuga final do herói pela janela, o salto para o vazio, é a própria figuração do esvaziamento da ação. Esta se transforma no seu contrário, isto é, a negação da ação, ou, ainda, a inversão da ação.

---

[12] Cf. a propósito das outras variantes da peça, cf. I. V. Vichniévskaia, "O tchiom napíssana *Jenítba*" ("O que descreve *O casamento*"), em *Gógol i ievó komediii* (*Gógol e suas comédias*), Moscou, Naúka, 1976.

É, porém, desse jogo irônico dado pela efabulação e pela intriga da peça, à primeira vista cômicas e mesmo *"vaudevillescas"*, que Gógol novamente parece zombar do leitor-espectador. Ao lançar o desfecho da peça, e com ele o receptor, neste "enlace-desenlace vazio", o dramaturgo instaura um universo de *nonsense* e de absurdo que são, em última análise, a figuração de uma significação ausente e que vem já expressa no subtítulo do texto: "Um acontecimento absolutamente inverossímil em dois atos".

Ora, este discurso do simulacro e esta negação da ação já estão destacados logo nas primeiras cenas. A conversa de Podkolióssin com seu criado Stiepán se constrói por meio de um jogo discursivo também pautado pelo vazio e pelo *nonsense*. Nessa ótica, à inação do herói parece corresponder não apenas a ausência do sentimento amoroso que o impele ao casamento, mas sobretudo o esvaziamento do discurso.

Observem-se as primeiras cenas do texto:

PRIMEIRO ATO

Cena 1
(*Um quarto de solteiro. Podkolióssin está sozinho, deitado no sofá com um cachimbo.*)
PODKOLIÓSSIN — Quando você começa a meditar assim, sozinho, nos momentos de lazer, então percebe que afinal precisa se casar. Será mesmo? Vai vivendo, vivendo e, de repente, chega o pior. E aí, deixei passar de novo a época da quaresma.[13] E, no entanto, parece que já está todo mundo pronto, e a casamenteira há três meses tem aparecido por aqui. É verdade, até eu já estou ficando meio constrangido. Ei, Stiepán!

Cena 2
(*Podkolióssin e Stiepán.*)
PODKOLIÓSSIN — A casamenteira não veio?
STIEPÁN — Não, senhor.

---

[13] Isto é, esperou a época do jejum, quando não se casa.

PODKOLIÓSSIN — Você esteve no alfaiate?
STIEPÁN — Estive.
PODKOLIÓSSIN — E ele, já está fazendo o fraque?
STIEPÁN — Está sim, senhor.
PODKOLIÓSSIN — E até que ponto ele já fez?
STIEPÁN — Bastante. Já começou a fazer as casas.
PODKOLIÓSSIN — O quê?
STIEPÁN — Estou dizendo que já começou a fazer as casas.
PODKOLIÓSSIN — E ele nem perguntou para que o seu patrão precisa de um fraque?
STIEPÁN — Não, não perguntou.
PODKOLIÓSSIN — Talvez ele tenha dito: será que o patrão quer se casar?
STIEPÁN — Não, não falou nada.
PODKOLIÓSSIN — Você viu, pelo menos, se ele tinha outros fraques? Pois ele também costura para outros, não é?
STIEPÁN — Vi sim. Tem muitos fraques lá.
PODKOLIÓSSIN — Mas o tecido para os outros seria, talvez, pior do que para o meu, não seria?
STIEPÁN — É, o seu será mesmo o mais bonito.
PODKOLIÓSSIN — O quê?
STIEPÁN — Estou dizendo que o seu será mesmo o mais bonito.
PODKOLIÓSSIN — Então está bem. Mas ele não perguntou: para que será que o patrão está fazendo um fraque de tecido tão fino?
STIEPÁN — Não.
PODKOLIÓSSIN — Ele não falou nada se o patrão quer se casar ou não?
STIEPÁN — Não, não disse nada.
PODKOLIÓSSIN — Mas você disse que grau tenho e onde trabalho, não disse?
STIEPÁN — Disse.
PODKOLIÓSSIN — E ele?
STIEPÁN — Ele disse: vou caprichar.

PODKOLIÓSSIN — Está bem. Pode ir.
(*Stiepán sai.*)

Cena 3
(*Podkolióssin sozinho.*)
PODKOLIÓSSIN — Sou de opinião que um fraque preto talvez tenha mais presença. Os coloridos caem melhor para secretários, conselheiros titulares[14] e essa gentalha toda, um fedelho qualquer. Aqueles de grau elevado devem observar mais... como se diz isso?... Ora, esqueci a palavra! Uma palavra tão boa e esqueci. Enfim, meu caro, por mais rodeios que você faça, não adianta, você é o mesmo que um coronel, só que o seu uniforme não tem dragonas.[15] Ei, Stiepán!

Cena 4
(*Podkolióssin e Stiepán.*)
PODKOLIÓSSIN — Comprou a graxa?
STIEPÁN — Comprei.
PODKOLIÓSSIN — Onde comprou? Naquela lojinha da qual lhe falei, na avenida Vozniessiénski?
STIEPÁN — É, naquela mesma.
PODKOLIÓSSIN — E a graxa é boa?
STIEPÁN — É boa.
PODKOLIÓSSIN — Você experimentou limpar as botas com ela?
STIEPÁN — Experimentei.
PODKOLIÓSSIN — E então, ela brilha?
STIEPÁN — Brilhar, ela brilha.
PODKOLIÓSSIN — E quando ele lhe deu a graxa, não perguntou: para que será que o patrão precisa de uma graxa assim?

---

[14] Título civil de 9ª classe.

[15] Na Rússia tsarista, os postos da hierarquia do serviço público eram equiparados às patentes militares.

STIEPÁN — Não.
PODKOLIÓSSIN — Talvez tenha perguntado assim: não estaria o patrão planejando se casar?
STIEPÁN — Não, não disse nada.
PODKOLIÓSSIN — Bem, está certo, pode ir.

Cena 5
(*Podkolióssin sozinho.*)
PODKOLIÓSSIN — Parece que botas não são nada, mas se são malfeitas e a graxa é avermelhada, então você não é tão respeitado na alta sociedade. Não sei como dizer... E é muito ruim se a gente tem calos. Posso tolerar Deus sabe o quê, menos calos. Ei, Stiepán!

Cena 6
(*Podkolióssin e Stiepán.*)
STIEPÁN — O que deseja?
PODKOLIÓSSIN — Você disse ao sapateiro que não quero calos?
STIEPÁN — Disse.
PODKOLIÓSSIN — E o que ele disse?
STIEPÁN — Disse que está bem.
(*Stiepán sai.*)

Cena 7
(*Podkolióssin, depois Stiepán.*)
PODKOLIÓSSIN — Com os diabos, o casamento é uma coisa complicada mesmo! Ora é isto, ora é aquilo. Tanto isto como aquilo deve sair bem — que vá pro diabo, isso não é tão simples como dizem. Ei, Stiepán! (*Stiepán entra.*) Eu queria lhe dizer ainda...[16]

---

[16] O *casamento*, em N. Gógol, *Teatro completo*, trad. Arlete Cavaliere, São Paulo, Editora 34, 2009, pp. 243-9.

A falta absoluta de conteúdo lógico nesta conversa, cuja função dramática é caracterizar, desde logo, o discurso e a vida vazia daquele funcionário petersburguês, Podkolióssin, se prolonga durante as sete primeiras cenas e corresponde, ao mesmo tempo, a um certo congelamento da ação, ou pelo menos a um retardamento da ação, na medida em que o diálogo, quase inarticulado e sem sentido ("O que é que você disse?", em russo, "Chto ty govorich?"), desacelera o desenrolar dos acontecimentos.

Apenas na cena 8, com a entrada da casamenteira Fiókla, é que o impulso dramático retoma o seu fluxo. A ideia do casamento constitui a mola propulsora do texto, assim como de todos os personagens envolvidos na trama. Assim, a casamenteira Fiókla Ivánovna ganha sua vida arrumando casamentos e, com exceção de Kotchkarióv, cujo único e inexplicável objetivo é levar o amigo ao casamento, todos os outros personagens masculinos da peça são pretendentes da noiva Agáfia Tíkhonovna.

Os motivos alegados para tal intento, em lugar do amor, são os mais insólitos: Jevákin precisa apenas de uma esposa que seja gordinha; Iaítchinitsa está interessado apenas no dote da noiva; e Anútchkin só exige que a noiva saiba falar francês. Podkolióssin é o único que não sabe exatamente por que deve se casar e, justamente ele, encorajado pelo amigo Kotchkarióv, será o pretendente escolhido por Agáfia.

Todo o primeiro ato se constrói a partir de uma única motivação, pois a proposta do casamento é iminente a cada um dos personagens da intriga, masculinos e femininos. A esperança do enlace final é a perspectiva que move os atos e vontades de todos os personagens no primeiro ato da comédia.

O segundo ato, no entanto, se arma como uma espécie de desconstrução da motivação inicial, na medida em que expressa nos seus vários níveis de composição a negação do primeiro.

Esta bipolarização inerente à estruturação do texto (a construção do casamento e sua simultânea desconstrução) deve ser observada, antes de mais nada, na trajetória dos dois heróis principais (Podkolióssin e Kotchkarióv), que, como duplos que se opõem, tecem também o movimento central da trama e conformam a tessitura ambivalente e tragicômica do texto: Kotchkarióv, movido por uma irreverência quase *clownesca*, cuja energia propulsiva é típica de um bufão arlequinesco (como Pirogóv, em *A Avenida Niévski*), desestrutura e desconstrói toda a abúlica inércia do amigo Podkolióssin, espécie de Pierrot passivo, inseguro e incapaz de agir (como o artista Piskarióv, também de *A Avenida Niévski*).

Cada um deles é, ao mesmo tempo, a negação e a rejeição do outro, mas também uma alternativa possível, pois um pode fazer aquilo que o outro não pode ou deixa de fazer. São, portanto, vozes que permanecem independentes, mas que se combinam numa unidade que congrega ação e não-ação, enlace e desenlace, realização e irrealização, ilusão e realidade, vida e morte.

Há sem dúvida aqui uma reflexão gogoliana em tom irônico sobre a natureza ambivalente do homem, expressa no texto pelo duplo carnavalesco Kotchkarióv-Podkolióssin. Não há como não ver, nessa dinâmica antinômica dos dois heróis, que resulta, afinal, no inesperado, no inoportuno, no extraordinário, no "inverossímil", como refere o subtítulo da peça, uma espécie de lógica absurda da impostura e do destronamento público e cômico-grotesco diante do casamento, do amor e das relações homem-mulher.

Nesse sentido, é interessante notar a cena 14 do 2º ato, quando ocorre o primeiro encontro entre Podkolióssin e a futura noiva, Agáfia Tíkhonovna. A cena, da qual se espera uma ação, a declaração "de amor", ou pelo menos das intenções de casamento de Podkolióssin, constitui-se, ao contrário do esperado, no esvaziamento gradativo do discurso, que culmina com a mesma ausência de significação lógica, a mesma incomunicabilidade absurda e cômica que marca o diálogo entre o herói e seu criado Stiepán nas primeiras cenas da peça.

Cena 14
(*Podkolióssin e Agáfia Tíkhonovna.*)
AGÁFIA TÍKHONOVNA — Peço encarecidamente que se sente.
(*Sentam-se e ficam calados.*)
PODKOLIÓSSIN — A senhorita gosta de passear?
AGÁFIA TÍKHONOVNA — Como assim "passear"?

PODKOLIÓSSIN — Numa *datcha* é muito agradável passear de barco no verão.

AGÁFIA TÍKHONOVNA — Sim, às vezes passeamos com conhecidos.

PODKOLIÓSSIN — Não se sabe como será o verão.

AGÁFIA TÍKHONOVNA — Tomara que seja bom.

(*Ambos se calam.*)

PODKOLIÓSSIN — De que flor a senhorita gosta mais?

AGÁFIA TÍKHONOVNA — A que cheira mais forte: o cravo.

PODKOLIÓSSIN — As flores caem muito bem para as damas.

AGÁFIA TÍKHONOVNA — Sim, é uma ocupação agradável.

(*Silêncio.*)

AGÁFIA TÍKHONOVNA — Em que igreja o senhor esteve no domingo passado?

PODKOLIÓSSIN — Na igreja da Ascensão, e uma semana atrás na catedral Nossa Senhora de Kazán. No entanto, para rezar tanto faz a igreja. Esta última só é mais decorada.

(*Calam-se. Podkolióssin tamborila com os dedos na mesa.*)

PODKOLIÓSSIN — Veja, logo será a quermesse de Iekateringóvski.

AGÁFIA TÍKHONOVNA — É sim, parece que dentro de um mês.

PODKOLIÓSSIN — Nem mesmo um mês.

AGÁFIA TÍKHONOVNA — Deve ser. Vai ser bem divertido.

PODKOLIÓSSIN — Hoje é dia oito. (*Conta nos dedos.*) Nove, dez, onze... Dentro de vinte e dois dias.

AGÁFIA TÍKHONOVNA — Imagine: é logo, logo!

PODKOLIÓSSIN — E eu nem contei o dia de hoje. (*Silêncio.*)

PODKOLIÓSSIN — Que corajoso é o povo russo!

AGÁFIA TÍKHONOVNA — Como?
PODKOLIÓSSIN — Os trabalhadores. Ficam na maior altura... Eu passei perto de um prédio, e o rebocador de parede sem o menor medo de nada.
AGÁFIA TÍKHONOVNA — É mesmo. E isso foi em que lugar?
PODKOLIÓSSIN — No caminho que eu faço todo dia para o departamento. Pois toda manhã tenho que estar lá de prontidão.
(*Silêncio. Podkolióssin começa a tamborilar de novo com os dedos; finalmente pega o chapéu e faz uma reverência.*)
AGÁFIA TÍKHONOVNA — O senhor já quer...
PODKOLIÓSSIN — Sim. Desculpe, talvez eu a tenha aborrecido.
AGÁFIA TÍKHONOVNA — De modo algum! Ao contrário, eu devo agradecer pelos agradáveis momentos.
PODKOLIÓSSIN — (*Sorrindo.*) É verdade, a mim parece que eu a aborreci.
AGÁFIA TÍKHONOVNA — Ah, não. Juro que não.
PODKOLIÓSSIN — Bem, se é assim, permita-me vir noutra ocasião, uma tarde dessas...
AGÁFIA TÍKHONOVNA — Com todo o prazer.
(*Cumprimentam-se. Podkolióssin sai.*)[17]

As observações de Agáfia na cena seguinte, quando Podkolióssin se retira, não são menos inusitadas:

> Que homem digno! Só agora eu o conheci melhor; é verdade, é impossível não amá-lo: modesto, ajuizado. Sim, seu amigo falou com justeza; só é uma pena que tenha ido embora tão depressa: eu queria ouvi-lo mais. Que prazer falar com ele! E o principal é que ele não fala sem conteúdo. Eu queria lhe dizer duas palavrinhas, sim, confesso, mas fiquei tímida, meu coração começou

---

[17] *Idem*, pp. 313-6.

a palpitar... Que homem maravilhoso! Vou contar à minha tia. (*Sai.*)[18]

As duas cenas podem ser vistas como uma espécie de microcosmo de toda a peça: o discurso exibe na sua superfície um aspecto sério, mas está saturado de pormenores cômicos que se materializam numa série constante de escândalos discursivos, atos excêntricos, alogismos e mistificações que correm em paralelo, violando a todo momento o mundo da seriedade e da razão.

A visão grotesca do amor não é, por conseguinte, uma simples ruptura da norma, mas a negação de todas as normas abstratas, fixas, com pretensões ao absoluto, ao eterno. É uma visão de mundo que nega a evidência em nome de uma verdade inesperada e imprevisível. O contraditório e o incompatível se congregam para renascer como ligação.

A isto corresponde, certamente, a ambiguidade resultante da instabilidade lógica de certas construções fraseológicas, em que a ordem das palavras, a brincadeira sonora e o ritmo carnavalizado do diálogo contradizem completamente a compreensão de seu sentido.

Exemplo evidente aparece na cena 16 do 1º ato, em que os diálogos entre os diversos personagens masculinos se entrelaçam em um jogo de dualidades de significações que instaura uma confusão verbal e faz rodopiar o texto em um movimento incessante de ambiguidades. Extremamente cômico, este procedimento faz refratar sobre a superfície do texto choques contínuos e rupturas semânticas inesperadas, envolvendo-o numa rede de trocadilhos e piruetas verbais inusitadas que perpassam a peça até o final.

ANÚTCHKIN — E como é, permita-me saber, a Sicília?... Pois o senhor teve a bondade de dizer: Sicília... Como é essa terra, a Sicília?

JEVÁKIN — Ah, é linda! Ficamos lá trinta e quatro dias; a vista, vou lhe contar, é encantadora! Que monta-

---

[18] *Idem*, p. 316.

nhas, que arvoredo cor de granadina; e italianas por toda parte, umas tão rosinhas que a gente quer logo beijar.

ANÚTCHKIN — E são bem-educadas?

JEVÁKIN — Muito bem! Tão educadas como talvez só as nossas condessas. Acontecia de ir pela rua... Bem, um tenente russo... Naturalmente, com as dragonas aqui (*aponta para os ombros*), bordadas em dourado... E de uma beleza tão morena — elas têm balcões em todas as casas, e os telhados são como este piso, absolutamente planos. De repente a gente olha e já vê sentada lá uma daquelas rosinhas... E naturalmente, para fazer um bom papel... (*Inclina-se e faz uma saudação com a mão.*) E ela responde assim. (*Faz um gesto com a mão.*) Estava vestida assim: aqui um tipo de tafetá, uns cordões, diferentes brincos de mulher... Bem, numa palavra, um bom-bocado...

ANÚTCHKIN — E como, permita-me ainda perguntar, em que língua se expressam na Sicília?

JEVÁKIN — Naturalmente, todos falam francês.

ANÚTCHKIN — E todas as senhoritas falam mesmo francês?

JEVÁKIN — Todas mesmo. Talvez o senhor mesmo não acredite no que vou acrescentar: nós ficamos ali trinta e quatro dias, e em todo esse tempo não ouvi uma só palavra delas em russo.

ANÚTCHKIN — Nem uma palavra?

JEVÁKIN — Nem uma palavra. E não estou falando dos nobres e outros senhores, isto é, os diversos oficiais; mas pegue de propósito um simples camponês dali, que carrega nas costas todo tipo de porcaria, e experimente lhe dizer: "Dê-me um pão, irmão". Ele não vai entender, por Deus que ele não vai entender. Mas diga em francês: "*Dateci del pane*", ou "*Portate vino*"; aí ele entende e vai correr para trazer.[19]

---

[19] *Idem*, pp. 274-5.

E, mais adiante, o diálogo centrado no jogo de palavras com os nomes próprios dos personagens põe a nu o próprio procedimento utilizado com frequência por Gógol para a caracterização de muitos de seus heróis, a partir de neologismos criados para nomes e sobrenomes:

IVAN PÁVLOVITCH — Pelo que vejo, é bem interessante a vida nos países estrangeiros. Tenho muito prazer em me encontrar com um homem vivido. Permita-me saber: com quem tenho a felicidade de conversar?

JEVÁKIN — Jevákin, tenente da reserva. Permita-me, por minha vez, também perguntar: com quem tenho a felicidade de falar?

IVAN PÁVLOVITCH — Agente executivo Ivan Pávlovitch Iaíchnitsa.[20]

JEVÁKIN — (Sem ter ouvido bem.) É, eu também comi alguma coisa. Eu sei que o caminho é longo, mas o tempo está fresco; comi um pedaço de arenque com um pãozinho.

IVAN PÁVLOVITCH — Não, parece que o senhor não entendeu. Esse é o meu sobrenome: Iaíchnitsa.

JEVÁKIN — (Inclinando-se.) Ah, desculpe! Sou um pouco surdo deste ouvido. Na verdade eu pensei que o senhor queria dizer que tinha comido omelete.

IVAN PÁVLOVITCH — Que fazer? Eu já quis pedir ao general permissão para me chamar Iáitchnitsin, mas os meus colegas me convenceram: disseram que ia parecer "filho de um cão".

JEVÁKIN — É, isso acontece. Em nossa terceira esquadra, todos, oficiais e marujos, todos eles, tinham sobrenomes muito estranhos: Pomóikin,[21] Iaryjkin, tenente Perepréiev.[22] E um suboficial, aliás um bom suboficial,

---

[20] O sobrenome significa literalmente "ovos estrelados".

[21] "Lixeira".

[22] "Transpiração".

tinha como sobrenome simplesmente Dyrka.[23] Acontecia do capitão chamar: "Ei, você, Dyrka, venha aqui!". E acontecia de a gente brincar com ele: "Ei, você, que buraquinho!", a gente dizia a ele.[24]

A peça O *casamento* se estrutura, assim, como que movida por uma espécie de discurso paralelo, segundo o qual a relação entre os dois atos da peça, entre as cenas, os personagens, os diálogos e até mesmo o próprio desenrolar da ação dramática ostentam um caráter ambivalente, pois tudo vive em plena fronteira com o seu contrário: ação-inação, afirmação-negação, elogio-impropério, sério-cômico, amor-desamor, real-irreal, sonho-realidade.

É evidente que a peça deixa destilar o olhar satírico de Gógol sobre os indivíduos, seus sentimentos e a sociedade hipócrita à qual pertencem, mas o escritor não se limita a denunciar o mundo social que os cerca. Há, além dessa crítica, uma visão subliminar e desesperada com relação à desordem do mundo, a seu aspecto inverossímil, ao insólito que brota do próprio homem e do cotidiano, responsável pelos infortúnios de seus heróis, frequentemente vítimas de uma "falsa" realidade e imersos num mundo de representação.

Daí a duplicidade gogoliana expressa no riso e na melancolia, na tragicomédia humana, tão bem expressa no duplo complementar Piskarióv-Pirogóv em *A Avenida Niévski*. Assim, o meio social, os indivíduos, os sentimentos e, no caso desta peça e também da novela, o amor, aparecem como uma espécie de miragem insondável, fantasmagoria impalpável, ao mesmo tempo real e irreal.

Com efeito, todos os personagens da peça e, em certo sentido, também da novela *A Avenida Niévski*, parecem buscar, por meio do casamento, uma falsa realidade na qual a ambiguidade nasce não apenas do estatuto do sentimento amoroso em si mesmo, mas principalmente do mundo da representação, da encenação do amor, do reverso do amor.

---

[23] Literalmente, "buraquinho".
[24] O *casamento*, em N. Gógol, *Teatro completo*, op. cit., p. 276.

Há, sem dúvida, uma espécie de logro do real, também na figura feminina central da peça, a simples e ingênua mocinha que anseia por um marido nobre, à maneira das heroínas típicas dos *vaudevilles*, tão em moda nos palcos russos na época de Gógol. Mas aqui ela se projeta no imaginário de todos os seus pretendentes como miragem e delírio, misto de realidade e irrealidade, na medida em que tanto a heroína quanto a consecução do casamento constituem mera projeção de seus sonhos, assim como os próprios pretendentes não passam de ilusão e miragem no mundo dos sonhos da tola mocinha.

Agáfia Tíkhonovna nos remete à figura de Colombina, heroína principal da *commedia dell'arte* que compõe o tradicional triângulo amoroso com Pierrot e Arlequim.[25] Mas ela desponta na comédia de Gógol muito mais próxima da Colombina de papelão de Blok em sua peça simbolista *Balagántchik* (*A barraquinha de feira*),[26] escrita em 1906, em que Arlequim, desiludido com sua boneca de papelão, quer se evadir para o mundo real e pula pela janela do palco, de onde desponta a paisagem pintada em papel. Arlequim, cansado de um mundo onde todos parecem fantasmas e bonecos impalpáveis, atira-se pela janela, como Podkolióssin,

---

[25] As afinidades entre o teatro de Gógol e a *commedia dell'arte* italiana, e até mesmo a transposição de tipos, princípios e técnicas dessa tradicional forma de teatro popular na estruturação literária da prosa gogoliana podem estar justificadas na fascinação que a história e a cultura italianas exerceram sobre o dramaturgo desde a sua juventude. Gógol viveu na Itália mais de dez anos, entre 1836 e 1848, e tomou contato em várias cidades, especialmente em Roma e Nápoles, com manifestações teatrais e comediantes italianos populares, bem como com a dramaturgia de Carlo Goldoni, pelo qual manifestou profundo interesse, tendo sido até mesmo chamado por seus amigos na Itália de "Goldoni russo". Cf. a propósito, o ensaio elucidativo sobre o tema de Olga Partan: "'Shinel'-Polichinelle-Pulcinella: The Italian Ancestry of Akaky Bashmachkin", *Slavic and East European Journal*, Berkeley, American Association of Teachers of Slavic and East European Languages, v. 49, n° 4, pp. 549-69, 2005.

[26] A peça de Blok será objeto de análise no ensaio "O simbolismo no teatro russo nos inícios do século XX: faces e contrafaces", que integra a presente coletânea de ensaios.

rasga o telão de papel e cai no vazio de uma paisagem de mentira porque a realidade, afinal, também é fictícia.[27]

Nessa medida, o encontro final e inevitável de Podkolióssin com a atraente e temida "miragem", que antes apenas habitava o universo de seus planos e sonhos, do mesmo modo como ocorre com os heróis de *A Avenida Niévski* e com os da peça de Blok, fratura sua percepção de mundo, do qual o herói prefere se evadir, lançando-se no mistério vazio da janela.

É desse inesperado final e desse salto no escuro que irrompe a surpresa inquietante não apenas dos personagens e da intriga da peça, mas também da percepção do leitor-espectador diante dessa espécie de significação ausente; é dessa subversão e ruptura de toda a ordem estabelecida, quer no plano da criação artística, quer na figuração do mundo projetado pelo texto, enfim, é desse universo posto às avessas que emerge o esgar trágico gogoliano, marcado por um riso amargo, aquele "riso sob o qual se ocultam as lágrimas invisíveis".

Em um outro texto teatral, *À saída do teatro depois da representação de uma nova comédia*, o dramaturgo defenderia os direitos desse riso:

> Mas por que começa a surgir essa tristeza em meu coração? É estranho... É lastimável que ninguém tenha reparado na personagem respeitável que está em minha peça. Sim, havia uma personagem nobre e honrada que esteve presente em todo o decorrer da apresentação. Es-

---

[27] É bom lembrar que Blok, como também Biéli e Viatcheslav Ivánov, os três maiores poetas do simbolismo russo, conferiram a Gógol uma importância quase mística em suas concepções de mundo. Há claramente, em especial em Andrei Biéli, uma visão de Gógol como profeta de uma Rússia ideal, mística e pura. Biéli empreendeu uma das análises mais profundas da criação gogoliana em seu livro *Masterstvo Gógolia* (*A maestria de Gógol*), que reúne muitos estudos e textos do poeta simbolista, escritos por ocasião do centenário do nascimento de Gógol. Esse livro, considerado o fundador dos estudos contemporâneos sobre Gógol, seria publicado apenas em 1934, depois da morte de Biéli. Cf. A. Biéli, *Masterstvo Gógolia*, Moscou, MALP, 1996.

sa personagem nobre e honrada era... Era o riso. Ele é nobre porque se atreve a se mostrar, ainda que a função que lhe atribuem pelo mundo não seja lá muito nobre. [...] Ninguém tomou a defesa desse riso. Eu, o autor de comédias, servi a ele com honestidade, e por isso devo colocar-me como seu protetor.

O riso é muito mais profundo e significativo do que eles pensam. Não aquele riso que nasce da irritabilidade passageira ou de um caráter colérico e doentio. Nem o riso leve, que serve para a vã distração e para o divertimento das pessoas. O riso de que falo é o que nasce da profunda natureza humana.[28]

Mais tarde, no final de sua vida, em seus *Trechos escolhidos da correspondência com amigos*, o próprio Gógol encontraria a chave para a compreensão desse riso anárquico, dessa força transfiguradora que parece perseguir sua criação artística, do mesmo modo que parece se infiltrar nas camadas profundas da cultura russa:

> Todos nós, russos, possuímos muita ironia. Ela explode em nossos provérbios e canções. E o mais surpreendente é que ela explode lá, onde aparentemente a alma mais padece e está menos disposta à alegria. A profundidade desta ironia que nos é própria não foi ainda bem compreendida porque, educados à maneira europeia, não honramos nossas próprias raízes, nem neste particular e nem em outros. E no entanto, essa propensão do homem russo para a ironia se mantém, mesmo que sob diferentes formas. Dificilmente encontraremos um homem russo no qual não se conjugam a aptidão para a veneração e o gosto inato da zombaria. Todos os nossos poetas contêm em si esta propriedade. [...]

---

[28] *À saída do teatro depois da representação de uma nova comédia*, em N. Gógol, *Teatro completo, op. cit.*, p. 376.

Tudo entre nós zomba de tudo e nossa própria terra contém uma fonte de riso que destrói tanto o velho como o novo e sabe venerar apenas aquilo que é eterno.[29]

Depreende-se, a partir das afirmações de Gógol sobre a função da comicidade e do riso na cultura russa, uma concepção de um "mundo do riso" que encaminha a análise da peça *O casamento* (bem como de todo o conjunto da obra gogoliana) para uma abordagem que leva em conta determinados fatos culturais, vinculados a certa tradição popular e à irreverência de uma comicidade transgressora peculiar, que marcam diferentes fenômenos no universo da cultura russa.[30]

É importante destacar, mais uma vez, a origem ucraniana do dramaturgo e o seu profundo interesse, desde a infância vivida no interior da Ucrânia, pelas manifestações da arte popular, como o teatro improvisado das praças públicas e o *vertep* ucraniano, espetáculo de bonecos e de marionetes muito popular em sua terra natal.

Além disso, o jovem Gógol pode captar na praça do mercado de sua cidadezinha Vassílievka a linguagem simples e coloquial, irisada de comicidade espontânea e do riso jocoso dos camponeses ucranianos. Frequentava também as diferentes festas populares,

---

[29] N. V. Gógol, "V tchem je, nakonéts, suschestvó rússkoi poézii i v tchem ieió ossóbenost" ("Qual é afinal a essência da poesia russa e sua singularidade?"), em *Vybranye mestá iz perepíski s druziámi* (*Trechos escolhidos da correspondência com amigos*), São Petersburgo, Azbuka-Klassika, 2005, pp. 245 e 255.

[30] Além do fundamental e já consagrado trabalho de M. Bakhtin, *A cultura popular na Idade Média e no Renascimento: o contexto de François Rabelais*, São Paulo, Hucitec, 1987, outra abordagem interessante sobre o riso na cultura russa e que parte, certamente, da concepção bakhtiniana, acrescentando-lhe, porém, novos matizes muito originais, é a de dois importantes teóricos e historiadores da literatura russa, D. S. Likhatchóv e A. M. Pantchenko, *Smekh v drévnei Russi* (*O riso na Rússia antiga*), Leningrado, Naúka, 1984. Alguns aspectos dessa concepção de mundo do riso estão discutidos no ensaio introdutório a esta coletânea.

especialmente festas de casamento das províncias, permeadas de danças e cantos.

Os biógrafos relatam que o escritor, já aos dezessete anos, registrava em um caderno de notas palavras que ele julgava "estranhas" ou "curiosas" no vocabulário daquela sua "Pequena Rússia" natal. Fazia um inventário das anedotas, provérbios, descrições dos costumes, lendas e dos diferentes rituais das festividades populares, bem como dos diferentes jogos e toda sorte de divertimentos, dentre os quais as festas do carnaval e os textos das canções. Sabe-se que o escritor dominava a língua ucraniana tão bem quanto a russa, mas sempre adotou esta última como instrumento para a sua criação literária.

É possível identificar, assim, todo o fluxo da cultura popular de base cômica que permeia a arte gogoliana. Nesse sentido, é, sem dúvida, procedente a apreciação crítica de M. Bakhtin, que busca compreender a visão de mundo de Gógol por meio de um riso que se eleva no solo da cultura cômica popular, das formas do cômico popular da praça pública e dos teatros de feira.[31] O que chamou a atenção do crítico foi aquele autêntico riso festivo que acentua a visão carnavalesca e cômica do mundo gogoliano, determinada por sua ligação direta com as formas festivas populares da sua terra natal.[32]

Nessa linha de raciocínio, as imagens e a estruturação dramática de *O casamento* apresentam a mesma atmosfera particular de licença que retira a vida de sua trilha habitual e da qual pode irromper aquela demonologia jocosa de Gógol, profundamente aparentada por seu caráter, tom e função com a visão carnavalesca e cômica dos infernos e das diabruras dos contos ucranianos que constam da sua coletânea *Noites na granja perto de Dikanka*.

---

[31] Cf. também M. Bakhtin, "Rabelais e Gógol: arte do discurso e cultura cômica popular", em *Questões de literatura e de estética*, São Paulo, Hucitec, 1988.

[32] Este aspecto encontra-se amplamente analisado em meu livro *O nariz e A terrível vingança — A magia das máscaras*, São Paulo, Edusp, 1990, especialmente no capítulo 2: "Nos limites da dupla existência".

Essa cosmovisão gogoliana nos remete, por outro lado, a um substrato cultural russo presente nas cerimônias das festividades pagãs dos antigos eslavos e nos rituais de celebração do casamento, ainda no período pré-cristão da história russa.

O caráter teatral dos rituais antigos de casamento no mundo eslavo pode ser detectado pela própria estruturação dramática dessas festividades ligadas ao matrimônio. As cerimônias eram divididas em atos e cenas que se subdividiam em proposta, compromisso e o casamento propriamente dito. As cenas representavam o rapto da noiva, a fuga, a luta, a reconciliação, o resgate, a bênção religiosa, a união dos recém-casados e a prova tradicional da virgindade da noiva. As festas das bodas poderiam durar três dias, e integravam música e conjuntos corais.[33]

Não há como deixar de surpreender nesta comédia um profundo diálogo cultural com essa tradição, embora, como parece ter ficado claro, estabelecido pela inversão de seus elementos constitutivos e por uma espécie de significação contraditória, instaurando uma crítica e um distanciamento em relação ao lugar-comum, fazendo operar uma outra verdade e a instauração de uma outra linguagem.

Além disso, a peça de Gógol suscita ainda outras ponderações em relação às camadas mais profundas da cultura russa, subliminares a essa visão gogoliana do riso como subversão do "sério" e como uma espécie de vertigem incontrolada que se alia ao inexplicável e ao absurdo da vida e do mundo de onde emergem seus personagens.

O riso na concepção da cultura medieval russa, como bem apontaram I. Lótman e B. Uspiênski,[34] além do riso ambivalente e utópico carnavalesco da teorização bakhtiniana, comporta uma outra atitude no interior desse sistema cultural. Certos "modelos

---

[33] Cf. Jean-Claude Roberti, *Fêtes et spectacles de l'ancienne Russie*, Paris, Éditions du CNRS, 1980. Cf. também Marc Slonim, *El teatro ruso: del imperio a los soviets*, Buenos Aires, Editorial Universitaria, 1965.

[34] Cf. "De nouveaux aspects de l'étude de la culture russe médiévale", em I. Lótman e B. Uspiênski, *Sémiotique de la culture russe*, Lausanne, L'Âge d'Homme, 1990.

de riso" ativos nesse sistema não possuem, segundo os teóricos, nenhum traço da ambivalência de que fala Bakhtin e não se encontram fora do mundo da cultura oficial e "séria".

Uma vez que a cultura medieval ortodoxa russa se organiza a partir da oposição entre a santidade e o satânico, o riso estaria ausente de tudo aquilo que foi considerado santificado. A santidade se constitui nesse sistema de duas formas: uma ascética e séria, que rejeita o mundo terrestre como tentação e perdição, e outra que se caracterizaria por uma aceitação piedosa deste mesmo mundo criado por Deus. Essa segunda variante pressupõe certa alegria interior que se expressaria pelo sorriso piedoso. Dessa forma, a santidade no mundo medieval russo admite a severidade ascética e o sorriso de piedade, mas exclui em absoluto o riso.

Ao diabo e a todo o mundo diabólico são atribuídos traços de uma espécie de "santidade ao inverso", na medida em que cabe ao diabólico a manifestação de um mundo invertido, ao revés, e, portanto, não-oficial e não "sério". Este mundo do "grande riso" medieval constitui, segundo a concepção do universo religioso ortodoxo, o reino de satã, onde os pecadores se acham enredados pelas bufonarias do diabo.

Assim, provocar o riso ou rir de forma exagerada no contexto da cultura medieval significaria aproximar-se do pecado e do diabólico, pois aquele que ri corre o risco de se achar sob o domínio do comportamento maléfico, pecador e blasfematório.

Este riso diabólico medieval ostenta, portanto, um aspecto mais terrificante do que cômico e se distingue daquele riso popular e ambivalente a que se refere Bakhtin, na medida em que, profundamente submerso no sistema da oposição religiosa do universo medieval russo, este outro riso não teria o poder de abalar e transgredir o mundo das ideias medievais, pois ele se encontra absolutamente integrado a esses mesmos valores.

Trata-se, isto sim, de um riso que, diferente do caráter zombador do riso "bakhtiniano", que afronta e se afirma em oposição a esses valores, é partícipe desse mundo, vive no interior dele e expressa a dialética profunda entre a salvação e a perdição, entre Deus e o Diabo, problemática esta central no universo artístico gogoliano.

Há, sem dúvida, como se viu na peça *O casamento*, a exposição de um comportamento "invertido", "estranho" e inesperado. As atitudes de Podkolióssin, embora possam, num primeiro momento, suscitar a comicidade do bufão atrapalhado, nos reenviam também a um substrato cultural que conforma as raízes da cosmovisão gogoliana. Segundo esta, ao mundo em desordem e à "anticonduta" de seus heróis corresponde uma certa risada infernal ecoada nesses bufões diabólicos que povoam a cosmogonia artística de Gógol, dos quais irrompe um universo em profunda derrisão.

O riso desenfreado e a risada debochada da praça pública se transformam subitamente em aniquilação ferina, contundente e impiedosa. E o bufão reaparece como encarnação do diabo e reino do sortilégio, da alucinação e da demência.

A figura do diabo, deslocado, portanto, das feiras e dos espetáculos das praças públicas ucranianas, e também dos rituais mágicos pagãos do universo eslavo, transformados depois em atitude anticristã e "não séria" no seio da cultura russa religiosa medieval, parece avançar na obra gogoliana para o universo urbano petersburguês, fazendo deste o refúgio contemporâneo do Maligno.

Podkolióssin, assim como tantos outros personagens do universo criativo de Gógol (Khlestakóv de *O inspetor geral* constitui, talvez, o paroxismo desse movimento), surge como o bufão diabólico, transgressor da ordem estabelecida, mas, ao mesmo tempo, vê-se submetido a ela e vive, por isso mesmo, entre as criaturas urbanas de São Petersburgo, age como elas nas repartições públicas, no inferno de suas privacidades e de suas intimidades e também pretende, como elas, se casar. No entanto, como que desagregado por uma súbita transmutação mágica, o herói ambíguo e fragmentado foge pela janela para se evaporar no claro-escuro da cidade moderna. Basta atentar às inúmeras fugas e às corridas dos heróis no infinito do espaço, que servem como desfecho de muitos dos textos de Gógol: a troica de Tchítchikov, a cortar o espaço sem fim das planícies russas no final de *Almas mortas*, ou a fuga de Khlestakóv, em *O inspetor geral*, e também o fantasma Akáki Akákievitch, a roubar capotes e desaparecer nas sombras da noite petersburguesa, são apenas alguns dos muitos exemplos.

Se lembrarmos aqui, mais uma vez, o fenômeno da literatura moderna que Meletínski[35] denomina "deseroicização" e se levarmos em conta a literatura fantástica de Gógol (aquela em que solitários "narizes", "capotes" e "retratos" ocupam o espaço não da fantasia arquetípica original, mas o da compensação ilusória da tragédia real, social e de costumes), será possível desenhar no universo artístico de Gógol uma crescente tendência à representação de um herói sem personalidade, vítima do alheamento, em parte devido à sua aproximação semi-heroica aos muitos arquétipos mitológicos e culturais que se transformaram em máscaras descartáveis e que podem ser vistos em grande parte da literatura moderna e contemporânea.[36]

É dessa maneira que o demonismo e a demonologia popular, presentes no percurso criativo de Gógol, metamorfoseiam-se em metáforas de um mundo social caótico em que o arquétipo do diabólico e do caos primordial se projeta agora na representação do caos social e econômico do mundo moderno.

Mas a cena final de *O casamento* constitui ainda uma espécie de perversão teatral, talvez também um tanto "diabólica", tornando o leitor-espectador seu cúmplice e sua presa, frustrando seu desejo de ordem e de coerência e, ao mesmo tempo, impondo-lhe uma nova figura da ordem: absurda e inacessível. O dramaturgo parece não poder afastar-se dela para a devida distância, a fim de apresentar uma imagem sintetizadora e integral das atitudes e ações dos heróis e mesmo dos acontecimentos.

Nesse contexto dramático, as figuras do herói e do anti-herói surgem também reviradas, reformuladas. O mundo do riso gogoliano constitui, afinal, uma profunda "refuncionalização" dos mitos, dos ritos e dos diferentes elementos que conformam a espessa tessitura cultural da qual, certamente, emerge o universo artístico de Gógol.

---

[35] Cf., em particular, E. M. Meletínski, *Os arquétipos literários*, trad. Aurora Fornoni Bernardini, Homero Freitas de Andrade e Arlete Cavaliere, São Paulo, Ateliê, 1998.

[36] Cf. E. M. Meletínski, *op. cit.*, pp. 86-7.

Gógol, teórico do teatro:
À saída do teatro...
e Desenlace de O inspetor geral

No dia seguinte à estreia de *O inspetor geral* (1836), consternado com a recepção do espetáculo, Gógol anota as principais críticas dirigidas à sua peça e esboça a redação inicial de outra comédia, na qual estariam expostas as diferentes reações do público logo depois da estreia de um espetáculo. Apenas no verão de 1842, aquelas anotações iniciais, em forma de diálogos, se transformam na peça em um ato *À saída do teatro depois da representação de uma nova comédia*, publicada em janeiro de 1843.

A fábula não deixa dúvidas a respeito das motivações que levaram Gógol a conceber essa pequena comédia. Trata-se de pôr em cena um dramaturgo que se retira da sala de espetáculos ao final da representação de sua comédia, no momento dos aplausos, para se postar, às escondidas, no vestíbulo do teatro e observar as reações do público. Alguns dos espectadores se mostram indiferentes, mas outros discutem com veemência as qualidades e os defeitos do texto. Aparece toda sorte de julgamentos: há aqueles que consideram a comédia leviana, uma simples "farsa estúpida e ridícula" que deveria ser proibida pela censura tsarista; outros, ao contrário, a julgam bem escrita e muito útil à sociedade. Quando os espectadores se vão, o autor, em um longo monólogo final, tece considerações sobre os diferentes pontos de vista dos espectadores e se mostra decepcionado pelo fato de que nenhum deles notara o único personagem honesto e nobre de sua comédia, isto é, o riso. Apesar da incompreensão a que sua peça fora submetida e da profunda desilusão diante de um público frívolo e despreparado, o personagem-autor acredita firmemente em sua missão como escritor cômico e declara que seu riso é movido, antes de tudo, por um profundo amor pela humanidade.

Outra interlocução gogoliana com a crítica da época, em forma dramática, aparece em um breve texto intitulado *Desenlace de O inspetor geral*. A ação se passa sobre o palco de um teatro em 1846, imediatamente após uma representação de *O inspetor geral*. Os atores e atrizes da trupe oferecem uma coroa de flores ao primeiro ator cômico, Mikhail Semiónovitch Schépkin, como prova de admiração pela sua maestria na arte de representar e pelas suas qualidades humanas. O ator cômico, depois de ouvir as diferentes considerações dos colegas e admiradores (algumas delas, porém, menos entusiastas do que outras em relação à função do riso e da comédia para o bem geral da sociedade), decide revelar o verdadeiro sentido da peça e expõe uma interpretação místico-religiosa sobre a comédia e seus personagens, cuja intriga apresentaria conotações de ordem espiritual em que o riso figura como arma poderosa para aplacar os desmandos e as fraquezas da alma humana.

Para a compreensão da gênese dessas duas criações teatrais, tornam-se relevantes alguns dados da biografia do dramaturgo.[1] A partir de 1836, extremamente abalado com a recepção controvertida de seu *Inspetor*, Gógol viaja ao exterior, onde reside durante muitos anos, retornando à Rússia somente por breves períodos. O escritor passa a maior parte do tempo em Roma e em Paris, e lá escreve parte significativa de sua obra.

Apenas em 1848, depois de um longo afastamento, Gógol retorna definitivamente à Rússia. No final desse mesmo ano, aparece a edição em quatro volumes de sua obra detalhada, para a qual o escritor faz uma completa revisão, reescrevendo alguns de seus textos, em particular os dramáticos.

A partir dessa época, porém, sua criação artística entra numa fase de esgotamento, embora tenha publicado, também em 1842,

---

[1] Cf. Iuri Mann, *Gógol: trudy i dni, 1809-1845* (*Gógol: os trabalhos e os dias, 1809-1845*), Moscou, Aspekt Press, 2004. Como já referido, Mann é um dos mais importantes estudiosos atuais da vida-obra de Gógol. Cf. também o estudo biográfico de Igor Zolotússki, *Gógol*, Moscou, Molodáia Gvárdia, 2005.

uma de suas obras-primas, o "poema narrativo" *Almas mortas*. A segunda parte desse romance, também iniciada em 1842, jamais seria concluída, e os manuscritos seriam lançados ao fogo pelo escritor poucos dias antes de sua morte, em fevereiro de 1852.

Nos últimos dez anos de sua vida, Gógol está inteiramente absorvido por inquietações de ordem moral, religiosa e espiritual, e os textos escritos nesse derradeiro período parecem estar submetidos ao controle de um cristianismo racionalista e opressor. Gógol-artista se rende ao Gógol-apologista cristão, e a arte da palavra do último Gógol se transfunde em uma espécie de homilia apologética.

Seus *Trechos escolhidos da correspondência com amigos*, cuja publicação tem início em 1846, seguidos de *Confissão de um autor* (1847) — esta última verdadeira declaração de *mea culpa*, publicada, porém, apenas cinco anos depois de sua morte —, pretendem, em um acerto de contas final, reabilitar o regime tsarista e a Igreja Ortodoxa, e deixam seus leitores dolorosamente aturdidos. Nesses últimos escritos, a arte da palavra gogoliana se coloca a serviço da moral, da religião, do povo e da política, e o escritor faz uma abnegada pregação da paciência, da resignação, do autoaperfeiçoamento, e propõe os "bons costumes" patriarcais, capazes de resolver as dificuldades sociais de seu país e tornar a servidão, base da estrutura estatal tsarista, necessária e suportável.

Sob a influência de um padre exorcista que o exorta a renegar toda a sua produção artística, viaja em 1848 para a Terra Santa, chegando a Jerusalém em fevereiro daquele ano, mas sucumbe à tentação da santidade e morre aos 43 anos, vítima de um obstinado jejum, automortificação com a qual o apologista pretendia pagar todos os pecados do artista.

Os dois textos teatrais, *À saída do teatro...* e *Desenlace de O inspetor geral* (este último escrito em 1846, aliás, no mesmo ano em que são publicados os *Trechos escolhidos da correspondência com amigos*), parecem emblemáticos para a apreensão das concepções estéticas do dramaturgo, pois configuram, em forma de drama, a profunda ambivalência que marca as suas posições sobre a função do teatro e da arte em geral, e a decorrente cissura no que concerne à sua prática artística.

A leitura atenta dessas duas pequenas peças, à primeira vista desprovidas do mesmo valor estético de suas outras produções teatrais, revela, no entanto, a complexa dialética presente em toda a obra gogoliana, cuja unidade estética advém dessa mesma ambivalência bipolar e das profundas contradições que marcaram a vida e a obra de Gógol: nele o poeta e o apóstolo, o sonhador e o realista, o artista e o pregador, o cômico e o trágico por vezes se fundem, por outras se bifurcam, fazendo da sua própria produção artística objeto de indagação e um exercício contínuo da metalinguagem.

Expõe-se nessas duas peças um amplo diálogo intra e extrateatral, uma polifonia de vozes gogolianas que põe em evidência a multiplicidade de aspectos concernentes às posições teóricas do dramaturgo sobre a arte do teatro e, em particular, sobre a função do riso e da comédia.

Para fundamentar a sua compreensão sobre o cômico e suas ideias sobre o teatro russo e a cena contemporânea, Gógol se valeu, além de textos dramáticos, de outras formas de discurso. Escreveu artigos sobre teatro e dramaturgia, entre os quais as interessantes *Advertências para aqueles que desejam representar devidamente O inspetor geral*, texto publicado apenas em 1886, com base nos rascunhos do escritor, e também suas *Observações aos senhores atores*, por ocasião da encenação de *O inspetor geral*. Páginas inteiras das suas correspondências epistolares referem-se, amiúde, às condições da arte teatral na Europa e na Rússia.

A toda essa coletânea de escritos, por assim dizer, de caráter teórico sobre o teatro, acrescentam-se os artigos dedicados à arquitetura, música, escultura, pintura, literatura e história, boa parte da qual integra a sua coletânea *Arabescos*, publicada em 1835.

As concepções estéticas de Gógol sobre o seu sistema teatral e sua prática artística acham-se integradas de forma muito orgânica às reflexões, especialmente sobre arquitetura e pintura. A ideia da síntese das artes penetra a maioria desses primeiros escritos, e a arte teatral aparece como fenômeno integrante e privilegiado de um amplo processo de produção e recepção artísticas, a promover, sobretudo, uma ação emocional no público.

Nessa orientação se insere, por exemplo, "*O último dia de*

Pompeia",² análise gogoliana sobre o quadro homônimo de Karl Briúlov. Este texto, escrito em agosto de 1834, é uma das mais significativas reflexões sobre a criação artística dessa primeira coletânea. Gógol ressalta os impulsos da estética moderna, em particular, a ideia da universalidade da obra expressa por uma visão particular do pintor com relação ao espaço e ao tempo, cujo efeito estético resulta do aspecto extraordinário e não-cotidiano da cena retratada. A beleza estética da obra, calcada no tema da catástrofe acompanhada da morte de homens e mulheres sob os escombros das lavas e das cinzas, advém, sobretudo, segundo Gógol, da representação plástica de uma crise intensa vivida no mesmo espaço-tempo por todo um agrupamento humano: uma coletividade terrificada e revelada pelo artista através da fixidez da composição da imagem no momento exato do choque trágico, a exprimir com extrema expressividade, simultaneamente, os diferentes sentimentos e reações emocionais de seus protagonistas. E Gógol conclui a sua análise estabelecendo uma comparação da estrutura orgânica do quadro *O último dia de Pompeia* com a ópera, naquilo que este gênero teatral oferece como possibilidade de interação de três linguagens diferentes de expressão artística: a pintura, a poesia e a música.

É interessante notar que a análise gogoliana pode ser verificada na própria poética teatral de seu *O inspetor geral*, cuja criação ocorre na mesma época, pouco depois de o dramaturgo ter escrito o ensaio sobre o pintor russo. Observe-se, sobretudo — apesar da diferença flagrante de estilo e de tom, obviamente cômicos em *O inspetor geral* —, a mesma sensação de crise intensa vivida por um agrupamento coletivo, cujo paroxismo se encontra na composição plástica da cena muda final da peça de Gógol. Há, sem dúvida, no desfecho da comédia, a concentração de um grande número de personagens num mesmo espaço-tempo, intensificando a sensação do choque e da catástrofe trágica, assim como o efeito

---

² Cf. N. V. Gógol, "*Poslédnii den Pompei* (kartina Briúlova)" ("*O último dia de Pompeia* [um quadro de Briúlov]"), em *Sobránie sotchinénii v chest tomákh* (*Obras completas em 6 tomos*), Moscou, Gossudárstvennoe Izdátelstvo Khudójestvennoi Literatury, 1959, pp. 77-84.

estético decorrente descrito na análise de Gógol em relação ao quadro de Briúlov.[3]

Essa aguda preocupação de Gógol por questões de estética, da arte dramática, e também pela análise do teatro de seu tempo, tem sua gênese na própria trajetória da vida pessoal e artística do escritor, intensamente ligada, desde muito cedo, ao teatro.

Desde a infância na Ucrânia natal, Gógol testemunha o crescente desenvolvimento da arte teatral e do gosto do público russo pelo teatro, surgidos já a partir de segunda metade do século XVIII, primeiramente na capital do império e depois na província. Casas de espetáculo foram então improvisadas em salões adaptados nas propriedades de senhores de terra abastados, ou em suas ricas residências em Moscou e São Petersburgo, onde, como imitação do teatro da corte, trupes de atores russos, na maioria das vezes servos treinados para as artes do palco, faziam suas representações.

No entanto, junto a esse expediente teatral de caráter talvez mais "formal", se desenvolve um vasto movimento do teatro popular, permeado de elementos do folclore dramático e alimentado pelo teatro escolar, cultivado nos seminários religiosos. Os seminaristas-atores levavam às ruas não apenas representações de cenas bíblicas educativas, base essencial de seu repertório teatral, mas também entremezes repletos de anedotas, jogos e brincadeiras. Nas feiras populares, essas representações cênicas iriam se integrar aos mais variados tipos de bufões, domadores de ursos, prestidigitadores e, em particular, ao teatro de bonecos, em que a figura de Petrúchka, o Polichinelo russo, constitui o principal herói e anti-herói popular, a quem se juntariam outros tantos personagens com suas intrigas retiradas da vida cotidiana: o comerciante, o soldado, o policial, o diácono, o cossaco, o diabo, isto é, uma galeria de tipos populares sempre prontos a armar diferentes ciladas

---

[3] Para uma análise mais detalhada das relações entre o ensaio de Gógol e a estruturação de *O inspetor geral*, cf. Iuri Mann, "La poétique de Gogol", em *Histoire de la littérature russe — Le XIXe siècle: l'époque de Pouchkine et de Gogol*, Paris, Fayard, 1996.

diante do público, encarnando a astúcia e a esperteza, potencializadas, sobretudo, na figura de Petrúchka.

Essas representações teatrais, frequentes nos dias de festas religiosas, especialmente no Natal, fazem interagir as manifestações mais profundas da tradição cristã russa com as mascaradas, cantos e danças de origem pagã, as quais, cristianizadas e transformadas em divertidos jogos teatrais, constituem um importante contributo à propagação do prazer e do gosto pelo teatro nas várias camadas da população, em especial na Ucrânia de Gógol.

Desde muito jovem, Gógol se defronta, assim, com duas correntes teatrais (a literária e a popular), implantadas no seio de seu próprio ambiente familiar. Seu avô, Vassíli Tanski, fora autor de entremezes populares, inspirados no *vertep*, o teatro de bonecos ucraniano. O pai, Vassíli Gógol-Ianovski, teria lhe legado o dom da observação cômica e do contador de histórias engraçadas. Ele escrevera, em língua ucraniana, várias comédias anedóticas e de humor leve, fazendo largo uso de provérbios e jogos de palavras. Muitas delas eram operetas dramáticas inspiradas no pitoresco regional, em que se entrelaçam riso e lágrimas por meio de canções variadas, possibilitando um desfecho feliz aos frequentes amores impossíveis.

A precária situação financeira da família Gógol-Ianovski impede o pai de manter sua própria trupe de atores, o que o obriga a levar seus textos a ser representados nos palcos de vizinhos mais abastados, juntamente a outras peças do repertório corrente. Um desses ricos proprietários de terra, um meio-parente da família, mantinha em seus domínios um teatro bastante estruturado, cuja direção confiara ao pai de Gógol. Será em meio ao elenco desse teatro, dirigido pelo pai e formado por servos, nobres amadores, pequenos proprietários de terra e, sobretudo, pela juventude local, que o jovem Gógol iria se familiarizar com a técnica teatral e com as primeiras lições de arte dramática.

No liceu, Gógol chegou a organizar inúmeras representações teatrais, nelas atuando como ator, especialmente em peças cômicas de Molière e Fonvízin, como também nas de autoria do próprio pai. O jovem estudante ocupava-se com talento da cenografia dos espetáculos e ele próprio costumava pintar os telões do palco. O teatro esteve sempre presente nas atividades e nos pensamentos juvenis de Gógol, e os colegas de escola chegaram a admitir sua genialidade como ator, especialmente a capacidade de imitar os trejeitos e a voz de seus modelos. Desde logo, põe-se a compor pequenos *sketches*, neles atuando com a maestria do comediante experimentado, cujos dotes físicos, naturalmente bizarros (em particular, o nariz longo e pontudo), atribuíam-lhe ainda mais força, graça e expressividade.

No entanto, em São Petersburgo, Gógol não será bem-sucedido na tentativa de uma carreira profissional como ator. Reprovado nos testes a que se submete na administração dos teatros imperiais, provavelmente por se defrontar com longas e pesadas traduções adaptadas de monólogos de tragédias de Corneille e Racine, Gógol desiste de seus intentos profissionais, mas, ao longo de toda a sua vida, verá reconhecido por todos os amigos, atores e literatos o seu prodigioso e inigualável estilo de leitura em voz alta dos próprios textos.

O poeta Sologub chegou a anotar:

> Aqueles que nunca ouviram Gógol fazer uma leitura de suas obras, não as podem conhecer a fundo. Ele lhes conferia um colorido todo particular pela sua calma e articulação. Nuanças de ironia e de leve comicidade vibram em sua voz e passam rapidamente pelo seu rosto particular e pelo nariz pontudo; seus pequenos olhos acinzentados sorriem com bonomia, enquanto ele ajeita os cabelos que lhe caem constantemente sobre a fronte.[4]

Em 1851, durante uma visita a Odessa a convite de uma atriz que lhe pede uma leitura de *Escola de mulheres* aos atores de sua companhia, um dos ouvintes testemunha:

---

[4] *Apud* Nina Gourfinkel, *Nicolas Gogol: dramaturge*, Paris, L'Arche Éditeur, 1956, p. 40.

Posso dizer que em toda a minha vida jamais escutei alguém ler dessa forma. Gógol lia com uma maestria à qual não estávamos habituados. Sua leitura se distinguia, pela ausência do efeito fácil de toda a declamação, daquela que considerávamos o modelo no teatro. Ela impressionava pela simplicidade e pela ausência de afetação, e mesmo que, sobretudo nos longos monólogos, ela podia parecer um tanto monótona ou chocasse pela acentuação marcada demais nas cesuras, a ideia, em compensação, se fixava com brilho no espírito do ouvinte e, à medida que a ação se desenrolava, os personagens da comédia adquiriam carne e sangue, tornavam-se vivos, com todas as nuanças dos caracteres. [...] Era impossível imitá-lo, pois o mérito de sua leitura residia na justeza do tom e do caracter, na sua extraordinária habilidade de aproveitar os traços salientes do papel, na arte de desempenhar os diferentes personagens...[5]

Os primeiros artigos de Gógol sobre a arte do teatro datam de 1832. O encontro com o ator Mikhail Schépkin (1788-1863), que o jovem escritor viera a conhecer nessa mesma época, exerceu, sem dúvida alguma, importante papel para a elaboração das suas primeiras reflexões sobre o fenômeno teatral. Entre os dois se estabelece uma admiração profissional recíproca, determinante para um duradouro e profícuo trabalho conjunto que marcará a história do teatro russo. Para a primeira representação de *O inspetor geral*, Gógol não hesitará em oferecer ao genial ator o papel do prefeito, uma das memoráveis interpretações do personagem. E, no *Desenlace de O inspetor geral*, o dramaturgo faz clara alusão ao ator ao batizar o personagem principal da peça de Mikhail Semiónovitch Schépkin, o primeiro ator cômico, a quem confere, por meio de suas falas, a "verdadeira e profunda" compreensão da comédia, transferindo ao discurso do personagem as suas pró-

---

[5] Cf. N. Gourfinkel, *op. cit.*, p. 41.

prias concepções, no final da vida, sobre o fenômeno do teatro e do riso.

A vasta correspondência epistolar entre os dois artistas, de 1836 a 1847, atesta a discussão teatral que tinha lugar naquelas décadas tanto no que se refere aos julgamentos críticos sobre obras, autores e personagens teatrais específicos, russos e estrangeiros, como também os prós e contras a respeito dos diferentes métodos de interpretação, atinentes ao embate entre tendências e gêneros teatrais postos em confronto: o estilo de interpretação do romantismo e a veracidade propugnada por certa tendência de matiz realista.[6]

Schépkin, nascido servo, iniciara sua carreira como amador nas propriedades de um conde para quem seu pai havia trabalhado. Libertado aos trinta e três anos, praticamente já um ator profissional, integra-se, em 1823, ao Teatro Imperial de Moscou. Embora formado na arte de interpretar pelos cânones pseudo-clássicos (imitados do teatro francês do século XVIII por meio de adaptações desfiguradas que integravam o repertório, bem ao gosto do público russo), Schépkin ousa, pouco a pouco, romper com a impostação pomposa e melodramática da linguagem interpretativa convencional e passa a desenvolver um método próprio de interpretação, baseado na naturalidade: entonações, gestos, maquiagem e figurinos deveriam concorrer, segundo ele, para a criação de uma imagem viva, ou seja, a plena personificação realista de um personagem.

Schépkin institui também a prática da leitura preliminar dos textos antes da distribuição dos papéis e insiste em dar à representação um espírito de unidade e harmonia. Acreditava, sobretudo, no elevado impacto educacional da arte teatral e se esforçou para levar à cena todas as tendências artísticas e intelectuais de seu tempo. Segundo a avaliação de Stanislávski anos mais tarde, Schépkin teria sido o primeiro a lançar as bases para a genuína arte dramática russa.

---

[6] Uma parte significativa da correspondência epistolar entre os dois artistas figura na edição comemorativa do centenário da morte do autor, *Gógol i teatr* (*Gógol e o teatro*), Moscou, Iskússtvo, 1952.

O célebre ator sofria, porém, em seu tempo, as consequências da indigência do repertório teatral. O gosto do grande público inculto era alimentado pelo incipiente repertório dos teatros imperiais. Já a corte petersburguesa, fascinada pelo teatro francês, considerava o balé e a ópera os únicos gêneros nobres e dignos de subir à cena. Esse panorama teatral não podia, certamente, oferecer a Schépkin material dramático que significasse um estímulo à sua criatividade inovadora na arte de representar. Quanto às comédias, frequentemente adaptações russas de textos franceses, bania-se toda e qualquer verve satírica que pudesse fazer alusão crítica a fatos da atualidade. Durante o reinado de Nicolau I, o próprio monarca era o censor de todos os textos e espetáculos, e apenas o *vaudeville* reinava nos palcos da capital, gênero considerado pelo tsar inofensivo e "saudável" para o público.

Em uma carta a Gógol de 24 de outubro de 1842, o ator se queixa:

> [...] Estou perdendo as forças [...]. Estou sempre inativo, apesar da sede de atividade de minha alma, pois o repertório é sempre o mesmo: uma pura abominação, e é com isto que eu devo saciar minha sede dramática nos meus velhos dias. É, de fato, um sofrimento sem palavras [...]. A nós, artistas russos, nos deram de tudo: dinheiro, direitos, menos a liberdade de agir, e de artistas nos transformaram em serviçais. E o que é pior é que um serviçal é livre de escolher o seu trabalho, enquanto que o artista deve se submeter a tudo aquilo que lhe impõe a sábia administração...[7]

Ao que Gógol anotaria:

> Estão lhe enterrando na lama. Obrigam-no a interpretar papéis insignificantes que não têm nada a dizer. Obrigam um mestre a fazer um trabalho de iniciante. É

---

[7] N. Gourfinkel, *op. cit.*, p. 51.

como obrigar um arquiteto que projeta uma construção genialmente concebida a ser um pedreiro a colocar os tijolos.[8]

O encontro de Gógol, na década de 1830, com o já consagrado ator, marcaria profundamente a prática e a teoria teatral do dramaturgo iniciante, e, mais do que isso, os dois juntos promoveriam uma geração inteira de atores e críticos teatrais que fariam eco à Escola Natural (propugnada por Bielínski) e à busca da urgente criação do genuíno teatro nacional.

Durante os ensaios para a primeira representação de *O inspetor geral*, na primavera de 1836, Gógol esboça um texto sobre a arte do teatro, intitulado "O palco petersburguês em 1835-1836". No ano seguinte, esse artigo seria integrado a um outro de caráter mais geral, sob o título "Notas petersburguesas do ano 1836", publicado na revista *O Contemporâneo*, editada por Púchkin.[9]

Em outro texto intitulado "Sobre o teatro, sobre uma concepção estreita do teatro e sobre a estreiteza em geral",[10] carta escrita por Gógol em 1845 a um de seus inúmeros correspondentes, muitas ideias do escritor sobre a arte teatral e sobre o teatro russo de seu tempo, assim como referências claras ao seu modelo de ator ideal (Mikhail Schépkin), aparecem registradas nesse longo texto e constituem, em grande parte, a base temática dos diálogos entre os diferentes personagens de *À saída do teatro depois da representação de uma nova comédia*. Também perpassam as reflexões surgidas em *Desenlace de O inspetor*, especialmente nas falas do personagem principal, o primeiro ator cômico, o personagem Mikhail Schépkin.

---

[8] *Idem*, p. 51.

[9] Ambos os textos figuram em N. V. Gógol, *Pólnoe sobránie sotchinénii* (*Obras completas*), Moscou, Naúka, 1952, t. VIII, pp. 177-90 e 551-64.

[10] Cf. N. V. Gógol, "O teatre, odnostorónem vzgliáde na teátre i voobschê ob odnostorónosti" ("Sobre o teatro, sobre uma concepção estreita do teatro e sobre a estreiteza em geral"), em *Vybranye mestá iz perepíski s druziámi* (*Trechos escolhidos da correspondência com amigos*), São Petersburgo, Azbuka--Klassika, 2005, pp. 96-108.

Gógol escreve em suas "Notas petersburguesas":

> O balé e a ópera reinam no teatro petersburguês. Eles apareceram mais suntuosos, mais ruidosos, mais entusiastas do que nos anos anteriores, e os espectadores arrebatados esqueceram que existe uma tragédia majestosa que aspira um sentimento elevado nos corações harmoniosos da multidão silenciosa, e que existe uma comédia, cópia fiel da sociedade que evolui diante de nós, uma comédia arquitetada com rigor, de cuja profunda ironia se engendra o riso, mas não aquele riso que nasce de emoções ligeiras, de uma anedota superficial, de um trocadilho qualquer, nem tampouco aquele riso que põe em movimento a multidão grosseira da sociedade para a qual são necessárias as convulsões e os trejeitos caricaturescos da natureza, mas sim aquele riso elétrico, vivificante que jorra livre, espontâneo e inesperado, diretamente da alma, engendrado pelo brilho ofuscante da inteligência, nascido do deleite sereno e produto de um espírito elevado.[11]

O escritor critica desde logo o repertório de *vaudevilles* e melodramas que invade os palcos russos de seu tempo, em sua grande maioria adaptações canhestras dos grandes sucessos da cena parisiense, muito distantes, segundo ele, do verdadeiro caráter russo:

> Quem diria que haveria nos palcos russos, além de *vaudevilles* traduzidos, algumas produções originais? Um *vaudeville* russo! É mesmo muito estranho. Estranho porque este brinquedo ligeiro e incolor só poderia ter nascido na França, uma nação, cuja natureza não apresenta uma fisionomia impassível e profunda. Mas quando um russo, de natureza ainda severa e pesada se

---

[11] Cf. N. V. Gógol, "Peterbúrgskie zapíski 1836 góda" ("Notas petersburguesas do ano 1836"), *op. cit.*, p. 180.

vê obrigado a transformar-se em um *petit-maître*, tenho sempre a impressão de ver um de nossos comerciantes, corpulento e esperto, com sua longa barba, que não calça outra coisa a não ser botas pesadas, portando um minúsculo sapato e meias *à jour*, embora no outro pé ainda esteja a sua bota, e se põe desse jeito na primeira fila de uma quadrilha francesa.[12]

Gógol denuncia sobretudo os *vaudevilles* da moda e o artifício do cômico fácil, o riso leve do entretenimento superficial provocado sempre pelos mesmos tipos caricaturescos e pelas situações análogas que se repetem. A intriga amorosa também não se renova, segundo o dramaturgo:

> Mas como esta intriga é fraca, mesmo nos maiores autores cômicos. Como são insignificantes esses amantes no teatro com seu amor de papelão! [...] E o público ingênuo está habituado a esses amantes sem cujo casamento a peça não pode terminar de modo algum.[13]

O melodrama também não escapa ao olhar crítico gogoliano:

> O importante nos melodramas é produzir um efeito. Chocar bruscamente os espectadores, de uma maneira ou de outra, nem que seja por um instante. Aquilo que mais salta aos olhos: a prisão, o crime. Tudo aquilo que causar temor e convulsões e que move o cadafalso com uma sombra de sangue. Todo o melodrama consiste apenas em mortes e crimes, e assim nenhum personagem desperta simpatia; jamais um espectador sai comovido até as lágrimas, mas sim num tal estado de ansiedade que mesmo depois de sentado, cheio de temor, em sua carruagem, por muito tempo não consegue recobrar as

---

[12] *Idem*, p. 181.
[13] *Idem*, p. 182.

ideias. Que fenômeno estranho! Em nosso século, quando em cada sociedade existem tantas pessoas de gosto fino e elevado, e de repente esse tipo de espetáculo.[14]

Gógol se detém também na análise do trabalho dos atores de seu tempo, aos quais atribui a responsabilidade de "educar" o público, embora os considere impotentes diante de tal tarefa, uma vez que esses atores se defrontam, conforme suas palavras, com "uma galeria de heróis bizarros que não são nem franceses, nem alemães, mas pessoas extravagantes que não possuem nenhuma paixão definida, nenhuma personalidade. Como vão desenvolver o seu talento?".[15]

A resposta do dramaturgo a essa questão expressa muitas das ideias que norteariam a discussão crítica e teórica de seu tempo, ao propugnar a busca de uma arte e de um teatro populares e nacionais:

Caracteres russos, nossos caracteres! Que nos deem a nós mesmos! Que nos deem nossos patifes, nossos excêntricos! Vamos colocá-los em cena, vamos rir de todos! Ah! O riso é uma grande coisa! [...] Nada provoca mais medo no homem do que o riso. Ele não tira nem a vida, nem as propriedades de um culpado, mas ele lhe tolhe as forças e, temendo o riso, o homem pode refrear-se diante de tudo aquilo que nenhuma outra força o faria se refrear [...].

O teatro é uma grande escola e sua missão é profunda: ele dá uma lição viva e útil a toda uma multidão, a mil pessoas de uma só vez. E sob o clarão de uma luz solene, sob o trovão da música, ele mostra o ridículo dos hábitos e dos vícios, ou ele emociona profundamente pe-

---

[14] Cf. N. V. Gógol, "Peterbúrgskaia stséna v 1835-1836" ("O palco petersburguês em 1835-1836"), *op. cit.*, pp. 555-6.

[15] Cf. N. V. Gógol, "Peterbúrgskie zapíski 1836 goda" ("Notas petersburguesas do ano 1836"), *op. cit.*, p. 186.

la representação de sentimentos nobres. Não! O teatro não é nada do que fizeram dele. Não! Ele não deve despertar na alma aqueles movimentos inquietantes e aflitivos. Não! Que o espectador saia do teatro com uma feliz disposição, morrendo de rir ou derramando doces lágrimas e levando consigo alguma boa intenção.[16]

A ideia da missão do artista, da função social da arte e do "teatro-escola" como espaço artístico privilegiado, por meio do qual se faz necessário proferir lições à sociedade, aparece em vários de seus escritos, especialmente na última fase, quando Gógol se dedica a predicar e a "moralizar" o seu público, em particular, através de seus *Trechos escolhidos da correspondência com amigos*. A arte dramática ocupa então grande parte de suas reflexões nesse período, pois, para ele, o teatro passa a significar cada vez mais uma congregação ideal, capaz de conferir ao pensamento místico e social do autor a necessária eficácia na solução dos problemas existenciais e humanos da sociedade russa.

No entanto, o escritor se vê dilacerado por contradições agudas: como criador e artista, prega a reabilitação da função primitiva e ritualística, transgressora e irreverente, inerente à arte teatral, banida e amaldiçoada durante séculos pela Igreja; no entanto, como religioso predicador, tenta afirmar o papel construtivo dessa mesma Igreja, justificando suas atitudes repressivas em prol de um cristianismo regenerador, considerando-a, por isso mesmo, a instância única e suprema no seio da qual todos os problemas e angústias da existência humana poderiam ser aplacados.

A contraposição dialética entre essas duas tendências do pensamento gogoliano marca, de forma evidente, toda a atividade apologética do último Gógol e reverbera, por assim dizer, em suas concepções sobre a função do teatro, a arte de representar, o papel do ator e a missão do autor dramático.

---

[16] Cf. N. V. Gógol, "Peterbúrgskaia stséna v 1835-1836" ("O palco petersburguês em 1835-1836"), *op. cit.*, pp. 560-2.

A Igreja começou a se colocar contra o teatro durante os primeiros séculos da introdução do cristianismo, quando os teatros eram os últimos refúgios do paganismo que, embora já houvesse desaparecido por toda parte, tinha no palco o único antro de seus indecentes bacanais. Mas os tempos mudaram. O mundo inteiro foi completamente purificado pelo aparecimento na Europa de gerações de novos povos, nos quais a educação já começara sobre a base do cristianismo. [...] Assim, não é o teatro que é culpado. Tudo pode ser desnaturado, tudo pode ser interpretado pelo lado mau. Só o homem é capaz de tais ações. [...]

É preciso levar à cena em todo o seu esplendor as obras dramáticas mais perfeitas de todos os séculos e de todos os povos. É possível dar frescura e novidade a todas as peças e torná-las interessantes a todos, do pequeno ao grande; basta encená-las como se deve. Não é verdade que elas envelheceram e que o público perdeu o interesse. [...] Tomem a peça mais conhecida e a coloquem em cena como se deve. O público aparecerá em massa. Molière produzirá o efeito de uma inovação, Shakespeare parecerá mais sedutor do que o mais moderno *vaudeville*. Mas é preciso que esta encenação seja absoluta e verdadeiramente artística e que esse trabalho seja conferido, não a qualquer um, mas ao primeiro e melhor ator, o melhor artista da trupe. [...] Apenas um ator de primeira ordem pode fazer uma escolha criteriosa, uma triagem severa das peças, apenas ele sabe a arte secreta de como proceder nos ensaios. Ele compreende a importância de leituras frequentes e de ensaios gerais. [...]

Enfim, ao viver inteiramente dentro de sua arte, transformada para ele em uma espécie de vida superior, em que ele cultuará a pureza como se fosse uma coisa sagrada, nosso ator e artista não permitirá que o teatro se ponha a pregar a perversão. O teatro não é culpado. Se falo aqui do teatro, isto não quer dizer que eu desejasse falar especialmente dele, mas porque tudo o que disse do teatro pode se aplicar um pouco a tudo.[17]

A redação da segunda parte de *Almas mortas* e o trabalho sucessivo de reescritura de seus textos teatrais (*O inspetor geral, O casamento* e *Os jogadores*) constituem, a meu ver, etapas do mesmo processo de um constante aprofundamento das concepções gogolianas sobre a arte, o teatro e o cômico.

Nesse sentido, a peça *À saída do teatro...*, cujo texto definitivo aparece apenas seis anos depois da criação de *O inspetor geral*, evidencia uma significação muito mais profunda do que a simples enumeração das diversas críticas e da polêmica anotadas por Gógol, por ocasião da estreia do espetáculo.

As diversas opiniões expressas pelos personagens da comédia prefiguram a discussão teatral da época, e também as principais preocupações de ordem ética e estética, apresentadas de forma explícita pelo dramaturgo, como vimos, em vários ensaios e cartas, e especialmente em suas "Notas petersburguesas do ano 1836" e no texto "Sobre o teatro, sobre uma concepção estreita do teatro e sobre a estreiteza em geral".

À saída do teatro... não constitui apenas uma digressão dramática, espécie de manifesto na forma teatral em resposta à recepção do público e da crítica diante da estreia de *O inspetor geral*. Transparece nela, além da evidente exposição das concepções do dramaturgo sobre o riso e a função do cômico, a estruturação de uma ação dramática com enredo, personagens, conflito e desenlace. A construção dramatúrgica dá conta do enredamento dos diferentes caracteres e tipos que certamente aludem ao gosto e opiniões do público e da crítica russa da época de Gógol (com as diferentes concepções sobre a arte teatral e o papel social da comédia e do autor cômico), mas também esboça um diálogo estrutural e intertextual subliminar com a comédia gogoliana a que este texto

---

[17] Cf. N. V. Gógol, "O teátre, odnostorónem vzgliáde na teatre i voobsché ob odnostorónosti" ("Sobre o teatro, sobre uma concepção estreita do teatro e sobre a estreiteza em geral"), *op. cit.*, pp. 97-104.

faz referência e, em certo sentido, com toda a obra dramática e ensaística do dramaturgo.

É possível perceber, no plano mais profundo da construção deste pequeno texto dramático, o mesmo princípio que rege a articulação interna de *O inspetor geral*. Há também em *À saída do teatro...* uma espécie de inspeção, neste caso uma "inspeção" teatral, realizada, aqui também, sem a presença efetiva do "inspetor".

O "autor-inspetor" incógnito (assim como o falso inspetor Khlestakóv) "inspeciona" o público de sua peça, o qual, à sua própria revelia, expõe sem escrúpulos suas opiniões, mazelas e vícios ideológicos e sociais.

Afinal, são as coincidências inesperadas e o simples jogo do acaso que determinam o encontro e o desencontro dos integrantes do conflito (aliás, não apenas em ambos os textos, postos aqui em confronto, mas também em outras comédias de Gógol), armam as situações e fazem surgir de uma multiplicidade de atos e vozes (na aparência aleatórios) a revelação final de uma triste e profunda verdade, pela qual a comédia adquire rasgos de tragédia.

Ecoa, sem dúvida alguma, no monólogo final do personagem-autor de *À saída do teatro...*, como uma espécie de contrafação autorreferente e intertextual, um diálogo enviesado não apenas com o discurso final do prefeito de *O inspetor geral*, mas com outros textos gogolianos, dramáticos ou não, em que a voz do escritor timbra em salientar a operação contraditória do riso e da comicidade na percepção da realidade e na construção do poético.

PREFEITO — [...] Vejam todos! Todos os cristãos! Vejam como o prefeito passou por idiota! Foi feito de bobo, de bobo, velho idiota! (*Ameaça a si com o próprio punho.*) Ah! Seu narigudo! Tomou aquele nadinha, aquele trapo, por uma personalidade importante! Agora lá vai ele pelos caminhos fazendo alarde! Vai contar pra todo o mundo essa história. E ainda por cima, além de a gente passar por palhaço, vai cair nas mãos de um escrevinhador qualquer, um rabiscador de papéis que vai meter a gente numa comédia! Isso é que é duro! Não vai levar em consideração nem o meu cargo, nem minha posição e todos vão rir às gargalhadas e bater palmas. Do que estão rindo? Estão rindo de si mesmos!... Ah! Vocês!... (*Furioso, bate com os pés no chão.*) Todos esses rabiscadores de papel, esses escrevinhadores de nada, malditos liberais! Filhos do diabo! Queria dar um nó em vocês todos, reduzir todos a pó e mandar vocês pro fundo do inferno! Bem juntinho do demo!...[18]

A quem o personagem-autor em *À saída do teatro...* parece reagir em autodefesa:

> Ânimo e coragem! Que a alma não se dobre ante as censuras, mas que receba nobremente as indicações das falhas. Que não se entristeça nem mesmo quando recusarem a ela o direito às ações sublimes e ao amor à humanidade! O mundo é como um redemoinho: giram nele as opiniões e os comentários, mas tudo será triturado pelo tempo. Como as cascas, os falsos se vão; as verdades permanecem como grãos duros. O que se considera vazio pode surgir depois repleto de importante significação. No fundo do riso frio pode ser encontrada a ardente centelha do eterno e poderoso amor. Quem sabe...[19]

Não resta dúvida de que a discussão estética sobre a função da comédia e do riso, essencial para Gógol, aparece consubstanciada de forma cabal nessa peça. O eixo dramático central, em torno do qual giram todos os personagens, é o riso. Não há nesse texto qualquer outra motivação que faça avançar os diálogos entre os personagens. O riso, a função da comédia e o papel do autor cômico no meio teatral e social circunscrevem o conflito e a única reflexão discursiva que sustentam a peça. A figura do autor

---

[18] *O inspetor geral*, em N. Gógol, *Teatro completo*, trad. Arlete Cavaliere, São Paulo, Editora 34, 2009, p. 172.

[19] *À saída do teatro...*, em N. Gógol, *Teatro completo*, op. cit., p. 378.

cômico, ainda que ausente entre os diferentes personagens, aparece referida e discutida na maioria das réplicas, e sua presença dramática, adensada por meio da discussão dialógica, a todos amarra num único nó, embora sua voz só se faça sentir de forma expressiva na fala inicial da peça, espécie de prólogo que abre a ação e, no monólogo final, epílogo que sintetiza o conflito de vozes após o desenvolvimento das diferentes premissas.

Que variedade de opiniões, e como resplandeceria por toda parte a firme e radiante inteligência russa! Nas nobres aspirações do homem de Estado! No sublime sacrifício de um funcionário do lugar mais distante! Na delicada beleza da generosa alma feminina! No conhecimento estético dos críticos e na justiça e simplicidade do saber do povo! Como é importante que o autor de comédias conheça até mesmo as reprovações mal-intencionadas! Que lição vivaz! Sim, eu estou satisfeito. Mas por que começa a surgir essa tristeza em meu coração? É estranho... É lastimável que ninguém tenha reparado na personagem respeitável que está em minha peça. Sim, havia uma personagem nobre e honrada que esteve presente em todo o decorrer da apresentação. Essa personagem nobre e honrada era... Era o riso.[20]

A questão do riso gogoliano tem sido focalizada pela crítica[21] segundo as diferentes fases que circunscrevem a trajetória da obra do escritor. A primeira fase de sua produção artística, que integra as novelas e contos das *Noites na granja perto de Dikanka*, caracterizaria-se por um riso marcado por alguma ingenuidade lírica, se comparado com a amargura crescente dos escritos posteriores. No entanto, esse riso teria se tornado mais agudo e vigoroso numa

---

[20] *Idem*, pp. 375-6.

[21] Cf. especialmente, I. L. Vichniévskaia, *Gógol i ievó komedii* (*Gógol e suas comédias*), Moscou, Naúka, 1976. Cf. também I. Mann, *Postigáia Gógolia* (*Para compreender Gógol*), Moscou, Aspekt Press, 2005 e I. Gárin, *Zagádotchny Gógol* (*O enigmático Gógol*), Moscou, Terra-Knijnyi Klub, 2002.

última fase de sua criação, como em *Almas mortas* e em *O inspetor geral*.

No desenvolvimento da comicidade gogoliana, é possível destacar uma tonalidade cada vez mais grave, e mesmo ferina. O riso expresso em sua coletânea *Mírgorod*, em particular nas novelas *Proprietários de terra à moda antiga* e *Novela sobre como brigaram Ivan Ivánovitch e Ivan Nikíforovitch*, apresenta um caráter muito mais melancólico do que o humor presente nas personagens bondosas e ingênuas das *Noites na granja...* Por outro lado, nas *Novelas petersburguesas...*, o humor e a comicidade teriam adquirido traços cada vez mais sombrios e terrificantes.

Destacada de todo esse conjunto ficcional, a dramaturgia de Gógol, por sua vez, parece concentrar em uma síntese orgânica todos os elementos que estruturam a complexa tessitura cômica de sua prosa, ao longo das diferentes etapas, a erigir a síntese de uma poética do cômico. Assim, nas diferentes comédias que conformam o *corpus* dramatúrgico gogoliano, concentram-se os elementos constitutivos do seu fazer artístico e as especificidades de uma determinada estética, e mesmo de uma ética.

O próprio escritor chegou a esboçar em sua *Confissão de um autor* uma análise evolutiva do riso em sua trajetória artística:

> Nem eu, e nem mesmo os meus colegas que se propunham como eu a escrever, não imaginavam que eu poderia me tornar um escritor cômico ou satírico, embora, não obstante o caráter melancólico de minha natureza, sempre me era dada a vontade de brincar e até mesmo de importunar os outros com as minhas brincadeiras, e ainda que em meus primeiros juízos sobre os outros já aparecesse uma capacidade de ressaltar aquelas particularidades importantes, e ao mesmo tempo ínfimas e risíveis, que escapavam à atenção das outras pessoas. [...]
>
> A causa daquela graça que observaram em minhas primeiras obras publicadas encerrava alguma necessidade profunda de minha alma. Eu tinha acessos de melancolia, inexplicáveis para mim mesmo, produto, talvez, de meu estado doentio. Para me distrair, eu inventava a

mim mesmo tudo que de cômico me era possível inventar. Eu inventava personagens e caracteres inteiramente cômicos, colocava-os mentalmente nas situações mais risíveis, sem me preocupar minimamente por que, para que e para proveito de quem. [...]
De repente percebi que eu ria gratuitamente em minhas obras, assim, em vão, sem eu mesmo saber por quê. Se é para rir, então é melhor rir vigorosamente e sobre aquilo que realmente é digno de uma derrisão universal. Em *O inspetor geral* eu decidi reunir em um mesmo saco tudo o que eu sabia existir de ruim na Rússia, todas as injustiças cometidas naqueles lugares e circunstâncias onde se deve, antes de tudo, exigir justiça do homem, e rir de tudo isso de uma só vez. Mas isso, como se sabe, produziu um efeito extraordinário.[22]

Observa-se que, em *À saída do teatro...*, a discussão sobre o riso que amarra as diferentes falas do texto contempla três aspectos principais, postos em relevo pelos diferentes personagens: o riso leve, empregado para o divertimento vão e o entretenimento das pessoas; o riso que engendra a irritabilidade passageira; e aquele riso que se desprende da luminosa natureza humana.

Mas essa diferenciação de aspectos do riso gogoliano corresponde em seu teatro não propriamente às diferentes etapas e estilos sucessivos de sua criação artística, mas é possível detectar uma mesma unidade, certamente multifacetada e contraditória, oriunda do sentido profundo que o escritor atribui à função do riso e cuja plena apreensão move a sua obstinada procura da ética e da estética ao longo de toda a sua atividade artística.

Nesse sentido, ao lado do riso fácil, o riso pelo riso, segundo o próprio Gógol, aquele que surge do puro prazer do deleite irresponsável, se justapõe uma outra camada do risível. Constitui-se, assim, o fundamento sério e negativo do riso gogoliano, aquele

---

[22] Cf. N. V. Gógol, *Ávtorskaia íspoved* (*Confissão de um autor*), em *Sobránie sotchinénii v chest tomákh* (*Obras completas em 6 tomos*), Moscou, Gossudárstvennoe Izdátelstvo Khudójestvennoi Literatury, 1959, pp. 226-7.

que faz engendrar na tessitura mais profunda do texto, como que a contrapelo desse movimento, a sua face nobre e luminosa, da qual emana a fundamental construtura de um ideal humanitário, que, para Gógol, deveria ser o fim último da arte. Difícil tarefa para ele. Esse poder vigoroso do riso que deveria se converter, segundo os seus últimos escritos, a serviço de Deus e da Pátria, o traía continuamente e, em lugar da "santidade artística", o caminho do riso gogoliano teimava em conduzi-lo a um ato de transgressão infernal e diabólico.

É justamente a essa ambivalência dialética que o longo monólogo final do personagem-autor parece fazer alusão:

> Não, é injusto dizer que o riso causa indignação. O riso causa indignação somente porque ele ilumina o que estava na escuridão. Muitas coisas deixariam o homem indignado se fossem retratadas sem disfarces. Mas o poder iluminado do riso torna a alma mais serena. E assim, aqueles que desejariam vingar-se de um homem mau acabariam por querer fazer as pazes com ele, ao ver ridicularizados os seus torpes pensamentos. É injusto que digam que o riso não age contra aqueles aos quais se lança, e que o canalha será o primeiro a rir dos canalhas iguais a ele, representados no palco. Aquele que já foi um trapaceiro no passado poderá rir, mas aquele que o é hoje não terá forças para isso! Ele saberá que essa personagem que o representa ficará gravada na memória de todos, e que bastará ele cometer uma ação vil para que o apelidem com o nome dela. Pois a zombaria causa temor até mesmo naquele que não teme nada nesse mundo. Não, rir com o riso bondoso e radiante só é possível para uma alma de profunda bondade. Mas não se ouve a poderosa força de tal riso no mundo. "Que há de engraçado em tal baixeza?", dizem. Só ao que se pronuncia com voz forte e severa chamam de "elevado".[23]

---

[23] *À saída do teatro...*, em N. Gógol, *Teatro completo, op. cit.*, pp. 376-7.

Este riso "nobre" deveria ser, como pretendia o dramaturgo, o fundamento da comicidade de seu teatro e de toda a sua obra. Mas a poética gogoliana confere ao poder do riso, para além da propalada "nobreza", o princípio essencial que estrutura e organiza a linguagem de seus textos. Assim, parece menos importante buscar na trajetória artística do escritor a evolução de um determinado estilo do risível, em vez de surpreender uma unidade estética, ainda que contraditória (deflagradora, porém) da força poética de seus escritos, potencializada de forma extrema em sua dramaturgia, na qual o inusitado e o insólito acarretam, é certo, um universo típico da bufonaria circense, mas, ao mesmo tempo, por uma espécie extrema e estranha de contrafação, fazem irromper, na ostensibilidade de seus procedimentos de extremo grotesco, um excesso de "espiritualidade" e de "seriedade" de dimensão trágico--patética.

A cosmogonia artística gogoliana se tinge, portanto, não raro, de uma ironia profunda e sombria que ousa transformar, de um momento para outro, a risada debochada em aniquilação ferina e contundente. Promove, sem dúvida, o alívio da gargalhada purificadora e farsesca, mas erige, ao mesmo tempo, um riso tornado convulso e terrificante. Porque, para Gógol, o riso se define como um concentrado das diferentes manifestações da natureza humana, e não simplesmente como resultado de diferentes aspectos isolados. A dualidade tragicômica das máscaras teatrais arquetípicas, traço essencial da duplicidade humana, encontra no teatro gogoliano a sua mais fiel expressão, pois, para o dramaturgo, nela está a quintessência de um ideal artístico e filosófico.

O riso gogoliano aparenta ser, em si mesmo, um personagem atuante de suas comédias. Imiscuído à tessitura profunda do texto, este riso ambivalente apresenta também, assim como a maioria dos heróis, um caráter multifacetado: realista e hiperbólico, sombrio e bufão, irônico e luminoso, lírico e satírico, terrível e idealista, enfim, uma complexa gama de elementos e características que conforma afinal o caráter uno e indivisível da arte cômica de Gógol. Também os seus heróis (Khlestakóv é apenas um dos exemplos flagrantes) concentram, numa só unidade, manifestações diversas e contraditórias de variados e diferentes caracteres humanos.

Daí advém, certamente, o fato de que o teatro gogoliano não se limita à exibição pura e simples de características cômicas de seus tipos e personagens. Trata-se de uma concepção do homem e do mundo e de uma ótica trágica e grotesca que perpassam nessa visada cômica tanto a linguagem da representação do ator e da encenação teatral como a consequente identidade dos seres e das coisas representadas.

Um olhar mais atento à pequena peça *Desenlace de O inspetor geral* pode nos encaminhar a uma análise mais aguda da concepção do riso e da função do teatro, segundo Gógol, e ainda, ao exame das particularidades de sua dramaturgia e de suas posições teóricas, artísticas e éticas.

A crítica da obra teatral gogoliana, em geral, não se detém muito na análise deste texto, considerado, com frequência, como mera manifestação exacerbada das posições místico-religiosas e da profunda crise moral que pautaram os últimos anos da vida do escritor. Sua leitura, no entanto, desafia o leitor, pois parece prefigurar, em forma dramática, a unidade ambivalente e contraditória de uma prática artística e de um pensamento filosófico.

A conclusão do texto, exposta no longo monólogo final proferido pelo primeiro ator cômico, não por acaso chamado Mikhail Semiónovitch Schépkin, nos remete, de imediato, às ideias do dramaturgo sobre a função do teatro apresentadas em vários escritos e, em particular, no ensaio-carta, já acima referido, "Sobre o teatro, sobre uma concepção estreita do teatro e sobre a estreiteza em geral". Lê-se neste último:

> O teatro não é de modo algum uma futilidade ou uma coisa vazia qualquer, se levarmos em conta que ele pode concentrar de repente uma multidão de cinco ou seis mil pessoas e que toda essa multidão, se a tomarmos como um todo, nada tem de homogênea, mas pode se emocionar de repente numa única comoção, desfazer-se nas mesmas lágrimas e gargalhar num único riso. Trata-se de uma tribuna, do alto da qual se pode comunicar o bem ao mundo. É preciso separar o teatro propriamente dito, o grande teatro, de todas essas piruetas do

balé, de todos esses *vaudevilles*, esses melodramas e todo o brilho magnífico desses espetáculos feitos unicamente para os olhos e que só podem depravar o gosto ou o coração.²⁴

E, mais adiante, Gógol profere ainda neste texto, em tom apologético:

> Distraído por milhões de objetos brilhantes que projetam seus pensamentos em todas as direções, o mundo não se encontra em condições de encontrar Cristo face a face: ele está bem longe das verdades celestiais do cristianismo. O mundo o teme como a um tenebroso mosteiro, a menos que sob seus pés se disponham degraus invisíveis que o conduzirão ao cristianismo, a menos que o façam subir em algum lugar bem alto de onde ele poderá abraçar o imenso horizonte que lhe parecia até então incompreensível. Muitas coisas neste mundo podem servir, para aqueles que se afastaram do cristianismo, como degraus invisíveis que os conduzam ao cristianismo. O teatro pode ser um desses degraus, se dermos a ele o seu significado mais elevado.²⁵

Mas é ao riso que o dramaturgo confere o papel fundamental para alçar o teatro à beleza da verdadeira arte. E o personagem do primeiro ator cômico, em *Desenlace de O inspetor geral*, conclui a peça expondo sua avaliação do significado profundo da comédia *O inspetor geral*, numa clara alusão às concepções estéticas do último Gógol:

> [...] Não é com Khlestakóv, mas com o verdadeiro inspetor geral que devemos olhar para nós mesmos! Ju-

---

²⁴ Cf. N. V. Gógol, "O teátre, odnostorónem vzgliáde na teátre i voobschché ob odnostorónosti" ("Sobre o teatro, sobre uma concepção estreita do teatro e sobre a estreiteza em geral"), *op. cit.*, p. 97.

²⁵ *Idem*, p. 98.

Retrato de Nikolai Gógol por Otto von Möller, 1840.

Gravura retratando o famoso ator Mikhail Semiónovitch Schépkin, amigo de Gógol e personagem de *Desenlace de O inspetor geral*.

Mijúiev, Sobakiévitch, Pliúchkin e Ivan Antónovitch,
personagens do romance *Almas mortas*, de Gógol,
em desenhos de Piotr Boklévski, 1874.

ro que nossa cidade espiritual merece que pensemos nela como o bom soberano pensa em seu reino. Com generosidade e rigor, assim como ele expulsa de sua terra os oportunistas, expulsemos os nossos oportunistas espirituais! Há um meio, um chicote com o qual podemos expulsá-los. Com o riso, meus prezados compatriotas! Com o riso, temido por nossas paixões mais mesquinhas! Com o riso criado para que se ria de tudo o que desonra a verdadeira beleza do homem. Vamos devolver ao riso o seu verdadeiro significado! Vamos tomá-lo daqueles que o transformaram numa blasfêmia leviana e mundana acerca de tudo, sem fazer distinção entre o bem e o mal! Exatamente da mesma maneira como rimos da baixeza de outro homem, vamos rir da própria baixeza que encontrarmos em nós mesmos! Não só essa comédia, mas tudo o que surgir da pena de qualquer escritor que esteja rindo do que é depravado e mesquinho, tomemos em nossa própria conta, como se tivesse sido escrito diretamente para nós: encontraremos tudo em nós mesmos apenas se mergulharmos em nossa alma, não com Khlestakóv, mas com o verdadeiro e incorruptível inspetor geral. Não ficaremos perturbados se algum prefeito colérico ou, mais exatamente, o próprio espírito maligno nos murmurar: "Do que estão rindo? Estão rindo de vocês mesmos!". Vamos lhe dizer orgulhosamente: "Sim, estamos rindo de nós mesmos, porque sentimos a nossa nobre natureza russa, porque ouvimos uma ordem suprema para sermos melhores do que os outros!". Compatriotas! Também eu tenho nas veias o sangue russo, assim como os senhores. Vejam: estou chorando. Como ator cômico, antes eu os divertia, e agora choro. Deixem-me sentir que meu ofício é tão honesto como o de qualquer um de vocês, que eu também sirvo à minha terra como todos vocês, que não sou um palhaço vazio qualquer, criado para a diversão de pessoas vazias, mas um honesto funcionário do grande reino divino, e que despertei em vocês o riso — não aquele riso insensato com o qual um homem no mundo ri do outro, aquele riso que nasce de um eterno ócio vazio, mas sim o riso que nasce do amor pelo homem. Juntos provaremos a todo mundo que, na terra russa, tudo, desde o pequeno ao grandioso, anseia servir àquele a quem tudo deve servir e que está em toda a Terra, e se dirige para lá, (*olhando para cima*) para o alto! Para a beleza eterna e elevada![26]

Por volta de 1846, nas cartas que envia da Europa aos seus amigos, Gógol começa a se referir a essa espécie de epílogo para o seu *O inspetor geral*, ou seja, um "desenlace" para justificar a polêmica comédia. Alguns de seus interlocutores o previnem do risco a que o dramaturgo iria submeter seu prestígio literário com a publicação desse texto. Mas o dramaturgo insiste que nesse "desenlace" se encontra a verdadeira chave para a explicação do sentido mais profundo do texto, a ser revelado pelo primeiro ator Schépkin, espécie de porta-voz do dramaturgo.

Fica evidente esse jogo especular de falas reduplicadas: autor-ator-personagem dialogam de forma transversal nas diferentes camadas do texto, fazendo entrelaçar ficção e realidade, real e irreal, arte e vida.

Mas o texto não agrada. Amigos e críticos, primeiros leitores de *Desenlace*..., acusam as alegorias obscuras e insensatas contidas nas falas dos personagens e não aceitam em absoluto a interpretação dada à comédia, emprestada por Gógol ao personagem do primeiro ator cômico.

O PRIMEIRO ATOR CÔMICO — Pois bem, eu lhes darei a chave. Talvez os senhores não estejam acostumados a ouvir palavras assim de um ator cômico, mas o que fazer? No dia de hoje meu coração se inflamou, sinto-me leve, e estou pronto para dizer tudo o que tenho na alma, mesmo que os senhores não recebam minhas

---

[26] *Desenlace de O inspetor geral*, em N. Gógol, *Teatro completo, op. cit.*, pp. 394-5.

palavras. Não, senhores, o autor não me deu a chave, mas há certos momentos de estado de espírito em que se torna claro aquilo que antes era incompreensível. Eu encontrei essa chave, e meu coração me diz que é ela mesma; a caixinha se destrancou diante de mim, e minha alma me diz que o próprio autor não podia ter outra ideia.

Olhem atentamente para essa cidade que é apresentada na peça! Todos, sem exceção, estão de acordo que não existe uma cidade assim em toda a Rússia: nunca se ouviu dizer que tivéssemos funcionários tão terríveis assim; sempre há dois ou três honestos, mas aqui não há nenhum. Afinal, não existe uma cidade assim. Não é isso? Mas, e se essa for a nossa cidade espiritual, e se ela estivesse em cada um de nós? Não, olharemos para nós, não com os olhos de um homem secular — pois não será um homem secular que nos julgará —, olharemos para nós, ao menos um pouco, com os olhos de quem nos chamará a todos para o Juízo Final, diante do qual até os melhores dentre nós, não se esqueçam disso, vão baixar os olhos para o chão de vergonha, e daí veremos se algum de nós terá então coragem de perguntar: "Será que eu tenho a cara torta?". Qualquer um de nós vai se assustar com sua própria deformidade, e também com a deformidade de todos esses funcionários que acabamos de ver na peça. Não, Piótr Pietróvitch, não, Semión Semiónytch, não digam: "Isso é um velho discurso" ou "Isso nós mesmos já sabíamos" — deixem-me por fim dizer uma palavra. Afinal, quer dizer que eu vivo só de bufonarias? Aquelas coisas que nos são dadas para que nos lembrássemos delas eternamente não devem ser vistas como velhas, mas é preciso tomá-las como novas, como se as estivéssemos ouvindo apenas pela primeira vez, sem nos importarmos com quem as estivesse pronunciando — aqui não há por que olhar para o rosto de quem fala. Não, Semión Semiónytch, o discurso não deve ser sobre a nossa beleza, mas para que nossa vida, que nos acostumamos a ler como uma comédia, não termine realmente como uma tragédia assim, com a qual terminou esta comédia que acabamos de interpretar. Por mais que se diga, aquele inspetor geral que nos aguarda junto à porta do túmulo é terrível. Até parece que os senhores não sabem quem é esse inspetor geral! Por que fingir? O inspetor geral é nossa consciência despertada, que nos obriga de repente e de súbito a olhar em nossos próprios olhos. Diante desse inspetor geral nada se esconderá, porque ele foi enviado segundo uma ordem suprema, e isso será anunciado quando já não será mais possível dar um passo atrás. De repente se abrirá diante de você, em você mesmo, tamanho monstro que o cabelo ficará em pé de tanto pavor. É melhor fazer uma revisão de tudo o que temos no começo da vida, e não no final dela. Em lugar de divagações vazias e fanfarronices sobre nós mesmos, devíamos fazer uma visita à nossa cidade espiritual deformada, que algumas vezes é pior do que qualquer outra cidade, onde nossas paixões armam escândalos como os daqueles funcionários deformados, roubando os recursos de nossa própria alma! No começo de nossa vida tomemos o inspetor geral pela mão, e com ele vamos revisar tudo o que existe em nós, o inspetor verdadeiro, e não o falso! Não Khlestakóv! Khlestakóv é um escrevinhador, Khlestakóv é uma consciência leviana e mundana, a consciência falsa e vendida, Khlestakóv será subornado justamente pelas paixões que habitam a nossa alma. De braços dados com Khlestakóv, nada veremos em nossa cidade espiritual. Vejam como todo funcionário, ao conversar com ele, se esquivou e se desculpou. Por pouco não saiu como um santo. Vocês pensam que cada uma de nossas paixões não é mais astuta do que qualquer funcionário patife, cada uma de nossas paixões, e não só as paixões, mas também qualquer vício fútil e trivial?[27]

---

[27] *Idem*, pp. 392-4.

Certamente, a interpretação místico-religiosa que o dramaturgo confere agora à comédia não corresponderia ao caráter transgressor e revolucionário da sátira social, atribuído à literatura gogoliana por uma boa parcela da crítica progressista da época. Os amigos do escritor se opõem à publicação dessas páginas, o que vai ocorrer apenas em 1856, depois de sua morte. Apesar das insistentes solicitações de Gógol, o texto jamais chegaria a ser encenado. O escritor, porém, tinha esperanças. Apressa-se em enviar o seu *Desenlace* ao ator e amigo Schépkin, a quem informa que o texto deveria, a partir de então, se seguir a cada nova representação da comédia *O inspetor geral*. Na mesma carta, enviada de Strasbourg em outubro de 1846, solicita ao ator ingerências para obter autorização da censura e chega a lhe dar indicações precisas para a interpretação do novo epílogo. Gógol não obtém do amigo nenhuma resposta. Seguem-se uma segunda carta de Nice e ainda uma terceira de Nápoles. Schépkin silencia. A resposta viria somente em 22 de maio de 1847:

[...] Desculpe, mas não entendi absolutamente suas três cartas ou as compreendi muito mal. E, por isso, decidi então me calar e esperar uma ocasião para uma explicação verbal. Depois da leitura do final que o senhor deu a *O inspetor geral*, eu fiquei com raiva de mim mesmo, de minha miopia, pois até agora eu estudei todos os heróis de *O inspetor geral* como seres vivos. Eles me são agora tão familiares, tão próximos... Durante todos esses dez anos de nossa convivência, fiquei tão acostumado com o prefeito, com Dóbtchinski, com Bóbtchinski, que tirá-los agora de mim será desonesto. Para que o senhor vai modificá-los? Deixe-os como eles são. Eu os amo, amo-os com suas fraquezas, como afinal todas as pessoas. Não me faça alusões de que eles não são funcionários, mas nossas próprias paixões. Não, eu não quero essa modificação: são gente de verdade, estão vivos, gente entre os quais cresci e mesmo envelheci. Será que o senhor não vê que eles já são meus velhos conhecidos? O senhor retirou do mundo alguns indivíduos e reuniu-os num único lugar, num único grupo e agora quer afastá-los de mim? Não, não lhe darei! Não lhe darei até que eu esteja vivo. Depois de mim, transforme-os até em bodes, mas, por enquanto, não lhe cederei nem mesmo Derjimórda, porque ele me é muito querido.[28]

A resposta do ator deixa Gógol completamente aturdido e o impele a redigir, em 1847, uma nova versão do texto, uma espécie de *Suplemento ao Desenlace de O inspetor*, em que o escritor tenta modificar algumas das réplicas e amenizar o tom místico-religioso de seu texto. Ainda assim, não lograria convencer o genial ator e muito menos a censura.

É preciso, no entanto, focalizar esse texto teatral não como mera expressão contraditória das disposições estéticas, morais, místicas e mesmo psíquicas do autor durante os últimos anos de sua vida, pois em toda a sua trajetória artística e pessoal Gógol jamais esteve isento de contradições, e no último Gógol está, com efeito, todo o Gógol.

Assim, é possível surpreender elementos constitutivos de uma cosmogonia artística: o *Desenlace de O inspetor geral* revela-se como mônada de um sistema estético e ético do escritor e projeta-se no interior de uma estrutura intratextual.

Os dois últimos textos teatrais gogolianos, espécie de peças-manifestos, apresentam relações estruturais e composicionais homólogas, ainda que contrastivas. A temática de ambos praticamente se equivale: o foco do desenvolvimento da ação é a discussão entre os diferentes personagens sobre a função do teatro, o papel social da comédia e do riso.

No entanto, os personagens e a geografia do conflito se alteram radicalmente. Se na peça *À saída do teatro...* os personagens configuram o público fora do teatro, em *Desenlace...* eles constituem um conjunto que integra o próprio teatro, isto é, os atores. A reflexão gogoliana sobre o cômico, ou, mais exatamente, sobre a função da comicidade, tomando a sua própria comédia como

---

[28] Cf. "Písma Schépkina k Gógoliu" ("Cartas de Schépkin a Gógol"), em *Gógol i teatr* (*Gógol e o teatro*), Moscou, Iskússtvo, 1952, p. 421.

base do debate, não ocorre mais entre os que estão fora da cena (os receptores do espetáculo), mas entre aqueles que estão "em cena" (os emissores). Muda-se o ponto de vista dramático, embora o enfoque central se mantenha.

Se em *À saída do teatro*... a discussão coletiva referente à arte teatral se investe de um caráter amplo e generalizante, próprio à heterogeneidade do público, em *Desenlace* o debate se particulariza, torna-se específico e puramente estético.

Além do autor da peça, surgem em *À saída do teatro*... caracteres pouco definidos: o primeiro *comme il faut*, o segundo *comme il faut*, o primeiro oficial, outro oficial, um funcionário de meia idade, um senhor que fala de literatura com indiferença, um espectador, dois capotes, o homem desconhecido, senhor A, senhor B, um homem trajado muito modestamente, samarra azul, príncipe N, a jovem dama, uma dama de classe média, um comerciante, o senhor sem graça, mas do tipo virulento etc.

Já em *Desenlace*..., os personagens (o primeiro ator cômico, uma atriz, um ator, um homem das letras, atores e atrizes) e suas falas não deixam dúvidas com relação à elocução e ao objeto do discurso:

> NIKOLAI NIKOLÁITCH — Tanta perfeição, tanta definição, tanto raciocínio e tanta consciência para executar seu papel — não, tudo isso está acima da mera representação. Isso já é obra de uma segunda criação.
>
> FIÓDOR FIÓDORYTCH — É o coroamento da arte — e mais nada! Trata-se aqui, afinal, do sentido mais elevado da arte. Bem, por exemplo, o que há de atraente naquela personagem que o senhor representava agora há pouco? Como é possível provocar prazer no espectador na pele de um patife qualquer? E o senhor conseguiu. Eu chorei, mas não chorei por compartilhar a sorte da personagem; chorei de prazer. Foi leve e luminoso para a alma. Leve e luminoso por terem saído todos os laivos de uma alma patife, porque se pode ver claramente o que é um patife.
> [...]

PIÓTR PIETRÓVITCH — Senhores, vocês entraram numa discussão inteiramente diferente. Trata-se de uma questão ética: quem somos nós para dizer quem tem ou não a cara torta? Mas me permitam voltar a isso, o ponto importante é: não vejo uma grande razão na comédia, não vejo objetivo, pelo menos na própria obra isso não se revela.

NIKOLAI NIKOLÁITCH — Mas que objetivo o senhor ainda queria, Piótr Pietróvitch? A arte encerra o objetivo em si mesma. A aspiração ao belo e ao elevado — isso é a arte. É uma lei inviolável, sem isso a arte já não é arte. Por isso em nenhum caso ela pode ser imoral. Ela aspira infalivelmente à bondade, seja pela afirmação ou pela negação: revela-nos o mais belo que pode existir no ser humano, ou então ri da pior feiura que há nele. Se apresentar toda a canalhice que existe mesmo no homem, e apresentá-la de uma forma que qualquer um dos espectadores tenha total repugnância por ela, eu pergunto: isso já não é um elogio a tudo o que há de bom? Eu pergunto: isso não é um elogio à bondade?[29]

É possível estabelecer entre os dois textos relações dialógicas e especulares profundas, assim como surpreender no organismo interno de ambos recursos estruturais que apontam não apenas para a comédia *O inspetor geral*, mas também para o conjunto da obra dramatúrgica gogoliana, em que se destaca, sobretudo, o procedimento paródico em sua acepção mais ampla, entendido aqui como "discurso paralelo" e exercício intra e intertextual, que, afinal, transforma grande parte dos textos gogolianos em um processo interveniente de autorreflexividade.

Esse recurso aparece potencializado ao extremo em *Desenlace...*, na medida em que, ao criar o personagem teatral do primeiro ator cômico (Mikhail Schépkin), Gógol não apenas desdobra por meio das palavras dele suas próprias reflexões sobre a nature-

---

[29] *Desenlace de O inspetor geral*, em N. Gógol, *Teatro completo, op. cit.*, pp. 385-7.

za da arte, do teatro e do ator cômico, porém, mais do que isso, cria dramaticamente a imagem de um duplo do genial ator a ser representado no palco pelo próprio modelo real. A figura do ator real se reflete, então, no espelho da cena, hiperbolizada, fragmentando-se em vários "outros", reverberando a discussão da crítica teatral de seu tempo e pondo em confronto uma multiplicidade de visões gogolianas sobre a comédia, o teatro e o cômico.

No debate teatral que a fábula encerra, que diz respeito tanto à atuação do primeiro-ator como ao significado mais profundo da comédia, há não apenas uma prefiguração metalinguística da própria escritura dramatúrgica gogoliana, mas também da arte de representar e do fenômeno teatral como forma de expressão artística, pautada, sobretudo, por um jogo lúdico de reconhecimento e espelhamento, disfarce e revelação. Gógol convoca, por meio da criação teatral do Schépkin-personagem, a duplicidade inerente à tarefa do ator como artista, capaz de se separar de si mesmo e de se identificar com o "outro" para poder desempenhar papéis, libertando-se de sua unidade natural e se projetando além de si mesmo no palco do mundo, na cena da vida social.

Ocorre também em *Desenlace...* uma espécie de desmistificação do discurso satírico-realista, atribuído à comédia *O inspetor geral* pela crítica contemporânea a Gógol e, mais tarde, também reivindicado pela crítica soviética. O dramaturgo, ao revirar e inverter a significação da comédia por meio desse inusitado "desenlace", promove um corte com o modelo anterior, descongelando o significado único, abrindo espaço para o deslocamento de sentidos vários e desestabilizando, dessa forma, a sua recepção.

Ao revelar a comédia *O inspetor geral* como que pelo avesso, *Desenlace...* se constitui como um discurso paralelo que interfere e dialoga com seu modelo. No entanto, ao torná-lo "outro", procede uma espécie de crítica "ao vivo" à ideologia subjacente.

Nessa espécie de desconstrução subliminar operada pelo texto está, por outro lado, a instauração de uma nova linguagem teatral a desestabilizar a tradição da comédia satírica russa e sua função social. *Desenlace...* configura-se, assim, como um discurso teatral paródico porque, sendo também aqui absorção e rejeição de seu modelo, ousa propor um outro discurso crítico: é ao mesmo tempo destruição e instauração de uma outra linguagem teatral e de uma outra crítica.

É nessa ambivalência constitutiva que toda a concepção gogoliana do riso e do cômico deve ser resgatada. O aspecto tragicômico também se inscreve em *Desenlace...*: o excêntrico monólogo final do primeiro ator cômico, que se põe a chorar durante o longo discurso sobre a função do riso e a missão do ator, conclui o texto como uma espécie de coda em tom hiperbólico e patético, fazendo reverberar no reverso do texto uma nota irônica e autorreferente:

> Não ficaremos perturbados se algum prefeito colérico ou, mais exatamente, o próprio espírito maligno nos murmurar: "Do que estão rindo? Estão rindo de vocês mesmos!". Vamos lhe dizer orgulhosamente: "Sim, estamos rindo de nós mesmos, porque sentimos a nossa nobre natureza russa, porque ouvimos uma ordem suprema para sermos melhores do que os outros!". Compatriotas! Também eu tenho nas veias o sangue russo, assim como os senhores. Vejam: estou chorando. Como ator cômico, antes eu os divertia, e agora choro. Deixem-me sentir que meu ofício é tão honesto como o de qualquer um de vocês, que eu também sirvo à minha terra como todos vocês, que não sou um palhaço vazio qualquer, criado para a diversão de pessoas vazias, mas um honesto funcionário do grande reino divino, e que despertei em vocês o riso — não aquele riso insensato com o qual um homem no mundo ri do outro, aquele riso que nasce de um eterno ócio vazio, mas sim o riso que nasce do amor pelo homem. Juntos provaremos a todo mundo que, na terra russa, tudo, desde o pequeno ao grandioso, anseia servir àquele a quem tudo deve servir e que está em toda a Terra, e se dirige para lá, (*olhando para cima*) para o alto! Para a beleza eterna e elevada![30]

---

[30] *Idem*, p. 395.

Gógol põe em evidência aqui, pelo foco enviesado de sua lente dramática, as concepções estéticas e filosóficas de sua teoria teatral, em que o texto dramático aparece como discurso a proferir verdades eternas na tribuna da cena.

Resulta, porém, desse expediente de metalinguagem o aspecto incomum e extraordinário da linguagem ambivalente modulada, espécie de discurso-miragem sob o qual se esconde um jogo de sério-cômico autorreflexivo, como que a ostentar, de forma irônica, uma seriedade alusiva. Isso porque, em Gógol, cabe à organização do discurso a sua mais ampla significação. Daí o frequente "gozo" gogoliano pelo processo mesmo da enunciação, pela utilização de lugares-comuns e torções rocambolescas da língua, pois o essencial no texto gogoliano, mesmo que à sua revelia, não parece ser o objeto do discurso, mas a enunciação como processo puro, sem objeto, porém detentora da chave dos sentidos.

A dramaturgia gogoliana adquire uma dualidade ambígua, como se sob a superfície da fábula, da intriga e do discurso se ocultasse um sentido "outro", uma chave escondida, um mistério não revelado. Porque o discurso gogoliano tudo "desrealiza", tudo transforma no seu contrário: signos e imagens são desnudados de material, capazes, porém, de transmitir uma informação, ainda que a superfície primeira e a aparência barroca do discurso adquiram o aspecto de seriedade, de grandes verdades enunciadas em raciocínios ardilosamente elaborados pelos personagens, sem nada de fato a revelar.

Esse jogo discursivo refrata, certamente, a ambivalência contraditória do texto (e do dramaturgo) e faz surgir, em contraponto, as reviravoltas semânticas e estilísticas inesperadas, que geram os extraordinários efeitos do patético, do lírico, do cômico e do trágico.

É justamente a esse processo de ardilosa elaboração artística que o texto *Desenlace...* parece fazer alusão, ao colocar em cena um enigma a ser desvendado (o significado da comédia *O inspetor geral*), contido na imagem da caixinha, cuja chave está em posse apenas do ator-autor, mas que é preciso descobrir:

PIÓTR PIETRÓVITCH — Permita-me, todavia, observar, Mikháilo Semiónytch, será possível uma peça sem final? Eu lhe pergunto. As leis da arte permitem, por acaso, uma coisa dessas? Nikolai Nikoláitch! Parece-me que isso significa trazer e colocar diante de todos uma caixinha trancada e perguntar: o que há dentro dela?

O PRIMEIRO ATOR CÔMICO — Bem, e se ela for colocada diante de vocês exatamente para que se esforcem em abri-la?

PIÓTR PIETRÓVITCH — Neste caso é preciso dizer isso de alguma maneira, ou então simplesmente dar a chave na mão.

O PRIMEIRO ATOR CÔMICO — Bem, mas e se chave estiver ao lado da caixinha?

NIKOLAI NIKOLÁITCH — Pare de falar por enigmas! O senhor deve saber algo, não? Decerto o autor lhe deu essa chave na mão, o senhor a pegou e quer fazer um jogo.

FIÓDOR FIÓDORYTCH — Confesse, Mikháilo Semiónytch; não é à toa que estou interessado em saber o que de fato está escondido aqui. De minha parte, não vejo nada.

SEMIÓN SEMIÓNYTCH — Deixe a gente abrir essa caixinha de enigmas. Que caixinha estranha é essa que não se sabe para que foi trazida, não se sabe para que foi colocada aqui diante de nós e não se sabe por que está trancada?

O PRIMEIRO ATOR CÔMICO — Bem, e se, por acaso, ela se abrir de tal modo que vocês fiquem admirados por não a terem aberto por si mesmos; e se ainda na caixinha houver uma coisa que para uns é um velho tostão já fora de uso, e para outros uma moeda de ouro que sempre tem valor inalterável, mesmo que se altere a cunhagem?

NIKOLAI NIKOLÁITCH — Já estamos cheios de seus enigmas! Dê-nos a chave e mais nada!

SEMIÓN SEMIÓNYTCH — A chave, Mikháilo Semiónytch!

FIÓDOR FIÓDORYTCH — A chave!

PIÓTR PIETRÓVITCH — A chave!

TODOS OS ATORES E ATRIZES — Mikháilo Semiónytch, a chave!
O PRIMEIRO ATOR CÔMICO — A chave? E será que os senhores vão mesmo pegar essa chave? Talvez a joguem fora junto com a caixinha, não?
NIKOLAI NIKOLÁITCH — A chave! Não queremos ouvir mais nada. A chave!
TODOS — A chave![31]

Ora, a chave para a apreensão dos textos gogolianos não gira apenas uma vez. São necessárias muitas voltas, ou talvez muitas chaves para se fazer operar a densa abertura polissêmica de sua escritura.

Estudiosos mais recentes da herança artística de Gógol,[32] opondo-se à visão de cunho marcadamente sociológico consagrada pela crítica soviética, e recuperando, em certa medida, a tradição dos estudos simbolistas sobre a obra gogoliana, têm focalizado a figura do escritor na história da cultura russa não apenas como o artista-artesão da palavra e do discurso poético, mas também como pensador e ideólogo religioso.

A argumentação baseia-se, com certa razão, na formação religiosa de Gógol desde a infância, especialmente na estreita relação afetiva com a mãe, de quem teria recebido a crença ilimitada em Deus. Essa profunda religiosidade teria sido ainda mais aguçada sob a influência do romantismo alemão, ao qual o jovem escritor ucraniano estaria submetido.

As ressonâncias de uma visão romântica do mundo, revelado por uma submissão a forças obscuras e demoníacas, teriam penetrado de modo intenso na primeira fase criativa de Gógol e se ramificado de formas diferentes na trajetória artística e pessoal do

---

[31] *Idem*, pp. 391-2.

[32] Cf., especialmente, I. V. Voloskov, "Istóki religuióznoi filossófii N. V. Gógolia" ("Origens da filosofia religiosa de N. V. Gógol"), *Véstnik Moskóvskovo Universitéta* (*Boletim da Universidade de Moscou*), Série 7, Filosofia, n° 2, 2002, pp. 47-57.

escritor, engendrando a especificidade de suas posições éticas e estéticas, em particular, em sua última fase.

É bastante convincente a argumentação de que, em Gógol, a irrupção inopinada do mal e a figuração do diabo, mesmo que sob a máscara da vulgaridade humana e social, se fazem sentir em muitos de seus textos literários e também nas reflexões finais do escritor, a convocar a arte como revelação e expurgo do mal eterno e universal.

Nessa ótica, na primeira fase de sua produção, a das *Noites na granja...*, Gógol congregaria principalmente duas tendências: o romantismo alemão, com seus temas de feitiçaria a erigir um universo fantástico e grotesco, e o conto folclórico ucraniano, com a luta tradicional do homem com o diabo e a difícil vitória do bem sobre o mal. O cômico, já nesses textos, não raras vezes cede lugar ao medo, o que revela a exasperação gogoliana diante do princípio demoníaco que parece reger o mundo dos homens.

No ciclo das novelas *Mírgorod* e *Arabescos*, a sensação de desesperança e o sentimento do combate irremediável do homem com o mal e com o diabólico aprofundam-se, e o escritor procura uma saída para a desesperança humana na luta impotente com o cosmos aparentado ao absurdo.

As novelas petersburguesas também não estão isentas do riso trágico gogoliano, tecido nos filamentos da rede quimérica e grotesca na qual se enredam personagens-autômatos, marionetes movidas por fios invisíveis e absurdos, conduzidas pela existência como numa miragem.

Seduzido por Hoffmann em certa fase de sua criação e tomando de empréstimo a concepção estética do romantismo alemão, Gógol acreditaria até o final de sua vida que a arte é capaz de transformar o mundo e de se contrapor à força diabólica e maléfica da existência.

Dessa forma, a sua concepção estética do riso e do humor nasceria, sobretudo, desse combate irremediável com forças adversas. Adensa-se, por isso mesmo, em seus últimos escritos apologéticos, uma espécie de responsabilidade em denunciar o mal na sociedade contemporânea e despertar no indivíduo e no ser social o caminho do aperfeiçoamento moral, como se o escritor ousasse, por meio do riso, a libertação do homem, submetido aos condicionamentos sociais e, mais do que isso, a forças invisíveis e insondáveis.

O riso gogoliano constitui-se, dessa forma, como um princípio artístico ativo em contraposição à ideia da morte. Mas Gógol experimenta a ação do riso, antes de mais nada, sobre si mesmo, na busca de seu aperfeiçoamento como artista e como ser social. A sua *Confissão de um autor* prega extirpar o risível que brota de si mesmo, para que ele possa ser transformado em um riso sobre a coletividade que se almeja atingir e transformar.

> Para que nos foi dado o riso? Se ele foi dado para que, através dele, possamos a todos surpreender, difamando a beleza do homem, por que então não denunciar por meio dele aquilo que desonra a beleza da própria alma de cada um de nós? Ele nos foi dado para que se possa rir de nós próprios, e aquele que não pode rir de seus defeitos, é melhor que não ria. [...]
> Uma vez que comecei a dar explicações sobre minha obra, é necessário dizer algumas palavras a propósito de mim mesmo, pois meus textos estão intimamente ligados aos sentimentos de minha alma. Talvez isso ocorra por vontade Dele, sem o qual nada pode ocorrer neste mundo, Deus é que tudo sabe. Talvez tudo tenha acontecido justamente para que eu pudesse ter a possibilidade de olhar para dentro de mim mesmo.[33]

É nessa universalização da própria experiência espiritual e individual do escritor, transformada em um programa de ilustração para o aperfeiçoamento do homem e da sociedade, que se fundamenta o princípio da concepção religiosa da arte de Gógol.

A revelação dos vícios sociais e do mal astutamente disfarçado sob a máscara do bem cabe, segundo ele, ao autor cômico, capaz de golpear com o riso a baixeza e a vileza humanas.

---

[33] Cf. N. V. Gógol, *Ávtorskaia íspoved* (*Confissão de um autor*), *op. cit.*, pp. 252-3.

Se o poder transformador da arte equivale para Gógol a uma espécie de milagre da palavra, então a comédia e o riso poderiam conduzir, por meio de uma transmutação artística, alguma ação decisiva e imediata.

Nesse sentido, a religiosidade do escritor nesses escritos finais apresenta também uma orientação prática, dirigida para a solução de tarefas urgentes na sociedade de seu tempo. Observe-se em sua *Confissão*... que o ideário religioso do escritor ampara-se em sua própria "correção interior" para que, por meio dela, possa alcançar o conhecimento profundo do homem russo e a salvação da sociedade como um todo. Seu programa de reforma social passa, em essência, pela urgente necessidade de uma transformação espiritual e ética da sociedade, e não pode prescindir, segundo os princípios éticos gogolianos, de uma ação efetiva e profunda no mundo interior do homem.

Assim, depois de tantos anos de trabalho, de experiências e de reflexões, olhando para trás, volto para aquilo que já fazia parte de minhas meditações durante a infância, para aquela ideia de que o objetivo do homem é servir e de que tudo na nossa vida é uma missão. Há apenas uma coisa que não se pode esquecer: se temos uma função no reino terrestre, é a de servir nosso Rei que está no reino dos céus. É preciso, então, refletir sobre Sua lei. É apenas servindo a este destino que será possível agradar a todos, ao nosso soberano, ao nosso povo e ao nosso país.[34]

É esta "cidade interior" que o primeiro ator cômico, em *Desenlace de O inspetor geral*, visa a transformar pelo poder do teatro, da comédia e do riso.

Como se vê, agrega-se ao riso gogoliano uma tonalidade trágica e melancólica, por vezes patética e apocalíptica. Da tradição do riso e da farsa, do *vertep* ucraniano, do teatro grotesco popu-

---

[34] *Idem*, p. 251.

lar da Idade Média e do Renascimento ocidentais, da *commedia dell'arte* e mesmo da comédia antiga desde Aristófanes, Gógol recupera o riso ambivalente do carnaval, como quer Bakhtin, mas introduz também uma apoteose contraditória do risível e do melancólico, forjada de máscaras que revelam e ocultam, sob a tessitura claro-escura de seus textos, os aspectos ambivalentes da gênese de suas propostas estéticas e éticas.

Iuri Lótman,[35] sem descartar os aspectos relevados por Bakhtin com relação à natureza cômica da obra de Gógol e à inserção do riso no contexto da tradição da cultura popular e festiva do carnaval, propõe também um outro viés para a compreensão dos aspectos ambivalentes do riso gogoliano.

Ao inserir a criação de Gógol no tecido cultural da tradição russa, Lótman identifica no riso gogoliano a mesma bipolaridade que conforma o pensamento da religiosidade ortodoxa na Rússia medieval. A profunda separação determinante entre o princípio divino e o princípio diabólico no imaginário da tradição cultural russa não pode admitir a fantasia, a máscara e as mais variadas formas de metamorfose carnavalesca, a não ser como expressão do "irreal", do não-verdadeiro e, portanto, do diabólico. Apenas ao divino cabe aquilo que é verdadeiro, sendo o riso um atributo do pecado: "Cristo nunca riu", de acordo com a máxima de Turguêniev. Segundo o semioticista, o âmbito da religião e o do riso se excluem reciprocamente, e se é impossível imaginar Cristo rindo, não é difícil, ao contrário, imaginar o diabo a fazê-lo.

Lótman identifica no sistema da cultura russa medieval uma polaridade fundamental que dispõe valores culturais essenciais (ideológicos, políticos e religiosos) em um campo bipolar bem delimitado e sem nenhuma zona neutra axiológica. No cristianismo católico do ocidente, segundo ele, existem três espaços que configuram a esfera da transcendência espiritual: o paraíso, o purgató-

---

[35] Cf. I. Lótman, "Gógol i sootnessiónie 'smekhovói kultúry' c komítcheskim i serióznnym v rússkoi natsionálnoi traditsi" ("Gógol e a correspondência da 'cultura do riso' com o cômico e o sério na tradição nacional russa"), em *Istória i tipológuia rússkoi kultúry* (*História e tipologia da cultura russa*), São Petersburgo, Iskússtvo, 2002.

rio e o inferno. Do mesmo modo, a vida terrestre se organiza a partir de três tipos de conduta: o pecador, o santo e o neutro. A esse sistema se correlaciona a vida real na Idade Média ocidental, em que aparece uma gama muito grande de condutas neutras e de instituições sociais neutras, nem "santas", nem "pecadoras", nem organizadas pelo Estado, nem contra o Estado, nem boas, nem más. Esse espaço neutro torna-se uma reserva estrutural pela qual se desenvolve o sistema do futuro. Se a continuidade é evidente, não é necessário nem sublinhá-la estruturalmente, nem reconstituí-la consciente e artificialmente.

Já o sistema da Idade Média russa constrói-se de acordo com uma dualidade bastante definida. A rígida divisão em paraíso e inferno deixa de considerar uma zona neutra intermediária. Em consequência, a vida terrestre se organiza segundo uma só conduta: pecadora ou santa. Este dualismo se estende aos conceitos extraeclesiásticos, de modo que o poder temporal poderia ser interpretado como divino ou demoníaco, mas jamais neutro.

Dessa forma, a expressão do riso considerada como comportamento social autorizado durante o carnaval para a catarse no interior do mundo sério medieval, como identifica Bakhtin no âmbito da tradição medieval europeia, não ocorreria, segundo Lótman, da mesma forma na cultura ortodoxa medieval da Europa oriental.

Se na tradição estudada por Bakhtin o riso anula o medo, na tradição ortodoxa russa o riso pressupõe o medo. O mundo virado do avesso e a natureza ambivalente das máscaras e dos mascarados são cômicos e terrificantes ao mesmo tempo, já que, nesse sistema cultural, ao carnaval se acopla a imagem de uma ação diabólica e pecaminosa.

Se a cultura europeia legitima a sátira denunciadora e o alegre entretenimento como duas funções essenciais do riso, Iuri Lótman identifica no riso gogoliano, para além do riso ambivalente carnavalesco, a expressão do temor, na medida em que na consciência artística do escritor penetram as camadas mais profundas da consciência arcaica da cultura religiosa russa, de um sistema da memória coletiva e de certa estrutura de valores próprios a essa cultura.

Na alternância das máscaras gogolianas, na teatralidade festiva e carnavalizada presente em seus textos, percebe-se, certamente, aquele universo independente da Igreja no qual a celebração de antigas e alegres festas de origem pagã conduzidas por bandos de alegres *skomorókhi*, bufões antigos com suas histórias e canções obscenas e sacrílegas, dissemina um imaginário incompatível com a ascese cristã. Mas depreende-se a revelação de um universo ao mesmo tempo risível e terrível, pois suas raízes têm como fundamento o modelo antinômico de um substrato religioso e cultural único e intransferível.

Se em Gógol surge aquela vivência positiva da alegria e do sonho da utopia do mundo carnavalizado, não se pode esquecer a contraface desse seu riso, que provoca terror e marca a cultura séria e utópica do sermão apologético.

Todo o universo teatralizado de Gógol (no qual um nariz separado de seu dono perambula pelas ruas de São Petersburgo vestido de conselheiro de Estado, e os heróis apresentam no lugar do rosto um focinho de porco) prefigura o mundo imaginário, irreal e diabólico proscrito pela tradição ortodoxa medieval russa, ainda que sua irrupção seja franqueada à vida e à arte, quando, conforme nos relata o narrador da novela *A Avenida Niévski*, mente a Avenida Niévski,

> [...] mas mente mais do que nunca quando a noite a envolve com sua massa espessa e realça as paredes brancas e pálidas das casas, quando então toda a cidade se transforma em trovão e resplendor, e miríades de carruagens despencam pelas pontes, gritam os postilhões saltando sobre os cavalos, e quando o próprio demônio acende os lampiões para mostrar tudo sob um aspecto falso.[36]

---

[36] Cf. N. V. Gógol, *A Avenida Niévski*, trad. Arlete Cavaliere, São Paulo, Paz e Terra, 2002, p. 121.

Parte II
O RISO NA TRAMA DO TEATRO RUSSO: OUTROS ITINERÁRIOS

Tchekhov: da farsa ao drama

Quando, em dezembro de 1898, o Teatro de Arte de Moscou (TAM) levou à cena a peça *A gaivota*, de Anton Pávlovitch Tchekhov, dava-se início não apenas a uma das fases mais bem-sucedidas da companhia de Konstantin Stanislávski e Vladímir Nemiróvitch-Dântchenko, mas também a um novo período da criação literária tchekhoviana.

Não se pode negar a importância da dramaturgia de Tchekhov para a justa apreciação crítica de sua arte literária. E também não se deve ignorar o fato de que as encenações stanislavskianas dos textos de Tchekhov lançaram nova luz e deram um importante e decisivo impulso para a plena maturidade do escritor no campo teatral.

A encenação de *A gaivota* pelo TAM mostrava o traço distintivo que marcaria a evolução das pesquisas de Stanislávski a partir dos textos tchekhovianos: a busca constante do seu "princípio de fidelidade à vida". Mas, agora, por meio de uma dramaturgia moderna e inovadora, o detalhe realista serviria ao propósito de criar um estado psicológico e a *"mímesis* interior".

Um certo intimismo flagrante na dramaturgia tchekhoviana, expresso por uma teatralidade que se convencionou denominar "estados de alma" ou "teatro de atmosfera", possibilitaria a superação de uma linguagem cênica naturalista *stricto sensu*. Os matizes impressionistas e simbolistas das peças de Tchekhov orientariam Stanislávski para o que o diretor russo designou de "naturalismo espiritual",[1] ao contrapor o "realismo externo" da primeira

---

[1] Entre nós, Jacó Guinsburg chamou de "tchekhovismo" esta fase do tra-

fase do TAM, também chamado "naturalismo histórico-arqueológico".

A importância essencial da obra de Tchekhov, que o transformou num dos escritores russos de maior repercussão no mundo das letras e da arte teatral, encontra-se decerto no tratamento dos meios expressivos e na criação de estruturas poéticas e dramáticas, baseados em novos procedimentos literários e em novos princípios estéticos.

Responsável por uma subversão absoluta da estrutura tradicional da narrativa de ficção do século XIX ("contra todas as chamadas regras da arte, gosto de começar em *forte* e terminar em *pianíssimo*"), também na dramaturgia inovou na arte de construir histórias.

Aliás, a par das diferenças de gênero, é possível surpreender na narrativa e na dramaturgia tchekhovianas formas análogas de composição: os mesmos ingredientes que estruturam os princípios narrativos parecem constituir também o fundamento de suas peças para teatro. A crítica mais recente refere um tratamento épico-narrativo frequente na dramaturgia tchekhoviana.

A busca da "objetividade", da "concisão" e do "verossímil" na representação dos fatos extraídos da vida conduz à pouca valorização da fábula ("a fábula pode estar ausente", dizia o dramaturgo), pois, para Tchekhov, a arte deve representar a "vida tal como ela é na realidade": fragmentária, sem relações imediatas de causa e efeito, sem respostas definitivas para os conflitos e predisposta ao inesperado e ao inexplicável.

Com fatos banais e incidentes corriqueiros, seus textos podem fazer entrever toda a transformação de uma vida passada a limpo. Daí advém o não-compromisso tchekhoviano com a sequência causal e com o desenlace como efeito final único. Ao contrário, o

---

balho de direção de Stanislávski no Teatro de Arte de Moscou, em contraposição à primeira fase, denominada "realismo ou naturalismo histórico-arqueológico". Cf. J. Guinsburg, *Stanislávski e o Teatro de Arte de Moscou*, São Paulo, Perspectiva, 1985.

não-desfecho, sugerindo continuidade, é uma das características determinantes de sua poética, distante do determinismo causal do século XIX.

Tal liberdade do ponto de vista da construção dramatúrgica se verifica sobretudo no encadeamento da ação dramática muito peculiar (e inédito até então), o que causou, de início, certo desconforto na crítica e no público de sua época: falta de intriga, efabulação mínima e insignificante, ritmo inoperante da ação dramática, exposição de detalhes miúdos, heróis sem ação, enfim, características muito diversas das amplas visões macrocósmicas de escritores como Tolstói e Dostoiévski.

De outra parte, surge uma forma diferente de composição dos personagens, calcada num sutil fluxo subjetivante que permeia a trama, as situações, os conflitos e os atos dramáticos, elemento fundante do "teatro de atmosfera tchekhoviano", no qual o jogo psicológico oculto, o subtexto rico de significações e a densa rede dos conflitos se refratam em intervalos e pausas, silêncios e diálogos aparentemente vazios, mas que articulam o jogo dramático na interface do texto.

Um dos aspectos mais inovadores que conformam a evolução da poética tchekhoviana e que estruturam, ao longo de sua trajetória criativa, uma espécie de gramática estética sempre vigente, modula-se na elaboração peculiar de uma comicidade e de um riso, construídos frequentemente como contraponto paródico do melodramático e do trágico.

Não por acaso, a fase inicial, isto é, a etapa do fundamento primeiro de sua práxis literária, está baseada quase que exclusivamente na criação de textos cômicos e humorísticos. É justamente neste primeiro período, dedicado à arquitetura do cômico, aparentemente distanciado de sua fase mais madura, que nos deparamos com as raízes de uma original comicidade. É preciso assinalar, já no jovem dramaturgo, um vigoroso elemento crítico-paródico orientado menos à alusão intertextual a escritores ou textos específicos do que a gêneros literários e dramatúrgicos consagrados e às formas literárias vigentes.

O estudo mais atento de seus primeiros textos teatrais evidencia a experimentação da linguagem teatral do humor e do riso não

Vladímir Nemiróvitch-Dântchenko e Konstantin Stanislávski, diretores do Teatro de Arte de Moscou, em 1896.

Cena de *A gaivota*, de A. P. Tchekhov, ato I, Teatro de Arte de Moscou, 1898.

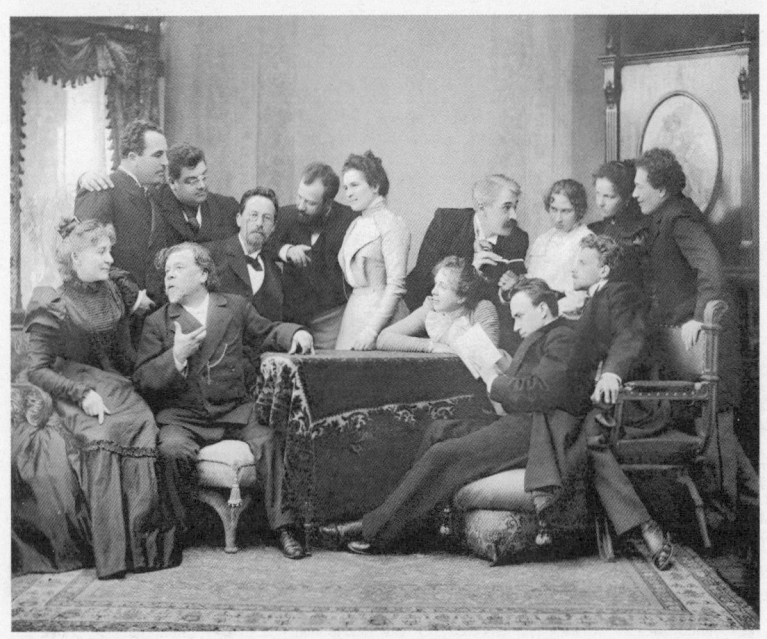

A. P. Tchekhov e a equipe do Teatro de Arte de Moscou em 1898.

apenas pelo enfoque crítico e irônico com relação à realidade social focalizada em seus textos, mas sobretudo pela paródia a estilos, formas e gêneros da tradição literária e teatral.

Tchekhov se referiu às suas peças em um ato como *vaudevilles*. Chegou até a classificá-las como "vazios *vaudevilles* franceses". No entanto, na publicação desses breves textos teatrais, como *O urso* (1888), *O pedido de casamento* (1889), *O trágico à força* (1890) e *O jubileu* (1891), aparece a denominação de *farsa* ("chútka", termo russo que também significa brincadeira, piada, graça), enquanto *As bodas* (1889) leva simplesmente a definição de *cena* (em russo, "stsena").

Toda a criação teatral de Tchekhov, e não apenas as primeiras tentativas dramáticas, está marcada por essa espécie de duplicidade, ou instabilidade mesmo, no que concerne a uma precisa diferenciação e definição dos gêneros teatrais.

Destacam-se desde logo nos textos tchekovianos, tanto na contística como na dramaturgia, uma comicidade por vezes subterrânea, uma espécie de contracanto burlesco sempre presente e incisivo.

Há na amargura, na solidão, na incapacidade afetiva, enfim, na inação e na incomunicabilidade humanas, essenciais nos heróis tchekhovianos de *A gaivota* (1896), *Tio Vânia* (1899), *As três irmãs* (1901) e de sua última criação, *O jardim das cerejeiras* (1904), algo de tragicamente cômico (uma triste ironia, talvez) que brota desse contraste entre as perspectivas dos sonhos e a incapacidade de alcançá-los. Daí certa oscilação por parte da crítica em classificar suas peças maiores como dramas ou comédias. E talvez resida justamente nesse contraponto entre a comicidade e a aflição aterradora o caráter tragicômico de sua dramaturgia e de todo o seu trabalho literário.

As peculiaridades estéticas e composicionais dos textos tchekhovianos estão pautadas pela contraposição dinâmica de elementos constitutivos de uma poética que lhes confere um caráter de síntese expressiva, resultante de uma economia orgânica de procedimentos, formas e estilos. Por isso mesmo, revela-se já no primeiro Tchekhov a capacidade poética de estruturar, de forma magistral, narrativas e textos teatrais muitos curtos, nos quais se esboça esse viés composicional particular, cujo movimento se orienta para um "olhar" cômico e um "sentir" triste.[2] Daí decorre certa atmosfera impressionista que envolve a textualidade tchekhoviana, projetando os personagens em um universo submerso em um jogo de luz e sombra, imagem da solidão nos enganosos jogos da existência.

Não são poucos os tristes palhaços, os excêntricos, as inúmeras figuras humanas aparentadas a máscaras e bonecos de feira, quase tipos da *commedia dell'arte*, que irrompem em seus escritos, repletos de lirismo, não isentos, porém, de certo matiz grotesco e caricatural. Como bem apontou A. M. Ripellino, essas figuras, semelhantes aos anjos tristes de Paul Klee, como que tiradas de *vaudevilles*, adquirem um aspecto caricaturesco e transladam do lirismo ao burlesco.[3]

Olga Knipper, atriz do Teatro de Arte de Moscou, com quem Tchekhov se casaria no final da vida, chegou a escrever em seus apontamentos que o dramaturgo tinha muita simpatia por *clowns* e prestidigitadores e que costumava improvisar oralmente histórias e anedotas, fazendo-o com naturalidade, elegância e graça. Por isso, desprezava a eloquência e toda e qualquer afetação teatral e jamais se mostrara inclinado a separar a expressão dramática dos movimentos da própria vida.[4]

Na encenação de suas peças por Stanislávski, o dramaturgo chegou a expressar seu descontentamento com relação aos excessos naturalistas e à inflexão frequentemente dramática e trágica impressa na impostação cênica stanislavskiana. Tchekhov insistira

---

[2] Cf. Boris Zinguerman, *Teatr Tchékhova i ievó mirovóe znatchênie* (*O teatro de Tchekhov e o seu significado universal*), Moscou, RIK Russanova, 2001. Cf. também Ettore Lo Gatto, *La literatura rusa moderna*, Buenos Aires, Editorial Losada, 1972.

[3] Cf. A. M. Ripellino, "El teatro de Chéjov", em *Sobre literatura rusa: itinerário a lo maravilloso*, trad. Antonio Pigrau Rodríguez, Barcelona, Barral Editores, 1970.

[4] Cf. J. Bonamour, *Anton Tchekhov: théâtre*, Paris, Éditions Robert Laffont, 1996.

duramente na distinção entre comédia e drama, aproximando a própria noção de comédia à de *vaudeville*.

O seu primeiro texto teatral, *Platónov* (escrito em 1880 e publicado postumamente apenas em 1923), e sua segunda peça, *Ivánov*, de 1887, foram desde logo classificados por Tchekhov como dramas. A representação de *A gaivota*, em 1898, certamente o levou a problematizar a definição dos gêneros da comédia e do drama, uma vez que havia atribuído a este texto as características da comédia. Logo depois, no subtítulo de *Tio Vânia*, "cenas da vida do campo", a definição ainda não esclarece a questão do gênero, mas a assertiva posterior com relação às suas últimas criações teatrais não deixaria dúvidas: *As três irmãs* leva a definição de drama e *O jardim das cerejeiras*, a de comédia.

No que se refere a esta última produção dramática, sabe-se que a concepção cênica do texto provocou um embate conflituoso com os diretores do Teatro de Arte de Moscou — Dântchenko e Stanislávski —, pois Tchekhov, certo de ter criado uma comédia com até mesmo rasgos de farsa, teve de se defrontar com uma atmosfera cênica permeada de melancolia e tragédia.

Essa ambivalência na classificação dos gêneros e estilos, que, afinal, atenta para os evidentes aspectos do sério-cômico que caracterizam a criação teatral tchekhoviana, não pode ser compreendida sem que se levem em conta diferentes variáveis que determinam o desenvolvimento de uma cosmogonia artística. Deve ser destacada, sobretudo, a função constitutiva do riso e do humor tchekhovianos para uma concepção dos seres, do mundo e da própria vida, e também para a estruturação de uma "*poiesis*" teatral.

Quando Tchekhov escreve as suas primeiras pecinhas em um ato, seus primeiros *vaudevilles* ou farsas, já havia alcançado certa popularidade na Rússia como escritor de contos cômicos e satíricos nos principais jornais e revistas de Moscou e São Petersburgo. Ainda estudante de medicina, utilizara diferentes pseudônimos, como o de Antocha Tchekonté, para ocultar a figura do futuro médico, que para ganhar a vida e sustentar a família recém-chegada a Moscou da província de Taganrog, onde nascera o escritor, procurava fazer o público rir com anedotas e historietas sem grandes pretensões literárias, muitas delas paródias de autores como Victor

Hugo, Jules Verne e também de formas literárias correntes e de gosto popular.[5] Estrutura-se nessas primeiras experiências literárias um estilo cômico-patético que logo marcaria dois curtos textos teatrais do jovem dramaturgo, já revestidos com nova tonalidade: *Os males do tabaco*, de 1887 (haveria uma segunda versão, em 1902), e *O canto do cisne*, de 1886.

O primeiro deles, em forma de monólogo (gênero, aliás, muito em voga na época), já esboça a originalidade teatral de Tchekhov, pois o herói cômico, ainda que em tom caricaturesco, surge permeado de ponderações de ordem filosófica acerca do mundo, dos sentimentos e da existência humana, imiscuídas em um discurso supostamente sobre os malefícios da nicotina, a ser proferido pelo palestrante em um clube de província por ordem expressa de sua esposa. Na sua segunda versão, escrita no final da vida de Tchekhov, o texto adensa ainda mais o *pathos* da consciência do personagem, que faz um balanço de sua vida matizando a almejada e frustrada palestra com uma profunda melancolia e conferindo, assim, ao discurso do herói, um aspecto marcadamente grotesco.

Outro monólogo estrutura o estudo dramático *O canto do cisne*. Desta feita, o discurso dramático é proferido por um velho ator cômico de província, que cai no sono no camarim do teatro depois do espetáculo e, ao despertar na escuridão vazia da madrugada, passa a limpo sua longa carreira teatral, prestes a acabar. O monólogo emocionado, e mesmo melancólico, entremeado pela declamação de vários trechos de peças clássicas representados por ele ao longo de quarenta e cinco anos de profissão, tem como único interlocutor o velho ponto sonolento e a plateia vazia e escura.

---

[5] Formas narrativas canônicas, como o romance policial, por exemplo, chegaram a ser parodiadas por Tchekhov no único romance escrito por ele em 1884, *Drama na okhóte* (*Drama na caça*), considerado pelo próprio escritor como artificial e mal-sucedido. Inspirou-se também no romance de aventuras de Jules Verne para escrever o seu *Chvédskaia spítchka* (*Fósforo sueco*). Cf. Vittorio Strada, "Anton Tchekhov", em *Histoire de la littérature russe*, Paris, Fayard, 1987.

É curioso que Tchekhov tenha considerado esse breve texto teatral como um *vaudeville*, pois não aparecem aqui os elementos característicos do gênero: a exposição de comédias leves e muito divertidas, cuja ação, articulada por uma intriga repleta de lances inesperados, exibe um desfecho (não raro) em estrutura e tom de anedota.

Dessa configuração aproximam-se muito mais as peças em um ato, já citadas, escritas por Tchekhov entre 1888 e 1892, nas quais certas características da arte da farsa (em particular a anedota articulada na forma dramática com personagens e cenas teatrais) acentuam e revelam os desvios, vícios e vaidades dos protagonistas, sempre submetidos a situações absurdas, surgidas da vida prosaica e banal, cujo efeito cômico provém, sobretudo, das inusitadas soluções arquitetadas para a conclusão dos conflitos.

É preciso assinalar que, até o final da década de 1830, embora já se houvera produzido de modo definitivo na Rússia a divisão de gêneros em drama, balé e ópera, o *vaudeville*, com sua mescla de canções e danças, invadira os palcos russos e tinha conquistado o gosto do público tanto nas grandes cidades como nas províncias.[6]

O *vaudeville*, surgido na França no século XVIII e derivado da ópera ligeira e da ópera bufa, remonta, porém, ao final do século XIV e início do século XV, quando surgiram canções satíricas na cidade de Vau de Vire, na Normandia. Ali se propagaram com muito sucesso, levando ao longo dos séculos a corruptela do nome do lugar de origem.[7]

Na Rússia, os *vaudevilles* se apresentam, em sua grande maioria, na forma de textos em um ato, estruturados em coplas adap-

---

[6] Cf., a propósito, Mark Slonim, *El teatro ruso: del imperio a los soviets*, Buenos Aires, Editorial Universitaria, 1965, e também Ettore Lo Gatto, *Historia del teatro ruso*, Buenos Aires, Editorial La Univesidad, 1945.

[7] Outra referência sobre o surgimento da denominação do gênero assinala a expressão "vaux de vire", do final do século XIV, que designaria *voix de ville* (vozes da cidade), e suas canções populares urbanas que passaram a integrar as comédias francesas nos inícios do século XVIII. Cf. Patrice Pavis, *Dictionnaire du théâtre*, Paris, Éditions Sociales, 1980.

tadas à linguagem popular, para a exposição de divertidas situações farsescas. Foi, sem dúvida, um dos gêneros que mais floresceram e se estenderam na cena russa por mais de trinta anos. Na década de 1860, a opereta e outras formas de comédia ligeira tornar-se-iam um substituto muito palatável para o público russo.

Não foram poucas as críticas ferrenhas a esse tipo de entretenimento teatral. Gógol relata em vários escritos referentes à situação do teatro russo de sua época o caráter artificial e a inadmissível superficialidade deste tipo gênero, estranho, segundo o dramaturgo, às verdadeiras raízes do teatro popular russo. Também o crítico Bielínski travou uma verdadeira batalha contra a hegemonia do *vaudeville* e sua danosa popularidade.

Na época de Tchekhov, o *vaudeville* já apresentava indícios de acentuada decadência, confundindo-se com a comédia de costumes, e o dramaturgo declara em carta ao amigo Suvórin, em 1888, que "escrever um bom *vaudeville* não é nada fácil. É necessária uma disposição de ânimo peculiar, feita de espírito elevado". E, quando escreve um novo *vaudeville*, O urso, logo depois de ter obtido grande êxito com o seu drama *Ivánov*, declara a Suvórin que a sua inclinação mais íntima era escrever *vaudevilles*: "Acho que poderia escrever centenas deles por ano, temas para *vaudevilles* jorram de mim, como petróleo do subsolo de Baku".[8]

Tchekhov, nesta e nas outras farsas escritas naqueles anos, não restitui propriamente os direitos do *vaudeville* na cena russa, mas, antes de tudo, a eficácia cômica, específica ao gênero. Ao colocar em cena o absurdo e o inusitado de conflitos e emaranhadas situações cotidianas, alçava-os, porém, ao plano dos *universalia*, por meio de um processo criativo pelo qual o dramaturgo estrutura novas formas literárias e dramatúrgicas, e, ao mesmo tempo, atinge com tiro certeiro a recepção estética do leitor e do espectador, conformada pelo gosto da tradição e, sobretudo, pelo primado do melodrama e do *vaudeville*.

---

[8] Cf. A. P. Tchekhov, *Cartas a Suvórin, 1886-1891*, carta 30, trad. Aurora Fornoni Bernardini e Homero Freitas de Andrade, São Paulo, Edusp, 2002.

A comicidade tchekhoviana não constitui, assim, apenas uma etapa de sua criação, mas a dimensão estrutural de toda a sua obra. Ela traz à cena lastros mais profundos, dialoga com diferentes tendências literárias e teatrais de sua época, retoma certos fios da comicidade teatral esgarçados pelo tempo, recupera, em certo sentido, a veia cômico-grotesca fundada pela poética gogoliana e tece uma nova etapa na conformação estética e artística do riso e do humor no teatro russo.

De outra parte, o *vaudeville* e a farsa, nas mãos de Tchekhov, alargados em sua práxis e função, não constituem a simples negação de mecanismos teatrais anteriores, mas um procedimento estético marcado pelo vigor da ironia paródica latente em seus textos, capaz de colocar em funcionamento novas formas e de inscrever a comicidade e o riso, simultaneamente, na continuidade e na transformação estético-históricas da comédia russa. O dramaturgo traçaria, ademais, um percurso próprio e solitário e, ao mesmo tempo, criaria o fundamento do teatro do século XX.

À primeira vista, as farsas de Tchekhov contemplam a maioria dos quesitos clássicos exigidos pelo gênero. Se a arte dramática, em geral, pode ser considerada uma das expressões artísticas que mais acentuam o procedimento da exacerbação e da revelação dos extremos (isto é, da hiperbolização do efeito estético, processo inerente mesmo à estética do teatro — a "lente de aumento da linguagem teatral", como já se disse, para espiar os seres e o mundo onde eles se movem), então a farsa, por sua vez, pode ser vista como um caso extremo do extremo.[9] A farsa comporta um riso irreverente que brota de um contínuo mascarar e desmascarar dos heróis e dos conflitos, algo não isento de certa dose de agressão e violência, de cuja intensidade irrompe muitas vezes o aspecto satírico dos temas, tratados, porém, de forma abertamente cômica e inofensiva.

Numa visão de conjunto, os textos farsescos de Tchekhov promovem a exploração de toda ordem de contrastes, os mais intensos e violentos, e daí decorre a emergência do grotesco na poé-

---

[9] Cf. a propósito do conceito do gênero da farsa, E. Bentley, *A experiência viva do teatro*, Rio de Janeiro, Zahar Editores, 1981.

tica teatral tchekhoviana para a captação do indivíduo e da sociedade. Essa poética parece se mover por uma extrema e dinâmica dialética entre forma e conteúdo, superfície e substância, essência e aparência.

Se o procedimento favorito da comicidade farsesca é espatifar as aparências e promover um choque brutal no receptor, uma espécie de catarse cômica, então a simplicidade com que Tchekhov expõe a aceitação das aparências cotidianas e das interpretações cotidianas destas encobre, na verdade, uma profunda gravidade, pois, ao utilizar o ambiente ordinário, povoado por homens simples e vulgares enredados em situações banais, ele revela na contraface das fantasias mais simples e comuns aquelas mais desenfreadas e desordenadas, assim como promove, por detrás do ambiente habitual, muitas vezes insípido e monótono, o desmascaramento e a violência dos impulsos e das paixões embotadas.

São essas, em última análise, as linhas de força principais que estruturam as farsas *vaudevillescas*, ou, se quisermos, os *vaudevilles* farsescos de Tchekhov, responsáveis pelos jogos absurdos de sedução amorosa como ocorre em *O pedido de casamento* e em *O urso*, e pelos complicados enredamentos e armadilhas situacionais a que estão submetidos os heróis em *As bodas*, *O trágico à força* e *O jubileu*.

É possível surpreender nesses textos, ao mesmo tempo, a recorrência de procedimentos estéticos próprios ao gênero e uma corrente composicional subterrânea de violação dos cânones e dos clichês já consagrados. Há nessas primeiras peças elementos estruturais e aspectos essenciais da composição do humor tchekhoviano que conformam a tessitura dramática de suas principais peças maduras. Aliás, Tchekhov, em uma de suas cartas a Suvórin, pondera: "Aconselhe o Máslov que se dedique ao *vaudeville*, já que não tem tempo de escrever uma comédia... A diferença existente entre a peça longa e a de um único ato é apenas quantitativa".[10]

Se tomarmos a peça em um ato *O urso* como referência primeira, observa-se de imediato não se tratar de um clássico *vaudeville* não apenas pelo fato de já não aparecerem as danças e a es-

---

[10] A. P. Tchekhov, *op. cit.*, carta 16, p. 79.

truturação em estrofes ou coplas, como manda o cânone. É verdade que os protagonistas, a jovem e melancólica viuvinha de luto, "com covinhas nas bochechas", e o pragmático senhor de terras Smirnov, às voltas com suas dívidas financeiras, enredam-se um ao outro em consequência de suas próprias atitudes e acabam por desencadear um movimento vertiginoso de ações contrastantes (hostilidade e volubilidade, agressão e frivolidade, desprezo e simpatia, gravidade e jocosidade, amor e ódio), cujo desenlace inesperado resulta de um movimento da ação dramática à primeira vista típico do *vaudeville* e da farsa.

Esse texto teatral teria sido, segundo consta, inspirado numa comédia de N. Samoilov, *Não se julgam os vencedores*, a qual, por sua vez, constituía a adaptação de um *vaudeville* francês de autoria de Pierre Berton, *Les jurons de Cadillac*, que obtivera grande sucesso nos anos 1860 na Rússia.[11]

Mas, em *O urso*, não são os heróis propriamente que jogam o jogo de esconde-esconde farsesco, mas sim o dramaturgo. Há uma seriedade aparente na superfície do discurso dos protagonistas e do conflito arquitetado, como se a atmosfera *vaudevillesca* ou farsesca fosse prerrogativa apenas e unicamente do ato criador a manipular a comicidade, e também os destinos dos heróis, como que às escondidas, já que nenhum dos atuantes da intriga (nem sequer o terceiro personagem, o velho Luká, criado da viúva) ri ou se diverte com os eventos que se sucedem ao longo das onze breves cenas que estruturam a peça. Não há risos entre os diálogos nem a atmosfera alegre e festiva que envolve com frequência as tramas *vaudevilllescas*. A comicidade não permeia a relação entre os heróis e não constrói de forma direta as cenas e seus eventos. Trata-se, desde o início, de uma discussão "séria", um tenso diálogo conflituoso cujo desfecho apontado é o duelo iminente, isto é, a morte de um dos opositores.

---

[11] Cf. A. B. Muratov, "*Medved*: chutka A. P. Tchékhova" ("*O urso*: uma farsa de A. P. Tchekhov), em Vários, *Análiz dramatítcheskovo proizvedénia* (*Análise da obra dramática*), Leningrado, Leningrádskovo Gossudárstvenovo Universitéta (LGV), 1988.

O jogo cômico e lúdico cabe ao dramaturgo, pois o desenlace final (em vez do duelo de morte, o inesperado "beijo apaixonado") surpreende os protagonistas e, com eles, o leitor/espectador. A peculiaridade das tramas farsescas tchekhovianas decorre, sobretudo, da elaboração de uma comicidade que possui, afinal, a sua própria lógica, subterrânea e subliminar.

Se no *vaudeville* e na farsa tradicionais o desenlace inesperado, e até mesmo paradoxal, na maioria das vezes é motivado pela sucessão e consequente complicação de situações provocadas pelos equívocos ou mal-entendidos dos próprios heróis, aqui o paradoxo final resulta não de uma situação qualquer equivocada, mas de outra lógica, quase inacessível, própria à vida e à psicologia dos caracteres, desenhada de forma sub-reptícia pelo dramaturgo mas determinante para a origem do conflito.

Assim, tanto Popova, a jovem viúva, como Smirnov, o credor indesejável, são caracteres que exibem, de início, clareza e obstinação em seus objetivos: ela com o firme propósito de manter-se fiel em memória do finado marido, e ele com obstinada intenção de receber a dívida do falecido. A irredutibilidade de ambos na consecução de seus objetivos corrobora o caráter apaixonado e emocional que preside os comportamentos e a crescente tensão do conflito, fazendo mover em ritmo acelerado o desenvolvimento da ação dramática. O clímax desse movimento que gira em torno de objetivos opostos extremados resulta na súbita transgressão e inversão dos intentos de ambos: a viúva não será mais fiel à memória do marido, e o visitante não mais receberá a dívida.

O desfecho da peça desvela, assim, a culminação de uma corrente passional que determina, desde o início, o discurso dos protagonistas e articula o encadeamento das cenas. O duelo final requerido pelos personagens para a solução extremada do conflito já se insinua desde logo pelas oposições discursivas, ou seja, pelo duelo verbal que perpassa quase que a totalidade dos diálogos, repletos de expressões exclamativas e emocionais.

Além disso, sobre o tecido do evidente painel socioeconômico da vida provinciana que emoldura os lances da trama, sobressai a motivação psicológica dos personagens, ou seja, os "estados de ânimo", que aparecem, desde o início, acentuados e impressos em

Isaac Levitan, *Retrato do escritor A. P. Tchekhov*, pastel s/ papel, 42 x 31 cm, 1886.

A. P. Tchekhov, *O urso*, primeira edição da peça, 1888. No impresso lê-se: "O urso/ Farsa em um ato/ de An. Tchekhov/ dedicada a N. N. Solovióv". Abaixo: "Litografia da Biblioteca Teatral de Moscou E. N. Rassokhina. Moscou, rua Tverskaia", etc.

A. P. Tchekhov com a família e amigos em 1890.

seu próprio discurso. A expressão "estado de ânimo" ("nastroenie", em russo), repetida diversas vezes, funciona, assim, como uma espécie de *leitmotiv*, tema recorrente que percorre a caracterização psicológica dos protagonistas, a intensificação do conflito e alicerça, por assim dizer, o terreno sobre o qual se constrói a fábula, a trama e o desenlace "paradoxal".

Logo no primeiro diálogo entre os dois protagonistas, a viúva justifica:

POPOVA — Agora não posso atender o seu pedido... Além disso, hoje se completam exatamente sete meses desde a morte de meu esposo, e meu *estado de ânimo* é tal que eu realmente não estou disposta a tratar de assuntos de dinheiro.[12]

E a réplica seguinte do visitante acentua o jogo verbal:

SMIRNOV — E meu *estado de ânimo* agora é tal, que se amanhã eu não pagar os juros, então estarei frito. Vão hipotecar a minha propriedade![13]

Mais adiante, o conflito entre ambos recrudesce, e a expressão novamente matiza o colorido verbal da fala e a disposição emocional do herói:

SMIRNOV — [...] Ora essa, como não ficar irritado? Preciso de dinheiro custe o que custar. Saí de casa ontem, ainda de madrugada, visitei todos os meus devedores, e a senhora acha que algum deles saldou sua dívida? Esfalfei-me como um cão, dormi só o diabo sabe onde — numa estalagem de judeus, ao lado de um barril de

---

[12] A. P. Tchekhov, *O urso*, trad. Denise Regina Sales, em Homero Freitas de Andrade (org.), *Os males do tabaco e outras peças em um ato*, São Paulo, Ateliê, p. 46.

[13] *Idem*, p. 46.

vodka... Finalmente, chego aqui, a mais de 70 verstas de casa, na esperança de ser pago, e o que recebo é o seu "estado de ânimo". Como posso não ficar irritado?[14]

Na cena seguinte, outra vez a expressão volta a matizar o texto:

> SMIRNOV — Ora, faça-me o favor! Estado de espírito... Sete meses que o marido morreu! Quanto a mim [...]. Pois bem, tem seu marido que morreu, depois seu estado de espírito e outras tramoias...[15]

Não são poucas as falas que se sucedem e que dão o tom da intensificação emocional na relação dos opositores:

> POPOVA — (*Cerrando os punhos e batendo os pés.*) O senhor não passa de um mujique! Um urso malcriado! Seu casca grossa! Monstro!
> SMIRNOV — Como? O que a senhora disse?
> POPOVA — Eu disse que o senhor é um urso, um monstro!
> SMIRNOV — (*Avançando.*) Quer me dizer que direito tem a senhora de me insultar?
> POPOVA — Eu insulto mesmo... e daí? Acha que tenho medo do senhor?
> SMIRNOV — A senhora pensa que, por ser uma criação poética, tem o direito de insultar impunemente? É isso? Às pistolas!
> [...]
> POPOVA — (*Tentando gritar mais alto.*) Urso! Urso! Urso!

---

[14] *Idem*, p. 47.
[15] *Idem*, p. 48.

Logo depois, a inversão emocional se insinua, até alcançar o paroxismo do movimento emocional oposto às primeiras cenas:

> SMIRNOV — Duelar, isto sim é igualdade, emancipação! Aqui ambos os sexos são iguais! Vou atirar nela, por princípio! Mas que mulher! Que mulher! Como ficou vermelha, como seus olhos brilharam... Aceitou o desafio! Para falar a verdade, é a primeira vez na vida que vejo uma dessas... [...] Isto é que é mulher! Disso eu entendo! Uma mulher de verdade! Não é frouxa, nem moleirona, mas é fogo, pólvora, foguete! Dá até pena de matá-la![16]

Se no início o intruso grosseirão se contrapõe à bela figura feminina enlutada, lânguida e romântica, agora, na reviravolta vertiginosa da ação dramática, os dois protagonistas surgem aparentados, e não mais contrapostos: os comportamentos parecem se espelhar na semelhança, pois ela é "fogo, pólvora, foguete".

> SMIRNOV — Perdi o juízo, apaixonei-me como um adolescente, como um idiota! (*Ele segura Popova pela mão, ela dá gritinhos de dor.*) Eu amo a senhora! (*Ajoelha-se.*) Estou amando como nunca amei antes!

Ao que se segue o contraponto, simulacro do amor-ódio da personagem feminina:

> POPOVA — [...] Eu o odeio! [...] Não se aproxime, não se aproxime. [...] Afaste-se! Tire as mãos de mim! Eu o odeio! Vamos duelar![17]

E a inversão se completa na rubrica do dramaturgo: "um beijo prolongado".

---

[16] *Idem*, p. 60.
[17] *Idem*, p. 64.

O ritmo frenético das cenas finais aponta, certamente, para a ágil comicidade prevista pela estruturação habitual do gênero da farsa. Mas, em O urso, o adensamento gradativo das emoções e da vulnerabilidade da psicologia dos caracteres e o rápido movimento da sedução amorosa articulam-se organicamente na rede dramática e na composição dos protagonistas, a prefigurar também, na catarse cômica final, o auge das paixões e o crescente erotismo subliminar na relação dos protagonistas, consumado em "um beijo prolongado".

Além disso, observa-se nas falas finais a derrisão paródica da motivação romântica e amorosa pela justaposição das falas de amor com elementos do cotidiano provinciano e banal que cerca a vida dos heróis. A motivação da cena final, que se pretende lírica, mostra-se sob o viés do materialismo vulgar, traço dominante do herói desde o início:

> SMIRNOV — [...] Eu amo a senhora! Apaixonar-me pela senhora era o que mais precisava! Juros para pagar amanhã, a sega do feno começando, e agora a senhora. (*Ele a toma pela cintura.*)

A fala final da heroína depois do beijo romântico, clássico clichê com que se concluíam farsas e *vaudevilles* sentimentais, também não esboça expressões românticas, mas nos reenvia ao universo cotidiano e banal ocupado com os cavalos do finado marido:

> POPOVA — Luká, vá a estrebaria dizer que não deem nenhuma aveia ao Tóbi hoje.

Destaca-se aqui (aliás, como na maioria dos *vaudevilles* de Tchekhov) uma das marcas distintivas de toda a sua obra, qual seja, o tratamento tragicômico de temas fundamentais da existência humana, como o amor, o ódio, o sofrimento e a morte, tomados das situações do cotidiano mais prosaico. A isto correspondem as profundas transformações introduzidas pelo jovem dramaturgo na linguagem artística desse gênero, o qual se situava na periferia pouco honrosa do teatro tradicional e quase se extinguira em meados do século XIX.

Tchekhov imprime nova coloração dramática aos elementos constitutivos do gênero e lhes confere uma apreensão revivificada, pois atrás da singularidade sociocultural dos detalhes do cotidiano provinciano retratado estendem-se as camadas do essencial e do universal, das quais emergem os heróis e seus embates psicoexistenciais.

Se o herói do *vaudeville* e da farsa tradicionais caracteriza-se por certa esperteza, fazendo da agilidade e da energia de seu temperamento impetuoso um meio seguro para levar a cabo todos os seus intentos, os heróis dos *vaudevilles* de Tchekhov resultam, com frequência, em caracteres mal-sucedidos, embotados, penosamente ridículos, a anunciar a infinita galeria de anti-heróis que protagonizariam as grandes peças do dramaturgo. Se na tradição teatral o herói *vaudevillesco* caracteriza-se, muitas vezes, como um ser simplório que zomba dos outros, em Tchekhov, embora ele não pareça assim tão simplório, a vida é que dele parece zombar.

Basta lembrar o bufão melancólico Niúkhin, em *Os males do tabaco*, assolado pela vida mesquinha com a mulher e as filhas, que o transformaram em um títere, ou, então, o inseguro e hipocondríaco Lomov, que, em *O pedido de casamento*, prefere antes se exaurir em uma conversa insana sobre cachorros a criar coragem para pedir a mão de sua interlocutora em casamento. Também não será menos patética a situação do pobre Chipútchin, diretor-presidente de uma instituição financeira, que em *O jubileu* se vê absolutamente impossibilitado de deter a enorme confusão armada no dia do décimo quinto aniversário do seu banco.

Dessa forma, os ingredientes *vaudevillescos* e farsescos, que na tradição teatral estruturam comédias de intriga e de situação povoadas de personagens um tanto despsicologizados, aparecem nessas farsas tchekhovianas motivados de forma imanente no texto, além de revirados e refuncionalizados crítica e ironicamente pela inclusão paralela de uma interveniente leitura paródica também dos melodramas pseudorromânticos, recheados das mais variadas situações rocambolescas, duelos amorosos e heróis apaixonados caricaturescos, vítimas de obstáculos que concorrem para a impossibilidade do amor e que fizeram moda nos palcos russos durante décadas no século XIX. Esses elementos ressurgem, de modo particular, em O urso e em O pedido de casamento, a revelar, na união insólita dos parceiros, na inverosimilhança e no paradoxo aparente que fecham o conflito, uma lógica oculta à superfície do texto e subliminar à psicologia dos heróis, lógica esta que move, afinal, as incongruências dos comportamentos humanos, do sentimento amoroso e da própria vida.

Elucidativa será a declaração do dramaturgo em carta a Suvórin, com relação à construção dos personagens de sua peça *Ivánov*, escrita no mesmo ano de O *urso*:

> Digo-lhe em sã consciência, com sinceridade, que esses homens não surgiram na minha cabeça vindos da espuma do mar, nem de ideias pré-concebidas, nem do "intelectualismo", nem do acaso. Eles são o resultado da observação e do estudo da vida. Eles estão no meu cérebro, e sinto que não menti nenhum centímetro, nem compliquei nenhuma letra. E se no papel eles saíram sem vida e pouco nítidos, a culpa não é deles, é da minha incapacidade de transmitir as minhas ideias. Significa que ainda é cedo para eu escrever peças.[18]

Por outro lado, os comportamentos absurdos dos personagens, neste e em outros textos, engendram, naturalmente, situações engraçadas, acompanhadas de todos os truques oriundos das antigas representações populares farsescas e que também se farão presentes, mais tarde, nos procedimentos estéticos inovadores empregados nas variadas formas do teatro russo de vanguarda, como a *commedia dell'arte*, a barraca de feira, o circo, o teatro de marionetes.

Os diálogos *vaudevillescos* de Tchekhov, marcados por uma espécie de fanfarronice discursiva repleta de clichês, tomados de empréstimo do meio sociocultural provinciano, com suas expres-

---

[18] *Apud* Sophia Angelides, *A. P. Tchekhov: cartas para uma poética*, São Paulo, Edusp, 1995, carta 40, p. 130.

sões características e dizeres populares, antecipam também as falas lírico-humorísticas dos heróis de Zóschenko e até mesmo o estilo satírico do teatro de Maiakóvski.

Um dos exemplos mais flagrantes dessa histriônica convulsão discursiva aparece na peça *As bodas*, especialmente nas falas do falso general Revúnov-Karaúlov, impregnadas da sucessão ininterrupta de termos e expressões da Marinha: uma torrente verborrágica que chega ao *nonsense* e que nos reenvia à "gesticulação sonora" própria às falas das inúmeras figuras gogolianas.

>   REVÚNOV — [...] Pois então, se o barco vai de vento em popa e é necessário... e é necessário içar os joanetes e os sobrejoanetes! Daí, então, é preciso dar a ordem: pelas enxárcias aos joanetes e sobre joanetes... e, quando as velas estão pandas... [...] Pois é... Há muitas ordens de comando... Mastros também: grande, traquete, contraquete, gata, contragata, mezena, contramezena. Que significado tem cada uma dessas palavras? E velas, então! Giba, bujarrona, polaca, latina, bastarda, redonda, de estai, de fumo, de pendão, de...
>   [...]
>   NASTÁSSIA TIMOFÉIEVNA — Somos gente ignorante, Excelência, não entendemos o que está dizendo. É melhor falar de algum fato...
>   REVÚNOV — (*Sem ter ouvido.*) Eu já estou satisfeito, obrigado. A senhora disse *pato*? Obrigado...
>   [...]
>   NASTÁSSIA TIMOFÉIEVNA — (*Enfurecendo-se.*) Vossa Excelência pode ser general, mas se comporta de modo muito inconveniente... Se ao menos na velhice tivesse um pouco de pejo na cara!
>   REVÚNOV — Queijo de Sâmara? Não, não provei... Mas agradece-lho.[19]

---

[19] Cf. A. P. Tchekhov, *As bodas*, trad. Noé Silva, em *Os males do tabaco e outras peças em um ato, op. cit.*, pp. 125-7.

Ou, ainda, na fala do confeiteiro grego Dymba, cujas deformações discursivas apontam, certamente, para as dificuldades linguísticas do estrangeiro, mas corroboram o caráter insólito dos diálogos e a incomunicabilidade cômica nas conversações disparatadas entre os personagens:

> DYMBA — (*Levanta-se, embaraçado.*) Eu poder falá o tal... O qual é a Rússia e o qual é a Grécia. O qual ser a gente da Rússia e o qual ser na Grécia... E os quais navios navega por cima do mar, e por cima da terra o qual estradas de ferro. Isso eu entender bem... A gente ser grego, vocês ser russo e eu não preciso de nada. Eu poder falá o qual... O qual é a Rússia e o qual é a Grécia.[20]

Os heróis farsescos tchekhovianos apresentam, com frequência, perturbações emocionais estranhas e a predisposição para arroubos escandalosos. Por isso, parecem estar sempre prontos às reações mais inesperadas: podem desmaiar de uma hora para outra, lançar mão de armas, brigar fisicamente, mas, num repente, se põem a chorar ou passam a se beijar. O contraste entre o motivo insignificante pelo qual os personagens perdem a razão e a ação desenfreada decorrente produz o inevitável efeito cômico. Mas, no ímpeto da máxima excitação, eles agem de modo irrefletido e suas ações acabam por cair no vazio.

Embora esses personagens pareçam, em certa medida, se deleitar com as situações emaranhadas de suas vidas e manifestem, no embate com elas, certa dose de vaidade ingênua e arrogante, suas ações levam à falência de seus objetivos e ideais porque constituem, afinal, atitudes sempre inócuas. Nesse contexto, não há lugar para o tempo dos sonhos e para a contemplação da vida, como ocorre com os heróis dramáticos mais complexos das peças maduras de Tchekhov, pois esses *clowns* vivem o aqui e o agora, movimentando-se na cena num ritmo frenético, nervoso e alucinado, até perder a consciência.

---

[20] *Idem*, p. 119.

Esse tempo-ritmo, cômico e febril mas histérico e trágico, adensado pela acumulação absurda de detalhes prosaicos e conversações hipnóticas, permite a insurgência de um universo estranho e vazio que remete aos textos gogolianos, nos quais também a movimentação ridícula e grotesca dos personagens deixa transparecer o naufrágio da existência humana e a desarticulação da palavra. A profusão verbal, o delírio discursivo, muitas vezes puras sequências de sons sem sentido, como vimos no "discurso náutico" em *As bodas*, parecem anunciar também o trabalho vocabular e as piruetas verbais e sonoras dos futuristas russos.

A lista que Tolkatchov, em *Trágico à força*, tira do bolso e se põe a ler ao amigo em ritmo frenético soa, principalmente em russo, como uma série vazia de sonoridades abstrusas, arabescos sonoros realçados pela enumeração discrepante de objetos e números:

> [...] Um globo de luz; 1 libra de salsichão; 5 copeques de cravo e canela; óleo de rícino para o Micha; 10 libras de açúcar cristal; pegar em casa o tacho de cobre e o almofariz do açúcar; 10 copeques de ácido fênico, de pó da Pérsia, de pó-de-arroz; 20 garrafas de cerveja; essência de vinagre e um espartilho nº 82 para Mlle Chansot... Ufa![21]

Parece reverberar aqui a enumeração cômico-grotesca que estrutura o bilhete do prefeito, em *O inspetor geral* de Gógol, lido pela esposa, Ana Andréievna, a quem se dirige:

> "Apresso-me a informar você, coração, que a minha situação era lamentável, mas, graças à misericórdia divina, dois pepinos salgados e principalmente meia porção de caviar, por um rublo e vinte e cinco copeques..." (*Interrompe*.) Não estou entendendo nada. Que história é essa de pepinos e caviar?

---

[21] Cf. A. P. Tchekhov, *Trágico à força*, trad. Homero Freitas de Andrade, em *Os males do tabaco e outras peças em um ato*, op. cit., p. 96.

Aliás, todo o longo discurso do personagem central de *Trágico à força* pode ser tomado como uma espécie de microcosmo exemplar de toda a cosmogonia tchekhoviana não apenas das farsas, mas também de toda sua dramaturgia. Ao "*bouleversement du langage*", na expressão feliz do crítico Angelo Maria Ripellino, equivale a desolação do fracasso da maioria dos heróis tchekhovianos, do aniquilamento da memória e de sua vida subjetiva, da anulação de sua identidade e da perda da lógica existencial, o que lhes faculta a incomunicabilidade e a atrofia intelectiva, atributos de muitos personagens modernos, como os vários anti-heróis de Beckett.[22]

A conclusão da longa fala de Tolkatchov, um verdadeiro monólogo, que, aliás, perfaz quase a totalidade da extensão dramática desta pequena peça, expõe de forma concentrada, num contexto que se poderia mesmo dizer metadiscursivo, os principais procedimentos composicionais do teatro tchekhoviano:

> Oh, mais água, meu amigo... Não estou aguentando... Pois bem, assim é que, sem ter pregado o olho, você se levanta às seis e toca a marchar até a estação para pegar o trem! Você corre, com medo de se atrasar, e enfrenta a lama, a cerração, o frio, brr! Mas chega à cidade, recomeça o ramerrão. E assim é, meu velho. É uma vida desgraçada [...]. Estou doente! Falta de ar, azia, estou sempre com medo de alguma coisa, o estômago não funciona, a vista turva... Acredita que me tornei um psicopata?... [...] Vivo sob o domínio de alguma força diabólica, meu amigo. De modo que nos momentos de irritação e de tontura, quando os pernilongos picam e os tenores cantam, os olhos ficam turvos no ato, no ato eu dou um pulo e saio correndo feito um louco pela casa inteira gritando: "Sangue! Tenho sede de sangue!". E com efeito, nessas horas o que o sujeito mais quer é dar

---

[22] Cf. A. M. Ripellino, "El teatro de Chéjov", em *Sobre literatura rusa: itinerario a lo maravilloso*, Barcelona, Barral Editores, 1970.

uma facada ou arrebentar a cabeça de alguém a cadeiradas. [...] Chegam a rir. Mas, entenda, acontece que sou um animal, eu também quero viver! Isso não é uma farsa, é uma tragédia! Escute, se não vai me dar o revólver, então, pelo menos, sinta pena de mim![23]

Com efeito, desprende-se desta pequena farsa, cuja efabulação está estruturada de forma extremamente concisa na base discursiva cômico-patética do protagonista, uma das reflexões fundamentais da poética teatral e mesmo da novelística tchekhoviana: o aspecto tragicômico e grotesco da monstruosidade de uma vida tornada simulacro, reduzida a uma sucessão mecânica de obsessões e ideias fixas. O vazio das ações e a decorrente solidão transformam os homens em *clowns* melancólicos, a franquear as fronteiras entre a comicidade, a angústia aterradora e a loucura.

Embora Tchekhov não voltasse a escrever *vaudevilles* ou farsas na fase mais madura de sua carreira teatral, os elementos e procedimentos constitutivos da sua poética do cômico ressurgem reelaborados e redimensionados em suas peças maiores. O drama, a tragédia, a comédia, a farsa, ou mesmo o *vaudeville*, constituem um amálgama de gêneros e estilos dramáticos responsável pela originalidade intrigante da dramaturgia tchekhoviana, mal-compreendida em seu tempo e definida mais tarde pela crítica moderna como "drama polimorfo".[24]

Se nas últimas peças os protagonistas, os conflitos e a intriga dramática apresentam maior complexidade e dimensões psicológicas e ético-filosóficas mais alargadas, não deixam, porém, de se apresentar imiscuídos àqueles expedientes farsescos e *vaudevillescos* que permitem fazer gravitar, ao redor de figuras dramáticas mais densas, tipos humanos periféricos, os quais, apesar de ocupar um espaço descentrado ou marginal na tessitura do drama, constituem um importante substrato cômico, espécie de contraponto sobre o qual se desenrola a ação dramática "séria", conferindo ao

---

[23] Cf. A. P. Tchekhov, *Trágico à força, op. cit.*, p. 101.
[24] Cf. Vittorio Strada, *op. cit.*, p. 70.

texto um duplo jogo estrutural de ambivalências e ambiguidades, decisivo para a inovação da linguagem teatral de Tchekhov e para a plena apreensão do sentido mais profundo de seus dramas.

É nessa contraface cômica das grandes peças que se movem os tipos bufões, as figuras excêntricas com seus discursos *nonsense* e a atmosfera *vaudevillesca* a expor, em um mesmo espaço cênico, a banalidade da vida vulgar com seus rituais e conversas sobre comidas e bebidas, próprios ao cotidiano provinciano sem voos filosóficos e contrapostos aos profundos conflitos e angústias psicoexistenciais dos protagonistas da *intelligentsia* russa bem pensante, sufocada em sua existência de fim de século, da qual emerge a maioria dos anti-heróis tchekhovianos.

Na peça *Ivánov*, escrita na mesma época das pequenas farsas, o herói central move-se em desespero por entre um mundo medíocre e sem horizonte, povoado de figuras e "eventos *vaudevillescos*" que o levam ao paroxismo do suicídio como solução de sua crise existencial.

Homem supérfluo, personagem referência da literatura russa do século XIX, mas já muito distante do protótipo do herói romântico tradicional, Ivánov é um proprietário de terras ocioso que perdera todo o seu dinheiro e nada mais consegue realizar na vida. Conserva ainda, no entanto, aspirações intelectuais e pode envolver a imaginação feminina com suas atitudes idealistas e belas palavras, como fizera com Ana, uma judia que abandona os pais e a religião para poder se casar com ele. Após cinco anos de casamento, ela está doente e, desprezada por Ivánov, morre tuberculosa e infeliz. Ivánov busca um novo amor em Sacha, uma jovem que acredita no renascer do proprietário de terras e está disposta a sacrificar-se por ele. Depois da morte de Ana, Ivánov quer se casar com a jovem, mas, no último momento antes da cerimônia, sente-se impotente para recomeçar uma nova vida e prefere escapar da angústia por meio do suicídio.

A tessitura trágica da efabulação apresenta-se, todavia, recortada por uma série de cenas e personagens farsescas que perseguem o protagonista, sufocando-o em um ambiente de bisbilhotices e mesquinharias do qual prefere se evadir com a morte. E cabe também a essas pontuações cênicas de fundo cômico as repentinas reviravoltas da ação dramática que transformam cenas de cunho trágico em quadros matizados de humor, típicos da mais pura comédia. É desse entrelaçamento dramático polimorfo que emergem os densos subtextos tchekhovianos, reveladores das psicologias e das situações dramáticas.

Basta lembrar os diálogos nas cenas finais que antecedem o iminente casamento (descartado por Ivánov no último momento), em que os heróis esboçam a desrazão de seus atos, e os quiproquós simultâneos e vertiginosos acentuam a derrisão cômica no momento trágico que antecede o suicídio. É o próprio protagonista, aliás, que esclarece, "rindo", segundo a rubrica do autor, minutos antes de disparar o revólver, a passagem rápida do tom trágico-patético para a ironica derrisão: "Isso não é um casamento. É um debate. Bravo! Bravo!".[25]

Assim, os diálogos deixam de ser um meio de compreensão, e passam apenas a representar encadeamentos de solilóquios divergentes, dos quais resulta a abundância de lances cômicos que vão alinhavando o discurso e as cenas para fazer emergir do contracanto burlesco a revelação tragicômica da própria natureza humana.

Em *Ivánov*, as conversas sobre o jogo de cartas, o delírio incessante do jogador Kossíkh, com suas falas sem sentido, atravessadoras das cenas ("Eu tinha o *ás*, a *dama* e oito cartas seguidas de ouros, o *ás* de espadas e só uma... uma carta baixa de copas e a desgraçada foi incapaz de pedir um pequeno *slam*"), as referências contínuas ao dinheiro, às dívidas, à comida, aos pequenos prazeres domésticos e, até mesmo, o amor obsessivo de Sacha por Ivánov parecem sair das tramas e dos tipos humanos dos *vaudevilles* tchekhovianos, na medida em que são capazes de transformar os discursos numa série de vazios e numa profusão verbal que estruturam, afinal, a moldura cômica dentro da qual se insere o solilóquio desesperado e solitário do herói central.

Além disso, destacam-se nesse texto, chamado de início por Tchekhov de comédia, ritmos dramáticos e cênicos contrastivos

---

[25] Cf. A. P. Tchekhov, *Ivánov*, trad. Arlete Cavaliere e Eduardo Tolentino Araújo, São Paulo, Edusp, 1998, p. 102.

alternados sucessivamente: por exemplo, à atmosfera melancólica do primeiro ato, que põe em cena a imobilidade tediosa de Ivánov e a expectativa negativa sobre a doença de sua mulher, Ana, segue--se o segundo ato numa contorção rítmica contrastante a misturar em tom grotesco a apatia anterior com a excitação da festa de aniversário de Sacha, em que a atmosfera alegre e eufórica, os arrebatamentos da conversação ágil e animada dos convivas postos em desfile, a comida, a bebida e os fogos de artifícios imprimem uma coloração em ritmo *vaudevillesco* ao drama exposto pelo herói central, submerso num universo voltado aos prazeres da vodca e do lucro do capital.

Com efeito, todo esse segundo ato articula-se segundo uma estrutura farsesca que inclui, ainda, declarações impulsivas e românticas de amor (nas últimas cenas do segundo ato, Sacha declara seu amor a Ivánov), o desfecho inesperado com o beijo e a surpreendente aparição da esposa traída.

Também parece exemplar nessa peça o contraponto rítmico dos próprios protagonistas, como se eles também pudessem, em certa medida, ser divididos entre dramáticos e *vaudevillescos*. Os movimentos opostos mais evidentes constituem os duplos Ivánov--Bórkin (administrador da propriedade de Ivánov) e as figuras femininas Ana-Sacha.

No enredamento dramático, o duplo feminino Ana-Sacha movimenta-se em franca oposição. A heroína Ana, de feitio lírico--romântico, pontuada pela dramaticidade musical dos duetos melancólicos para piano e *cello* que toca com o conde Chabélski e pelo ritmo noturno do cantar da coruja, morre tuberculosa, vítima do sofrimento amoroso e da impotência de sua ação, enquanto a jovem Sacha, aparentada às heroínas apaixonadas da *commedia dell'arte*, imprime agilidade e rapidez às cenas por meio de suas iniciativas determinadas, encarnando o impulso vital e as reviravoltas intervenientes da intriga, em ritmo quase *vaudevillesco*, assim contraposto à letargia rítmica e existencial de Ana e do próprio Ivánov.

De outra parte, Bórkin, cheirando a vodka e com movimentos corporais e discursos cômico-grotescos a falar de empregados, dívidas, planos administrativos e porcentagens de lucros, configu-

Anton Pávlovitch Tchekhov em Ialta, 1900.

Fachada do Teatro Korch de Moscou e cartaz da primeira encenação da peça *Ivánov*, de Anton Tchekhov, em 1887.

ra, no seu aspecto bufão e vulgar, a exata oposição à inação e à abulia de Ivánov, espécie de Hamlet russo dos anos 1880, como ele próprio se auto-refere:

> [...] Eu posso aguentar tudo: melancolia, angústia, tristeza, ruína, a perda de minha mulher, a velhice prematura, a solidão. Mas não suportaria me sentir ridículo. Morro de vergonha só em pensar que um homem forte e saudável como eu possa se transformar em um Hamlet ou em alguém completamente inútil. Há infelizes que se orgulham disso. Pra mim é uma vergonha. Isso me deixa deprimido e eu sofro.[26]

Representante da *intelligentsia* impotente, autoexilada em seus sonhos frustrados, Ivánov acha-se continuamente violentado pelo ritmo frenético do materialismo vulgar que o rodeia, cuja representação extremada aparece no tipo quase caricaturesco de Bórkin.

> BÓRKIN — Os empregados têm que ser pagos ou não? Ah, não dá pra falar com você. (*Gesto de impaciência.*) Proprietários de terras... organização racional... que o diabo os carregue! Mil acres de terra e o bolso vazio! Tem a adega cheia, mas não tem saca-rolha! Ótimo, amanhã vendo a troica. Já vendi a aveia antes da colheita, posso vender o trigo também. (*Dá passos largos.*) Acha que vou me preocupar? Você não me conhece![27]

Mas há ainda reverberações gogolianas nesse duplo tchekhoviano: as figuras de Kotchkarióv e Podkolióssin da comédia de Gógol O *casamento*, contrapostas na ação voluntariosa e enérgica do primeiro diante da inação indolente e indecisa do segundo com

---

[26] A. P. Tchekhov, *Ivánov, op. cit.*, p. 54.
[27] *Idem*, p. 23.

relação ao amor e ao casamento, ressurgem aqui matizadas pela releitura tragicômica de um novo conflito dramático em um novo tempo: mas se ambos os dramaturgos estruturam o mesmo desfecho por meio da negação da ação central (o casamento é frustrado na última cena e não se realiza), o herói gogoliano, por seu turno, joga-se no vazio da janela, enquanto o herói tchekhoviano, vazio em sua própria existência, dispara um tiro na cabeça.[28]

É talvez oportuno lembrar que, um ano após a criação de *Ivánov*, Tchekhov escreve outro *vaudeville*, *As bodas*, cuja fábula também está baseada no tema do casamento não-realizado, desta feita em absoluto tom de bufonaria. Mas essa peça farsesca amarra em um único nó dramático não propriamente a relação afetiva frustrada, e sim a motivação da festa e do ritual fracassados como que a hipertrofiar em derrisão grotesca, submetendo ao foco do primeiro plano todo aquele universo provinciano e pequeno-burguês surgido em *Ivánov* em absoluta oposição ao protagonista central, visto como herói "deslocado" e "supérfluo".

Em *As bodas*, ao contrário, os escândalos acontecem entre os iguais e, onde antes se expõe a angústia afetiva e existencial no embate com a sociedade e com o "outro", agora sobressaem apenas as trapaças, o cinismo e as preocupações mundanas com as aparências que regem aquele microcosmo social.

As bodas configura, assim, uma espécie de concentrado farsesco de inúmeros elementos cênicos e composicionais integrantes da tessitura dramática de *Ivánov*. Já se apontou que os *vaudevilles* de Tchekhov, a par das suas qualidades dramático-literárias, prefiguram uma espécie de prólogo ou comentário gracejador às peças principais.[29] Mas o inverso também pode ser verdadeiro. Com efeito, o segundo ato "festivo" de *Ivánov* parece tecer os fios cômicos, articulados de forma orgânica na unidade da composição dessa farsa posterior ao primeiro drama de Tchekhov.

---

[28] Cf. a propósito das relações entre o humor dos primeiros textos de Tchekhov e a sua obra como um todo, B. Zinguerman, *op. cit.*, especialmente os capítulos "Vaudeville" e "Uróki *Ivánova*" ("Vaudeville" e "As lições de *Ivánov*"), pp. 193-271.

[29] Cf. B. Zinguerman, *op. cit.*, p. 196.

Além disso, tanto nos *vaudevilles* como nas peças maduras, o dramaturgo expõe de diferentes maneiras o ambiente festivo, cerimônias e rituais que se instalam em contraponto à monotonia e à mesmice cotidianas. No entanto, é possível detectar que em *O jubileu*, *O pedido de casamento*, *As bodas*, *Os males do tabaco* (neste último, o ritual se constitui na conferência edificante em um clube de província) e também nas diferentes cerimônias e no ambiente de licença festiva (sempre interpostos na estruturação dramática das peças maiores) intervém a recorrente impossibilidade da plena consecução do ritual. A festa se arma, se propõe, mas, afinal, não se realiza porque é invariavelmente invadida pelo cotidiano brutal e esmagada pela monotonia vitoriosa.

Dessa forma, o tema da festa e sua função irreverente e transgressora, capaz de retirar a vida de seu curso habitual e subverter o cotidiano impondo-lhe uma nova ordem desestabilizadora, parecem se configurar em Tchekhov como frustração em imanência.

Se na tradição cultural cômica popular do Renascimento e da Idade Média e nas representações teatrais medievais da praça pública (de acordo com a concepção de Bakhtin), e mesmo na tradição teatral da antiga comédia, confirma-se a insurgência das forças potentes da festa no jogo, no disfarce, enfim, no ambiente carnavalesco vitorioso sobre a vida corriqueira, facultando-lhe uma alegre e irreverente transformação, nos textos tchekhovianos, ao contrário, a máscara e os disfarces, pertencentes à própria vida cotidiana, não conformam, portanto, um mundo à parte e à vida contraposto, e por isso não podem, afinal, submetê-la porque dela não conseguem se despregar.[30]

---

[30] Cf., a propósito, B. Zinguerman, *op. cit.*, p. 208, em que aponta que, enquanto outros autores russos, como Tolstói, Dostoiévski e Górki, põem à prova seus heróis por meio do motivo da morte, Tchekhov o faz, com frequência, pela interveniência do motivo da festa, embora o ritual festivo apareça aqui como um sonho perdido e irrealizável de liberdade: o ritual festivo se inflama rapidamente, mas permanece por pouco tempo, extinguindo-se logo a seguir. Lembra também o crítico que, ao contrário do teatro de Tchekhov, nos sistemas teatrais da época do Renascimento, a própria vida constitui uma festa: a *comme-*

Vencida pela confusão dos sucessos inextrincáveis do cotidiano, a festa é parte integrante do arrastado e monótono fluxo da vida (e não comporta um mundo de licença e rebeldia), e, por isso, evapora-se antes de chegar ao seu clímax, porque o jogo e a máscara, a *persona*, em última análise, instalam-se de modo definitivo na superfície do discurso, dos eventos e da própria vida, obrigando-os a ser, de forma peremptória, aquilo que eles, em sua essência mais profunda, não são. Daí decorre, certamente, a duplicidade do olhar de Tchekhov sobre o mundo social e a existência humana.

Em sua última criação teatral, O *jardim das cerejeiras*, texto considerado pelo dramaturgo como comédia, farsa e mesmo *vaudeville*, e no qual a oscilação tragicômica alcança o seu mais alto grau, o motivo da festa comparece no terceiro ato em um dos pontos mais aflitivos do enredamento dramático, isto é, no exato momento em que a propriedade, o legendário jardim das cerejeiras, vai a leilão.

Uma festa estranha, uma festa de adeus, a comemorar o fim dos sonhos e dos ideais, um ritual conduzido por um personagem-*clown*, a governanta Charlotta Ivánovna, que na infância fora malabarista em espetáculos de feira e agora a todos entretém com truques e magias circenses, em meio a danças, prestidigitações e movimentos rítmicos febris, mas cujo desfecho não exibe a alegria desenfreada da festa em plena expansão, mas sim a derrocada irreversível, a frustração dos desejos e o anúncio irremediável de um universo em ruína.

A inserção paralela nessa peça do motivo do pedido do casamento frustrado e da impossibilidade amorosa volta a se interpor nos meandros da intriga, desta feita menos em tom de bufonaria *vaudevillesca* e mais arquitetada pela maestria teatral do último Tchekhov, a ocultar a incapacidade de agir de seus heróis sob um misterioso fluxo subjetivante e um insondável jogo psicológico

---

dia dell'arte, a comédia espanhola de capa e espada, a comédia de Shakespeare, constroem-se, assim, através da sanção da vitória da festa sobre o cotidiano, o que não ocorreria no teatro tchekhoviano.

que ocorrem no reverso do texto, enquanto o verso se apresenta estático.

Nas cenas finais de *O jardim das cerejeiras*, momentos antes da partida final que encerra o quarto e último ato da peça, o dramaturgo dispõe frente a frente o protagonista Lopákhin, negociante ágil e empreendedor, quase bufão *vaudevillesco*, a quem cabe a mola central da ação dramática da peça, e a filha adotiva de Raniévskaia, Vária, protótipo da heroína romântica melancólica, passiva e choramingas. Envolvidos numa conversação que se supõe concluir com o sempre adiado pedido de casamento, o insucesso da empreitada, no entanto, mais uma vez, ocorre em meio a um tortuoso diálogo, no qual as pausas significativas e o silêncio indecifrável configuram a fatal impossibilidade do amor e a frustrada interação humana.

LIUBA — [...] Ela o ama, eu sei que você gosta dela. Mas... não compreendo por que, vocês dois parecem... se evitar. Não consigo entender.

LOPÁKHIN — Eu também não entendo. Confesso. É uma coisa estranha o que acontece. Não sei. Mas se ainda é tempo, eu estou pronto agora mesmo. Acertamos tudo logo, de uma vez. Porque sem a senhora aqui, sabe, jamais serei capaz.

LIUBA — Excelente! Excelente! Resolvemos num instante. Vou chamar Vária.

LOPÁKHIN — Temos até o champanhe. (*Olha as taças.*)

[...]

VÁRIA — (*Procurando entre as coisas durante algum tempo.*) É esquisito. Não sei onde botei.

LOPÁKHIN — O que é que você está procurando?

VÁRIA — Eu mesma empacotei e agora... não me lembro. (*Pausa.*)

LOPÁKHIN — Pra onde você vai agora, Vária Mikhailóvna?

VÁRIA — Eu? Pra casa dos Ragulin. Vou cuidar da casa deles. Uma espécie de governanta. Espero eu.

LOPÁKHIN — Mas é em Iachnievo! A oitenta quilômetros daqui! (*Pausa.*) Quer dizer que acabou mesmo a vida nesta casa.
VÁRIA — (*Procurando de novo.*) Onde é que está? Vai ver eu pus no baú. É, a vida aqui acabou. Não sobrou nada.
LOPÁKHIN — E eu estou indo pra Kharkov no mesmo trem que eles. Tenho muito trabalho lá. Deixo o Epikodov aqui. Vai trabalhar pra mim.
VÁRIA — Ah, é?
LOPÁKHIN — Nesta época, no ano passado, já estava nevando, lembra? Agora ainda temos esse tempo — olha o sol. Mas já esfriou muito — três abaixo de zero.
VÁRIA — Eu nem olhei. (*Pausa.*) Aliás, o termômetro quebrou. (*Pausa.*)
VOZ — (*Na porta do quintal.*) Iermolái Alekseievitch!
LOPÁKHIN — (*Como se só estivesse esperando esse chamado.*) Estou indo! (*Sai rapidamente. Vária senta no chão, põe a cabeça numa trouxa, soluça baixinho.*)[31]

Nessa última peça de Tchekhov, as fronteiras entre personagens *vaudevillescos* e dramáticos surgem franqueadas. Se em *Ivánov*, como se viu, o herói dramático solitário resiste ao ambiente de tipos humanos a ele contraposto, em *O jardim das cerejeiras* há um trânsito e uma simbiose orgânica entre os seres que povoam o mesmo espaço, vistos em transparência recíproca. Heróis dramáticos e *vaudevillescos* instalam-se sob o mesmo teto (a propriedade de Liuba Raniévskaia), transitam em um universo comum e vivem em busca de um consórcio mútuo, lançando-se uns sobre os outros, projetando-se uns nos outros, amando uns aos outros, num eterno *continuum*, sem desfecho nem solução.

---

[31] Cf. A. P. Tchekhov, *O jardim das cerejeiras*, trad. Millôr Fernandes, Porto Alegre, L&PM, 1983, pp. 71-2.

O jardim das cerejeiras, de A. P. Tchekhov,
Teatro de Arte de Moscou, 1904, cena do ato I.

Ivanóv, de A. P. Tchekhov, Teatro de Arte de Moscou, 1904, cena 1,
Olga Knipper e Stanislávski nos papéis de Ana Petróvna e Chabélski.

Acima, duas montagens de peças de Tchekhov pelo Teatro de Arte de Moscou: Stanislávski no papel de Ástrov em *Tio Vânia*, 1899; e Olga Knipper, esposa de Tchekhov, no papel de Raniévskaia em *O jardim das cerejeiras*, 1904.

Stanislávski no papel de Chabélski em *Ivanóv*, Teatro de Arte de Moscou, 1904.

Nesse universo tragicômico amalgamado, não são poucos os lances cênicos que indistintamente a todos os personagens enredam, a nos reenviar a todo o momento à comicidade circense das primeiras farsas: Lopákhin brinca de esconde-esconde com Vária e surge várias vezes pela janela para assustá-la, emitindo o som: "Méééééé...". A criada Duniacha, figura que parece sair da *commedia dell'arte*, põe-se a desmaiar quando ouve a carruagem que traz a sua senhora; o velho criado Firs cruza sempre as cenas, mancando numa bengala e emitindo sons e palavras incompreensíveis; Vária, numa discussão com Epikhódov, quer acertá-lo com uma bengala, mas quem apanha o golpe por engano é Lopákhin. Aliás, para compor o guarda-livros Epikhódov, segundo conta Stanislávski, o dramaturgo teria se inspirado em um prestidigitador do parque Hermitage que representava um pobre infeliz a quem lhe cabia as mais variadas desgraças. Uma das falas de Epikhódov é ilustrativa: "Cada dia uma desgraça nova e eu, contudo — que faço eu? —, simplesmente sorrio. Às vezes rio".

Nesse ambiente onde não mais se contrapõem a "seriedade" austera dos patrões diante das estripulias irreverentes dos servos, conforme a tradição cômica clássica, essas figuras constituem agora imagens espelhadas, de cuja simbiose provêm diálogos e discursos sem sentido, repletos de neologismos e expedientes cômico--grotescos:

> PICHTCHIK — É boa a comida em Paris? É como dizem? A senhora comeu rã?
> LIUBA — Crocodilo.
> PICHTCHIK — Ah, isso eu não acredito![32]

Ou, por exemplo, o rasgo cômico no triste momento da partida, depois da venda do jardim das cerejeiras:

> GÁIEV — Meus amigos, meus caros, amados amigos. Ao deixar esta casa para sempre poderia eu silen-

---

[32] *Idem*, p. 21.

ciar? Deveria me reprimir e, nesta hora final, conter a emoção que me invade a alma?
ÂNIA — (*Suplicando.*) Titio!
GÁIEV — (*Decepcionado.*) Tabela, carambola e caçapa. Tac-tac-tac! Não digo mais nada.[33]

Vagos e imprecisos, fragmentos desconexos e paródicos de farsa e melodrama, os discursos e ações desses últimos protagonistas de Tchekhov parecem ilusórios como as quimeras de um tempo passado e os projetos de um tempo futuro, também vago e impreciso, projetado por um universo inerte já prestes a se desdobrar nas atmosferas sombrias e desoladas do simbolismo.[34]

Ainda que o dramaturgo fosse refratário às construções metafísicas e religiosas dos simbolistas, o texto teatral *O jardim das cerejeiras* e também, de certo modo, todo o último teatro tchekhoviano exibem a estrutura de um texto simbolista com seus contrapontos entre comicidade e presságios angustiantes, matizados pela vaga alusão à iminência de um cataclismo, capaz de varrer a insípida indiferença e o lento arrastar-se do final de um tempo sem grandes ímpetos, um monótono jogo de paciência.

A comicidade e a ironia tchekhovianas aí se inserem numa pretensa "objetividade impassível" e, ao mesmo tempo, na complexa singularidade de uma escritura que logra a observação do imperceptível para a captação do mais profundo, obscuro, inconsciente e indecifrável da natureza humana. Um riso que não pretende acusar ou resolver os grandes problemas éticos, filosóficos, religiosos e sociais que alimentavam a dinâmica da história literária do tempo de Tchekhov, mas simplesmente os expor.

Georges Nivat aponta, com justeza, que o essencial em Tchekhov é o desconforto, a inadaptação ao tempo e ao espaço, ou melhor, uma inadaptação ao tempo que deflagra uma curiosa angús-

---

[33] *Idem*, p. 73.

[34] Sobre os aspectos simbolistas presentes na última peça de Tchekhov, cf. B. Zinguerman, *op. cit.*, especialmente o capítulo "O *Vichnióvom sade*" ("Sobre *O jardim das cerejeiras*"), e cf. também A. M. Ripellino, *op. cit.*

tia do espaço, a traduzir um momento específico da cultura russa, em que esta perde toda a unidade que elaborara durante o "século de ouro" da literatura russa. Por isso, o tempo para os seus heróis constitui uma prisão, e a eles restaria apenas a possibilidade da evasão no espaço — é dentro desses limites que se instala a sinistra comédia humana tchekhoviana.[35]

Incrustado entre dois períodos e dois importantes programas literários, de um lado, a época dos grandes sistemas de valores ético-existenciais de Dostoiévski ou de Tolstói e, do outro, a força poética e filosófica do movimento simbolista que abre o século XX, Tchekhov, como tantos de seus heróis, constitui uma personalidade criativa isolada e solitária no fluxo da história literária russa, mas, a par disso, impõe uma profunda revolução de gêneros e formas. Ainda que prensado entre duas épocas e dois sistemas literários, o "estilo e a poética tchekhoviana" impulsionam a renovação dramática e cênica, determinante para o surgimento ulterior de novas formas de expressão artística.

"Poeta do fim", símbolo do fechamento de uma etapa literária e de um mundo histórico, ou "poeta do começo" de uma nova fase e de um novo mundo? Talvez, melhor dizer, "poeta da passagem",[36] em cuja dinâmica ambígua pôde se instalar, simultaneamente, o olhar poético cúmplice-aderente e, portanto, trágico, e a visão distanciada, cômica, irônica e "impassível", fundamento primeiro da criação de Tchekhov.

Talvez resida precisamente nesse movimento paradoxal da poética tchekhoviana a densidade das questões de ordem artística e cultural a ela inerente, tornando a sua escritura, assim como os seus personagens, um universo desconcertante, sempre a se desvendar.

Um pouco mais tarde, Vladímir Maiakóvski, que em outro tempo e de outra maneira também revolucionaria de forma radi-

---

[35] Cf. Georges Nivat, "La peau de chagrin tchekhovienne", em *Vers la fin du mythe russe: essais sur la culture russe de Gogol à nos jours*, Lausanne, L'Âge d'Homme, 1988.

[36] A expressão figura no ensaio de Vittorio Strada, "Anton Tchekhov", *op. cit.*, p. 55.

cal o texto e a cena modernos, rende homenagem a Tchekhov em um artigo intitulado "Os dois Tchekhov",[37] de 1914, no qual redimensiona a criação do dramaturgo do Teatro de Arte de Moscou a partir, segundo o poeta futurista, do verdadeiro valor de sua obra:

> Cada uma das obras de Tchekhov é resolução de problemas exclusivamente vocabulares. Suas asserções não são verdade arrancada da vida, mas uma conclusão exigida pela lógica das palavras. A vida apenas se esboça indispensavelmente atrás dos vidros coloridos das palavras. [...] A linguagem de Tchekhov é determinada como um "Bom dia" e simples como "Quero um copo de chá". Pois bem, são justamente estas novas formas de expressão do pensamento, esta abordagem correta dos verdadeiros problemas da arte que dão o direito de falar de Tchekhov como um mestre da palavra. Por trás do vulto conhecido do filisteu, de um choramingas que não se contenta com nada, de um defensor, perante à sociedade, dos homens ridículos, do Tchekhov "cantor do crepúsculo", despontam as linhas de um outro Tchekhov: o alegre e vigoroso artista da palavra.

---

[37] Cf. a tradução de Boris Schnaiderman, em *A poética de Maiakóvski através de sua prosa*, São Paulo, Perspectiva, 1971, pp. 139-49.

O simbolismo no teatro russo nos inícios do século XX: faces e contrafaces[1]

> "Toda arte autêntica é simbólica. Ela é uma ponte entre dois mundos, ela evoca uma realidade mais profunda e ali se encontra o real autêntico. Esta realidade autêntica só pode ser artisticamente exprimida pelo símbolo. Ela não pode ter na arte uma representação realmente imediata. A arte jamais reflete a realidade empírica. Ela penetra sempre num outro mundo, mas este outro mundo é acessível à arte unicamente em transposições simbólicas."
>
> Nikolai Berdiáev

Se podemos tomar como verdadeira a afirmação corrente de que o esplendor da cultura russa durante o século XIX se deve essencialmente ao vigoroso desenvolvimento da literatura e da música, talvez possamos acrescentar que, nos primeiros anos do século XX, a dramaturgia de Anton Tchekhov e as encenações do Teatro de Arte de Moscou (TAM), sob a direção de Konstantin Stanislávski, elevaram a arte dramática a uma das formas de expressão artística mais inovadoras e mais significativas da Rússia.

Um outro capítulo da história da arte teatral se abre no limiar do século XX: o surgimento de uma escritura dramática inovadora e de um "novo drama" exige outras modulações cênicas. Na Rússia coube, sem dúvida, ao Teatro de Arte de Moscou e ao trabalho de Stanislávski dar início a um profícuo movimento de transformação do amplo fenômeno teatral que viria a se constituir na própria gênese do teatro moderno.

---

[1] Este ensaio foi publicado originalmente em parceria com a professora Elena Vássina no livro *Tipologia do simbolismo nas culturas russa e ocidental*, A. Cavaliere, E. Vássina e Noé Silva (orgs.), São Paulo, Humanitas, 2005.

Se no período inicial da formação da linguagem cênica do TAM tratava-se de interpretações diversas daquilo que Stanislávski investigava e que denominava "verdade cênica", fazendo uso da aplicação de princípios realistas tanto à encenação como à interpretação do ator, o certo é que suas investigações, sempre em pleno movimento, ao mesmo tempo em que elevavam o realismo cênico a um grau extremo de aprimoramento, traziam no seu cerne a gênese de sua própria transgressão. Os elementos impressionistas e simbolistas presentes nos dramas de Tchekhov, determinantes para o desenvolvimento da evolução do método artístico de Stanislávski e do próprio TAM, assim como uma nova dramaturgia que começava a surgir no limiar dos séculos XIX-XX, impelem o encenador russo para a aventura de novas propostas cênicas e para o alargamento de seus próprios postulados.

O advento da escola simbolista significou, antes de tudo, uma reação contra o realismo e o naturalismo, tal como concebido pela arte do final do século XIX. A poesia de Mallarmé, Rimbaud e Verlaine, os dramas de Ibsen, Strindberg e Maeterlinck, marcaram uma geração inteira de criadores russos. O crescente interesse pela vida espiritual e emocional, por aspirações e problemas universais, levou o TAM a se voltar para a dramaturgia simbolista e a ultrapassar as fronteiras do naturalismo cênico, em evidente sincronia artística com o espírito da época.

Maurice Maeterlinck (1862-1949) foi certamente o dramaturgo simbolista de maior impacto nas artes cênicas russas do início do século XX. Seus dramas tornaram-se espécies de porta-vozes da nova poética teatral, e seu texto filosófico *O tesouro dos humildes* (1896) passara a integrar a lista de "leituras obrigatórias" aos adeptos do simbolismo, que, irmanados a Maeterlinck, sonhavam com a criação de uma arte que revelasse "no homem regiões mais fecundas, mais profundas e mais interessantes do que a razão ou a inteligência".[2]

---

[2] M. Maeterlinck, *O tesouro dos humildes* (*Trésor des humbles*), em Monique Borie, Martine de Rougemont e Jacques Scherer (orgs.), *Estética teatral: textos de Platão a Brecht*, trad. Helena Barbas, Porto, Fundação Calouste Gulbenkian, 1996, p. 362.

Stanislávski foi um dos primeiros diretores russos a pesquisar novas formas cênicas para o drama simbolista.³ Em maio de 1904, ele começa a ensaiar três peças curtas de Maeterlinck. Seu interesse pelos textos do dramaturgo belga não era novo. Em 1893, em Paris, Stanislávski assistira ao drama *Pelléas et Mélisande*, espetáculo encenado por Lugné-Poe, um dos principais idealizadores do simbolismo teatral francês. Desde então, passa a acompanhar com interesse a criação artística de Maeterlinck, embora, durante quase uma década, sequer vislumbrasse a possibilidade de incluir os dramas do mestre do simbolismo ocidental no repertório de sua Companhia.

Apenas em 1902, quando Tchekhov, já então autor consagrado do TAM, sugere que as inovadoras peças de Maeterlinck fossem montadas nos palcos russos, Stanislávski parece captar as consonâncias estéticas entre os dois dramaturgos. Durante a temporada de 1904-1905, dirige então três textos de Maeterlinck (*Os cegos*, *A intrusa* e *Interior*) e ressalta:

> Apresentamos Maeterlinck segundo a insistência de Tchekhov [...] ele queria que as miniaturas de Maeterlinck fossem montadas aos sons da música. Que toquem, atrás do palco, uma melodia fora de comum: algo triste e solene.⁴

---

³ Sobre o período simbolista de K. Stanislávski, cf. M. Stróeva, *Rejissiórskie iskániia Stanislavskovo* (*A busca artística de Stanislávski-diretor*), Moscou, Naúka, 1973, v. 1. Cf. também K. Rudnítski, "Sinvolístskie ópiti Meyerholda i Stanislávskovo" ("Experiências simbolistas de Meyerhold e Stanislávski"), em *Rússkoe rejissiórskoe iskússtvo, 1898-1907* (*A arte dos diretores russos, 1898-1907*), Moscou, Naúka, 1989, pp. 308-65.

⁴ K. Stanislávski, *Sobránie sotchinénii v 8 tomákh* (*Obras completas em 8 tomos*), Moscou, Iskússtvo, 1954, v. 7, p. 704. Aliás, sobre a "musicalidade" das peças de Maeterlinck, Mikhail Bakhtin iria se pronunciar mais tarde: "As peças de Maeterlinck baseiam-se em reticências, em alusões, em nuances sutis. De todos os escritores, sua linguagem é a mais suave. As reticências abrem espaço para a vivência espiritual interior e muito delicada, abrem espaço para a música". M. Bakhtin, *Sobránie sotchinénii* (*Obras completas*), Moscou, Rússkie Slovari, 2000, v. 2, p. 383.

Mas o processo de criação de uma linguagem cênica simbólica não era para o encenador tarefa das mais fáceis. A tradução das peças de Maeterlinck foi feita pelo poeta Konstantin Balmont, um dos fundadores da escola simbolista russa. Em uma das cartas de 10 de maio de 1904, Stanislávski escreve, em tom irônico, sobre suas impressões diante da primeira leitura:

> Fui assistir à leitura das traduções de Maeterlinck feitas por Balmont. A tradução era boa, mas a leitura [...] que Deus o perdoe. [...] Com a ajuda de [Balmont] eu mergulho nas trevas de morte e tento olhar para além do limiar da eternidade. Por enquanto, dentro da minha alma, não consigo obter nem sensações cor de rosa, nem azuis. É certo que preciso de algum tipo de embriaguez. Mas não sei que meio escolher para chegar lá: mulher ou vinho [...].[5]

Na estrutura dramática dessas pequenas peças, aquilo que não aparecia verbalizado abria espaço para as delicadas sensações espirituais que o diretor russo se propunha a expressar no plano cênico. A Morte, personagem principal dos dramas de Maeterlinck, reina sobre os destinos dos homens. Mas os homens estão cegos — espiritualmente cegos (eixo central da peça *Os cegos*) — e não conseguem sentir a aproximação dela.

Esse era o tema que absorvia cada vez mais a imaginação artística de Stanislávski, ao mesmo tempo em que a morte real se aproximava de Tchekhov. O dramaturgo, pelo qual Stanislávski nutria profundo respeito e admiração, seguiu com atenção os ensaios e o processo de montagem dos textos de Maeterlinck até os últimos dias de sua vida, vindo a falecer em 15 de junho de 1904, o que causou profundo abatimento em Stanislávski.

Recriar no palco essas imagens invisíveis e abstratas era um grande desafio para o diretor. Em várias cartas e cadernos de anotações, Stanislávski deixou registrado o doloroso processo de bus-

---

[5] K. Stanislávski, *Sobránie sotchinénii v 9 tomákh* (*Obras completas em 9 tomos*), Moscou, Iskússtvo, 1995, v. 7, p. 543.

ca dos procedimentos teatrais que pudessem ser adequados à recriação cênica dos personagens de Maeterlinck.

A partitura, esboçada em um de seus cadernos, revela o processo de estruturação da encenação de *A intrusa*, de Maeterlinck:

>Sereno.
>Relógio flamengo. Pendula. Som baixo às vezes diminui, às vezes aumenta até se transformar em sons assustadores criados pela fantasia.
>Céu estrelado.
>Encrespamento do lago.
>Rouxinóis.
>Topo de carvalho balançando.
>Galhos que descem como se fossem a morte.
>Vasos com flores que tremem ao vento.
>Passagem de nuvens com contornos de morte.
>Barulho de folhagem.
>Rumor de água.
>Ulular de gansos.
>Barulho das asas dos gansos.
>Os gansos estão voltando.
>Ventinho calmo.
>Vento forte, com rajadas que acompanham o voo das aves.
>Bate o portão [...].
>Ruído de foice [...].
>Efeitos com um grande tule (invasão da morte).
>Outra variante — a sombra da morte desliza pela parede.
>Presença da morte no quarto [...].[6]

É interessante notar que também Vsiévolod Meyerhold, que saíra do TAM em 1902, montou *A intrusa* antes mesmo de Stanislávski, com seu próprio grupo, em 18 de maio de 1903, para uma

---

[6] K. Stanislávski, *Iz zapisnykh kníjek* (*Dos cadernos de anotações*), Moscou, VTO, 1986, v. 1, pp. 180-1.

apresentação que integrou "A Noite da Nova Arte". O encenador deixou também seu plano de encenação muito semelhante àquele que viria a ser o de seu mestre:

> *A intrusa*
> Um abajur verde aceso.
> Relógio flamengo. [...]
> Início — rouxinóis.
> Início — três filhas sentadas.
> Rouxinóis.
> A lua brilha.
> Barulho de árvores.
> Tinir de foice.
> Pêndulo.
> Luz se apaga gradualmente.[7]

De toda forma, no percurso artístico de Stanislávski e, também, na evolução histórica do TAM, "a guinada para a obra de Maeterlinck era brusca, inesperada, uma verdadeira reviravolta".[8]

A primeira experiência simbolista de Stanislávski não fora, apesar de todos os esforços, bem-sucedida. O público parecia não entender nem aceitar o espetáculo. Segundo Serguei Glagol, importante crítico da época: "Eu não me lembro de outro caso em que reinasse no teatro tamanha incompreensão mútua, tamanha desarmonia entre palco e plateia".[9]

No entanto, o que parecia também preocupar o encenador russo e sua companhia, assim como críticos e muitos espectadores, era a impossibilidade de criar caracteres vivos em obras baseadas em generalidades e conceitos abstratos. Os atores acabavam por se converter em máscaras e símbolos, e isso, por certo, ia contra a essência mesma do método e das aspirações fundamen-

---

[7] V. Meyerhold, *Naslédie (Herança)*, Moscou, OGI, 1998, v. 1, p. 648.

[8] K. Rudnítski, *Rússkoe rejissiórskoe iskússtvo, 1898-1907* (A arte dos diretores russos, 1898-1907), Moscou, Naúka, 1989, p. 311.

[9] S. Glagol, *apud* M. Stróeva, *op. cit.*, p. 148.

tais de Stanislávski, que, por sua vez, já não se sentia completamente satisfeito com algumas dessas produções, embora tivesse profundo interesse pelas possibilidades artísticas que lhe oferecia o simbolismo.

Na verdade, desde o início, suas atrações estéticas estiveram marcadas por um certo dualismo fundamental: atraía-o a fiel representação da vida em sua forma escrupulosa do naturalismo, com sua análise minuciosa da natureza do homem e das condições do meio, e, ao mesmo tempo, atraíam-no os "caprichos" do impressionismo e certos lances poético-metafísicos próprios do decadentismo e do simbolismo, com seus meios-tons e sua sensibilidade repleta de nuances.

Muito embora essa primeira tentativa de recriação cênica do universo estético do simbolismo tenha resultado em um óbvio fracasso, o interesse de Stanislávski em pesquisar a linguagem do teatro simbolista não cessaria. Ao perceber já todas as limitações das "quatro paredes", altas e fechadas, do palco realista-naturalista, Stanislávski continua a perseguir os meios pelos quais poderia expressar cenicamente tudo o que havia de "inconsciente, sublime e nobre na vida do espírito humano", para fazer com que o teatro se aproximasse cada vez mais de temas eternos e universais da existência. Abria-se, nos vários âmbitos das artes russas, um período de inquietação, de busca e investigação estéticas, quando, então, segundo o próprio Stanislávski, "o novo se tornara um objetivo em si. O novo em prol do *novo*".[10]

O fracasso da primeira montagem simbolista fez Stanislávski pensar na necessidade da criação, em paralelo ao palco principal do TAM, de um teatro de pesquisa, ou seja, de um "teatro laboratório", cujo objetivo era a inovação da arte dramática com novas formas e procedimentos.[11]

Foi, por certo, movido por essa ambivalência e pelas dúvidas e incertezas que cercavam suas postulações teóricas e sua prática

---

[10] K. Stanislávski, *Moia jizn v iskússtve* (*Minha vida na arte*), Moscou, Iskússtvo, 1983, p. 286 (ed. bras., em tradução direta do russo de Paulo Bezerra: Rio de Janeiro, Civilização Brasileira, 1989).

[11] *Idem*, p. 290.

artística que Stanisláviski convenceu Nemiróvitch-Dântchenko de que o TAM não deveria se converter em laboratório de formas novas e de que a experimentação pura poderia ficar a cargo de oficinas livres que dariam prosseguimento à busca das inovações cênicas que tanto interessavam ao próprio Stanislávski.

Dessa forma, o TAM reforça a sua posição como a casa da "emoção humana autêntica" e como o "teatro de autêntica emoção" (em russo, "perejivánie", o teatro da "revivescência"), um teatro baseado na verdade e na autenticidade, ao passo que, nesse momento, o movimento geral das artes tendia para a valorização dos elementos puramente estéticos: a forma, a cor, a linha.

Estavam já abertos os caminhos que orientariam a crescente afirmação nas artes cênicas do conceito de "teatralidade", quando, em 1905, Stanislávski resolve criar a primeira oficina livre, que dá início ao seu projeto de formação dos futuros "estúdios", cuja direção seria confiada, segundo seus planos, aos discípulos mais talentosos. Talvez o diretor russo não pudesse imaginar que, a partir desses estúdios, jovens diretores seriam os responsáveis por um dos mais fecundos movimentos teatrais do século XX.

Foi assim, sob o influxo de seu ex-aluno Meyerhold, de textos de Maeterlinck e dos simbolistas de modo geral, que Stanislávski, sempre irrequieto e apto a mudanças constantes de rota, tentou criar vários espetáculos oníricos e alusivos, na incessante procura de uma essência humana que ele não mais encontraria na realidade aparente, mas na interioridade do ser humano, como se o homem fosse o depositário da realidade, um espelho privilegiado no qual se reflete o cotidiano.

Várias experimentações cênicas com textos modernos foram então projetadas para o Teatro-Estúdio, fundado em 5 de maio de 1905, uma espécie de sucursal do Teatro de Arte de Moscou, também conhecido pelo nome de Teatro-Estúdio da rua Povárskaia.

Assim considerou Stanislávski:

> Neste período de dúvidas e buscas artísticas encontrei-me com Vsiévolod Emílievitch Meyerhold, ex-ator do Teatro de Arte de Moscou. [...] Entre nós existia uma diferença: eu perseguia o novo sem conhecer ainda o ca-

minho e os meios para alcançá-lo, ao passo que Meyerhold parecia já ter encontrado caminhos e procedimentos novos, mas não podia realizá-los completamente, em parte, por falta de meios materiais, em parte, devido à composição fraca do elenco. Assim, encontrei aquele de quem tanto precisava no período de minhas buscas. Resolvi ajudar Meyerhold nos seus novos trabalhos que, segundo me parecia, coincidiam muito com os meus sonhos.[12]

Meyerhold, nomeado diretor artístico deste novo "estúdio teatral" do TAM, busca conduzir suas pesquisas em direção à música e aos aspectos místicos do drama simbolista.

Aliás, já em seu trabalho com os textos de Tchekhov, quer como ator do TAM (ele interpretou de forma original Trépliev, em *A gaivota*), em que permaneceu durante quatro temporadas (1898-1902), quer como encenador em teatros da província, logo após o seu rompimento com a companhia de Stanislávski, Meyerhold parece flagrar nessa dramaturgia as possibilidades para um teatro da "convenção" ("uslovni teatr"), apoiado não em reproduções realistas, mas em imagens ambíguas e sinistras, pressentimentos de um mundo em pleno esfacelamento, que ele pôde captar na essência tonal das comédias de Tchekhov, integrando-as, assim, em suas pesquisas de um teatro simbólico.

A tentativa, portanto, de uma reaproximação Stanislávski--Meyerhold em 1905, por meio da criação do Teatro-Estúdio em Moscou e da estética do simbolismo, em que seria possível a realização de uma série de experimentações cênicas, fazia eco aos chamados por uma renovação artística que Stanislávski certamente não podia deixar de ouvir (em outubro de 1904, os *Versos sobre a belíssima dama*, de Aleksandr Blok, tinham sido publicados) e também por um teatro mais ajustado àquela dramaturgia moderna que exigia uma direção mais ousada, cujas fórmulas inéditas Meyerhold se propunha a perseguir.

---

[12] *Idem*, p. 289.

A peça de Maeterlinck *A morte de Tintagiles* (*La mort de Tintagiles*) foi a primeira a ser escolhida. Os dois idealizadores do projeto foram unânimes na formulação de seu *credo*:

> [...] a época do realismo e do teatro de costumes já passou. Chegou o tempo do irreal no palco. Não é mais preciso apresentar a vida tal como ela transcorre na realidade, mas como a sentimos nos sonhos, em visões e nos momentos de elevação sublime. É exatamente aquele estado de alma que se deve transmitir cenicamente, como o fazem os pintores da nova geração nas telas, os novos compositores na música e os novos poetas nos versos.[13]

Meyerhold assim definiu o conceito artístico da montagem da peça de Maeterlinck:

> Para nós, o ponto de partida é a missa. O espetáculo de Maeterlinck é um mistério delicado, uma harmonia de vozes que mal se ouve, um coro de lágrimas silenciosas, de soluços abafados, e um tremor de *esperanças*. Seu drama é, antes de tudo, uma manifestação e *purificação* da alma. Seu drama é um coro de almas que canta, a meia voz, sofrimentos, amor, beleza e morte. A simplicidade que emerge da terra em direção ao mundo dos sonhos. A harmonia que anuncia paz.[14]

Tanto Stanislávski quanto Meyerhold tinham certeza de que a forma do espetáculo simbolista deveria ser inspirada num ritual que buscasse ultrapassar as limitações da realidade visível, tentando abrir a possibilidade de pressentir o eterno ("viétchnoe"). Como escreveu Gueórgui Tchulkóv, um dos críticos mais influentes

---

[13] *Idem*, p. 292.

[14] V. Meyerhold, *Perepiska* (*Cartas*), Moscou, Iskússtvo, 1976, p. 57.

da época: "Diante do Teatro-Estúdio abre-se um novo objetivo: aproximar o drama simbolista do teatro místico-religioso".[15]

Nessa experiência de um teatro de pesquisa, Meyerhold, pela primeira vez, elabora os princípios de uma nova partitura de direção e faz algumas anotações:

1. Interpretação da forma e não somente de emoções da alma.
2. Sorriso a todos.
3. *Tremolo* para fora!
4. Ler cada frase como se nela se ocultasse a fé numa força toda poderosa.
5. Dureza de som, porque a maciez leva ao *moderne*.
6. Teatro estático.
7. Não prolongar o fim de palavras. O som deve cair num profundo abismo. O som definido e não aquele que treme no ar.
8. Piano de cauda. Por isso não há vibrações.
9. É inadmissível a fala rápida. Tranquilidade épica.
10. Movimentos de Madonna.[16]

Durante o processo de criação de *A morte de Tintagiles*, efetiva-se a estrutura do espetáculo simbolista: Meyerhold rejeita o palco convencional para criar um espaço estreito que buscasse, antes de tudo, formar uma percepção "vertical" do espetáculo. Em vez do cenário tradicional, aparecem telas coloridas que criam a desejada atmosfera do irreal. A interpretação dos atores torna-se acentuadamente plástica e surge uma nova maneira de "leitura" do texto: leve, fria, solene, não-emocional e não-individual. Finalmente, também a música se propõe a conferir a sensação de um "mergulho" na pura metafísica do mundo ideal.

---

[15] G. Tchulkóv, "Teatr-Stúdia" ("Teatro Estúdio"), publicado na revista *Vopróssy Jízni*, 1905, n° 9, apud *Meyerhold v ruskoi i teatralnoi kritike* (*Meyerhold na crítica teatral russa*), Moscou, Artist/Rejissior/Teatr, 1997, p. 48.

[16] V. Meyerhold, apud K. Rudnítski, *Rússkoe rejissiórskoe iskússtvo*, op. cit., p. 322.

A atmosfera política turbulenta daqueles anos, com as greves gerais e a repressão violenta à revolução de 1905, somada ao descontentamento de Stanislávski em relação a essa encenação que ambos preparavam no Teatro-Estúdio e cuja composição pictórica e a plasticidade do conjunto começavam a definir o princípio da estilização meyerholdiana, tudo isso resultou na brusca interrupção desse empreendimento. A inauguração, prevista para 10 de outubro daquele mesmo ano, nunca chegou a ser aberta ao público. Assim, a estreia de *A morte de Tintagiles* não ocorreu, mas dos inúmeros ensaios para a preparação do espetáculo restaram registros importantes, por exemplo, o de Valiéri Briússov, que descreve a encenação:

> Eu estava entre os poucos que tiveram a sorte de assistir no estúdio ao ensaio geral de *A morte de Tintagiles*, de Maeterlinck. De modo geral, foi um dos espetáculos mais interessantes a que assisti na vida [...]. Em muitos aspectos foram feitas tentativas de romper com o realismo da cena contemporânea e adotar corajosamente a convenção como princípio da arte teatral. Nos movimentos havia mais plasticidade do que imitação da realidade; alguns grupos pareciam frescos de Pompeia, representados como um quadro vivo. A cenografia desenhada (melhor dizer, criada) com perfeição pelo Sr. Sudéikin e pelo Sr. Sapúnov não levava absolutamente em consideração as convenções da realidade: as salas apareciam sem teto, as colunas do castelo envoltas por lianas etc. O diálogo soava todo tempo sobre um fundo musical (escrito pelo Sr. Satz), que fazia as almas dos ouvintes mergulharem no mundo do drama de Maeterlinck.[17]

A breve e efêmera experiência no Estúdio de Moscou, bem como a incursão de Meyerhold (desta feita mais auspiciosa, nos

---

[17] V. Briússov, "Iskania novoi stseny" ("Pesquisas da nova cena"), publicado na revista *Vessy*, 1905, nº 12, *apud Meyerhold v ruskoi i teatralnoi kritike* (*Meyerhold na crítica teatral russa*), Moscou, Artist/Rejissior/Teatr, 1997, p. 49.

palcos de São Petersburgo, a convite da atriz Vera Komissarjévskaia para integrar o novo Teatro Dramático, o teatro da rua Ofitsiérskaia), foram experimentos totalmente emoldurados pelo simbolismo russo.

O simbolismo se afirma na Rússia em um breve período durante os anos que antecedem e que sucedem a Revolução de 1905. Mais do que um movimento literário e artístico, porém, trata-se de um pensamento filosófico que se estrutura e que se impõe durante aqueles anos.

O que está em pauta é o valor absoluto da arte e sua independência ilimitada. A função da arte e os problemas intrínsecos ao fazer artístico adquirem importância fundamental. As ideias de Schopenhauer, Nietzsche e Wagner penetram livremente na Rússia. O pessimismo filosófico se alia a um individualismo absoluto, cujo isolamento só pode ser superado por meio da arte. E a música, mais do que a poesia, estaria muito próxima do ritmo primordial e do ato mágico (ou "teúrgico") de simbolizar, isto é, ultrapassar as fronteiras do visível e do presente. A música soaria para os simbolistas como uma voz do futuro e, ao mesmo tempo, como a fonte original da imagem do mundo. Desse procedimento mágico integrador advém, certamente, o culto simbolista pela síntese das artes e o diálogo intertextual com o passado. Dante, Goethe, Novalis e também escritores russos, como Dostoiévski e Gógol, foram reinterpretados e "relidos" pelos simbolistas.

Essa arte experimental vai se propagar, portanto, simultaneamente na poesia, no teatro, na música e na pintura. Um só bloco, denso e ativo, vai unir todos os esforços para a expressão da arte simbolista na Rússia.

Essa espécie de simbiose entre artistas e pensamento filosófico pode ser expressa por meio de pontos em comum, como:

1. A mesma luta contra o positivismo;
2. A busca de um novo renascimento diante da estagnação dos anos 1880-1890;
3. Os pressentimentos escatológicos;
4. A busca de novos valores dentro do inacessível, do invisível, do desconhecido e de outros mundos em oposição à morna banalidade da realidade;

5. O desejo de criar uma arte sintética que englobe todos os ramos da criação: religião, filosofia, literatura, música, arquitetura, pintura e escultura.

Mas o teatro, embora tenha sido a última forma de expressão artística a aderir às novas propostas, talvez constitua um dos elos mais fortes dessa espécie de "fraternidade poética"[18] surgida no movimento simbolista russo. Quase todos os poetas simbolistas russos contribuíram para fazer chegar aos palcos as aspirações estéticas, artísticas e filosóficas do movimento simbolista russo. Seus experimentos no plano da estética teatral marcariam toda a evolução ulterior da expressão cênica na Rússia e no Ocidente.

Para os simbolistas, o teatro não se restringia a um espaço de simples entretenimento. A vida contemporânea constitui para eles o próprio drama, um "mistério" a ser desvendado nos palcos e, segundo a fórmula do poeta simbolista Andrei Biéli, "uma medida temporária, um procedimento tático na luta da humanidade e do destino". Segundo o poeta, a arte deveria ser "o caminho mais curto em direção à religião".

Assim, a questão do futuro da arte teatral ocupa a mente dos principais pensadores e escritores entre as duas revoluções de 1905 e 1917. Críticos, pintores, prosadores, poetas, muitos deles até mesmo desvinculados da prática teatral, pareciam corresponder os destinos históricos da Rússia às soluções de questões teatrais que, publicadas em jornais, revistas e periódicos da época, estavam na ordem do dia.

Foram muitas as páginas publicadas nesses veículos, consagradas ao debate polêmico e apaixonado sobre a arte cênica. Artigos, textos e manifestos de Valiéri Briússov, Aleksandr Blok, Leo-

---

[18] A expressão é de Georges Nivat no ensaio "Le symbolisme russe", incluído em volumoso tomo intitulado *Le XXe siècle: l'âge d'argent*, que integra também outros ensaios bastante elucidativos de diferentes autores sobre o movimento simbolista russo. Esse tomo faz parte da coleção *Histoire de la littérature russe*, em 5 tomos, dirigida por E. Etkind, G. Nivat, I. Serman e V. Strada, Paris, Fayard, 1987.

nid Andréiev, Andrei Biéli e Viatcheslav Ivánov postulam a urgência da função do teatro como ligação entre os homens, ao modo do teatro da Antiguidade, numa espécie de unanimidade religiosa. Filósofos, poetas e críticos encontravam-se na "torre" de Ivánov todas as quarta-feiras, em um apartamento no quinto andar de um edifício no centro de São Petersburgo. A própria Komissarjévskaia promovia, todos os sábados, reuniões literárias em seu Teatro da rua Ofitsiérskaia, onde se congregavam Blok, Kuzmin, Sologub e pintores como Sudiéikin, Sómov, Bakst e Sapúnov, além de músicos e místicos de toda ordem. Aliás, debates violentos tinham também lugar nas casas editoriais. O *corpus* de textos do simbolismo sobre ele mesmo é enorme. Jornais e revistas se multiplicam e exercem uma grande importância no debate estético sobre concepções que diziam respeito à transformação da vida pela arte, em especial pela arte teatral.

Na "torre", Ivánov difunde suas ideias sobre a possível e necessária substituição da religião e da Igreja pela arte do teatro, uma vez que a humanidade, segundo ele, perdera sua fé. Seu projeto reenvia o teatro às raízes antigas, às tradições dos antigos ritos religiosos, à tragédia clássica e aos mistérios medievais, de cuja inspiração nasceria um novo tipo de representação teatral, uma autêntica "ação coletiva".

Segundo a compreensão de K. Rudnítski,[19] o termo teria sido tomado de empréstimo dos eslavófilos russos do século precedente, mas a estrutura desta "ação coletiva", tal como Ivánov a concebia, se inspira nas ideias de Nietzsche em *O nascimento da tragédia*. Mas, em Ivánov, a "qualidade dionisíaca" de Nietzsche adquire imperceptível e inconscientemente um carácter de fraternidade universal, completamente estranho a Nietzsche.

O teatrólogo russo atenta para o fato de que essa tentativa de aproximação daquilo que é incompatível, isto é, a filosofia de Nietzsche e a moral cristã de Lev Tolstói, é típica de Ivánov.

---

[19] Cf. K. Rudnítski, *Théâtre russe et soviétique*, Paris, Éditions du Regard, 1988.

O individualismo de Nietzsche transforma-se em suporte teórico de um coletivismo altruísta, e a "ação coletiva", mais do que uma experiência teatral, constitui um novo culto, não celebrado na Igreja, mas ainda cristão na sua essência.[20]

Portanto, o poder do teatro, face a todas as outras modalidades artísticas, e graças a essa possibilidade de "ação coletiva", situaria a arte teatral como o agente principal de uma revolução cultural em escala mundial.

Não será difícil entender que, para este "novo teatro", a caixa cênica deve desaparecer para dar lugar à "re-união" entre espectadores e atores. A arena aberta no estilo cênico dos antigos gregos poderá promover essa espécie de liturgia majestosa, combinando os mistérios antigos com a adoração divina. Coros, dançarinos e música congregariam todos os participantes numa comunidade espiritual e numa purificação irracional e elementar.

Depois de experiências em teatros da província, Meyerhold chega a São Petersburgo e se aproxima ainda mais dos simbolistas. Em janeiro de 1906, ele toma parte em uma das quartas-feiras de V. Ivánov, quando se projeta a criação de um teatro denominado *As tochas* (*Fákely*). Estava, então, decidido a desprezar de uma vez por todas os procedimentos do teatro naturalista.[21]

Meyerhold obteve enorme êxito com a encenação de outro texto de Maeterlinck, *Irmã Beatriz* (*Soeur Beatrice*), peça montada no Teatro da Komissarjévskaia em 1906. Nesse espetáculo, o encenador concretiza de forma cabal a aproximação do teatro com as artes plásticas e com a escultura, especialmente na forma de baixos relevos. A montagem parecia expressar "quadros de mestres antigos", de Giotto ou Botticelli. O coro rítmico-plástico, estruturado para as cenas das freiras, impressionou os críticos. Inovação ousada, a linguagem cênica de *Irmã Beatriz* possibilitava ao espec-

---

[20] Cf. K. Rudnítski, *op. cit.*, p. 9.

[21] Cf., a propósito, o ensaio de Ana Tamartchenko, "Le théâtre et la dramaturgie au début du siècle", em *Histoire de la littérature russe — Le XXe siècle: l'âge d'argent, op. cit.*, p. 383.

tador acrescentar, com a sua própria imaginação, tudo o que era alusivo, pois, para o diretor, era precisamente esse mistério e o desejo de vivenciá-lo o que atraía tantas pessoas ao teatro.

Meyerhold foi, sem dúvida, o homem de teatro mais próximo dos simbolistas. O seu "Teatro da Convenção" provém diretamente das ideias de Viatcheslav Ivánov e também de Valiéri Briússov, outro nome importante da poesia simbolista.

Numa coletânea de artigos e textos teóricos escritos por Meyerhold, e por ele reunidos em 1913 num livro intitulado *O teatre (Sobre o teatro)*,[22] o encenador expõe com clareza a evolução de suas ideias sobre a essência do teatro, tomando como base suas encenações entre 1905 e 1912. As formulações teóricas aí esboçadas estão estreitamente vinculadas aos princípios de "convenção consciente", de V. Briússov, e de "ação dionisíaca", de V. Ivánov.

Logo na primeira parte do livro, em que Meyerhold explicita suas tentativas em busca de um "Teatro da Convenção", suas referências estão claramente esboçadas:

> Creio que não me engano em afirmar que entre nós, na Rússia, foi Valiéri Briússov o primeiro a falar da inutilidade dessa "verdade" que se quis a todo o custo representar em nossos palcos nesses últimos anos; foi ele também o primeiro a indicar caminhos diferentes para o teatro dramático. Ele pede para que se abandone a verdade inútil da cena contemporânea em favor da convenção consciente.[23]

E mais adiante acrescenta:

---

[22] O conjunto de textos de *O teatre (Sobre o teatro)* está publicado no primeiro dos dois volumes que integram a coletânea dos escritos do encenador preparada por A. Fevralski e V. E. Meyerhold, *Státi, písma, bessedi (Artigos, cartas, conversas)*, Moscou, Iskússtvo, 1968, v. I (1891-1917) e v. II (1917-1939).

[23] V. Meyerhold, *Státi, písma, bessedi, op. cit.*, p. 106.

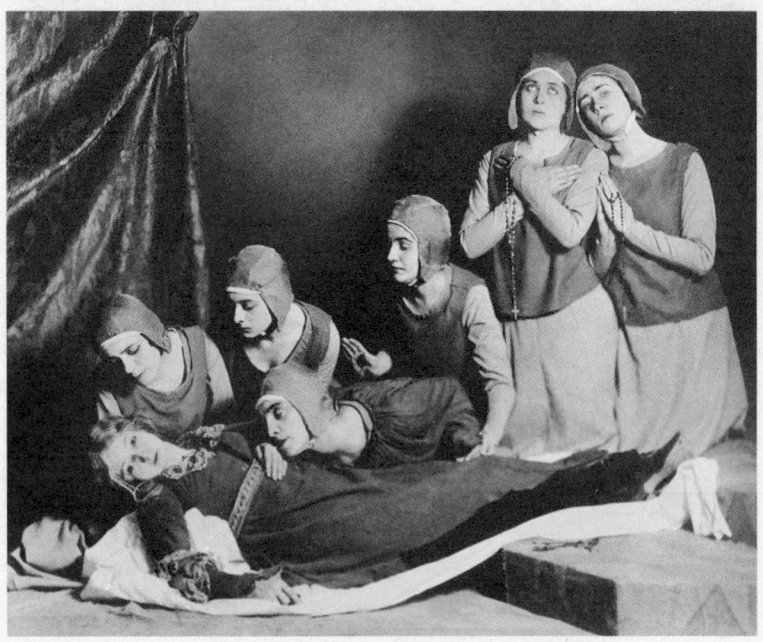

Cenas de *Irmã Beatriz*, peça de Maurice Maeterlinck
em encenação de Vsiévolod Meyerhold, 1906.

Cenografias de V. I. Denisov para *Pelléas e Mélisande* de Maeterlinck, Teatro da Komissarjévskaia, Petersburgo, 1907.

Viatcheslav Ivánov espera o renascimento do teatro antigo. Mas se Valiéri Briússov, ao sublinhar precisamente dentro do teatro antigo um exemplo interessante de convenção, o menciona de passagem, Viatcheslav Ivánov descobre o plano harmonioso da ação dionisíaca.[24]

E ainda:

> Eu gostaria de me deter nas ideias de V. Ivánov para indicar de maneira ainda mais precisa, depois de ter compreendido seus pontos de vista, as vantagens da técnica convencional e mostrar que esta técnica, e somente ela, dará ao teatro a possibilidade de acolher o repertório variado que propõe V. Ivánov, assim como o buquê multicolorido de dramas que a dramaturgia contemporânea joga sobre os palcos do teatro russo.[25]

Para tanto, Meyerhold preconiza a necessidade de formar atores que possam representar o repertório antirrealista, transformando para isso a própria cenografia, os acessórios cênicos, enfim, buscando uma nova arte teatral, com inspiração, muitas vezes, nos anfiteatros do teatro grego antigo.

Ainda na época de suas experiências no Teatro-Estúdio da rua Povárskaia, Meyerhold escreve:

> O Teatro de Arte conseguiu chegar à virtuosidade no plano do naturalismo e da simplicidade natural da interpretação. Mas surgiram dramas que exigem novos procedimentos de encenação e de interpretação. O Teatro-Estúdio deve tender para a renovação da arte dramática através de formas e de novos procedimentos de interpretação cênica.[26]

---

[24] *Idem*, p. 137.
[25] *Idem*, p. 138.
[26] *Idem*, p. 106.

Nascia, assim, junto às pesquisas do Teatro-Estúdio, um dos princípios fundamentais que acompanharão toda a práxis teatral de Meyerhold e que constitui o embasamento estético do seu teatro: o princípio da estilização que serve de fundamento, inicialmente, para as pesquisas cenográficas do Teatro-Estúdio em 1905, e que acabará por se constituir no traço distintivo do "teatro da convenção", postulado em sua fase simbolista.

Por "estilização" entendo não a reprodução exata do estilo desta época ou daquele acontecimento, como fazem os fotógrafos com suas fotos. O conceito de estilização está, na minha opinião, indissoluvelmente ligado à ideia de convenção, de generalização e de símbolo. "Estilizar" uma época ou um fato significa exprimir através de todos os meios de expressão a síntese interior de uma época ou de um fato, reproduzir os traços específicos ocultos de uma obra de arte.[27]

Sintetizar, estilizar, transformar em símbolos serão os procedimentos-chave de sua poética teatral. Para isso, recorrerá mais ao movimento plástico do corpo do ator do que à caracterização naturalista. Considera desde logo o ator como agente fundamental da cena e incidirá o seu trabalho de encenador nos movimentos rítmicos e na plasticidade do corpo, numa precisa conexão com os outros meios de expressão que conformam a linguagem cênica. No espaço cênico o ator é um corpo humano, cujo poder expressivo aumentará à medida que mantiver com os outros signos cênicos relações de cumplicidade e antagonismo.

Ainda em 1906, depois do sucesso de sua montagem de *Irmã Beatriz*, Meyerhold monta o espetáculo *A barraquinha de feira*, com texto de Aleksandr Blok, no mesmo Teatro da Komissarjévskaia, encenação que se tornou referência na história do teatro russo moderno.

Essa montagem pode ser considerada uma espécie de síntese prático-teórica das experimentações simbolistas de Meyerhold na

---

[27] *Idem*, p. 109.

primeira década do século XX. O encenador já havia surpreendido crítica e público petersburgueses não só com a direção de *Irmã Beatriz*, de Maeterlinck, mas também de *Hedda Gabler*, de Ibsen, protagonizadas pela mesma Vera Komissarjévskaia, espetáculos nos quais coros e movimentos estatuários dos atores lançavam as bases de um Teatro da Convenção, cuja eloquência pictórica fazia irromper o ritmo e as entonações de uma assembleia ritualística, uma cerimônia quase litúrgica, muito distante das fórmulas naturalistas.

Não foram poucas as críticas ferozes contra o erro mais grave que imputaram a Meyerhold, isto é, dissolver em sutilezas cromáticas e meios-tons abstratos e diáfanos o talento da consagrada Komissarjévskaia. O rompimento, portanto, com a companhia da atriz, seria inevitável pouco depois.

Mas, antes disso, o encontro com o texto de Blok abre ao encenador múltiplas possibilidades estético-cênicas, engendrando uma das fases mais significativas de sua trajetória criativa, cujas descobertas poético-cênicas, amparadas no simbolismo e, ao mesmo tempo, também na sua própria transgressão, iriam se reverberar ao longo de toda a sua carreira teatral, em diferentes fases, anunciando as experiências estéticas do teatro russo de vanguarda e culminando na síntese mais cabal de sua estética teatral com a montagem de *O inspetor geral*, de Gógol, em 1926.

Com efeito, a direção simbolista meyerholdiana se propõe, desde logo, a projetar sobre o palco um outro universo, ou um "universo-outro", cujo afastamento do mundo visível conduz à busca também de uma "verdade-outra" na essência mesma das coisas, capturada na fantasia e no espaço onírico do texto e da cena, estes transformados em linguagem de símbolos.

Quanto a Blok, é preciso lembrar que o poeta simbolista apaixonara-se desde criança pelo teatro. Adorava declamar romanças e monólogos, e chegou a organizar, durante muitos verões no campo, espetáculos familiares em que declamava fragmentos de Hamlet, representando ele mesmo o papel do príncipe da Dinamarca.[28]

---

[28] Sobre a poesia e o teatro de Blok, cf. especialmente os ensaios de Efim Etkind, "La poétique de Blok", e de Georges Nivat, "Aleksandr Blok", em *His-*

Blok chegou a aspirar à carreira teatral e, no outono de 1899, se inscreveu em um círculo filodramático, em que interpretou alguns personagens sob o pseudônimo de Bórski. Há quem observe, nas criações de Blok, desde suas primeiras líricas, marcas da arte teatral e frequentes alusões a personagens e temas da dramaturgia universal, como Ofélia, Hamlet e Macbeth.[29] Blok também se dedicou à reflexão crítico-teórica sobre a história e a estética do teatro em diversos ensaios, dentre os quais vale ressaltar aqueles reunidos sob o título O drame (Sobre o drama), no qual o poeta discute as relações entre o simbolismo no teatro russo e no teatro ocidental.[30]

Inspirada em sua lírica homônima, Balagántchik (A barraquinha de feira) constitui um breve texto dramático que, reunido a outros dois textos curtos, escritos pelo poeta simbolista na mesma época, Korol na plóschadi (O rei na praça) e Nieznakomka (A desconhecida), integra a sua trilogia dramática, sob o título de Dramas líricos (Lirítcheskie dramy, 1907).[31]

Os personagens, ao redor dos quais gravita a fábula de A barraquinha de feira, são as principais figuras da commedia dell'arte que compõem o tradicional triângulo amoroso: Pierrot, Colombina e Arlequim. Mas o texto de Blok não se esgota na simples exposição da já conhecida trama de encontros e desencontros entre os eternos amantes da mitologia popular tradicional. Esse "drama lírico", como o poeta simbolista o qualificou, encharcado de paródia e sarcasmo, penetra de modo profundo na crítica aos temas e procedimentos explorados pelo simbolismo russo e pelo próprio Blok, de cujo esgotamento a mordacidade blokiana parece querer zombar.

---

toire de la littérature russe, op. cit., pp. 131-65. Cf. também o ensaio de Angelo Maria Ripellino, "Historia de Blok", em Sobre literatura rusa: itinerario a lo maravilloso, Barcelona, Barral Editores, 1970.

[29] Cf. Angelo Maria Ripellino, op. cit., p. 165.

[30] Cf. A. Blok, Sobránie sotchinénii v 8 tomákh (Obras completas em 8 tomos), Moscou/Leningrado, Khudójestvennaia Literatura, 1962.

[31] Cf. idem.

Em uma estrutura fragmentária, composta de breves quadros que se justapõem, e por meio de diálogos cifrados em linguagem de alto teor poético, encontram-se no texto todos os ingredientes que serão alvo do olhar crítico e, ao mesmo tempo, poético do autor, cuja figura, aliás, aparece na peça em alguns momentos, desdobrado em personagem, para discutir e se queixar com o público do desenrolar dos acontecimentos.

A assembleia dos místicos em sua espera da morte, a "inútil espera" simbolista da "esposa mística", a donzela a com foice ("A belíssima dama", cantada por Blok em sua lírica), formam o pano de fundo em que vão se entrelaçar o duplo feminino, a donzela com trança (em russo, a palavra "kossá" tem sentido duplo: trança e foice), que nada mais é do que Colombina, amada de Pierrot e roubada por Arlequim. Os eventos se sucedem no baile de mascarados, onde pares de enamorados rodopiam em meio à frenética dança em que a duplicidade do real é posta em questão: o mascaramento e o desmascaramento da vida pela arte aparecem aqui problematizados e, quando um palhaço, ao ser golpeado na cabeça pela espada de madeira de um dos amantes no baile, dobra-se sobre a ribalta, exibindo o suco de fruta vermelho que jorra, em vez de sangue verdadeiro, fica aqui desnudada, em tom grotesco, a própria complexidade do fenômeno teatral.

E o palhaço grita: "Socorro! Estou me esvaindo em suco de groselha!" ("Pomoguite! Istekaiu klíukveniym sokom!").[32]

Naturalismo ou convenção? Teatro romântico, simbolista ou barraca de feira? Personagens, máscaras ou marionetes? A cena parece alegorizar, aliás, um período do teatro russo moderno, marcado essencialmente pela insubmissão às regras da verossimilhança.

Também as figuras dos místicos nos remetem a essa espécie de crítica ao vivo a que Blok submete o teatro ilusionista, pois suas negras casacas nada mais são do que contornos de papelão pintados, de onde pendem cabeças e braços que subitamente desapare-

---

[32] *Idem*, p. 19. A *kliúkva* é uma frutinha vermelha, típica do norte da Rússia, frequentemente utilizada em expressões populares russas para marcar uma imagem absurda.

cerão aturdidos, quando, em lugar da Morte com a foice, surgirá a branca e pálida Colombina, com cabelos trançados, no jogo ambíguo de palavras: trança, e não foice. Essa assembleia de "homens místicos", como num rápido movimento de prestidigitação, será transformada em simples enfileiramento de troncos inertes e vazios, postados sobre as cadeiras.

A misteriosa reunião dos místicos degenera em arlequinada. Pierrot, ao final, se defronta também com uma Colombina de papelão. O autor da peça foge do palco, ao ver Pierrot sozinho e o cenário voar pelos ares, pondo em descoberto a caixa cênica e desnudando a "cozinha" teatral. Quanto a Arlequim, também desiludido com sua Colombina de papelão, que, em fuga, cai como boneca sobre a neve gelada, quer se evadir para o mundo real e pula pela janela do palco, de onde desponta a paisagem pintada em papel. Arlequim, cansado de um mundo onde todos parecem fantasmas impalpáveis de papelão, atira-se pela janela, rasga o papel e cai no vazio de uma paisagem de mentira, porque a realidade, afinal, também é fictícia.

Blok introduz uma crítica sarcástica nesta amarga certeza, projetada pelo texto, de que a realidade terrena é tão vã como as visões dos místicos. E a derrisão do texto põe a nu não apenas a falácia das experiências místicas e todo o credo do teatro simbolista, mas a própria impotência do autor, presente, como vimos, na efabulação da peça, diante da tragicomédia em que se enredam os amantes.

AUTOR — Caríssimos senhores e senhoras! Eu rogo profundamente o vosso perdão, mas eu recuso qualquer responsabilidade! Zombam de mim! Eu escrevi uma peça absolutamente real, cuja essência considero meu dever explicar-vos em poucas palavras: trata-se do amor mútuo entre duas almas jovens! Uma terceira pessoa se intromete no caminho deles; mas as barreiras finalmente desaparecem, e os amantes são unidos para sempre pelo matrimônio! Eu nunca cobri meus heróis com trajes de palhaço! Eles estão interpretando alguma lenda antiga sem minha autorização. Não aceito nenhuma len-

Aleksandr Blok em retrato de 1907.

Figurino de Pierrot desenhado por Fiódor Komissarjévski para a peça *Balagántchik* (*A barraquinha de feira*), de Aleksandr Blok.

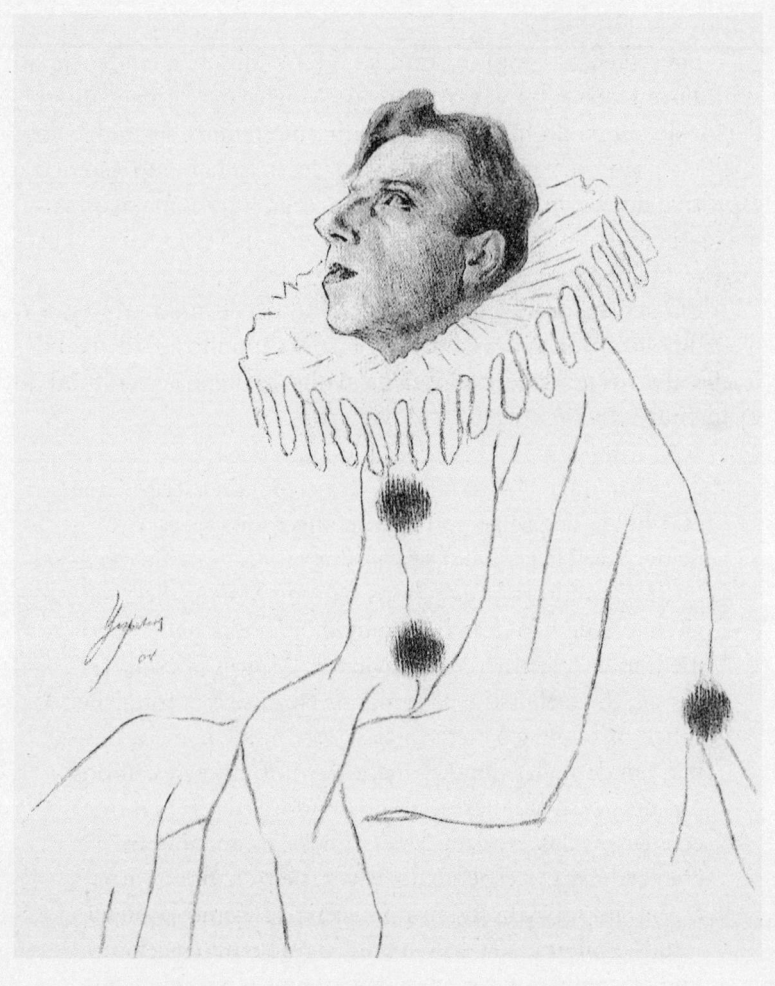

Vsiévolod Meyerhold como Pierrot em *A barraquinha de feira*, de Aleksandr Blok. Retrato de N. Ulianov, 1906.

da, nenhum mito e nada dessas vulgaridades! Especialmente jogos alegóricos com palavras: é indecente chamar a trança de uma mulher de foice da morte! Isto é uma calúnia à espécie feminina![33]

Em seu ensaio "Sobre o drama", Blok discute a tendência do simbolismo russo em ver o teatro de Maeterlinck como um precursor do teatro do futuro, mas, ao mesmo tempo, segundo Blok, apenas como uma etapa literária do desenvolvimento estético e espiritual do movimento simbolista, ou seja, uma etapa necessária, mas já percorrida, e que não mais refletiria as verdadeiras expectativas da época.

Observa-se neste seu texto a clara noção de que a arte e o teatro simbolista russos devem trilhar novos caminhos para além daqueles abertos pelo mestre belga na evolução literária e cultural do Ocidente:

> Vejamos Maeterlinck. Trata-se de um escritor que está longe de ser genial, mas, como todos os escritores ocidentais, ele possui o seu *pathos* absolutamente particular. Quando pronunciamos o nome Maeterlinck, surge diante de nós uma determinada ideia; já não experimentamos a sensação de novidade. Muitos já estão fartos de Maeterlinck, e para alguns ele já se esgotou. Mas sabemos o que é Maeterlinck, e este nome já é um dogma, um daqueles dogmas mantidos por uns e destruídos por outros. E até mesmo frequentadores das representações russas das peças de Maeterlinck ousam injuriar, mas em voz baixa (o espetáculo às vezes é ridículo: os atores fazem um tal esforço para parecerem elegantes que não se pode ouvir nada e, às vezes, para se obter certo requinte, também nada se pode ver; mas o público escuta

---

[33] A. Blok, *A barraquinha de feira*, em *Sobránie sotchinénii v 8 tomákh (Obras completas em 8 tomos), op. cit.*

atentamente e aplaude, mas tanto os atores como o público não entendem nada).³⁴

As observações do poeta russo nesse ensaio expressam de forma evidente o embate entre as suas próprias convicções e as de Maeterlinck sobre a arte teatral e sobre a função do teatro como meio de apreensão do mundo, como objeto artístico. Blok, a propósito do teatro de Maeterlinck, cita as palavras de Rémy de Gourmont:

> Em algum lugar, entre nuvens, aparece uma ilha. Na ilha há um castelo; no castelo há uma grande sala, iluminada por um castiçal; na grande sala as pessoas esperam. O que esperam? Eles próprios não sabem. Esperam que batam à porta, que o castiçal se apague. Esperam o Medo, esperam a Morte. Eles dizem: S-i-m, pronunciam as palavras, quebrando o silêncio por um instante, depois — de novo escutam, interrompendo a frase, sem terminar o gesto. Aguçam os ouvidos, esperam. Talvez ela não chegue. Ah, não! Vai chegar. Ela está sempre se aproximando. É tarde, talvez ela só chegue amanhã. E as pessoas, sentadas na grande sala sob a luz do castiçal, começam a sorrir, querem ter esperança. Batem na porta. Eis tudo: toda uma vida. Neste sentido, os pequenos dramas de Maeterlinck são encantadoramente irreais, profundamente vivos e verdadeiros [...] eles são reais pela própria irrealidade [...].

E Blok acrescenta: "Trata-se de uma pequena e modesta resenha, mas como é simples e significativa".³⁵

Ora, não resta dúvida de que todo este debate polêmico vem expresso, em forma dramática, no teatro de Blok. Em particular,

---

³⁴ A. Blok, "O drame" ("Sobre o drama"), em *Sobránie sotchinénii v 8 tomákh* (*Obras completas em 8 tomos*), op. cit., v. 5, p. 165.

³⁵ *Idem*, p. 166.

em *A barraquinha de feira*, a situação da espera dos místicos que abre o drama parece fazer alusão, em tom paródico, à eterna espera "mística" que caracteriza os primeiros dramas de Maeterlinck, como, por exemplo, a peça *A intrusa*, ou *O interior*. Há um jogo intertextual evidente entre a angustiante espera dos personagens, o ruído do misterioso jardineiro que ceifa o jardim à noite, a aparição fúnebre da "intrusa" maeterlinckiana e os místicos abobalhados de terror que Blok dispõe atrás da longa mesa, fazendo-os tremer diante da chegada da moça com a foice, que, por sua vez, nada mais ostenta do que uma longa trança, no jogo paródico verbal já referido.

Aliás, vale aqui ressaltar que, na primeira versão, Blok, em vez de denominar seus personagens de "Místicos", prefere chamá-los simplesmente de "Bobos e Bobas", o que nos dá a dimensão satírica com que o autor pretendia caracterizar a estupidez dessa gente prostrada à espera do "obscuro Mistério". E o próprio dramaturgo elucida o leitor na rubrica inicial do texto, retirada depois da versão final:

> Podemos reconhecer essa gente sentada na sala ao redor de uma mesa iluminada pela luz fraca de uma lâmpada. Todos os rostos têm ar de importância, nenhum deles expressa ingenuidade. Conversam animada e nervosamente, como se eles se aproximassem a cada minuto de alguma coisa longínqua e pressentissem o voo silencioso de algo que ninguém ainda pode expressar por palavras. Essas pessoas que Maeterlinck gosta de pôr sentadas, todas juntas, numa sala para espiar como elas vão ficando assustadas, Verharen prefere colocá-las atrás de uma veneziana fechada, a escutar passos na rua, a pensar e tentar compreendê-los, até fazer deles o tormento de suas vidas, preenchendo todo o passado com esse arrastar sincopado, até que todas as saídas se fechem e se instale uma histeria pesada e profunda. Numa palavra, essas pessoas são "maníacas", pessoas desequilibradas; juntas ou cada qual no seu canto, pensam apenas numa coisa, naquele ou naquilo que se aproxima. Eis

uma breve história mágica sobre o possível final de uma reunião dessas pessoas que se esforçam em mergulhar cada vez mais dentro de si e, assim, entender o outro como se fosse a si mesmo. Eis a maneira como eles fazem suposições sobre o que se aproxima, arquitetam planos, saboreiam o seu medo.[36]

Houve também quem atribuísse o tema da peça a fatos autobiográficos, no que concerne às relações amorosas entre Blok, sua mulher Liubov Dmítrievna e Andrei Biéli. Este último, no entanto, preferiu considerar o texto como uma caricatura blasfematória das relações profundamente espirituais que regiam os primeiros simbolistas, o grupo dos jovens poetas que se autodenominou "Argonautas", dentre os quais Serguei Solovióv, que chegou a declarar ter reconhecido a si próprio na figura de um dos místicos.[37]

De toda forma, o desenvolvimento da ação dramática, cujo desenrolar se dá, não de forma lógica e linear, mas aos saltos, como relâmpagos oníricos, corresponde, talvez, à tentativa do dramaturgo de transformar em ação cênica a vida interior da "alma individual", com o objetivo de superar suas contradições. Essa sondagem da "complexidade da alma moderna", bem ao gosto dos simbolistas, e a superação irônica em Blok, no plano estético, da desintegração do indivíduo e do mundo que o circunda, refratam-se nas contínuas metamorfoses cênicas, nos movimentos contraditórios e contrastantes impressos ora na dança do baile, ora nos solilóquios poéticos dos heróis, no jogo dos mascarados e nas diferentes interpelações com o público por meio de efeitos circenses; enfim, a caixa cênica carnavalizada é posta a serviço da teatralidade plástico-visual, plasmada na metalinguagem.

Não foi, certamente, sem razão que Blok denominou sua curta pecinha de *A barraquinha de feira*. O "balagan" russo designa, antes de tudo, um espaço popular delimitado, uma barraca posta na praça pública, onde eram exibidas diferentes atrações espeta-

---

[36] A. Blok, *A barraquinha de feira*, op. cit., p. 425.

[37] Cf., a propósito, Ana Tamartchenko, op. cit., p. 395.

culares para o gosto e o entretenimento do povo. Profundamente arraigada à tradição da cultura russa popular e presente, em suas origens, nas festas civis e religiosas em determinados momentos do ano, o "balagan" integrou, ao longo dos séculos, amplo e variado espectro de manifestações teatrais: prestidigitações de toda ordem, exposição e combate de animais domados, hipnotismo, demonstração de força ou habilidade humanas, acrobacia e, também, o teatro dramático representado muitas vezes por marionetes ou por atores acrobatas, ilusionistas ou *clowns* que exibiam as pantomimas inspiradas na *commedia dell'arte*.

Esse tipo de espetáculo irreverente e representado na balbúrdia anárquica das aglomerações do povo nas ruas logo foi considerado por certa parcela da *intelligentsia* liberal, já em fins do século XIX, como grosseiro e não recomendável para a "ilustração" das classes inferiores, que estariam, assim, afastadas dos autores clássicos consagrados. Como espécie de antídoto ao teatro do "balagan" e em franca concorrência a ele, a criação, nessa época, de teatros populares ("narodnye teatry") teve a anuência dessa mesma *intelligentsia*, que, com fins didáticos e "instrutivos", buscou levar a esse público popular as comédias clássicas russas de Ostróvski e Gógol, servindo-se, no entanto, dos mesmos expedientes da pantomima e da linguagem popular, embora muito distantes da expressividade espontânea e da irreverência do "balagan".

Essa releitura, portanto, do teatro do "balagan" presente no texto de Blok e também na encenação de Meyerhold evidencia um momento paradoxal e ambivalente no panorama da arte russa nos inícios do século XX, uma vez que essas marionetes, máscaras e procedimentos cênicos próprios do teatro de feira, ao mesmo tempo em que pareciam agonizar, afastados do centro e dispersos na periferia de São Petersburgo por ordem do tsar, ressurgiam com especial vigor como fonte de inspiração (e talvez resistência) em muitos artistas, poetas, pintores e encenadores.[38]

---

[38] Sobre o papel do teatro do "balagan" na poética cênica de Meyerhold, cf., especialmente, o capítulo "De la stylisation au grotesque" do livro de Béatrice Picon-Vallin, *Meyerhold: les voies de la création théâtrale (17)*, Paris, CNRS, 1990.

Nos anos em que reina o simbolismo na Rússia, tanto a poesia de Biéli, Gumilióv, Kuzmin, como a pintura de Sapúnov, Benois, Sudiéikin e Sómov, e, além de Meyerhold, diretores de teatro como Evriéinov e Vakhtángov, parecem fascinados pelos mecanismos da *commedia dell'arte*, por fantoches e marionetes do "balagan" com seus movimentos desarticulados e pantomimas estilizadas.

Balagántchik dialoga, assim, com a tradição popular e com a discussão estética de seu tempo. No entanto, para além do simples ornamentalismo exótico, comum na época e surgido da intensa utilização das máscaras da *commedia dell'arte* e do teatro de feira russo, transparece no texto de Blok, assim como na encarnação cênica realizada por Meyerhold, uma profunda reflexão sobre a arte do teatro, sobre a estrutura e o funcionamento dos mecanismos de linguagem que compõem o jogo cênico no teatro simbolista. As situações grotescas corroboram a contínua desmontagem da ilusão teatral, e a aparente simplicidade e a algazarra do teatro de feira se transformam no trágico desconcerto e desengano diante daquilo que se passa na cena.

A peça foi representada em 30 de dezembro de 1906 no Teatro de Vera Komissarjévskaia em Petersburgo, junto ao *Miracle de Saint-Antoine*, de Maeterlinck. A cenografia ficou a cargo de Sapúnov e a música foi composta por Kuzmin. O espetáculo, com apenas 35 minutos de duração, provocou um verdadeiro escândalo no meio teatral. O próprio Meyerhold interpretou a figura do enamorado Pierrot em figurino branco, amplo blusão com mangas bufantes, que ficou imortalizado em célebre retrato do encenador, pintado por Aleksandr Golovin em 1917. Com rasgos de excentrismo e inquietude, doçura e rebeldia, a imagem do bufão popular configura, ao mesmo tempo, a do poeta simbolista sonhador. Meyerhold constrói seu Pierrot por meio de contrastes e dissonâncias e empresta à figura da *commedia dell'arte* a tonalidade e a atmosfera de estranheza e ambiguidade que constituem, em última análise, a poética do grotesco que estrutura todo o espetáculo.

Embora a escritura dramatúrgica de Blok contivesse em si mesma numerosas indicações cênicas, por meio de enormes rubricas, o encenador dilatou ainda mais a dimensão paródica e irônica com que o dramaturgo parece querer golpear valores vigentes: o ilusionismo teatral, o teatro de Maeterlinck, o simbolismo místico de V. Ivánov e a imobilidade dos dramas simbolistas.

Meyerhold, assistido por Sapúnov, coloca no centro do palco um teatrinho, típica barraca dos teatros de feira russos, além de materialização cênica do "teatro dentro do teatro" e da metalinguagem projetada pelo texto de Blok. O encenador, alguns anos depois, chegou a descrever bem essa espécie de teatrinho paródico de sua montagem de 1906 na terceira parte de sua coletânea *Sobre o teatro*, de 1912, intitulada *O teatro de feira*, em que, ao final do texto, apresenta uma lista de suas encenações entre 1905-1912 e também comentários sobre algumas delas, dentre as quais encontra-se a sua *A barraquinha de feira*:

> Todo o palco está forrado nas laterais e no fundo com telas azuis; esse espaço azul serve como um fundo e reflete a cor do cenário do teatrinho construído sobre o palco. O teatrinho tem o seu próprio tablado, cortina, caixa de ponto, e abertura de proscênio. A parte superior não está coberta e as bambolinas, com todas as cordas e fios de arame, estão à vista do público; quando o cenário deste "teatrinho" é puxado para cima pelas bambolinas do verdadeiro teatro, o público assiste a todo o movimento. [...] A ação começa com um sinal emitido por um grande tambor; em primeiro lugar soa a música, e o ponto pode ser visto arrastando-se para dentro de sua caixa e acendendo as velas. Logo que se abre a cortina do "teatrinho", seu palco aparece como um pavilhão com três paredes: uma porta à esquerda do espectador, outra no meio, à direita uma janela. No palco, paralelamente à rampa, há uma longa mesa, atrás da qual os "místicos" estão sentados; junto à janela está uma mesinha redonda com um vaso de gerânios e uma cadeirinha dourada, onde Pierrot está sentado. Arlequim aparece pela primeira vez, saindo debaixo da mesa dos "místicos". Quando o autor entra correndo no proscênio, não lhe permitem terminar sua tirada: alguém invi-

sível o puxa para dentro da coxia pelas abas de sua sobrecasaca; percebe-se que ele está amarrado por uma corda para que não interrompa o curso solene da ação sobre o palco. O triste Pierrot (no segundo quadro) está sentado num banco no meio do palco, atrás está um pedestal com um Cupido. Quando Pierrot termina seu longo monólogo, o banco, o pedestal com o Cupido e todo o cenário sobem para o alto diante dos olhos do público, e do alto desce uma sala tradicional com colunas (de N. N. Sapúnov). No palco, quando, ao gritos, de "Tochas", aparecem mascarados vindos das coxias, os assistentes do palco seguram dois bastões de ferro com fogos de Bengala incandescentes, e se veem, não apenas a chama, mas também as duas mãos que seguram os bastões de ferro.[39]

    O diretor, como se vê, acentuou ainda mais o aspecto carnavalesco do texto e fez da hipérbole cênica o caminho seguro para chegar ao seu teatro do grotesco. À imobilidade dos místicos, vestidos em suas casacas de papelão, por onde os atores enfiavam as mãos e as cabeças, sentados atrás de uma longa mesa posta diante do público e recoberta por um tecido preto, Meyerhold opõe, em contrastante dissonância, cenas de intensa movimentação. A anarquia do baile de máscaras reenvia o espetáculo para o ambiente da praça pública, em sua algazarra carnavalesca.

    Além disso, a cena do baile se tinge de autêntica festa russa de província, com suas máscaras populares, arraigadas no folclore e no regionalismo interioranos, reminiscências, talvez, da própria infância do encenador vivida em Penza, no interior da Rússia, e dos inúmeros "balagans" que lá presenciou. A música do espetáculo, composta por M. Kuzmin, acentuava ainda mais os contrastes numa espécie de comentário irônico musical.

---

    [39] V. Meyerhold, "Comentários à lista das encenações", em *O teatre (Sobre o teatro)*, *op. cit.*, p. 250.

Nikolai Sapúnov, *Assembleia dos místicos*, 1907, quadro baseado na montagem de *A barraquinha de feira* por Meyerhold.

A barraquinha de feira, de Aleksandr Blok, montagem de Vsiévolod Meyerhold.

O diretor Vsiévolod
Meyerhold em 1905.

Caricatura de Mikhail Slepian: "A mística profissão de fé de Meyerhold:
Balagan — Sou eu", revista *Teatro e Arte*, nº 2, 1907.

Compreende-se, também, a predileção do encenador, com base nessa encenação, pelo marionetismo, pela máscara e por um teatro assentado, afinal, sobre as bases da estética do grotesco. Meyerhold, nos anos que se seguiram à *Balagántchik*, continua a aprofundar sua busca estética e, como vimos, chegará à sua concepção de teatro do grotesco: o impacto da máscara, do gesto, do movimento e, sobretudo, o valor estético da técnica e do jogo do ator iriam resgatar à arte teatral seus elementos primordiais.

Em seus postulados de 1912, portanto, o que interessa ao encenador destacar é a arte do gesto e do movimento inerentes aos procedimentos técnico-expressivos dos teatros de feira. Tomando o teatro de marionetes como foco de análise, o encenador constata que o que diverte o público é o fato de que os movimentos e as situações dramáticas das marionetes, a despeito da intenção de reproduzir a vida no palco, não apresentam absolutamente nenhuma verossimilhança com aquilo que o público vê na vida. O que fascina o público, porém, não é a reprodução da realidade tal como ela é, e sim a instauração de um mundo encantatório, com gestos tão expressivos, ainda que inverossímeis, submetidos a uma técnica particular, uma espécie de mágica cênica que resultará numa harmonia plástica, dona de leis específicas de composição. A marionete, segundo ele, não precisa se identificar completamente ao homem-real, pois o mundo que ela representa é o mundo particular da ficção, e o homem que ela também representa é um homem inventado, criado sobre um tablado que circunscreve um universo, cuja harmonia advém não das leis da natureza, não da cópia, mas da pura e simples criação artística.

Ora, não resta dúvida sobre a fascinação de Meyerhold pelo texto de Blok. É bom lembrar que, depois da montagem de 1906, o diretor russo voltou a montar *Balagántchik* em 1908 e 1914. Certamente, neste e em outros textos de Blok, Meyerhold encontrou os princípios essenciais para a revitalização do teatro contemporâneo, apoiando-se, principalmente, na ideia de que a arte do ator deve estar fundada, antes de tudo, no jogo das máscaras, dos gestos e dos movimentos, que sempre encantou, em várias épocas, o povo das praças públicas com suas bastonadas, suas acrobacias e suas brincadeiras.

Mas se o grotesco nasce da face cômica das farsas populares representadas nas feiras pelos atores ambulantes de todos os tempos, ele corresponde também, segundo Meyerhold, à outra face do riso, o silêncio que oculta a tragédia eterna da humanidade e que esconde seu sofrimento por trás das gargalhadas para, talvez, contrabalançar de forma audaciosa a decadência trágica dos tempos.

Meyerhold encontra no ritmo contemporâneo, na alucinação das novas e grandes descobertas e na velocidade febril de todas as mutações o terreno fértil para o teatro grotesco, onde o cômico e o trágico se revezam, alternam-se diabolicamente, para fazer a cena resvalar, de um minuto para outro, da mais terna e sentimental cantiga para a mais cruel e violenta sátira.

É nessa direção que *Balagántchik*, de Blok-Meyerhold, parece conter a própria crítica em relação à estética simbolista, esta como que também "carnavalizada": a releitura que o texto e a encenação fazem do simbolismo transforma o que fora considerado marginal e excêntrico — o teatro "grosseiro" de feira, as brincadeiras dos comediantes "*dell'arte*" — e, também, tudo aquilo que fora considerado "sagrado" para o simbolismo no paradigma de um novo teatro.

Essa reconceitualização sugere, assim, a possibilidade de uma outra ótica da própria história do teatro, em que o grotesco teria garantida sua importância perenemente fecunda e paradigmática. Ao revalorizar, com isso, formas teatrais populares e ao dar novo tratamento aos expedientes da *commedia dell'arte*, *Balagántchik* questiona, ao mesmo tempo, uma série de preceitos estratificados com relação não apenas ao tratamento da dramaturgia simbolista, mas também ao teatro de feira, considerado uma forma "inferior" e visto pela tradição como a "forma mais baixa de humor", com suas palhaçadas, pancadarias e evoluções "corporais", grosseiramente "físicas".

Esse dialogismo polêmico existe também entre o texto de Blok e a encenação de Meyerhold: um alarga os limites do outro e ambos acabam por dilatar os limites da estética do simbolismo, fazendo-a significar por meio de todos os contrapontos possíveis, instaurando no palco uma espécie de "canto paralelo" que questiona os seus próprios procedimentos poéticos — um modo de diálogo crítico, no qual a metalinguagem constitui o sistema de referência da cena.

Desse diálogo crítico, Stanislávski certamente também não ficaria ausente. A encenação de seu *Hamlet* em 1911, trabalho conjunto seminal, realizado com Gordon Craig (1872-1966) no Teatro de Arte de Moscou, deixou perplexos a crítica e o público. O ator e diretor irlandês, já então conhecido por suas propostas estéticas revolucionárias, leva para o palco do TAM, a convite do próprio Stanislávski, o seu conceito da cena tridimensional, conjugando a música, a arquitetura e a pintura como uma espécie de unidade sinfônica. Para este *Hamlet*, ele emprega telas de diversos tamanhos e as coloca em diferentes posições para criar combinações arquitetônicas inesperadas e produzir um cenário repleto de efeitos construtivistas. Aloja também sobre o palco colunas enormes, passagens e escadas que tinham função importante nos agrupamentos dos atores e na disposição das cenas. Sobre um fundo de intenso dourado, Hamlet (interpretado por Katchálov, um dos maiores atores do TAM), todo vestido de negro, projetava-se resplandecente de luz dourada. Segundo essa versão cênica, o príncipe dinamarquês não tinha idade, não pertencia a nenhum período histórico determinado e sua tragédia universal consiste na sua própria realidade espiritual que se opõe à Morte que o rodeia. Apenas Hamlet está vivo, enquanto todos os demais são produto de sua mórbida fantasia. A narrativa cênica, por sua vez, estruturada por meio da justaposição livre dos diversos episódios da peça, liberava, assim, a encenação da tirania do texto.

A unidade dessa produção, a estilização nela modulada e os traços profundamente abstratizantes da concepção estética do espetáculo levam também Stanislávski e o TAM para bem longe de suas primeiras incursões no teatro simbolista. A síntese e o diálogo estéticos que se operam entre as ideias de Gordon Craig e do mestre russo, embora não isentos de conflitos e desacordos, fundavam, com Meyerhold e todo o teatro russo de vanguarda, as bases para a estruturação do símbolo moderno e da linguagem simbólica na cena russa de vanguarda e levariam o teatro de Stanislávski, ainda uma vez, a lançar sementes que fariam germinar o fenômeno estético do teatro moderno e contemporâneo.

O teatro de Maiakóvski: mistério ou bufo?

A obra e a vida de Vladímir Maiakóvski (1893-1930) estiveram sempre intimamente associadas de uma forma excêntrica e até escandalosa. Uma trajetória subjetiva e, pode-se dizer, psicossocial aparece de maneira muito nítida no centro de sua produção artística. Maiakóvski participa de um complexo momento histórico da Rússia durante as décadas de 1910 e 1920 e esteve profundamente ligado às mais avançadas pesquisas estéticas do período, tanto na Rússia quanto no Ocidente, no que se refere às investigações e experiências renovadoras em poesia, pintura e teatro.

A sua personalidade não só como artista, mas também como homem de sua época, tornou-se quase um símbolo da Revolução Russa de 1917, pois o poeta futurista considera-se, desde logo, um "artista do proletariado" e "a serviço do poder operário", embora o seu vigor e o seu entusiasmo criativos se voltassem, sobretudo, para a busca incessante de uma inovação estética e artística capaz de expressar o *pathos* do momento revolucionário e de contribuir de maneira fundamental para a criação de um mundo novo que, então, se projetava a partir da recém-criada sociedade soviética.

Por isso, o individual e o coletivo se misturam em sua obra. E a subjetividade do poeta, exibida numa blusa de fustão amarela com grandes listas pretas, desfilava naqueles anos pelas ruas de Moscou de modo ostensivo, junto a um grupo de artistas, poetas, pintores, músicos e diretores de teatro, que, fruto da inquietação de todo um momento histórico, buscavam também nas artes uma transformação radical.

Esses artistas se autodenominaram "budietliánie" (de "búdiet": será, do verbo "byt": ser) e Maiakóvski foi, sem dúvida, um

de seus representantes mais significativos. A denominação "futuristy" (futuristas) tinha caráter pejorativo e fora empregada por aqueles que os criticavam, mas, apesar disso, acabaram por aceitá-la, embora manifestassem preferência pelo termo "budietliánie".
A transformação direta do cubismo em poesia se encontra no futurismo russo. É nessa perspectiva que é possível avaliar a importância do cubismo para o desenvolvimento do que podemos denominar a estética do futurismo russo.

O futurismo russo foi apenas o estágio final de uma determinada trilha da arte moderna, iniciada no final do século XIX. Na Rússia, desde o início do século XX, Serguei Diáguilev (1872-1929) veicula, através de uma revista chamada *Mir Iskússtva (O Mundo da Arte)*, o novo clima e as novas ideias e tendências artísticas, como o impressionismo e, logo depois, o cubismo francês, e, em menor grau, o expressionismo alemão. O grupo da *Mir Iskússtva* inicia, assim, uma luta contra uma estética que atentasse mais às mensagens sociais do que à cor e à composição da obra artística.

O termo "futurismo" abrangeria uma grande variedade de fenômenos na obra criadora de muitos indivíduos, tendo, apesar disso, alguns denominadores comuns. De fato, é difícil enfeixar no conceito de futurismo a ideia de um grupo absolutamente unificado. No entanto, entre os vários grupos que o integram na Rússia, há um forte protesto contra os simbolistas, cuja importância fora fundamental no quadro do desenvolvimento da poesia e da arte russas.

O simbolismo russo, como bem mostra Krystyna Pomorska,[1] de certa forma preparou o caminho para a pesquisa sonora da poesia futurista. Criando a "poesia como música" e a "poesia de nuances", os simbolistas auxiliaram a destruir a "poesia como pensamento em imagens". Por sua vez, os futuristas se descartaram do misticismo filosófico de seus antecessores e colocaram em seu lugar uma abordagem poética poderosamente técnica".[2]

---

[1] K. Pomorska, *Formalismo e futurismo*, São Paulo, Perspectiva, 1972.
[2] *Idem*, p. 163.

Assim, por volta de 1912 há um grande movimento de protesto antissimbolista que alimentará toda a orientação estética das vanguardas russas em suas várias modalidades artísticas. A ala realmente revolucionária desse amplo movimento ficou a cargo dos cubo-futuristas. Outro ramo do futurismo russo foi o ego-futurismo, fundado por Igor Sieveriánin em 1911, cuja cultura poética mantinha ainda fortes raízes na poesia do final do século, distanciando-se do radicalismo dos cubo-futuristas.

Certamente, o cubismo, ao propor o conceito de "forma" como problema artístico básico, exercerá grande impacto nas preocupações estéticas dos cubo-futuristas: a arte verbal e a arte visual cessariam de imitar a natureza pela descrição de seus objetos. O mundo artístico e o mundo poético tornam-se, assim, válidos por si próprios, e a "inteligência" do artista substitui a sua "observação".

Não por acaso, a maior parte dos futuristas russos esteve ligada à pintura e, por isso, a ala mais representativa do movimento recebeu tal denominação como referência à clara conexão das artes verbais com as artes visuais. Ao lado da crítica dos futuristas a uma literatura "temática" se alinha a atitude dos cubistas em sua rejeição de uma cópia servil dos objetos pela pintura.

Os cubo-futuristas surgiram em abril de 1910 com o almanaque *Sadók sudiéi (Armadilha para juízes)*, redigido por Velimir Khliébnikov, os irmãos David e Nikolai Burliuk, Vassíli Kamiênski e Elena Guro.

A estreia de Maiakóvski no grupo se dá logo depois que conhece David Burliuk no Instituto de Pintura, Escultura e Arquitetura de Moscou, em 1911.

Em sua autobiografia "Eu mesmo" ("Iá sam"), o poeta relembra a noite de 4 de fevereiro de 1912 como uma data fundamental para a história do cubo-futurismo:

A Sala de Reunião da Nobreza. Um concerto. Rakhmáninov. A ilha dos mortos. Fugi da insuportável chatura melodizada. Instantes depois, também Burliuk. Soltamos gargalhadas, um na cara do outro. Saímos para vadiar juntos.

Uma noite memorabilíssima. Conversa. Da chatura rakhmaninoviana passamos à da Escola, e da escolar a toda a chatura clássica. Em David era a ira de um mestre que ultrapassara os contemporâneos, em mim — o patético de um socialista que conhecia o inevitável da queda das velharias. Nascera o futurismo russo.[3]

De fato, não seria exagero afirmar que todo o teatro russo de vanguarda do primeiro decênio inspira-se nas invenções pictóricas com as formas e os ritmos do futurismo.

O teatro de vanguarda russo, especialmente aquele que explode com a Revolução de 1917, está orientado para uma concepção abstratizante da arte teatral que vinha impressa também na experimentação da pintura e da literatura russas. Este movimento teatral acompanhava as últimas tendências artísticas do Ocidente e as novas correntes estéticas, que desempenhavam um papel importante sobretudo para a renovação das artes visuais em seu desafio ao academismo e ao naturalismo.[4]

A abstração teatral ocorre tanto no texto dramático quanto na linguagem cênica por ele modulada. Portanto, a ampla renovação que se verifica nos diversos campos artísticos é como que tragada pela cena soviética numa perfeita simbiose de tendências, que resultava numa profusão de novas propostas e experiências teatrais, as mais inusitadas e revolucionárias, segundo uma nova concepção do fenômeno teatral. A primeira década da Revolução russa encontra-se, assim, sob o signo do antirrealismo no teatro, e todas as novas tendências concebidas no período pré-revolucionário se desenvolveram e se intensificaram depois de 1917.

De fato, grande parte dos artistas de vanguarda se apresenta como representante genuíno da nova era proletária, numa combi-

---

[3] Cf. a tradução deste e de outros importantes textos em prosa de Maiakóvski realizada por Boris Schnaiderman, reunidos no livro *A poética de Maiakóvski através de sua prosa*, São Paulo, Perspectiva, 1971.

[4] Cf. a propósito do movimento futurista no teatro, K. Rudnítski, "Teatr futurístov" ("O teatro dos futuristas"), em *Rússkoe rejissiórskoe iskússtvo, 1908-1907 (A arte dos diretores russos, 1908-1917)*, Moscou, Naúka, 1990.

nação de extremismo na forma com uma acentuada propaganda política. Os palcos da vanguarda exprimem com entusiasmo o ímpeto e o fervor revolucionários, embora isso não significasse que todos os diretores teatrais tivessem necessariamente compromissos políticos. Inovadores como Aleksandr Taírov, Aleksei Granóvski, Serguei Rádlov e outros aderem ao regime soviético como forma entusiasmada de experimentar novas possibilidades artísticas capazes de desencadear nos palcos o ritmo tempestuoso da Revolução. Os achados cênicos, com seus sons e luzes, aliados, muitas vezes, a enredos visuais não-objetivos que se desenvolvem por meio de uma série de arabescos mímicos na interpretação dos atores, pretendem tão somente infundir na cena soviética o espírito do grande furacão de Outubro.

Entre os anos de 1917 e 1924, qualquer teoria nova, qualquer proposição excêntrica, qualquer tentativa por mais inusitada que pudesse parecer, encontrava sempre seguidores entusiastas. Em todas as correntes havia sempre uma clara tendência de destruição da velha estética, pois a vanguarda interpreta a vitória do proletariado como a derrubada definitiva do realismo e do tradicionalismo, com seu "individualismo egoísta e burguês".

O grande liberalismo dos primeiros anos da Revolução se deve à falta de uma linha teórica precisa. Desde o começo, o Partido considera a transformação cultural como o resultado lógico das transformações sociais e políticas. Mas há grandes divergências de opiniões sobre esse problema, particularmente entre os artistas e intelectuais que professam simpatia com relação ao novo regime e se consideram seus aliados e colaboradores.

A grande questão colocada era: como criar uma nova arte soviética? O que significa uma "arte verdadeiramente popular" como um dos resultados imediatos da Revolução?

A posição mais extremada foi a adotada pelo grupo do Proletkult (Comitê Central das Organizações Culturais), segundo a qual o passado deveria ser totalmente desprezado para que se pudesse criar uma cultura nova para o proletariado triunfante. O fato é que não se apresentara ainda de forma clara o que oferecer como substituto do "velho" e, por isso, experimentavam-se diferentes direções.

No campo teatral, o Proletkult pretende substituir as "velhas obras burguesas" por "espetáculos de massa" e, para isso, contava com o apoio de vários outros grupos de esquerda. Este foi, certamente, um dos fenômenos mais interessantes do período: o Proletkult foi claramente "sociológico", lutava por um teatro de agitação e propaganda, mas, como desejava encontrar novas formas de conteúdo revolucionário, seus caminhos se cruzaram com os da vanguarda.

Todas as tendências esquerdistas em arte nascidas e formuladas no período pré-revolucionário receberam novo ímpeto da Revolução e floresceram de modo espantoso, principalmente entre 1918 e 1923 e ainda depois. Os anos da NEP (Nova Política Econômica), entre 1922 e 1928, também favoreceram a liberdade das artes, a experimentação e a excentricidade. Somente no final da década de 1920, quando uma nova ofensiva em todos os terrenos marcou a consolidação e o endurecimento do Partido, a vanguarda foi combatida e finalmente destruída por métodos policiais.

O teatro de Maiakóvski, embora significasse uma espécie de emblema poético-cênico do movimento das vanguardas russas, causou, mesmo assim, acesas polêmicas entre os críticos de sua época. As "extravagâncias futurísticas" de sua dramaturgia, que elevaram a linguagem do palco e a direção teatral de Meyerhold a graus de experimentação jamais imaginados na cena soviética, acabariam por submeter Maiakóvski à acusação de que sua obra não era apropriada às massas operárias.

Vladímir Vladímirovitch Maiakóvski nasceu no dia 7 de julho de 1893, filho de um inspetor florestal na aldeia de Bagdádi, na Geórgia. Após a morte do pai, em 1906, transfere-se para Moscou com a mãe e as irmãs, e aos 14 anos inscreve-se no partido bolchevique, tendo sido preso três vezes por atividades políticas clandestinas. Abandona a política para dedicar-se à arte figurativa quando ingressa no Instituto de Pintura. Passa a divulgar seus versos por intermédio inicialmente de David Burliuk, que o considera desde logo "um poeta genial".

Em fins de 1912, no almanaque *Uma bofetada no gosto do público* e depois em vários outros que se seguiram, os cubo-futuristas não se cansam de proclamar que "a palavra deveria seguir audaciosamente as pegadas da pintura".[5] De forma agressiva e polêmica desprezam Púchkin, Dostoiévski, Tolstói e todo o passado literário russo, proclamando o direito dos novos poetas de aumentar o volume do vocabulário com palavras arbitrárias e derivadas.

A estética do futurismo russo deixou sua marca em toda a obra de Maiakóvski, inclusive depois da Revolução de Outubro, quando os futuristas se autodenominam "tamboreiros da Revolução" e pretendem "ensinar o homem da rua a falar". Para Maiakóvski, isso significava destruir os antigos valores e construir novos com base na reorganização consciente da língua aplicada a novas formas de ser.

Mais tarde, já em 1923, quando funda a revista *LEF* (*Liévi Front Iskusstv* — Frente Esquerda das Artes), centro de gravidade do construtivismo, outro importante movimento das vanguardas, Maiakóvski chega a considerar que o futurismo já havia cumprido o seu papel, pois a etapa primeira do movimento, por ele denominada "etapa da destruição", já havia sido concluída. Ainda assim, continua a se proclamar um futurista, como se o futurismo fosse a bandeira de uma atitude agressiva e inovadora, que foi a sua até o final da vida.

Com a revista *LEF* verificam-se uma adesão aos preceitos estéticos do construtivismo e uma busca da organização racional. Esta última deveria presidir, segundo o movimento, não apenas o fato artístico, mas sobretudo a construção da nova sociedade socialista. Maiakóvski mostra-se assim atento à evolução e ao desenvolvimento dos próprios procedimentos da estética futurista, a qual, segundo ele, deveria se abrir de modo incessante para a renovação de seus meios de expressão artística e tomar parte ativa no desenvolvimento da sociedade soviética.

---

[5] Uma coletânea bastante substancial (480 páginas) de materiais do e sobre o futurismo russo, organizada pelo Instituto da Literatura Universal da Academia de Ciências da Rússia, foi recentemente publicada em Moscou sob o título *Rússkii futurizm: teória, práktika, krítika, vospominánia* (Futurismo russo: teoria, prática, crítica, recordações), Moscou, Nasliédie, 1999.

Vladímir Maiakóvski em Kíev, 1913.

Caricaturas de Vsiévolod Meyerhold e Vladímir Maiakóvski pelo coletivo de artistas Kukryniksy, 1929.

Shostakóvitch, Meyerhold (sentados), Maiakóvski e Rodtchenko (de pé) durante a produção da peça de Maiakóvski O *percevejo*, 1929.

Entre nós, Boris Schnaiderman[6] atenta para o fato de que vários textos maiakovskianos demonstram, ao lado de um irracionalismo frequente no universo das vanguardas históricas de um modo geral, a preocupação pela construção da obra como sistema, identificando assim a ocorrência de um aspecto racional bastante pronunciado na poesia e nas reflexões estéticas, muito afins às teorias do formalismo russo e às pesquisas do método formal para o estudo da linguagem e da especificidade da linguagem literária.

O texto de Vladímir Maiakóvski "Como fazer versos?" constitui uma das proposições mais brilhantes do poeta sobre o papel da elaboração técnica vocabular e das especificidades da linguagem na construção de uma obra poética. Não se pode negar a estreita ligação de Maiakóvski com o formalismo russo, tendo sido amigo de muitos de seus componentes, como Víktor Chklóvski e Óssip Brik, e tendo publicado trabalhos de tantos outros em sua revista *LEF*.

Roman Jakobson, em *O pokoliénnii, rastrátivchem svoíkh poétov (Sobre a geração que esbanjou os seus poetas)*,[7] texto escrito em 1930 após o suicídio de Maiakóvski, ao chamar a atenção para o papel que o irracional exerce na obra do poeta, se refere à "racionalização do irracional" como característica predominante de sua obra e que pode ser detectada em muitos de seus textos.

Escreve Jakobson: "À antinomia entre o racional e o irracional é dedicado o admirável poema 'Para casa'. É um sonho de fusão de ambos os elementos, de uma espécie de racionalização do irracional". Refere-se também ao poema inacabado "V Internacional", no qual fica evidente a busca da elaboração consciente da matéria poética:

---

[6] Cf. B. Schnaiderman, *op. cit.*, p. 25.

[7] Este texto de Jakobson foi traduzido para o português por Sonia Regina Martins Gonçalves em sua dissertação de mestrado, defendida na FFLCH-USP em 2001 e publicada pela editora Cosac Naify, de São Paulo, em 2006.

Eu
à poesia
só permito uma forma:
concisão,
precisão das fórmulas
matemáticas

Se a maior parte dos cubo-futuristas e grupos afins se inclinava fortemente para o elemento urbano, a civilização moderna da velocidade e das máquinas (aliás, tema generalizado dentro do universo futurista), exaltando o cinema como a forma artística mais sintonizada com a precisão e a tecnologia modernas, os construtivistas retomam essas ideias depois de 1918, radicalizando o objetivo de fazer uma arte que fosse "filho harmonioso da cultura industrial", compartilhando, assim, as aspirações industriais da sociedade soviética nascente. Não se pode compreender a produção poética (e o teatro de Maiakóvski) sem o construtivismo.

Aliás, já em um artigo de 1913 intitulado "Teatr, kinematógraf, futurizm" ("Teatro, cinematógrafo, futurismo"), Maiakóvski escrevera: "A grande transformação, por nós iniciada em todos os ramos da beleza em nome da arte do amanhã, a arte dos futuristas, não vai parar, nem pode parar, diante da porta do teatro".[8]

Maiakóvski e quase todos os cubo-futuristas escreveram para o teatro. Khliébnikov, Aleksei Krutchônikh, Igor Teriêntiev, Rádlov e outros, inspirados pelas experiências geométricas e abstratas empreendidas no campo da pintura, interessaram-se vivamente pelas possibilidades criativas dos palcos de vanguarda.

Mas se o teatro (texto e cena) do primeiro decênio soviético nasce das invenções dos pintores cubo-futuristas, sua evolução estética, ao longo desses anos, acompanha o movimento dos pintores de esquerda que passam cada vez mais a expressar em suas telas os processos mecânicos da indústria e as conquistas da técnica. O abstracionismo procura agora inspiração no universo das máquinas e sonha inserir a arte na produção, tornando-a utilitária.

---

[8] *Apud* B. Schnaiderman, *op. cit.*, p. 263.

Maiakóvski adere de forma entusiástica às fórmulas construtivistas e, ao que consta, adorava as máquinas e os produtos da civilização industrial.[9] Portanto, quando funda a *LEF* em 1923, o poeta congrega cubo-futuristas, produtivistas, suprematistas e filólogos da Opoiaz (Óbchchestvo Izutchéniia Poetítcheskovo Iaziká — Associação para o Estudo da Linguagem Poética), em torno da qual se desenvolvem as teorias formalistas.

O que está em pauta é o emprego utilitário da arte: "A *LEF* lutará por uma arte que seja construção da vida", anunciava o primeiro número de sua revista. Em 1925, é publicado o sétimo e último número da publicação e, após uma longa interrupção, ela reapareceria em 1927-1928 sob o título de *Nóvi LEF* (*Nova LEF*). Dentre os doze números editados, Maiakóvski foi o redator dos sete primeiros e Tretiakóv, dos cinco últimos.

Como a diretriz da *LEF* é o emprego utilitário da arte, ela tornou-se a essência e o centro do construtivismo, e Maiakóvski foi, sem dúvida, um agente catalisador do movimento, embora travasse polêmicas, como era de seu feitio, com alguns de seus setores, tendo deixado a *Nóvi LEF* em 1930, pouco antes de seu suicídio.

De toda forma, embora propugnasse uma arte para as massas, o poeta jamais abdicou do experimentalismo e da sua convicção de que a revolução do conteúdo deveria ser acompanhada pela da forma, não havendo assim nenhuma cisão entre a pesquisa formal e os fins programáticos.

Dentro do contexto da cultura oficial que se estrutura após a morte de Lênin em 1924, tendo como sustentáculo as posições conservadoras da RAPP — Rossíiskaia Assotsiátsia Proletárskikh Pissáteliei (Associação dos Escritores Proletários), criada em 1925, o poeta tornara-se, segundo certas facções, cada vez mais "incompreensível para as massas", título, aliás, de um poema-defesa escrito em 1927.

O Partido passa a controlar as questões artísticas e culturais, e o grupo da *LEF* é visto como um bando de "pequeno-burgueses esquerdistas". Já a RAPP seria a entidade detentora do verdadeiro

---

[9] Cf. A. M. Ripellino, *Maiakóvski e o teatro de vanguarda*, São Paulo, Perspectiva, p. 120.

"método materialista-dialético", com sua ênfase no realismo psicológico e apta, portanto, a divulgar a "verdadeira literatura proletária soviética".

No final de sua vida e para a surpresa e a crítica de muitos de seus amigos, Maiakóvski acabaria por aderir à RAPP movido certamente muito menos por convicções estéticas do que pelas contingências extremamente adversas ao seu trabalho criativo, com a progressiva consolidação da burocracia stalinista e do realismo socialista.

É nesse contexto de perplexidade diante de um gradativo esvaziamento dos ideais revolucionários em todos os setores da vida russa na década de 1920, particularmente no âmbito da literatura e das artes, que se inserem as duas últimas peças teatrais de Maiakóvski: O percevejo, escrita em 1928, e Os banhos, de 1929.

* * *

O teatro de Maiakóvski, composto ainda por mais dois textos dramáticos — Vladímir Maiakóvski, uma tragédia (1913) e Mistério-bufo (1918 e 1921) —, além de breves sketches, pequenas peças de propaganda e roteiros para atrações públicas, criados em diferentes períodos de sua trajetória pessoal e artística, parece revelar, no entanto, uma totalidade estético-teatral indissociável. De outra parte, toda a sua experimentação teatral parece se integrar também de modo orgânico às preocupações, convicções e princípios de ordem social, política, moral, poética ou estética que o poeta expressa em diferentes momentos e de diferentes maneiras nos inúmeros poemas, roteiros para cinema, textos-manifestos, escritos jornalísticos, cartazes de propaganda, enfim, nas variadas formas de expressão, submetidas à rapidez e à complexidade das vicissitudes históricas e artísticas que marcaram o tempo de Maiakóvski.

Assim, o desenvolvimento da dramaturgia maiakovskiana acompanha e, por assim dizer, sintetiza um percurso pessoal de contínua investigação artística e, ao mesmo tempo, refrata uma época de experimentação em que os princípios da teatralidade pareciam invadir a realidade fenomênica e esta, por sua vez, respondendo a esse chamado, era capaz de promover as inventivas mais radicais de poetas e artistas que sonhavam em se libertar do lastro cultural do passado.[10] A máxima do encenador Ievréinov, "A vida no teatro e o teatro na vida", inspirava toda a cultura das vanguardas russas: a teatralização da vida e da própria figura do artista--criador possibilitava uma situação de contato e integração entre o teatro de vanguarda e a cultura inovadora, isto é, entre o artista e o novo público.

Não por acaso, o herói principal do primeiro texto teatral de Maiakóvski, escrito e representado na juventude (aos 20 anos), leva o seu próprio nome. Nessa "tragédia" em versos,[11] a figura do poeta em primeira pessoa expõe a exasperação de um eu-dramático-lírico que vaga numa estranha cidade moderna por entre personagens-máscaras um tanto monstruosas, fantoches descarnados e carnavalizados que nos remetem às mascaradas e aos seres fan-

---

[10] Em um interessante ensaio, Iuri Lótman examina o processo de interação entre o universo teatral e a realidade extrateatral. O teórico atenta para as diferentes formas em que podem ocorrer a "teatralização" e a ritualização de certos aspectos do universo extrateatral, bem como as situações nas quais o teatro se torna um modelo de comportamento na vida real. Embora admita que objetivamente a arte reflete sempre, de uma maneira ou de outra, os fenômenos da vida, traduzindo-os em sua própria linguagem, Lótman ressalta que uma das formas de interação desse processo é quando a própria vida se torna o domínio do dinamismo modelizante, isto é, ela é capaz de criar os exemplos que a arte imita. Assim, se, por um lado, a arte pode fornecer formas de conduta na vida, de outro modo, as formas de comportamento na vida real podem determinar o comportamento sobre o palco. Cf., a propósito, I. Lótman, "Théâtre et théâtralité comme composantes de la culture du début du XIXe siècle", em I. Lótman e B. Uspiênski, *Sémiotique de la culture russe*, Lausanne, L'Âge d'Homme, 1990.

[11] O título da peça, *Vladímir Maiakóvski, uma tragédia*, foi casual. O texto originalmente apresentava outros títulos: *Jeléznaia doróga* (*A estrada de ferro*) e *Vosstánie vieschéi* (*A revolta dos objetos*), mas o manuscrito enviado à censura não os indicava na primeira página, e o censor tomou como título o nome do autor e a definição, "tragédia", aí inscritos. Cf. Elsa Triolet, "Maïakovski et le théâtre", em *Maïakovski vers et proses*, Paris, Éditeurs Français Réunis, 1957. Cf. também A. Freválski, "Pérvaia soviétskaia piéssa" ("A primeira peça soviética"), em *V mire Maiakóvskovo: sbórnik statiei* (*No universo de Maiakóvski: coletânea de artigos*), Moscou, Soviétski Pissátel, 1984.

tasmáticos e heróis desencontrados que povoam o teatro simbolista, ao qual se associam muitos dos elementos constitutivos da cosmogonia artística do primeiro Maiakóvski.

Mas houve quem atribuísse às figuras grotescas, presentes nas entrelinhas deste monólogo dramatizado, a correspondência com figuras reais, amigos futuristas de Maiakóvski.[12] Assim, a imagem do "velho com gatos pretos secos", figuração que no Egito antigo era símbolo de sabedoria, corresponderia ao sábio poeta V. Khliébnikov. Já o "homem sem olho e sem perna" seria uma alusão ao amigo D. Burliuk, que possuía um olho de vidro, e o "homem sem cabeça" teria sido inspirado pela figura de A. Krutchônikh, criador da linguagem transmental "zaúm". Também as figuras femininas, a "mulher com uma lágrima", a "mulher com uma lagriminha" e a "mulher com uma lagrimona", símbolos da dor humana, convergiriam para a imagem de E. Guro.

Essa aparente conexão com o mundo futurista circundante não afasta o poema-tragédia de Maiakóvski de uma conotação cósmico-metafórica, erigida com base num emaranhado de imagens distorcidas e enigmáticas que põem a nu um universo habitado por seres "sem alma", "coisificados"[13] e enredados por estranhos objetos, estes sim "animados" e revoltosos, prontos a se sublevar contra os homens: os teclados do piano, como dentes brancos, estão prontos a devorar as mãos do pianista, as garrafas saltam das vitrines das lojas de vinho, as calças fogem das mãos do alfaiate, enquanto, bêbada, uma cômoda passeia fora do quarto de dormir.

Imerso neste mundo em franca desagregação, a figura solitária do herói, o poeta Maiakóvski, surge afinal como crucificado pelo sofrimento de ser incompreendido, mas também como redentor, espécie de Jesus Cristo simbolista, aparentado àquele que sur-

---

[12] E. Iu. Inchakova, "Ópit simvolízma v dramaturguíi V. Maiakóvskovo" ("A experiência do simbolismo na dramaturgia de Maiakóvski"), em *Simvolizm v avangarde (Simbolismo na vanguarda)*, Moscou, Academia de Ciências/Naúka, 2003, p. 371.

[13] Esse aspecto foi desenvolvido por Mario Bolognese em sua dissertação de mestrado, *Tragédia: uma alegoria da alienação*, São Paulo, ECA-USP, 1987.

ge ao final do poema *Os doze*, de Blok:[14] um messias que discursa para socorrer os desolados em tom de parábola bíblica, repleta, porém, de blasfêmia irônica, eficaz instrumento político e poético para a revolta do poeta.

Destacam-se já, nessa primeira experiência teatral de Maiakóvski, muitos dos elementos constitutivos e recorrentes em sua dramaturgia posterior: a paródia a referências e episódios bíblicos, isto é, o expediente poético e teatral de encharcar os seus textos com imagens, personagens e citações de cunho religioso, a fim de estabelecer um profundo dialogismo (aliás, próprio a todo o universo das vanguardas russas)[15] com a tradição religiosa da cultura russa, ainda que, por vezes, matizado de zombaria e derrisão, como ocorre em *Mistério-bufo*.

No final da década de 1930, Roman Jakobson[16] atentara para o fato de que os sonhos de futuro de Maiakóvski e seu hino à humanidade se misturam a um combate que o poeta trava contra Deus, e que sua negação ética de Deus estaria "mais próxima do passado da literatura russa que do ateísmo oficial de plantão". Assim, como também apontou mais de uma vez a crítica mais re-

---

[14] Maiakóvski chegou a propor a Blok a adaptação teatral do poema *Os doze* para levá-lo à cena em forma de montagem cinematográfica. O poema simbolista fora escrito em janeiro de 1918 e publicado em fevereiro do mesmo ano, antes, portanto, da peça *Mistério-bufo* de Maiakóvski. Blok teria sido um dos primeiros na literatura moderna a apresentar motivos bíblicos como alusão ao colapso do velho mundo. Os últimos versos do poema de Blok apresentam a imagem de Cristo a conduzir doze soldados vermelhos na tempestuosa nevasca. Outros personagens do poema parecem ter correspondentes na peça de Maiakóvski. Cf. E. Iu. Inchakova, *op. cit.*, p. 376. Cf. também Claudine Amiard-Chevrel, *Les symbolistes russes et le théâtre*, Lausanne, L'Âge d'Homme, 1994, p. 131.

[15] Vários escritores, poetas e diretores teatrais se inspiravam em episódios e parábolas bíblicas para fazer alusões aos recentes acontecimentos revolucionários, que subverteram não apenas as bases sociopolíticas da Rússia, mas sobretudo os pilares fundamentais do pensamento religioso do país. Cf. A. Frevális, *op. cit.*, p. 244.

[16] R. Jakobson, *Sobre a geração que esbanjou os seus poetas*, *op. cit.*

cente,[17] um dos temas dominantes da obra de Maiakóvski, com nuances e tonalidades estéticas diferenciadas ao longo de sua trajetória, é um conflituoso diálogo com Deus: "Ainda que de forma sacrílega e quase como um pretexto para uma sonora altercação com Deus, o elemento religioso é fortíssimo em Maiakóvski, e figuras, acontecimentos, parábolas da Bíblia recorrem em seu canto com insistência obsessiva".[18]

Às citações e reminiscências religiosas liga-se o aproveitamento por Maiakóvski de todo o universo da autêntica tradição russa, com sua veneração dos ícones sagrados, preces, cânticos religiosos e histórias sagradas — integrantes do rico repertório do imaginário da cultura popular e refletidos na linguagem coloquial cotidiana, nos provérbios, nas canções e ditos populares.[19]

A releitura maiakovskiana desse acervo cultural tradicional não anula, é certo, a desde logo evidente rebeldia iconoclasta do poeta futurista. Esta se projeta na construção parodística de seu teatro e, em certo sentido, de todo o seu trabalho criativo, no qual a liberdade irreverente no tratamento da linguagem artística, na exploração de novas formas poéticas, dramáticas e cênicas concorre para uma alargada "refuncionalização" das formas tradicionais e uma "recontextualização" irônica de seus elementos de composição.

---

[17] Cf. E. Iu. Inchakova, *op. cit.*, p. 373; A. Freválski, *op. cit.*, p. 246; A. M. Ripellino, *op. cit.*, p. 52. Também Boris Schnaiderman aponta a forte presença da tradição religiosa russa nas construções parodísticas de vários textos maiakovskianos. Cf. B. Schnaiderman, "Maiakóvski e a tradição", *op. cit.*, p. 47.

[18] A. M. Ripellino, *op. cit.*, p. 53. Conforme o crítico italiano, sob a influência do pintor futurista Vassíli Tchekryguin, Maiakóvski apaixonara-se pelos ícones e histórias sagradas e visitava com frequência, em companhia do amigo, as salas da Galeria Trietiakóv reservadas à pintura antiga. O pintor, atormentado por assuntos apocalípticos e visões de cataclismos, esforçava-se para transferir à pintura litúrgica a sintaxe da arte moderna e tinha sempre sobre a mesa a Bíblia e os Atos dos Apóstolos. Maiakóvski esteve fortemente marcado, na primeira fase de seu trabalho, pelas antigas telas sagradas e pela pesquisa pictórica do amigo.

[19] Cf. Boris Schnaiderman, *op. cit.*, p. 48.

Essa expansão no presente por meio da reapropriação dialógica do passado aponta também para a modelação inventiva do futuro, forjando um processo contínuo de construção-desconstrução, continuidade-mudança, repetição-transgressão, passado-futuro — fundamento primeiro do projeto estético das vanguardas russas.

Todo o universo de *Vladímir Maiakóvski, uma tragédia*, cujas figuras grotescas e monstruosas parecem sair de um teatro de feira ou de um circo popular de atrações, aponta para um espetáculo muito distante da linguagem teatral tradicional, pois, ao ignorar os caracteres psicológicos, indica uma nova arte do ator, imprime uma "espetacularidade" visual e declara o fim do naturalismo cênico.

Observam-se aqui, para além de um substrato da cultura popular, recursos e procedimentos dramáticos e cênicos reteatralizados, ou seja, impõe-se certa desdramatização da cena convencional que desobriga a reprodução cênica realista e que já fora declarada pela profunda reforma estética e formal empreendida pelo teatro simbolista russo.

Dessa forma, Maiakóvski se insurge contra toda a tradição do teatro realista russo e parece fundar, já nessa primeira peça, ainda bastante marcada pelo simbolismo russo, as bases primeiras de seu *credo* teatral,[20] cuja práxis artística vai se estruturar de maneira cabal nas peças posteriores: a revolução das formas teatrais deve caminhar par e passo com a revolução política e social, e ao programa artístico vinculam-se as transformações da sociedade russa.

O título e o subtítulo do segundo texto dramático de Maiakóvski (escrito e encenado em 1918 e, numa segunda versão, em

---

[20] Maiakóvski também escreveu vários textos, espécies de manifestos teóricos sobre a arte teatral. Destacam-se principalmente "Intervenção no debate 'O pintor no teatro de hoje'", de 1921, "Intervenção no debate sobre a encenação de *O inspetor geral*", de 1927, "Intervenção no debate sobre *Os banhos*", de 1930, "Teatro, cinematógrafo, futurismo", de 1913, e também, em certo sentido, o belo "Os dois Tchekhov", de 1914. Todos esses textos foram traduzidos por Boris Schnaiderman e integram o livro *A poética de Maiakóvski através de sua prosa, op. cit.*

1921) não deixam dúvidas a respeito do viés de cunho político e do alucinado ritmo futurista expresso na liberdade formal que os acontecimentos de Outubro imprimiram em sua pesquisa teatral: *Mistério-bufo: pintura heroica, épica e satírica de nossa época.*

A explicação do título da comédia, apontada pelo próprio dramaturgo no programa do espetáculo (apresentado, em 1921, em um circo de Moscou, em homenagem ao III Congresso do Comintern), também esclarece o movimento de duplicidade paródica, da dialética do sério-cômico e da tradição-modernidade que alinhava, na sucessão frenética de personagens-tipos, cenas e diálogos, uma simbiose entre a atualidade do teatro político com o espetáculo sacro do mistério medieval.

Mistério-bufo é a nossa grande revolução, condensada em versos e em ação teatral. Mistério: aquilo que há de grande na revolução. Bufo: aquilo que há nela de ridículo. Os versos de *Mistério-bufo* são as epígrafes dos comícios, a gritaria das ruas, a linguagem dos jornais. A ação de *Mistério-bufo* é o movimento da massa, o conflito das classes, a luta das ideias: miniatura do mundo entre as paredes do circo.[21]

Considerada a primeira peça soviética, esta comédia, versificada na forma da linguagem popular, foi criada, segundo consta, sob uma encomenda feita a Maiakóvski para escrever uma revista política para a Casa do Povo em Petrogrado, como parte da comemoração do primeiro aniversário da Revolução de Outubro. Mas, em virtude das violentas críticas e da acusação de ser um espetáculo inapropriado para as massas, as representações da peça se limitaram apenas a três dias (7, 8 e 9 de novembro de 1918), sob a direção de Meyerhold e com cenografia do pintor suprematista Maliévitch.[22]

---

[21] *Apud* A. Ripellino, *op. cit.*, p. 77, e Elsa Triolet, *op. cit.*, p. 390.

[22] Cf. sobre a gênese da peça e sua encenação realizada por Meyerhold: K. Rudnítski, *Théâtre russe et soviétique*, Paris, Éditions du Regard, 1988; E. I. Strutinskaia, *Iskânia khudójnikov teatra* (*As pesquisas dos artistas do teatro*),

A segunda versão, escrita em 1920 e encenada sob a direção de Meyerhold no Teatro RSFSR Primeiro, em Moscou, na comemoração do 1º de maio de 1921, não surgiu igualmente isenta de críticas caluniosas, debates estrepitosos e calorosas polêmicas que acusavam a tendência demasiado política e o caráter debochado do espetáculo. Maiakóvski se viu obrigado a fazer leituras do texto em bairros operários, participando de assembleias e comícios para comprovar a perfeita compreensão e a acolhida positiva pelo público popular desta nova versão de *Mistério-bufo*.[23]

De qualquer forma, toda aquela galeria de bufões (os sete pares de puros e os sete pares de impuros que se contrapõem nos seis atos desta comédia *clownesca*,[24] repleta de expedientes do teatro de feira e de máscaras circenses), certamente seria considerada inadequada para a solene data, além de classificada pela cultura oficial e propugnada pelo comitê central do Partido como uma sátira grotesca de mau gosto.

As diferenças entre as duas versões, embora significativas,[25] não retiram do texto a base paródica em que se inscrevem inver-

---

Moscou, Gossudárstvenii Institut Iskusstvoznánia (Instituto Estatal do Estudo das Artes), 1998, principalmente o capítulo "Mistéria-buf i viech"; e A. Freválski, "Pérvaia soviétskaia piéssa", *op. cit.*, pp. 232-58.

[23] Cf. V. Maiakóvski, *Mistério-bufo*, trad. Arlete Cavaliere, São Paulo, Editora 34, 2012, fonte dos trechos da peça reproduzidos neste ensaio.

[24] No prólogo, ao estilo das apresentações do circo ambulante e do teatro de feira, um dos impuros (na primeira versão, o prólogo era declamado pelo conjunto dos impuros, os operários) expõe, em síntese didática e jocosa, a estrutura da peça (argumento, temas e significado dos atos). A peça está composta por seis atos: o primeiro ato é a figuração do dilúvio universal; o segundo ato acontece na arca, onde ocorre a tomada de poder pelos puros; o terceiro ato tem lugar no inferno, ridicularizado pelos impuros-operários que nada temem; no quarto ato eles atravessam o céu, visto também em derrisão; no quinto ato os impuros estão entre os destroços e vencem com seu otimismo a figura da devastação; e, finalmente, no sexto ato, os impuros voltam à Terra e alcançam a Terra Prometida, isto é, a sociedade soviética do futuro. A peça termina com a Internacional cantada em coro pelos impuros.

[25] Em sua segunda versão, o dramaturgo atualiza o texto, incluindo, em forma dramática, os últimos acontecimentos históricos e as circunstâncias do

sões cômico-grotescas de toda ordem: procedimentos dramático-cênicos dos mistérios e das moralidades medievais edificantes, com seus temas e episódios bíblicos, interagem de forma festiva e espetacular com fantoches e bonecos despsicologizados, caros ao simbolismo russo,[26] e também com a tradição da mascarada carnavalesca típica da cultura e do teatro popular, matizados aqui de inusitados efeitos cênicos e expedientes do teatro de engajamento político, próprios da cena futurista.[27]

A contraposição de dois mundos e dois tempos (o velho a ser destronado pelo novo) aparece, sem dúvida, de forma um tanto

---

momento (a guerra civil, a intervenção ocidental, a escassez de alimentos, o racionamento, a eletrificação, o mercado negro, a especulação, a Tcheká etc.), e substitui alguns personagens, acrescentando outros, como a Devastação, o Soldado Vermelho, Clemenceau, Lloyd George. O Hino à Comuna, que conclui a peça na primeira versão, na segunda é substituído pela Internacional.

[26] Se com frequência os personagens do simbolismo (muitos deles também inspirados em figuras do teatro de feira e da cultura popular) se desvanecem em melancólica ironia, nesse texto de Maiakóvski as cores vibrantes do futurismo imprimem a essas máscaras-caricaturas o caráter vital, luminoso e ágil da algazarra do teatro popular com sua mistura de temas sacros e profanos, a linguagem dos trocadilhos e da oralidade irreverente.

[27] É possível surpreender também em *Mistério-bufo* a linguagem dos cartazes políticos pintados, acompanhados de vinhetas e comentários versificados sobre os fatos mais recentes, encomendados pela ROSTA, a Agência Telegráfica Russa, a Maiakóvski, para a qual ele trabalhou nessa época. Expostos nas janelas das lojas do centro de Moscou, esses desenhos receberam o nome de janelas ("okna"), cujos tipos e máscaras parecem se desdobrar nas figuras dos puros e impuros (burgueses e operários) e demais caricaturas que protagonizam esta peça do dramaturgo. Mas é preciso atentar ainda às variadas formas das atrações populares que divertiam a população nos espetáculos de feira russos, em especial o teatro de bonecos, com as aventuras hilariantes do esperto fantoche Petruchka e, também, o "raiók", série de quadros populares com imagens coloridas de cenas e figuras simples e ingênuas, projetados em sequência, sob lentes de aumento, dentro de espécies de caixas mágicas que muito agradavam o gosto do público popular. Maiakóvski empreende, assim, em *Mistério-bufo*, uma releitura de motivos do folclore e da cultura russa popular, estruturando a sua experimentação teatral futurista com base em uma dinâmica orgânica que faz interagir tradição e modernidade. Cf., a propósito, K. Rudnítski, "Teatr futurístov" ("O teatro dos futuristas"), *op. cit.*; e também A. Freválski, *op. cit.*

esquemática (como frequentemente ocorre, aliás, nas formas da arte popular) para colocar em evidência o conflito entre as diferentes máscaras sociais: de um lado, um Negus abissínio, um rajá hindu, um paxá turco, um chinês, um persa corpulento, um francês gordo (transformado na figura histórica de Clemenceau, na segunda versão), um oficial italiano (Lloyd George na segunda versão), um americano, etc., evidente alusão ao tema, então em voga, do internacionalismo do pós-guerra; de outro lado, o embate com os impuros, a classe dos trabalhadores, representados por um mineiro, um chofer, um soldado vermelho, um maquinista, um carpinteiro, etc., para os quais "nossa pátria é o nosso trabalho".

A mesma dualidade se estende à figuração do inferno e do paraíso e dos personagens que aí habitam: aos diabos, chefiados por Belzebu, se opõem entidades santificadas: Matusalém, Jean-Jacques Rousseau, Tolstói, Gabriel e outros anjos celestiais. Não menos surpreendente é a irrupção final na Terra Prometida de objetos personificados (martelo, máquinas, foices, plainas, torqueses, etc.) que celebram o novo mundo em comunhão com os trabalhadores vencedores, visão apoteótica e apocalíptica de um tempo-espaço futuro em plena harmonia, ainda que em tom de bufonada.

Os objetos em coro, desta feita pragmáticos e racionais, mas dóceis e servis, se irmanam aos impuros revolucionários numa atitude inversa à rebelião dos objetos daquele mundo desolado e decadente apresentado em *Vladímir Maiakóvski, uma tragédia*, pois a revolução, afinal, modificara o consórcio entre os homens e as coisas, e a cidade do futuro promete a bem-aventurança.

Essas figuras carnavalizadas conformam uma estranha alegoria teatral capaz de incluir no espaço cênico o paraíso, o inferno e a Terra Prometida, e de justapor a luta de classes e a revolução do proletariado (os impuros) e seus oponentes, burgueses redondos e balofos (os puros, que, aliás, nos remetem aos místicos de *A barraquinha de feira*, de Blok),[28] à imagem do dilúvio universal e à

---

[28] Maiakóvski desenhou os puros como corpos em circunferência sobre pernas-palitos, e os impuros como corpos angulosos e geometrizados em forma de cubos e quadrados. Na encenação de 1918, a cenografia suprematista e os

construção da arca de Noé, referência ao livro bíblico de Moisés (Gênesis), numa alusão parodística ao cataclismo revolucionário que transformara os destinos da Rússia.

A correlação com os fatos históricos recentes quase esbarra no didatismo: se o dilúvio prefigura o movimento revolucionário, o episódio da deposição do Negus equivaleria à Revolução de Fevereiro, e a rebelião dos impuros, à Revolução de Outubro. Já a destruição do paraíso e do inferno aponta para a discussão, matizada de derrisão, da cultura religiosa russa entre os "impuros operários", e a chegada à Terra Prometida configura o apoteótico final da parábola: o advento do socialismo.

A encenação de Meyerhold, em colaboração com o próprio Maiakóvski (especialmente na segunda versão do texto, em 1921), salientou ainda mais o entrelaçamento de procedimentos cênicos circenses, inspirados no teatro de feira e nas formas do teatro popular, com expedientes feéricos do teatro futurista. Se, por um lado, os versos finais de cada um dos atos (cantados individualmente pelos atores e repetidos em coro) fazem alusão à musicalidade da modinha folclórica popular (a "tchastúchka", que reverbera nos versos da peça com seu ritmo e rimas fáceis e brincalhonas), por outro, eles adensam o estilo de revista política e fazem penetrar no espetáculo o gênero do teatro-cabaré, bastante em voga mesmo antes da Revolução.

---

figurinos, criados por Maliévitch, colocavam em contraste o colorido decorativismo de alguns atos, como o inferno e o céu, estruturados em formas cubistas, com as armações mecânicas para a figuração, por exemplo, da Terra Prometida do tempo do futuro. E, se nesta primeira encenação os impuros aparecem vestidos de forma idêntica, em uniformes cinzas, unificados em uma massa sem diferenciação de nacionalidade e profissão, na segunda encenação, de 1921, cuja cenografia foi completamente modificada pelos cenógrafos A. Lavínski e V. Khrakóvski (que acentuam as estruturas construtivistas e unem o palco e a plateia), os figurinos de Kissielióv vestiam os impuros com blusões azuis, vestes que se tornariam atributos das revistas políticas e uniformes de vários grupos teatrais. Essa segunda versão da peça, também encenada por Meyerhold, acentuava ainda mais os elementos do circo e o aspecto cômico-carnavalesco. Para mais detalhes das diferenças entre as duas encenações, cf. K. Rudnítski, *Théâtre russe et soviétique*, *op. cit.*, pp. 42 e 62.

Três desenhos de Maiakóvski para *Mistério-bufo*: os figurinos do sapateiro e do padre, e um projeto para a cenografia da peça.

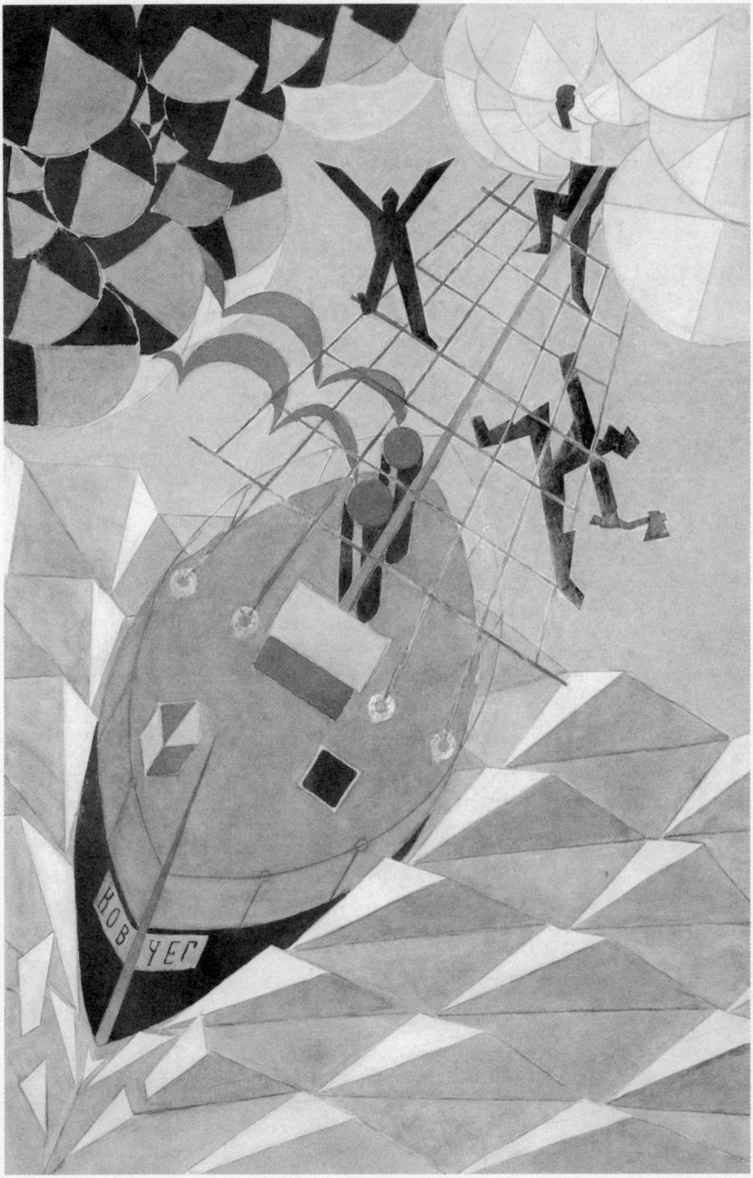

КОВЧЕГ

De outra parte, a forma do mistério medieval congrega, nesse jogo paródico-irônico com as diferentes convenções teatrais do passado, não propriamente o teatro-comunhão (de caráter religioso, tendente ao êxtase místico para a revelação do indizível da vida espiritual e cultuado pelo teatro simbolista), mas as assembleias, os comícios públicos e os espetáculos propagandísticos de massa.

Nesse contexto, a valorização do jogo do ator e a liberação de seu corpo pelo encenador (por meio de pantomimas acrobáticas que desenham os hábeis movimentos de todos aqueles *clowns* grotescos) correspondem plenamente ao ritmo vertiginoso dos últimos sucessos da atualidade política e social russa, introduzidos pelo dramaturgo ainda com mais ênfase na segunda versão do texto, que incluía a advertência inicial:

> Mantida a estrada (a forma), modifiquei de novo partes da paisagem (o conteúdo). No futuro, todos aqueles que forem representar, encenar, ler, publicar *Mistério-bufo* que mudem o conteúdo, façam-no contemporâneo, atual imediato.

Às inventivas corporais dos atores-personagens associam-se as engenhosidades do discurso verbal nos versos maiakovskianos: jargões políticos, incoerências discursivas, neologismos em profusão, alogismos de toda ordem, puros jogos sonoros semanticamente vazios. Ou seja, o dramaturgo constrói os diálogos por meio da linguagem versificada e colorida de seus heróis como uma espécie de mascarada fraseológica destinada a caracterizar os diferentes tipos sociais, assim como a linguagem das ruas contraposta de forma debochada ao discurso oficial, às palavras de ordem do momento político, misturadas a certo eslavonismo próprio às falas bíblicas parodiadas.

Os exemplos são numerosos. Observem-se, por exemplo, a virtuosidade verbal e os jogos sonoros presentes, já de início, no trecho do prólogo em que aparece a descrição do desmoronamento da terra e o estrondo do dilúvio, reforçados pela assonância onomatopeica, "protekáet-potom-tópot-potópa", de difícil recuperação na tradução:

Sut piérvovo diéistvia takáia
Zemliá protekáet.
Potom — tópot
Vsié begut ot revoliutsiónovo potópa.
Siem par netchístikh
I tchístikh siem par,
to iest
tchetyrnadtsat bedniakóv-proletáriev
i tchetyrnadtsat burjúiev-bar,
a mej nimi,
s pároi zaplákanykh schétchek
menchevítchotchek.
Pólius zakhlióstyvaet.
Rúchitsia poslédnee ubéjische.
I vsié natchináiut stroít
dáje ne kovtchég,
a kovtchéjische.

No primeiro ato é o seguinte o essencial:
a terra está pingando.
Depois há um estrondo.
Todos fogem do dilúvio revolucionário.
Sete pares de impuros
e de puros sete pares.
Isto é,
quatorze proletários-indigentes
e quatorze senhores burgueses,
e no meio deles,
um menchevique com um par de bochechinhas chorosas.
O polo inunda.
Desmorona o último refúgio.
E todos começam a construir
não uma arca,
mas uma arquefúgio.

Destaca-se também neste fragmento a aliteração do agrupamento fonético nas rimas "chtche-tchek-tcheg", que culmina com o neologismo "kovtchéjichtche", formado pela junção das palavras "kovtchég" (arca) e "ubéjische" (refúgio), recriado na tradução pelo neologismo "arquefúgio".

Os diálogos entre os personagens, repletos de jogos de palavras e trocadilhos, acentuam ainda mais as cenas de efeito circense, como, por exemplo, nesta cena:

> NEGUS — Peço não esquecer
> é o Negus que fala com você
> E o que o Negus quer é comer.
> O que é isso? Pois não!
> Parece bem gostoso esse cão!
>
> PESCADOR — Cão? Você vai ver o seu cão!
> Isto é uma morsa, e não um cão.
>
> (*O Negus se engana e tenta se sentar sobre Lloyd George, que se parece muito com uma morsa.*)
>
> INGLÊS — (*Assustado.*)
> Morsa, eu? Nada disso.   *Eto ne iá morj,*
> Dela estou muito longe. *eto on morj,*
> A morsa é ele,   *a iá ne morj,*
> eu sou Lloyd George.   *iá Loyd George.*

O trocadilho em russo com as palavras "morj" e "Lloyd George" é irrecuperável na tradução, assim como muitas das falas do personagem do alemão, nas quais aparecem trocadilhos com neologismos numa possível alusão a nomes e sobrenomes alemães, por exemplo:

> O público lá estava   *Publika sidit*
> a fofocossurrar.   *i tíkho cheidemánit.*

(O neologismo em português não recupera o jogo com a raiz alemã da palavra "cheidemánit".)

Por outro lado, as falas do padre estão, com frequência, encharcadas de arcaísmos e reminiscências do eslavo eclesiástico, utilizadas pelo dramaturgo para pôr em derrisão frases e jargões bíblicos:

> Há quarenta noites e quarenta dias
> cai a chuva inclemente!
> (*Sie na sórok nótchei i na sórok den!*)

Ou, ainda, o discurso que se abre com a citação de uma expressão laudatória consagrada, utilizada pelos tsares na abertura de discursos oficiais, mas à qual se segue outro discurso grotesco e absurdo, permeado de incoerências e *nonsense*:

> Com a ajuda do bom Deus (*Bójiei mílostiu, my...*),
> Nós,
> Rei das Galinhas Fritas pelos Impuros
> e Grão-Príncipe das Ditas-Cujas chocadeiras de ovos,
> não vamos tirar a pele de sete,
> sem esfolar as sete peles de ninguém
> — vamos esfolar apenas seis, a sétima pele fica —,
> anunciaremos aos nossos súditos:
> tragam tudo —
> peixe, torradas, porcos marinhos
> e tudo o que acharem pelo caminho.
> O senado que governa
> a nossa grande família
> logo vai tomar de alguns
> e refazer as partilhas.

Também o sermão da montanha, proferido pelo personagem do homem do futuro, aparece revirado parodicamente:

> Ouçam!
> Eis aqui o novo sermão da montanha!
> Querem chegar ao Ararat?
> Não tem Ararat nenhum.
> Trata-se apenas de um sonho.

Mas se a montanha não vai a Maomé,
ao diabo com ela, é o que proponho!

Ou ainda a inversão:

Meu paraíso é para toda a gente,
Menos para os pobres de espírito.

Em lugar de: "O reino do céu é para todos, mesmo para os pobres de espírito" (Evangelho de São Mateus).
Da mesma forma, observa-se a inversão na fala do francês, dirigida ao Negus:

Ei, você,
Allons enfants lá pro fundinho! (*Alon zanfan v vodu!*)

Esses e outros procedimentos (cuja função primeira é mascarar a linguagem, ou melhor, criar uma linguagem-máscara para cada um dos personagens) estão atrelados a um jogo semântico lúdico, cujo processo contínuo de construção-desconstrução, pautado na extrema hiperbolização do discurso, resulta com frequência no aparente esvaziamento dos sentidos ou na decorrente ambiguidade que encobre, porém, a intenção oculta da sátira.[29]

Percebe-se certa filiação com a escritura gogoliana, com seus procedimentos artísticos e sua visão poética na representação do

---

[29] Já em 1922, o poeta, filólogo e crítico literário Kornei Tchukóvski salienta que todas as formas de transgressão da língua russa efetuadas por Maiakóvski têm como objetivo essencial a economia de meios artísticos para obter o máximo de expressividade com o mínimo de meios linguísticos. Os inúmeros neologismos criados por meio da fusão de substantivos em verbos ou em adjetivos, a utilização inovadora do emprego das preposições, ou mesmo a condensação da sintaxe da frase, a partir da rejeição dos verbos ou das preposições, por exemplo, significam, segundo o estudioso, a importante incorporação de formas e processos novos de pensamento na língua russa, tornando-a mais fluida, maleável e flexível, retirando-lhe, assim, a rigidez e as formas petrificadas. Cf. K. Tchukóvski, "Vladimir Maiakovski", em *Les futuristes*, Lausanne, L'Âge d'Homme, 1976.

mundo exterior. Em ambos os escritores, a subversão da língua russa (por meio da utilização das formas do falar popular, dos neologismos criados com base ora no folclore regional com seus provérbios e ditos populares, ora na linguagem oficial e burocrática, sem contar a refuncionalização poética de todo o material da atualidade não-literário) confere à textualidade de Maiakóvski e de Gógol força e riqueza expressivas igualáveis, capazes de provocar uma decisiva reciclagem estética e artística em seu tempo.

É possível surpreender a estreita convergência dos princípios de criação entre ambos os escritores no caráter hiperbólico das imagens e alusões, no aspecto insólito das metáforas, na multiplicidade de planos marcados pela dialética do tragicômico e pela profusão e variedade de entonações.

Gógol teria sido um dos autores preferidos de Maiakóvski desde a adolescência, e, no período posterior à Revolução de Outubro, o poeta futurista teria recorrido com insistência à citação e referências a heróis, imagens e passagens de textos de Gógol para a composição de muitos de seus escritos.[30]

Com relação à criação teatral, é possível entrever nas comédias maiakovskianas procedimentos de composição característicos da estruturação dramatúrgica gogoliana. Destacam-se o mesmo desenvolvimento rítmico da ação (repleto de lances cômicos inesperados), a agilidade verbal dos personagens, o ambiente dos espetáculos de feira russos, em que heróis caricatos, charlatões impostores ou tolos ingenuamente enganados lembram marionetes e

---

[30] Um dos primeiros e mais importantes estudos comparativos dos procedimentos poéticos de Gógol e Maiakóvski coube ao simbolista Andrei Biéli, em seu livro *Masterstvó Gógolia (A maestria de Gógol)*. Também N. Khardjiev, estudioso contemporâneo do futurismo e do formalismo russo, salienta que as primeiras declarações de Maiakóvski sobre Gógol remontam ao ano de 1914 e que toda a criação do poeta futurista está permeada de citações e referências diretas aos textos gogolianos. O estudioso refere que, segundo o testemunho de um sobrinho de Maiakóvski, M. Kissélev, Gógol teria sido o escritor preferido do poeta. Maiakóvski chegava a declamar episódios e cenas inteiras de Gógol com entusiasmo e risos contagiantes. Cf. N. Khardjiev, "Remarques sur Maiakovski: Gogol dans la poésie de Maiakóvski", em *La culture poétique de Maiakóvski*, Lausanne, L'Âge d'Homme, 1982.

fantoches com seus jogos verbais, trocadilhos e expedientes fonéticos. Emaranhados em enredos anedóticos e mal-entendidos farsescos, os heróis conduzem episódios insólitos e pitorescos que se encerram, como se observa nas peças de ambos os dramaturgos, com reviravoltas inusitadas e surpreendentes, tingindo a coloração da comédia com tonalidades trágicas.

Aquele "riso através das lágrimas invisíveis",[31] síntese explicativa para o humor gogoliano e referida pelo próprio Gógol em suas *Almas mortas* e na peça *À saída do teatro depois da representação de uma nova comédia*, encontra na dramaturgia de Maiakóvski profundas correspondências. Não apenas em suas últimas produções teatrais, mas desde *Vladímir Maiakóvski, uma tragédia* a figura do poeta-personagem é caracterizada como aquele que "sobre a cruz do riso está crucificado num grito de sofrimento".

E mesmo na hilariante "pintura satírica de nossa época", de *Mistério-bufo*, certas cenas deixam entrever a síntese bitextual sobre a qual se estrutura a comédia, em cuja contraface se expõe o cunho sério e trágico, impresso pelas dimensões sociais, morais e culturais do texto.

Observe-se, por exemplo, no final do 2º ato, na cena em que os impuros morrem de fome e de frio após terem sido depostos pelos puros, a aparição do monte Ararat e de um mensageiro que anda sobre as águas para se aproximar e proferir um discurso a eles. Alusão à imagem de Jesus Cristo, cabe a essa figura, chamada "um homem comum" (e na segunda versão, "homem do futuro"), o pronunciamento da palavra reveladora, reminiscência do sermão da montanha:

> Quem sou eu?
> Não tenho classe,
> nem nação,
> nem tenho geração.
> Vi trinta, quarenta séculos.

---

[31] A expressão "rir através das lágrimas" teria sido empregada pela primeira vez por Púchkin para caracterizar o humor de Gógol na novela *Proprietários de terra à moda antiga*. Cf. N. Khardjiev, *op. cit.*, p. 231.

Sou apenas um homem
dos tempos futuros.
Quero soprar nas almas o fogo,
pois sei muito bem,
como é difícil nesta vida ter arrojo.
Ouçam!
Eis aqui o novo sermão da montanha!
Querem chegar ao Ararat?
Não tem Ararat nenhum.
Trata-se apenas de um sonho.
Mas se a montanha não vai a Maomé,
ao diabo com ela, é o que proponho!
Não vos falo do paraíso de Cristo,
onde se toma um chazinho sem graça.
É o verdadeiro paraíso na terra
o que queremos que nasça.
Julguem vocês mesmos:
não será o paraíso de Cristo
um céu de evangelistas famintos?
O meu paraíso
é repleto de móveis e aposentos;
muito luxo, paz e iluminação elétrica a contento.
Lá o trabalho é doce e não machuca as mãos,
o trabalho é uma rosa que na palma da mão brotaria.
Lá o sol faz tantas maravilhas,
cada passo afunda em cores e magia.
Aqui a vida é dura para o hortelão
— aterro de estrume, de vidro é o chão,
mas lá, comigo, não;
nas raízes do funcho
seis vezes por ano abacaxis crescerão.

Depois da rápida aparição do "homem do futuro" e terminado o discurso, seguem-se as falas:

SAPATEIRO —
Cadê?

FERREIRO —
Acho que está aqui dentro de mim.

CAMPONÊS —
Acho que em mim também
ele se esgueirou por baixo do pano.

VOZES —
Quem é ele?
Quem é esse espírito insano?
Quem é ele —
sem nome?
Quem é ele —
sem sobrenome?
Seu objetivo, qual seria,
lançando essa profecia?
Ao redor o dilúvio e a tempestade enfurecida.
Que importa!
Vamos encontrar a terra prometida!

Assim como o herói principal da peça *Vladímir Maiakóvski, uma tragédia*, o poeta-personagem Maiakóvski, imagem desdobrada do dramaturgo, parece prefigurar na imagem reflexa do homem comum ou homem do futuro uma espécie de profeta, um messias detentor do discurso revelador e da transfiguração poética do mundo por meio da magia da palavra.

Há por trás desse contexto metadiscursivo, subliminar em toda a dramaturgia maiakovskiana, uma dupla orientação textual capaz de promover a natureza sério-cômica de seu teatro e de colocar em questão, por meio desse jogo autorreflexivo, o enunciado e o próprio ato de enunciação. Daí a impressão de que a figura do artista, do artesão da palavra, do ser político, social e moral, se imiscuem na tessitura de seu texto.

Maiakóvski escreveu suas últimas grandes peças de teatro apenas no final da década de 1920, onze anos, portanto, após a sua primeira versão de *Mistério-bufo*.

Há quem veja no protagonista de *O percevejo*, Prissípkin, a imagem reflexa do próprio dramaturgo no final da vida. A peça é um dos textos em que o poeta expressa sua eterna aversão pelos costumes pequeno-burgueses. Trata-se, na verdade, de uma reflexão em tom grotesco e fantástico (o subtítulo assim a qualifica: "Comédia fantástica em nove quadros") sobre o desenvolvimento da vida e da cultura soviéticas a partir da época da NEP (Nova Política Econômica), instaurada por Lênin por volta de 1921-1922, quando a Rússia se abre a um breve período de livre mercado, favorecendo o comércio privado e o lucro como forma de substituir o "comunismo de guerra" e de combater a fome que assolava o país.

A peça mostra a história do operário Prissípkin, que abandona a sua classe para se casar com a filha de um cabeleireiro, a manicura e caixa Elzevira Renaissance, o que lhe traria certamente uma vida mais refinada e confortável depois das privações da guerra civil. Renega assim os seus companheiros proletários, muda seu nome para Pierre Skripkin (de "skripka", violino em russo) e despreza a namorada operária Zoia Bieriózkina, que se suicida por amor. O casamento pomposo na loja dos Renaissance no final da primeira parte da peça termina com um grande incêndio, no qual morrem todos os convivas, com exceção de Prissípkin, que fica congelado pelos jatos d'água dos bombeiros.

A segunda parte da comédia se passa no ano de 1979, numa sociedade do futuro racional e calculista, cinquenta anos depois do congelamento de Prissípkin. Este é encontrado numa barra de gelo, e o Instituto das Ressurreições Humanas resolve descongelá-lo. Com ele é descongelado também um percevejo, que surge inesperadamente de seu colarinho.

Com seu violão, seus trajes do passado, seu linguajar e suas maneiras "grosseiras", Prissípkin deixa horrorizado aquele mundo do futuro, onde o amor, o *fox-trot*, a vodka, enfim os prazeres triviais, não têm mais sentido porque representam um passado decadente, superado pela sociedade planificada e racional do futuro soviético.

Prissípkin não quer ser curado dessas "doenças". Resiste, mas seus micróbios são considerados perigosos e ele acaba enjaulado e exposto num jardim zoológico a uma multidão que vem de todas

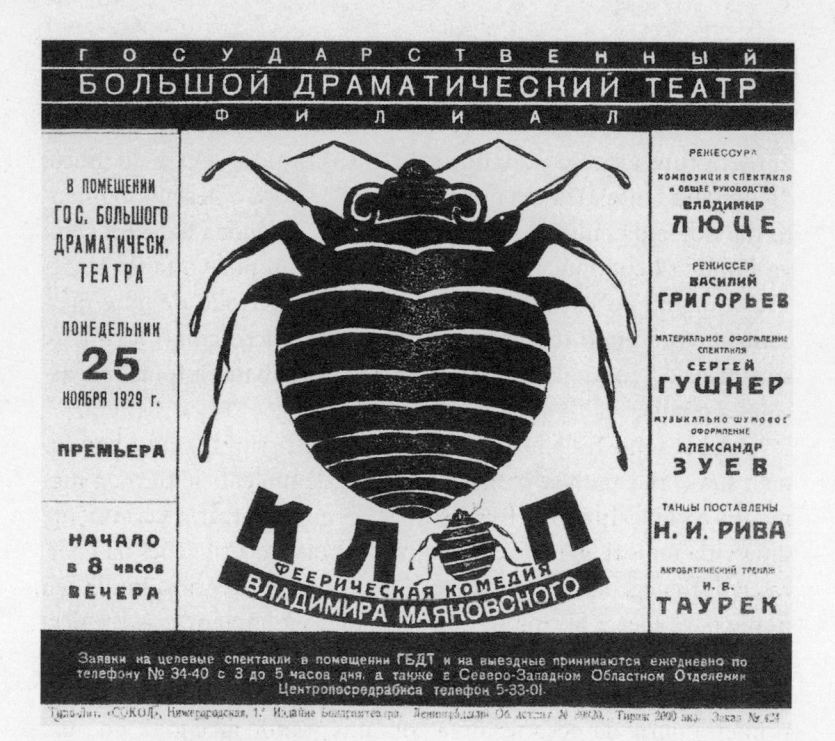

Cartaz da apresentação de
O percevejo, de Maiakóvski,
em Leningrado, 1929.

O ator Igor Ilinski no papel de
Prissípkin em *O percevejo*.

Maquete do cenário e cena da peça *O percevejo*,
de Vladímir Maiakóvski.
Fotografias de Aleksei Temerin, 1929.

as partes, inclusive do Brasil, para observar o prodígio. Sua única consolação é a presença do amado percevejo, recordação reconfortante dos velhos tempos, que lhe faz companhia na jaula. O diretor do jardim zoológico apresenta ao final os dois parasitas:

> São dois de tamanhos diferentes, mas idênticos na substância: trata-se dos célebres *cimex normalis* e *philisteus vulgaris*. Ambos habitam os colchões mofados do tempo. O *cimex normalis*, após empanturrar-se e embriagar-se do corpo de um só homem, cai embaixo da cama. O *philisteus vulgaris*, após empanturrar-se e embriagar-se do corpo da humanidade inteira, cai na cama. Essa é a única diferença![32]

As duas partes da peça articulam-se numa oposição orgânica no plano dramatúrgico e acabam por sublinhar a extrema ambiguidade que resulta da leitura do texto.

É certo que o operário Prissípkin, na primeira parte da peça, quer pertencer àquele amontoado de "népmani", pequeno-burgueses que tinham sede de bem viver depois das agruras da revolução e da guerra civil, e que inundavam os anos da NEP. Maikóvski os ridiculariza e faz de seu protagonista um autêntico bufão que imita de modo grotesco as maneiras, as danças e os gostos vulgares e grosseiros da classe a que aspira pertencer.

No aspecto composicional, todos os quadros da primeira parte estão sobrecarregados de objetos, cores e ruídos extravagantes. Personagens cômicos e grotescos nos remetem ao ambiente filisteu e aparecem cercados por quinquilharias de gosto duvidoso, mas

---

[32] Cf. V. Maiakóvski, *Pólnoie sobránie sotchinénii* (*Obras completas*), tomo 11, Moscou, Khudójestvennaia Literatura, 1958. Existe em língua portuguesa uma edição publicada em Lisboa pela Editorial Presença, [s.d.]. Há também uma versão brasileira (São Paulo, Editora 34, 2009), adaptação livre de Luís Antonio Martinez Corrêa, com revisão e prefácio de Boris Schnaiderman, espetáculo que estreou no Rio de Janeiro, no Teatro Dulcina, em junho de 1981, e em São Paulo no Teatro Sesc-Pompeia, em 1983.

que preenchem o vazio e o tédio daquele universo-simulacro de um Ocidente capitalista e pequeno-burguês que dava o tom dos anos da NEP. Os objetos e os seres que habitam esse mundo se equivalem na sua risível inutilidade.

Acumulam-se, assim, os gritos dos pregoeiros e vendedores ambulantes, a algazarra da rua e as cores vibrantes de um ambiente festivo e carnavalizado, repleto de surpresas e truques cênicos que seduzem o operário Prissípkin. O texto está matizado de números circenses e de expedientes dos teatros de feira, que apontam para o colorido e o dinamismo próprios ao teatro de espetáculo.

O paroxismo dessa linguagem cênica irreverente e hiperbólica da primeira parte da peça culmina com o episódio do hilariante "casamento vermelho": a festa, os trajes, os objetos, as comidas, os copos, a bebida, tudo aparece tingido de vermelho. Esse universo dionisíaco, construído ao estilo de um *vaudeville* farsesco (remetendo-nos ao ambiente provinciano de *As bodas*, de Tchekhov), é subitamente surpreendido pelas labaredas vermelhas do fogo que tudo destrói, desmanchando e dissolvendo na fumaça aquela falsa e vulgar união entre o ridículo operário e a arrogante família pequeno-burguesa.

Todo o grotesco modulado pelo texto foi transposto cenicamente por Meyerhold em seu espetáculo, cuja estreia se deu em 13 de fevereiro de 1929. Para as soluções cênicas, além do próprio Maiakóvski, o diretor contou com o auxílio de três caricaturistas para os figurinos e para a cenografia da primeira parte, e coube a Ródtchenko a criação do mundo ascético do futuro.

A segunda parte da peça se apresenta, nos vários níveis composicionais, em completa oposição à primeira. Há uma reviravolta no enfoque dramático do personagem principal. Ao ser descongelado, cinquenta anos depois, o operário, ainda com os trajes das núpcias, vê-se lançado num mundo futuro de homens-fantoches, frios e racionais. A ótica esboçada na primeira parte se esvai, e o fantoche surge, por assim dizer, "estranhado". O contraste entre os dois espaços-tempos (passado-futuro), posto em reflexão na segunda parte da peça, desautomatiza a visão primeira que nos foi apresentada.

Corrobora, para isso, a estruturação cênica modulada pelo

texto: à extravagância cromática da primeira parte contrapõem-se agora, na representação do futuro, a secura e o despojamento do traçado construtivista proposto. A anarquia visual anterior é substituída pelo rigor construtivista e o equilíbrio racional, que combinam armações de vidro e metal, telas brancas, alto-falantes metálicos, aparelhos médicos, cientistas assépticos vestidos de branco etc. Ou seja, o ambiente e os objetos que cercam agora o protagonista são produtos de uma sociedade "organizada", geométrica e racionalizada, que congrega uma multidão muito diferente daqueles fantoches circenses que povoam a cena na primeira parte. A cena se cobre agora de autômatos frios que não conhecem o álcool, o ciúme e o amor.

Prissípkin resiste a esse mundo futuro incolor, insosso e sem paixão, no qual o amor é visto como um micróbio nocivo e destrutivo. Não pretende fazer parte desse mundo de pretensa perfeição onde não parece mais um indivíduo, mas apenas um ser "exótico" que deve, como o percevejo, ser capturado e preso numa jaula para exposição. "Ao diabo vocês e vossa sociedade! Não fui eu que pedi que me ressuscitassem. Recongelem-me!", desespera-se, mantendo-se fiel a seus ideais e preceitos do passado.

A solidão e o sofrimento do protagonista diante de um mundo "racional" e impassível são postos agora em primeiro plano, e Maiakóvski, como que deixando transbordar mais uma vez um eu-lírico subjetivado, clama por ajuda e compaixão, revirando os matizes de significação do texto: "Cidadãos! Irmãos! Meus caros! Mas de onde vêm vocês? Quantos são? Quando os descongelaram? Mas por que só eu devo ficar na jaula? Irmãos, meus caros! Por que me deixam sofrer sozinho? Cidadãos!".

Muito se tem discutido sobre a apreensão ideológica final da peça. O crítico A. M. Ripellino chegou a salientar: "Com sua ambiguidade a comédia nos deixa na dúvida: é verdade que a grosseria filisteia sobrepujou os ideais da revolução, mas o futuro do comunismo não é mais consolador do que o presente. Quem seria capaz de resistir num consórcio tão puritano e tedioso?".[33]

---

[33] Cf. A. M. Ripellino, *op. cit.*, p. 179.

Se não se trata explicitamente de uma denúncia da sociedade socialista do futuro, não há como negar uma crítica profundamente irônica aos rumos que tomava a construção de um mundo novo. Há quem também considere a imagem final de Prissípkin a expressão da própria frustração do poeta, isolado entre seus contemporâneos, atacado pelos críticos de todos os lados, vítima da incompreensão perante um contexto soviético que o acusava cada vez mais de ser um artista "incompreensível para as massas".

No entanto, é preciso destacar também nesse texto, bem como na encenação realizada por Meyerhold no mesmo ano, um complexo sistema de correlações de ordem estética não apenas no que se refere à toda a criação teatral do dramaturgo, mas também ao próprio desenvolvimento estético e artístico das vanguardas russas.

Nesse sentido, se a formatação abstrato-construtivista da segunda parte de *O percevejo* configura um contraponto estético e estilístico em relação às cenas circenses e carnavalizadas da primeira parte, é lícito, talvez, se deparar nessa ambivalência estrutural do texto com uma espécie de releitura dramática maiakovskiana da própria dialética operante no seu trabalho teatral e na trajetória das vanguardas russas. Assim, se a primeira parte do texto nos reenvia à positiva utopia presente em *Mistério-bufo*, com as tonalidades e os ritmos do futurismo, a segunda parte coloca contraposta, através de nova ótica, a perspectiva construtiva (e construtivista) do futuro. Esboçam-se no segundo momento, de modo crítico, a negatividade de um tempo e o esgotamento de uma estética projetada nos anos 1920 como construtura positiva para a representação artística da sociedade soviética nascente.

A euforia revolucionária da estética futurista e a projeção construtivista de um novo tempo aparecem agora em tom de derrisão, pois se opera em *O percevejo*, simultaneamente, a desconstrução de uma ideologia e de uma estética, como se a interação contraditória mas complementar das duas partes que estruturam o texto pudesse modular tão somente as reminiscências dos sonhos do passado, transformados, porém, em meros simulacros do futuro.

Por isso, às fórmulas cênicas construtivistas, também carnavalizadas e postas agora em derrisão, aliam-se não a pesquisa e a experimentação de novas formas de representação artística de um

324

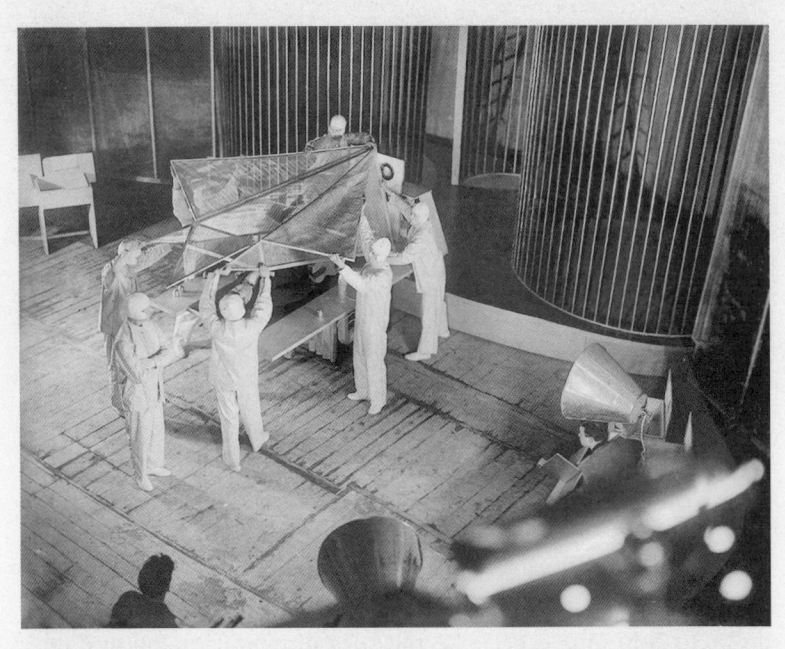

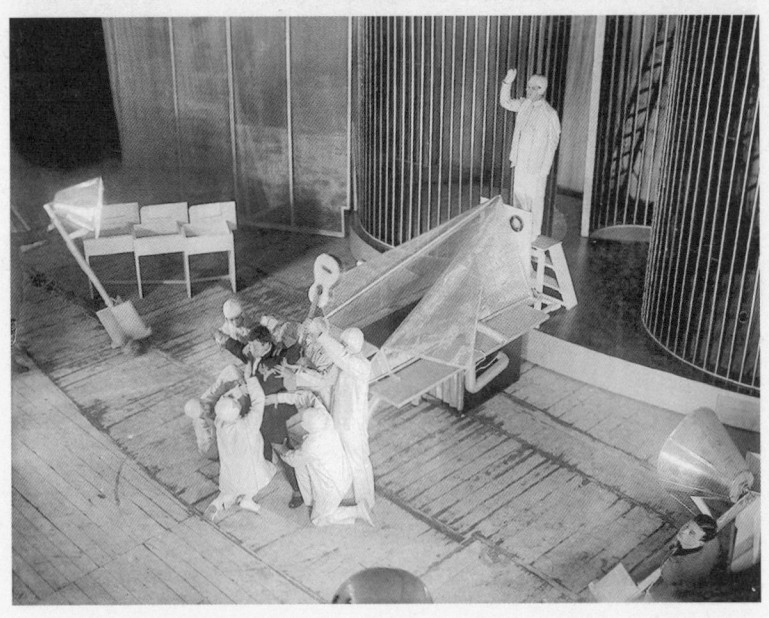

Cenas de O *percevejo*, de Maiakóvski, na montagem de Meyerhold, com Prissípkin entre os cientistas do futuro.
Fotografias de Aleksei Temerin.

mundo em plena progressão, mas a ridicularização irônica dos seres e das coisas que conformam um tempo futuro, absurdo e grotesco, passível apenas de farsa ou comédia, a marcar o inevitável fim das utopias.

Assim, se à primeira vista a gênese poético-cênica de *O percevejo* parece estabelecer vinculações com a tessitura dramática de *Mistério-bufo*, é possível detectar na contraposição dialética de formas e estilos com que Maiakóvski estrutura sua peça de 1929 uma espécie de releitura crítica de um tempo-espaço histórico e estético, posto agora em indagação.

Dessa forma, o "herói" Prissípkin e o poeta-personagem de *Vladímir Maiakóvski, uma tragédia* adquirem, por meio da hiperbolização do sistema metafórico do texto, uma dualidade constitutiva matizada pela coexistência do trágico e do cômico, da qual emerge a figura desdobrada do poeta-artista como profeta e, ao mesmo tempo, como louco, bufão e *clown*.

Mas resta nessa rebelião maiakovskiana, em nome da felicidade, do amor e da liberdade (essenciais para o homem-artista Maiakóvski), uma fé inquebrantável no futuro, única solução do poeta para todas as suas contradições como ser social ou como artista. Assim, em sua última criação teatral, *Os banhos*, também escrita em 1929 e encenada por Meyerhold em 1930, pouco antes do suicídio de Maiakóvski, a visão do tempo-espaço futuro e da imortalidade através da ressurreição retornam aqui como imagens recorrentes de uma mitologia poética a expressar o único sucedâneo possível para o tempo-espaço do presente.

Cabe ao personagem Tchudakóv, nome não por acaso derivado do substantivo "tchudák" (homem excêntrico, original ou extravagante, da raiz "tchúda", que significa prodígio, maravilha, milagre), a invenção de uma máquina do tempo, figuração renovada da arca de *Mistério-bufo*. Esse herói, criador de um artefato miraculoso que pode adiantar e apressar o tempo, parece prefigurar a própria concepção maiakovskiana da arte como única possibilidade de superação do tempo e da vitória sobre sua marcha contínua ("o poeta deve apressar o tempo").

Graças à construção da máquina prodigiosa, base da efabulação de *Os banhos*, se concretiza a encarnação da "mulher fosforescente", personagem que chega do futuro em tom profético e capaz de libertar o tempo presente das malhas de um bando de burocratas e de um sistema estatal emperrado, personificados na figura grotesca do "camarada" Pobedonóssikov, obstáculo quase intransponível para um porvir auspicioso, que será cuspido da máquina do tempo em companhia de seus asseclas: uma nova moldagem da turma dos "puros" de *Mistério-bufo*.

À figura feminina, fantástica e poética, imagem fosforescente do futuro irmanada ao excêntrico inventor de prodígios, cabe reverter o tempo para transformar não apenas o presente, mas também o passado, lançando os bem-aventurados e os sonhos da utopia para um longínquo ano de 2030.

Como bem apontou Roman Jakobson,[34] para Maiakóvski, o futuro que ressuscita os homens do presente não é apenas um procedimento poético, não é apenas motivo de um entrelaçamento bizarro de planos narrativos, mas, talvez, o mito mais secreto do poeta.

* * *

Apesar de Maiakóvski ter passado para a história oficial soviética como poeta emblemático do regime, seu teatro foi silenciado por muito tempo, o que indica a complexidade de seus textos e a dificuldade de enquadramento em padrões ideológicos rígidos e simplistas.

A dramaturgia e a obra maiakovskianas como um todo, a par das vinculações temáticas ou ideológicas com o momento histórico no qual se inserem, devem ser analisadas a partir de uma pers-

---

[34] Jakobson relata que Maiakóvski, já nos anos 1920, estava fascinado pela teoria geral da relatividade, a liberação da energia, a problemática do tempo e a questão de se saber se uma velocidade que ultrapassa o raio de luz não constitui a marcha inversa do tempo. E cita uma curiosa conversa entre eles: "E você não pensa — pergunta o poeta a Jakobson — que é desse modo que adquiriremos a imortalidade? Mas eu estou inteiramente convencido de que não mais existirá a morte. Farão ressuscitar os mortos. Vou procurar um físico que me explique o livro de Einstein ponto por ponto". Cf. R. Jakobson, *Sobre a geração que esbanjou os seus poetas*, op. cit., p. 115.

pectiva que leve em conta a sua rica contribuição no campo da poética e da estética teatral.

Tanto em O percevejo como em Os banhos, e mesmo antes, em *Vladímir Maiakóvski, uma tragédia* e *Mistério-bufo*, observa-se a mesma busca de uma nova linguagem teatral vinculada aos preceitos estéticos que presidiam toda a experimentação que marcava os diversos campos artísticos no período das vanguardas.

É curioso que, durante muito tempo, a crítica soviética impôs a ideia de que a obra pré-revolucionária de Maiakóvski seria "imatura", enquanto o seu ápice criativo estaria nos textos "revolucionários" da década de 1920. Outra visada crítica[35] considera, ao contrário, que o verdadeiro valor do poeta encontra-se em seus textos escritos antes da Revolução, e que o melhor de sua obra estaria ligado às propostas estéticas do cubo-futurismo. Assim, seus textos de encomenda, seus artigos assertivos, muitos deles ligados à propaganda política, seriam desprovidos de talento e teriam perdido, com o passar do tempo, muito de seu impacto e de seu brilho.

De fato, não me parece que essa compartimentalização da obra maiakovskiana deva orientar a justa reflexão crítica. É possível apreender, como se viu, uma organicidade e uma linha estética evolutiva que articulam os diversos momentos e as diferentes injunções históricas a que sua criação esteve submetida.

O mundo poético maiakovskiano está marcado de modo geral pela visão hiperbólica, que dilata e transforma de forma irônica, frequentemente cômica, a sua visão do homem e dos objetos, elementos e arquiteturas que o rodeiam.

Assim, desde o princípio, mesmo em seus textos mais líricos e subjetivos, como a peça *Vladímir Maiakóvski, uma tragédia*, a polêmica social já está presente, mas por meio de uma série de deformações hilariantes que marcam a sua obra como um todo: a sua obsessão por figuras obesas, que aparecem também em vários de seus próprios desenhos e caricaturas, constitui um traço distintivo.

---

[35] Cf. A. M. Ripellino, "Releer Maiakóvski", em *Sobre literatura rusa: itinerario a lo maravilloso*, trad. Antonio Pigrau Rodríguez, Barcelona, Barral Editores, 1970.

Além disso, metáforas excêntricas das quais irrompem, com frequência, criaturas desprezadas, desesperadas, doentes e abandonadas procedem inclusive em suas últimas peças de uma modulação visual própria da pintura cubo-futurista, assimilando seus procedimentos, suas cores, suas decomposições geométricas, herdadas, certamente, das transfigurações do simbolismo. Daí a constante experimentação poética, mesmo em seus textos dramatúrgicos, com a materialidade do signo verbal, com o aspecto sonoro e tangível da palavra e com os jogos verbais burlescos e abstratos, que nos remetem ao campo da linguagem do grotesco e às próprias investigações linguísticas dos formalistas russos, inspiradas, em certo sentido, na fragmentação do objeto e no abstracionismo pictórico.

Mas a comicidade resultante é, na maioria das vezes e principalmente em suas últimas produções, tensa e atormentada, caindo continuamente no trágico, ainda que sob a máscara de uma "comédia feérica" (*O percevejo*), ou de um "drama com circo e fogos de artifício" (*Os banhos*). Resta, por isso mesmo, em seus últimos textos, certa ambivalência angustiante, ainda que cômica: o anseio da justiça e da crítica social e a busca obsessiva pela transformação do mundo revelam, em contrapartida, a imagem da solidão profunda e da incapacidade de inserir-se na pequenez do consórcio humano. A saída é golpear o futuro, encarnar o futuro para a plenitude absoluta da existência, fruto do impulso criador para um futuro transformado.

As hipérboles e sonoridades dilatadas, os jogos verbais deformantes, soam, talvez, como gritos contra a solidão e o sofrimento daquele mesmo eu-lírico que já se vinha esboçando desde *Vladímir Maiakóvski, uma tragédia*.

No entanto, não se pode esquecer, como parece evidente, que surge também no teatro maiakovskiano um riso que afunda suas raízes na tradição cultural popular (em especial no teatro de feira, no teatro de marionetes com suas arlequinadas cômicas), o qual está ligado àquele autêntico riso festivo popular que acentua a visão carnavalesca e cômica do mundo.

Maiakóvski e toda a sua geração estiveram muito voltados à cultura popular, à tradição pictórica dos ícones, à tradição oral

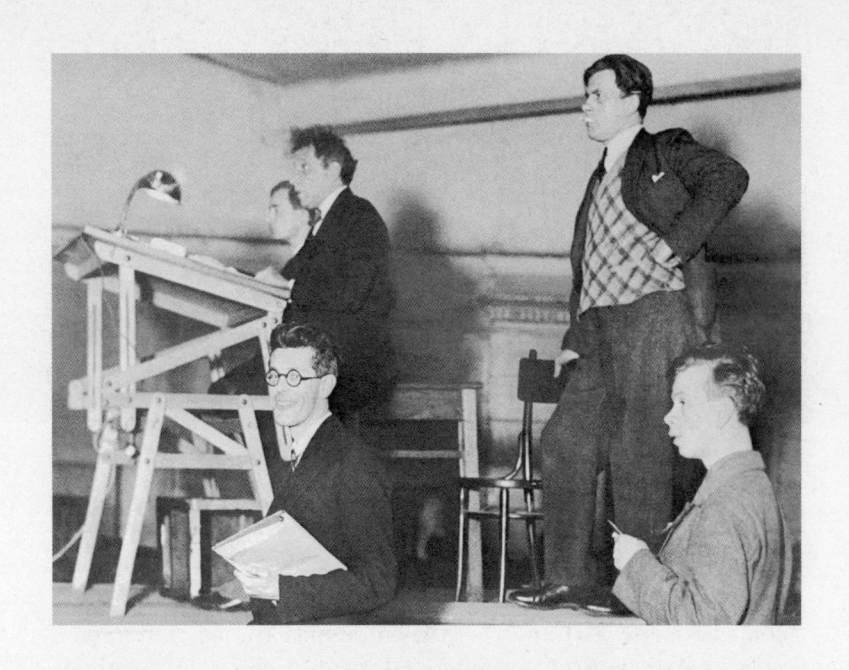

Meyerhold e Maiakóvski durante ensaio de *Os banhos*,
e o cartaz da estreia da peça, 1930.

Montagem de Meyerhold para a cena final de *Os banhos*,
de Maiakóvski, com a partida na máquina do tempo.
Fotografia de Aleksei Temerin, 1930.

das canções, ditos e provérbios do saber popular, mesmo quando sua utilização se fez através dos procedimentos da estilização e da paródia.

Assim, a obra dramática de Maiakóvski apresenta, ao lado das experiências mais modernas no âmbito dramatúrgico e cênico, o aproveitamento da tradição do teatro popular: o humor grosseiro do teatro de feira, o ritmo frenético circense com seus palhaços e bufões de máscaras grotescas, os expedientes de variados *clowns* e seus truques espetaculares, como a viagem no tempo, as ressurreições no futuro, os fogos de artifício, enfim, tudo isso nos leva a uma aproximação com as figuras e imagens das comédias populares e com as formas do cômico popular da praça pública.

As figuras estilizadas dos puros e dos impuros, a algazarra festiva e ritualística do casamento de Prissípkin, ou os "heróis" burocratas e caricatos jogados na máquina do tempo prodigiosa (capaz de os enviar em poucos segundos para um tempo futuro) fazem parte de uma mesma cosmogonia artística conformada por um conjunto de procedimentos estéticos que permite manipular e transformar os sistemas semióticos que constituem uma dada cultura: as regras da sintaxe social, da sintaxe dos objetos ou ainda da sintaxe da língua são sistematicamente invertidas por Maiakóvski.[36]

Nesse sentido, o poeta reencontra também todo o filão de autores cômicos do século XIX, como Gógol, Ostróvski, Saltikov--Schedrin e mesmo Tchekhov e Blok, a cujas imagens e personagens cômicos e grotescos há em sua dramaturgia inúmeras correspondências. Por exemplo, o sistema criativo de Maiakóvski de fazer corresponder os nomes próprios de seus personagens às suas características físicas ou comportamentais, trabalhando-os a fim de desnudar a sua própria essência semântica e sonora, e criando, assim, máscaras perfeitas para eles, nos remete de imediato aos procedimentos da escritura gogoliana. Da mesma maneira, o aproveitamento de todo o chamado "gênero baixo" da literatura jornalística, todo o material da atualidade não-literária, a anedota

---

[36] A propósito da politização do *clown* em Maiakóvski, ver Claudine Amiard-Chevrel, "La cirquisation du théâtre chez Maïakovski", em *Du cirque ao théâtre*, Lausanne, L'Âge d'Homme, 1983.

oral cotidiana extraída das formas da linguagem coloquial e da realidade imediata das ruas com suas gírias e modismos, tudo isso nos conduz à "gesticulação sonora", de acordo com a formulação de Boris Eikhenbaum.[37]

O que Maiakóvski rejeita de modo ostensivo é o teatro naturalista, com suas análises psicológicas e suas minúcias. Daí com frequência a sua sátira veemente ao Teatro de Arte de Moscou e ao "sistema" teatral de Stanislávski. Basta lembrar o prólogo de *Mistério-bufo*:

> Para os outros teatros
> Representar não é importante:
> Para eles o palco é
> o buraco da fechadura.
> Sentado, calado, passivo
> de frente ou de banda,
> você espia a vidinha alheia.
> Espia e vê
> cochichar no sofá
> tias Machas e tios Vânias.
> A nós não interessam
> Nem tios nem tias,
> tia e tio você tem em casa.
> Nós também vamos mostrar a vida real,
> Mas transformada
> Num extraordinário espetáculo teatral.

Ou, então, o terceiro ato de *Os banhos*, no qual a ação e os personagens são, inesperadamente, transportados para o palco de um teatro onde se assiste aos ensaios de uma pretensa comédia. Com o recurso da metalinguagem, do teatro dentro do teatro, o que se esboça ali é uma irreverente crítica ao teatro realista tradicional.

---

[37] Cf. B. Eikhenbaum, "Como é feito O *capote* de Gógol", em *Teoria da literatura: formalistas russos*, Porto Alegre, Globo, 1971.

Em última análise, o que está em pauta nessa poética é uma outra ótica, ou melhor, uma outra linguagem cujo "distanciamento" ou "estranhamento" resulta de uma técnica de deformação que se poderia chamar "nova-objetividade", num sentido amplo do termo.

Um primeiro componente que se observa é a oposição à concepção tradicional da arte como *mímesis*, tal como formulada especialmente pelo realismo-naturalismo, pressuposto genérico e comum a todas as correntes de vanguarda. Daí a liberação da tarefa de reproduzir "fotograficamente" a vida, convertendo o teatro numa forma de expressão baseada essencialmente na invenção formal e orientada para representar o aspecto inabitual e inesperado do mundo.

Se a linguagem realista-naturalista, além do princípio da *mímesis*, postula a identidade entre a coisa representada e o significado, isso equivale a dizer que o significado artístico coincide com os acontecimentos apresentados no palco.

A poética teatral maiakovskiana, contrária ao postulado naturalista, baseia-se no critério da não-coincidência entre o significado e a coisa representada, o que implica basicamente uma poética antiaristotélica, contrária à identificação do espectador com a cena e dirigida a um distanciamento reflexivo que permita fomentar o enriquecimento da própria sensibilidade e da consciência crítica e estética.

Nessa poética, texto dramático e procedimentos cênicos formam, assim, uma unidade inseparável em função de uma determinada estratégia. Não é por acaso que toda a atividade teatral de Maiakóvski está pautada pelas experimentações cênicas de Vsiévolod Meyerhold.

A estilização, a paródia, o grotesco e a estrutura de vinhetas e quadros destacados adequavam-se perfeitamente à estética teatral de Meyerhold, que, por sua vez, tragava da linguagem cinematográfica e da teoria eisensteiniana da montagem a tendência à desarticulação em fragmentos rítmicos, amontoando os acontecimentos numa sucessão de breves episódios, muitas vezes contrastantes. Também a desproporção, o bizarro, a hipérbole, o excentrismo do *music hall* e do circo para a construção das imagens cênicas demonstram ser absolutamente comuns às predileções de Maiakóvski e de Meyerhold.

Até em certa impostação política coincidem as fórmulas de Meyerhold e o teatro de Maiakóvski. No entanto, todo o vivo substrato de inspiração nas formas da cultura e do teatro popular impediu que seus trabalhos se transformassem em frios debates didáticos de fórmulas políticas.

Tanto Maiakóvski quanto Meyerhold, servindo-se do movimento, cores, truques e de toda a experimentação que o palco moderno lhes oferecia, puderam transformar a arte teatral num dos fenômenos artísticos mais instigantes de todo o movimento das vanguardas russas, abrindo perspectivas para a criação de uma nova linguagem artística, marcada sobretudo por uma renovada aliança entre a palavra e a imagem e pela inter-relação das diversas artes — traço, aliás, fundamental de nossa contemporaneidade.

Vladímir Sorókin
e os dilemas da cena russa contemporânea

Vida e obra

Vladímir Sorókin (1955-), considerado um dos mais representativos escritores contemporâneos, integra uma leva de escritores russos da atualidade que se convencionou chamar de "nova literatura russa", para não se utilizar a expressão "pós-modernismo russo", conceituação bastante controversa para uma classificação adequada da produção literária daquele país a partir principalmente da década de 1980.

Nascido em 1955 em Bykovo, perto de Moscou, Vladímir Gueórguievitch Sorókin faz operar na maioria de seus textos em prosa (e em grande parte de seus textos teatrais) procedimentos essenciais do fazer artístico contemporâneo: a "morte do autor", a emancipação do leitor, o fim da *mímesis*, a fragmentação, o sincretismo das formas, a metalinguagem, a ironia, a paródia e o grotesco.

Viktor Eroféiev, outro expressivo representante da intelectualidade surgida na Rússia no final dos anos 1970-1980, em um ensaio dos anos 1990,[1] faz uso de uma imagem retirada do campo teatral ao denominar de "comédia estalinista" a representação encenada pelo regime soviético no imenso palco da Eurásia — "comédia" que teria despertado em seus espectadores sobreviventes

---

[1] Cf. V. Eroféiev, "Russkie Tsvety Zlá" ("As Flores do Mal russas"), em *Russkaia literatura XX veka v zerkale kritike — Khrestomatia* (*A literatura russa do século XX no espelho da crítica — Antologia*), São Petersburgo, Akademia, 2003, pp. 230-44.

(depois de caírem as cortinas, quando Stálin, seu autor e encenador, desaparece da cena) as impressões mais pessimistas e desesperançadas no que diz respeito à natureza humana. Segundo Eroféiev, a ideologia soviética se apoiava na recuperação "fantasista" de um pseudo-humanismo, na encenação de um credo otimista que tinha como base uma espécie de "filosofia de esperança" (apropriação enviesada da filosofia que por séculos alimentou o imaginário da tradição literária e cultural russa), visão de mundo própria da *intelligentsia* russa, obstinada em assegurar a todo custo uma existência humana digna, mesmo em contingências históricas e sociais tão adversas como as da Rússia — segundo o autor, foi justamente sob o regime soviético que essa tradição, cara ao pensamento russo, se desmantelou, e a vida humana se mostrou em toda a sua baixeza, cinismo, abjeção, conformismo, hipocrisia e sadismo.

A tradição do pensamento, da literatura e da cultura russas teria então recebido um golpe mortal. Essa espécie de repositório do humanismo russo, que deve ser defendido mesmo quando o ser humano se submete às situações mais extremas e insuportáveis, entrou definitivamente em colapso quando o "espetáculo" soviético caminhava para o seu final.

A colisão do pseudo-humanismo oficial totalitarista com a busca desesperada (ou o "eterno retorno") do humanismo liberal teria engendrado a filosofia do degelo da era Kruschóv, a qual se fundamenta no imperativo de uma volta às normas "autênticas" do humanismo, temática que alimentará toda a geração de poetas e prosadores dos anos 1960, tais como Vladímir Voinóvitch, Andrei Bítov e Fazil Iskander.

Com o colapso do regime soviético, entrarão em crise a literatura e a arte soviéticas, quer em sua vertente oficial, quer na forma de oposição dissidente, posto que o regime, em certa medida, constituía a razão de ser de ambas as tendências, surgidas da mesma raiz.

É no bojo desse complexo entrelaçamento e esgotamento de dois adversários ideológicos (um humanismo oficial e um humanismo liberal), de que se nutriu a cultura soviética nas décadas de 1960-1970, que se desenvolve o fermentar e o posterior desdobramento da crise pós-moderna russa, marcada pela emergência dos assim chamados "movimentos artísticos não conformistas", declaradamente não oficiais.[2] Vladímir Sorókin pertence a essa nova geração "revolucionária" de artistas, de certo modo ainda vigente na Rússia atual. Autor de romances, contos, textos teatrais e roteiros para cinema, Sorókin ficou conhecido como um escritor-conceitualista e se tornou um dos principais expoentes da literatura russa contemporânea, em companhia de Viktor Eroféiev, Viktor Peliévin, Dmitri Prígov, Liudmila Petruchévskaia e Liudmila Ulítskaia, para citar apenas alguns.[3]

O avanço de um novo paradigma cultural vem acompanhado, assim, da concomitante desintegração do sistema socialista. E uma vez mais na Rússia o desenvolvimento sincrônico da história e da cultura é responsável pela irrupção de todo um universo ar-

---

[2] Os termos "pós-moderno", "pós-modernismo" e "pós-modernidade" invadem a reflexão crítica tanto na Europa como no continente americano há mais de meio século. Na Rússia, especialmente nos anos de 1990, tornam-se palavras-chave do discurso crítico, embora o fenômeno pós-moderno esteja muito mais vinculado à cultura do Ocidente nos EUA e na Europa, à era pós-industrial e ao declínio do capitalismo. Basta lembrar do texto clássico sobre o tema de Frederic Jameson, *Pós-modernismo: a lógica cultural do capitalismo tardio*, trad. Maria Elisa Cevasco, São Paulo, Ática, 1997.

[3] Graduado em 1977 como engenheiro no Instituto Gubkin de Óleo e Gás em Moscou, Vladímir Sorókin trabalha durante um ano na revista *Smena (Mudança)*, de onde teve que se retirar em virtude da recusa em tornar-se membro da Juventude Comunista. Nos anos 1970, participa de inúmeras exposições de arte e trabalha como desenhista e ilustrador em quase cinquenta livros. Sua atividade como escritor se desenvolve entre artistas plásticos e escritores do mundo moscovita *underground* na década de 1980. Em 1985, alguns de seus contos aparecem em uma revista em Paris e no mesmo ano o seu romance *Ótchiered (Fila)* também é publicado na França. Os textos de Sorókin foram banidos durante o regime soviético e a primeira publicação de uma coletânea de seus contos na URSS apareceria em novembro de 1989 em uma revista literária de Riga, na Letônia. Logo depois, seus textos passam a aparecer em algumas revistas literárias na Rússia. Em 1992, uma editora russa publica uma primeira coletânea de contos, *Sbórnik rasskázov (Contos escolhidos)*, indicada para um importante prêmio, que ele receberia em 2001. Os livros de Sorókin estão traduzidos atualmente para diversas línguas.

tístico-literário, que acentua agora a perda da lógica da causa e efeito, imposta pelo mundo soviético.

A transformação profunda na representação do mundo pelos artistas russos contemporâneos leva, sobretudo, a um esvaziamento da ideologia soviética, destituindo-a de seus significados e dogmas, ao mesmo tempo em que faz uso de seus clichês com o objetivo de desmontar as verdades e os cânones por ela consagrados e solidificados durante anos na consciência russa.

Essa geração de escritores, da qual Sorókin faz parte, evidencia, portanto, uma produção artística distante do *sovietismo* então em vigor, mas em vez de *antissoviética*, ela se mostra muito mais *a-soviética*, pois desconfia também da literatura soviética dissidente, a qual, segundo lhe parece, embora resista ao conformismo literário vigente, apresenta os mesmos critérios estéticos, pautados pela representação realista.

Certamente, um movimento cultural de tal magnitude e complexidade, conformado por sucessivos desvios de rumos, embates e debates, além de nuances em sua recepção crítica, produzirá nos planos estético, filosófico e ideológico estratégias artísticas múltiplas, ainda em plena expansão na última década. Um enfoque analítico conclusivo ou totalizante se torna, portanto, uma tarefa temerária, pois qualquer aproximação investigativa se encontra ainda hoje desprovida de distanciamento histórico suficiente.

Ora, de outra parte, toda a experimentação da linguagem que daí provém nos remete, em certo sentido, aos procedimentos estéticos empregados pelas vanguardas russas nas duas primeiras décadas do século XX: o futurismo e o cubo-futurismo russo, as experiências linguísticas da linguagem "transmental" do Zaum,[4] a "arte como procedimento" proposta pelos formalistas russos, as múltiplas experiências com a materialidade do signo e a conse-

---

[4] Conceito que designa a linguagem experimental ("transmental") desenvolvida pelos poetas cubo-futuristas russos Velimir Khliébnikov e Aleksei Krutchônikh, baseada na articulação informe de vocábulos inexistentes e de tramas fonéticas abstratas, por meio de combinações bizarras de sons e nexos arbitrários, levando, assim, ao extremo a experiência sonora com a língua russa.

quente aniquilação do sentido. E talvez por isso mesmo alguns críticos tendem a denominar essa nova poética contemporânea de "segunda vanguarda russa", ou "geração pós-vanguarda".[5]

É verdade que essa nova geração de escritores, com suas narrativas ilógicas, muitas vezes saídas do mundo *underground*, do *nonsense*, do absurdo, repletas de experimentações linguísticas e discursivas que violentam a língua russa com o emprego de inúmeros neologismos, ou de expressões grosseiras, retiradas do mais baixo jargão, muitas vezes obscenas, e que, certamente, alimentam um pensamento filosófico embasado na ideia da negação de qualquer afirmação, nos reenviam à mesma violência estética que marca os vários movimentos artísticos das primeiras décadas do século XX na Rússia pré e pós-revolucionária. Mas o que se coloca agora sob questão não é mais o "novo homem soviético", mas o homem enquanto tal: o amor, a infância, a fé, a Igreja, a beleza, a honra, e mesmo a sabedoria popular, estão agora sob a mira de uma descrença absoluta, a colocar um ponto final nas ilusões do populismo hodierno que reinou durante o período soviético. Uma reação brutal, sem dúvida, ao mesmo tempo contra a realidade degradada e contra o moralismo excessivo que desde sempre sufocara a cultura russa. Uma avaliação corrente dessa *intelligentsia* mais radical salienta que a sociedade russa cultivada recebera tal dose de predicação literária, que acabara por sofrer de uma espécie de hipermoralismo.

Daí advém certamente o surgimento de personagens desprovidos de biografias coerentes, cuja psicologia é substituída pela psicopatologia: loucos, doentes mentais, perversos sexuais, depravados, torturadores e drogados metaforizam não a vida no *gu-*

---

[5] Cf. especialmente M. Epstein, A. Genis e V. Slobodanka, *Russian Post-Modernism: New Perspectives on Post-Soviet Culture* (Nova York, Berghahn Books, 1999), um denso e acalentado estudo em que os autores procuram cercar o debate sobre a natureza do pós-modernismo na Rússia, no que se refere, em particular, à discussão sobre a filiação desse movimento como processo de continuidade da tradição modernista da década de 1920 ou, ao contrário, como resposta à tendência predecessora mais imediata, isto é, o realismo socialista.

lag, mas a própria Rússia em decomposição, tornada metáfora da vida.

A transformação profunda na representação do mundo pelos artistas russos contemporâneos, plasmada ora como processo de continuidade da tradição modernista em seu diálogo com as vanguardas dos anos 1920 ou com os "oberiutes",[6] ora como resposta, ou mesmo decorrência, do realismo socialista e de todo o passado histórico e cultural russo (como quer Mikhail Epstein), empreende, sobretudo, uma desconstrução da ideologia soviética, destituindo-a de seus significados e de seus dogmas, fazendo uso ao mesmo tempo de seus clichês para desmontar as verdades e os cânones por ela consagrados e solidificados durante anos na consciência russa.

Pode-se dizer que um dos procedimentos estéticos comuns a esses escritores russos se constitui na utilização quase obsessiva da intertextualidade e, principalmente, de citações e referências, muitas vezes explícitas, a textos clássicos da literatura russa.

No caso específico de Sorókin, observam-se diferentes procedimentos intertextuais, de citações diretas a estilizações, em seus mais variados graus. Já se disse que por meio da "desconstrução" de textos clássicos Sorókin constrói uma espécie de "poética da revolta". E também que os seus textos não oferecem ao leitor/espectador a chave para a compreensão do texto original. Trata-se com frequência de uma determinada postura ideológica e metatextual: apontar a hierarquia e a relação existentes entre a literatura clássica e a contemporânea, numa clara rejeição ao cânone literário e ao caráter totêmico a que muitos escritores clássicos foram

---

[6] Grupo Oberiú (Obedinenie Edínstveno Reálnovo Iskústva, União da Única Arte Real), surgido em Leningrado em 1927, tendo Daniil Kharms como expoente maior e cuja proposta essencial centra-se na revisão paródica dos princípios constitutivos da arte da primeira vanguarda, sobretudo a arte futurista. As frequentes variações dos temas, por exemplo, da vida após a morte, da vida eterna ou da regeneração futura do mundo por meio de um "segundo nascimento", este último caro a Maiakóvski, seriam retomados pelos "oberiuty", submetidos, porém, a uma revisão paródica e intertextual com relação aos primeiros futuristas.

alçados pela tradição literária russa.⁷ Daí a presença em seus textos de uma recorrente banalização da escrita, resultante da impotência da linguagem diante do esvaziamento da discursividade política e ideológica, que impregnara a literatura e a visão de mundo do homem russo contemporâneo.

É certo também que uma significativa parcela da obra literária de Vladímir Sorókin se constitui como uma espécie de moldura na projeção transversal do universo social, político e cultural da contemporaneidade russa, fazendo uso, não raro, de um inusitado deslocamento de fabulações e personagens em direção ao passado ou ao futuro.

Veja-se, a propósito, a seguinte ponderação do escritor: "Nós (os russos) a vida inteira estamos a nos movimentar para algum lugar entre o passado e o futuro, por isso não temos presente".⁸

Ou ainda: "Na vida da Rússia não há presente — apenas passado e futuro — e nós estamos sempre a nos equilibrar entre esses dois tempos".⁹

Quando, em 1985, o seu primeiro romance, *Fila* (*Ótchiered*, 1982-1983), foi publicado em Paris, Sorókin ganhou reconhecimento internacional. O romance, inteiramente composto na forma de diálogos e nos moldes do gênero dramático, sem qualquer in-

---

⁷ Cf. a propósito, Alexander Genis, "Postmodernism and Sots-Realism: From Andrey Sinyavsky to Vladimir Sorokin", em M. Epstein, A. Genis e V. Slobodanka, *Russian Postmodernism: New Perspectives on Post-Soviet Culture*, op. cit.

⁸ V. Sorókin, "Jizn-eto... teatr abssurda... V Rossii materiala dliá literatury vsegda bylo polno" ("A vida é... um teatro do absurdo... Na Rússia sempre houve muito material para a literatura"), entrevista em B. Sokolov, *Moia kniga o Vladimire Sorokine* (*Meu livro sobre Vladímir Sorókin*), Moscou, AIRO, 2005, p. 102, apud M. P. Marussenkov, *Absurdopedia russkoi jizn Vladimira Sorokina: zaum, grotesk i absurd* (*Absurdopedia da vida russa de Vladímir Sorokin: zaum, grotesco e absurdo*), São Petersburgo, Aleteia, 2012, p. 48.

⁹ V. Sorókin, "Totalitarizm: rastenie ekzotitcheskoe i iadovitoe, kraine redkoe i oposnoe" ("O totalitarismo é uma planta exótica e venenosa, extremamente rara e perigosa"), entrevista em <http://www.isnosmi.ru/untitled/200209 24/159243.html>, apud M. P. Marussenkov, op. cit., p. 57.

tervenção da figura de um narrador, situa a ação em uma fila de espera e faz alusão ao absurdo da vida cotidiana soviética, quando filas infindáveis para o acesso a alimentos e aos mínimos bens de consumo eram, ao mesmo tempo, palco inusitado de relações humanas e afetivas surpreendentes.

Esse e alguns outros romances integram o conjunto de textos literários do jovem escritor, obras como: *Norma* (*Norma*, 1979-1984) e *O trigésimo amor de Marina* (*Tridtsataia libov Mariny*, 1982-1984), além de uma coletânea de contos e novelas, intitulada *O primeiro sábado de trabalho* (*Pervyi subbotnik*, 1980-1984), e, também, suas primeiras experiências no campo da dramaturgia. Integram ainda esse primeiro *corpus* literário o poema em prosa *Um mês em Dachau* (*Messiats v Dakhau*, 1990)[10] e o romance *Os corações dos quatro* (*Serdtsa tchetyriokh*, 1991).

Nessas primeiras experiências literárias, e mesmo em tentativas anteriores, dos anos de adolescência, quando, segundo o escritor, ele estava apenas "ensaiando", já se insinua a poética do fantástico e do grotesco, matizada por um erotismo flagrante.

Vale lembrar que na fase inicial de sua produção artística, o desenho e a pintura por um bom tempo afastaram Sorókin do fazer literário. Conforme declarado em uma entrevista, foi depois de conhecer as obras dos surrealistas que Sorókin passou a se dedicar apenas ao desenho, e somente por volta dos seus vinte anos de idade voltaria a se debruçar de modo consequente sobre escritura literária.[11]

Na década de 1970, Sorókin conhece o ambiente artístico moscovita *underground* e se aproxima do grupo dos "conceitua-

---

[10] Publicado em português na tradução de Mário Ramos e Yulia Mikaelyan na *Nova antologia do conto russo (1792-1998)*, organizada por Bruno Barretto Gomide, São Paulo, Editora 34, 2011.

[11] "Kak raz v eto vremia Ia uvidel raboty siurealistov, kotorie menia prosto potriasli, stal rissovat i vernulsia k seriosnomu literaturnomu protsessu v dvadtsat let, uje ne mal'tchikom" ("Naquele tempo, tão logo vi o trabalho dos surrealistas, que me deixaram comovido, comecei a desenhar e voltei novamente a um fazer literário sério aos 20 anos de idade, já não mais uma criança"), *apud* M. P. Marussenkov, *op. cit.*, p. 34.

listas", entre eles Iliá Kabakov, Eric Bulatov e Andrei Monastyrski. Embora vários de seus textos dos anos 1980 apontem para essa aproximação, o escritor chegou a declarar que a *Pop art* interessou-o muito mais do que o conceitualismo e que suas tentativas criativas teriam buscado sempre que possível aproximar a *Pop art* da literatura: "Warhol me deu muito mais do que Joyce", declarou em uma entrevista.[12]

Nesse período, as experiências do *underground* moscovita se apropriavam do conceito da *Pop art*, formulando seu equivalente soviético, a *Sots art*, assim denominada pelos artistas Vitali Komar e Aleksandr Melamid. Enquanto a *Pop art*, movimento surgido por volta de 1950 no Reino Unido e amadurecido nos Estados Unidos na década de 1960, se utiliza dos clichês da cultura de massa, a *Sots-art* se apropria da cultura do realismo socialista para criar um sucedâneo soviético, servindo-se da manipulação, em tom de derrisão, de símbolos, slogans e procedimentos artísticos e culturais próprios da estética oficial.

Sorókin encontrou nesse procedimento estético terreno fértil para a impostação radical de seus primeiros textos, que o projetaram como uma das vozes mais experimentais e radicais da Rússia dos anos 1980.

Eu logo percebi, mesmo de modo inconsciente, que era exatamente isso que eu fazia até então. Em minhas primeiras coisas havia muita literatice, no entanto, eu já utilizava certos clichês, não soviéticos, mas pós-nabokovianos. E, graças aos quadros de Bulatov (ele, é claro, não era um conceitualista, mas um típico *Pop artista*, se é que podem existir *Pop artistas* soviéticos), compreendi de repente a seguinte fórmula: na cultura da *Pop art* tudo é possível. Os materiais podem ser desde o *Pravda* até Chestov, Joyce ou Nabókov. Qualquer manifestação

---

[12] V. Sorókin, "Prochai, kontseptualism!" ("Adeus, conceitualismo!"), *apud* M. P. Marussenkov, *op. cit.*, p. 37.

no papel já se torna um artefato e podemos manipular tudo isso como bem entendermos. Para mim isso foi como a descoberta da energia atômica.[13]

Sabe-se também que muitos de seus primeiros contos e novelas, escritos entre 1978 e 1981 e reunidos em uma coletânea apenas nos anos 2000, foram incorporados como partes, fragmentos ou capítulos de romances significativos, como *Norma* e *Gordura azul* (*Goluboe Salo*, 1999).

A estratégia da desconstrução composicional, presente em alguns textos dessa primeira fase (a fragmentação estrutural do romance *Norma* é uma ilustração modelar), aproxima a escritura sorokiana da estética do pós-modernismo, conforme admite o próprio escritor. Assim, a utilização paródica de clichês do realismo socialista na manipulação de ideologemas soviéticos aos moldes da *Pop art* e, mais especificamente, da *Sots art*, a experimentação vocabular e linguística, a fragmentação radical e deformante do discurso e do narrar, aliados ao procedimento intertextual de citações e apropriações literárias e culturais na impostação de uma textualidade fortemente marcada pela visualidade são, desde logo, elementos constitutivos da cosmogonia criativa de Sorókin nesse período inicial.

O segundo período da criação sorokiana, que abarca a década de 1990, corresponde a um momento de crise e a profundas rupturas na história e na cultura soviéticas. A nova realidade pós-soviética e as marcas de um novo tempo, pós-perestroika, produziriam grandes transformações na poética e na expressão artística de Sorókin.

Uma de suas vertentes criativas dos anos 1990 incide sobre a produção dramatúrgica. Procedimentos do discurso paródico e desconstrutivista do período anterior se prolongam de certo modo em peças teatrais escritas nesse período, como *Dostoiévski-trip*

---

[13] V. Sorókin, "Tekst kak narkotik" ("O texto como narcótico"), *apud* M. P. Marussenkov, *op. cit.*, p. 39.

(1997),[14] *Schi* (*Sopa*, 1995) e *Lua de mel* (*Hochzeitsreise*, 1994). Porém, durante esses anos, Vladímir Sorókin novamente se dedicaria sobretudo a experiências artísticas no campo das artes visuais: escreve roteiros para cinema e participa de filmes e performances artísticas. Uma dessas obras, *Moscou*, com roteiro e filme criados entre 1995 e 1997, em coautoria com o diretor Aleksandr Zeldovitch, ganha as telas em 2001.

Ainda nesse período, no final da década de 1990, são publicados dois romances, que correspondem, pode-se dizer, ao início de um gradativo afastamento de Sorókin das experiências radicais anteriores no campo do conceitualismo e da *Sots art*: *Gordura azul* (*Goluboe Salo*, 1999) e *Banquete* (*Pir*, 2000) podem ser considerados, por um lado, uma espécie de concentrado de procedimentos e estratégias literárias já utilizados pelo escritor, e, por outro lado, evidenciam a preparação de um novo solo, sobre o qual se consolidaria o desenvolvimento de sua poética ulterior.

Um dos mais polêmicos textos de Sorókin, o romance *Gordura azul*, acusado de pornografia e processado na justiça pelo Kremlin, se mostra profundamente marcado pelo caráter intertextual da narrativa, por meio da apropriação da literatura russa e da reflexão sobre o seu papel transgressor ao longo da história do país, ao mesmo tempo agregando as principais linhas de força determinantes na poética narrativa do escritor como um todo: a utilização de expedientes da ficção científica e de uma literatura marcada pelo absurdo, pelo fantástico e pelo grotesco (como, por exemplo, o tema da clonagem de seres humanos e as projeções temporais em um tempo-espaço do futuro longínquo), e os efeitos paródicos daí decorrentes, a forjar uma contundente análise crítico-satírica da realidade russa contemporânea, subjacente, aliás, a toda a evolução da produção artística sorokiana.

A "gordura azul" a que o título faz alusão nada mais é do que uma substância manipulada por cientistas russos no ano de 2068, na Sibéria, capazes de clonar autores russos consagrados,

---

[14] Publicada no Brasil com tradução, prefácio e notas de Arlete Cavaliere (São Paulo, Editora 34, 2014).

Vladímir Sorókin em dois retratos, na década de 1980 e nos anos 2020.

Vladímir Sorókin, *Ars Vova*, técnica mista s/ cartão, 50 x 40 cm, década de 1980, coleção particular.

Uma montagem da peça *Dostoiévski-trip*, de Sorókin, em Riga, na Letônia, em 2003.

tais como Tolstói, Tchekhov, Nabókov, Pasternak, Dostoiévski, Akhmatova e Platónov, de cujos corpos a preciosa "gordura azul", material altamente energético, será extraída e transportada em uma máquina do tempo para a Moscou dos anos de 1954, quando, então, Stálin, Kruschóv e Hitler se tornam os heróis de uma intrincada e absurda intriga erótica e política.

Essa síntese inusitada, aprofundada por Sorókin nas etapas mais maduras de sua produção literária, a apresentar elementos de raízes profundas da história e da cultura russas em contraponto às vicissitudes da história moderna e contemporânea, projetadas, por sua vez, para um assustador futuro distópico (ou antiutópico), conforma, por assim dizer, a *poiesis* essencial da escritura sorokiana, sempre a urdir uma intrincada simbiose de planos estranhantes e estranhados, matizados de elementos da paródia e do grotesco.

Saliente-se, ainda, que nesse mesmo período, mais precisamente entre 2001 e 2005, anos considerados pela crítica como uma terceira etapa de sua produção, Sorókin publica uma *Trilogia (Triloguia)*, constituída por romances que o projetariam de modo incisivo na cena literária internacional: *Gelo (Liód)*, *O caminho de Bro (Put Bro)* e *23.000*, obras traduzidas para várias línguas, que parecem corresponder à superação definitiva pela escritura sorokiana da estética do conceitualismo e do pós-modernismo. Publica também, em 2006, o romance *O dia de um oprítchnik*,[15] que consolida o início desse novo período na produção do autor. Embora os princípios basilares de sua arquitetura narrativa e dramática se mantenham operantes, tais como o caráter acentuado da convenção artística de propensão intertextual e metalinguística tanto na construção de personagens e intrigas como na estruturação de fabulações pautadas pelo inusitado e pelo absurdo, o movimento de sua escritura parece se deslocar agora para uma espécie de busca de um conhecimento filosófico, aliado à análise aguda da realidade histórica e política circundante e do homem nela situado. Como se o impulso criativo do escritor se movesse, então, para além de

---

[15] Publicado no Brasil com tradução, posfácio e notas de Arlete Cavaliere (São Paulo, Editora 34, 2022).

apropriações de mitologemas culturais e da desconstrução de seus clichês estilísticos para engendrar a impostação de problemas de ordem filosófica e ontológica na captação mais profunda do ser, da existência e da natureza da violência e do mal. Corresponde a essa sondagem sorokiana um olhar arguto que perscruta o fenômeno do totalitarismo como manifestação concentrada de diferentes formas da violência humana.

Sorókin chegou a refletir sobre esse momento de viragem em sua poética narrativa:

> Durante toda a minha vida, como uma borboleta, voava para onde existisse um néctar, um alimento, para aquelas zonas culturais onde existisse intensidade. Antes era um imenso campo de experimento literário. Atraía-me mais a forma, sentia a literatura como alguma coisa verdadeiramente plástica, com a qual se pode trabalhar. Mas agora consegui alcançar como que o interior dessa coisa, para mim agora é mais importante mergulhar nela. [...] Em cada livro tentava desbravar algum espaço novo. Antes era como se fosse o espaço de um esforço formal. E isso me parecia um distanciamento em relação à literatura. Mas, agora, não.[16]

Em uma coletânea de quinze contos intitulada *O Kremlin de açúcar* (*Sakharnyi Kreml*), publicada em 2008, as fabulações enfeixadas no ano de 2027 rodopiam naquela mesma síntese paradoxal de um universo passadista tingido de colorações futuristas. E o vetor carnavalesco e corrosivo da literatura sorokiana novamente se interpõe na metáfora potente do Kremlin de açúcar, a expressar o "novo" Estado russo do futuro, povoado de hologramas e seres robóticos, que se movem em um mundo opressor de ordenação feudal, mas instável e solúvel como uma guloseima açucarada, a derreter na boca dos diferentes personagens que perambulam pelas páginas dos contos.

---

[16] V. Sorókin *apud* M. P. Marussenkov, *op. cit.*, p. 60.

Em suas produções mais recentes, os romances *Telluria* (de 2013) e *Manaraga* (de 2017), Sorókin não se afasta do tema do futuro distópico, mas, desta feita, a ação se passa em uma era pós--apocalíptica. Em *Tellluria*, o texto se estrutura em quinze capítulos autônomos, conectados entre si apenas pela alusão comum a uma fictícia república da região asiática de Altai, fundada em 2028 e produtora de um enigmático telúrio, causador de efeitos alucinógenos no cérebro das personagens. Em *Manaraga*, os sucessos acontecem no ano de 2037 e, como ocorre em *Tellluria*, o romance desenha um mundo futuro cuja desintegração e desenfreada destruição, ocorridas tanto na Europa ocidental como na Rússia, o transformaram em uma grande e fragmentada Eurásia. Repercussões do passado totalitário e repressivo prevalecem, no entanto, em um surpreendente consórcio mundial, transformando o futuro em uma "nova Idade Média", que se poderia, talvez, melhor chamar de pós-distópica:[17] um mundo pós-catástrofe, em que a literatura e os livros se tornam obsoletos e devem ser queimados ou clonados por uma máfia internacional em máquinas moleculares na montanha Manaraga, nos Montes Urais.

Nessa Rússia apocalíptica do futuro, a desagregação social, instaurada como forma de fortalecimento do poder e marcada por assassinatos políticos, torturas de toda ordem e outros desmandos do Estado, impõe uma governança despótica inscrita, segundo o autor, tanto na monarquia absolutista russa como no autoritarismo soviético, com acentuadas ressonâncias no cerne do Estado e do sistema de poder vigentes na Rússia contemporânea. Tal filiação se encontra em declarações do escritor, como a seguinte:

> Penso que, entre nós, existe um feudalismo esclarecido, amplificado pela alta tecnologia. Os senhores feudais contemporâneos não andam de carruagem, mas de Mercedes 600. E não guardam o seu dinheiro em co-

---

[17] Cf. a propósito, D. Uffleman, "*Manaraga* and Reactionary Anti-Globalism", em *Vladimir Sorokin's Discourses: A Companion*, Boston, Academic Studies, 2020, p. 165.

fres, mas sim em bancos suíços. No entanto, mentalmente eles não se distinguem dos senhores feudais do século XVI.[18]

DOSTOIÉVSKI-TRIP

"Não são pessoas, são apenas letras no papel."

Essa asserção, proferida por Sorókin, nos anos 2000, em uma das inúmeras entrevistas concedidas logo após a destruição de suas obras em praça pública por um grupo de jovens apoiadores do Kremlin,[19] talvez expresse uma das definições mais eficazes de seu fazer literário: os seres sorokianos e o mundo em que habitam não devem ser compreendidos ou analisados em qualquer outro plano que não seja o da construção artística.

É nesse movimento de ideias que se pode capturar o texto teatral *Dostoiévski-trip*, publicado em 1997 e encenado em Moscou no Teatro Iugo-Západ em 1999, e também nos Estados Unidos, em Chicago, no Teatro Elephant Man, em 2003.

Embora o título faça referência imediata a um dos mais expressivos autores russos do século XIX, não aparecem de forma

---

[18] V. Sorókin, "Feodalizm s vyssokimi tekhnologuiami" ("Feudalismo com tecnologias de ponta"), entrevista em <http://web.archive.org/web/20070113015255/http://www.inopressa.ru/standard/2006/12/11/14;49:51/SOROKIN>, *apud* M. P. Marussenkov, *op. cit.*, p. 64.

[19] A organização Idúsche Vmeste (Caminhando Juntos), constituída por jovens pró-Putin, foi criada por Vassíli Iakemenko no ano 2000 e rebatizada, em 2005, com o nome de Nachi (Os Nossos). Em uma representação performática do grupo, em 2002, vários exemplares de obras de Sorókin foram jogados em um gigantesco vaso sanitário diante do Teatro Bolchói, em Moscou, instituição cultural consagrada como símbolo da cultura russa tradicional. Depois os integrantes do grupo caminharam até o monumento dedicado ao escritor Anton Tchekhov, diante do qual encenaram trechos do polêmico romance de Sorókin, *Gordura azul* (*Goluboe Salo*, 1999), que inclui cenas de homossexualidade entre Stálin e Kruschóv.

evidente no texto de Sorókin, pelo menos de início, possíveis relações à pessoa ou ao universo literário de Dostoiévski.

A peça se abre com a espera aflitiva de sete personagens (cinco homens e duas mulheres, denominados Homem 1, Homem 2, Homem 3, Homem 4, Homem 5, Mulher 1 e Mulher 2) pela chegada iminente de alguém que se saberá no decorrer da primeira parte do texto tratar-se de um vendedor ou traficante de drogas, já um tanto atrasado. A falta do entorpecente submete esses narcodependentes a uma insuportável angústia que os leva, no primeiro momento do texto (escrita em um único ato, a ação dramática da peça pode ser dividida em três momentos distintos), a uma discussão quase alucinada. Por meio de diálogos rápidos e muito ágeis, os personagens referem incessantemente nomes de escritores da literatura russa e mundial: Genet, Céline, Sartre, Faulkner, Hemingway, Kafka, Joyce, Flaubert, Dickens, Thackeray, Beckett, Maupassant, Stendhal misturam-se em uma conversa um tanto cifrada aos nomes de Tolstói, Gógol, Górki, Kharms, Tchekhov, Nabókov, Búnin, Biéli.

Percebe-se, mesmo antes da chegada do traficante, que essas referências, destituídas de todo o sentido e valor culturais, constituem apenas nomes de estranhas substâncias. As alusões adensadas no decorrer do texto nos remetem à ideia de que esses drogados vivem em um mundo submetido à ação narcótica da literatura. Os escritores citados constituem objetos de compra e venda, sem qualquer outro valor que não seja o prazer passageiro.

Não se trata, portanto, do valor da literatura ou do texto literário como tal, e sim da transformação desses consagrados ícones culturais em simples pílulas ou qualquer outra substância narcótica, que concorrem assim para a "desmaterialização" dos escritores e das suas respectivas obras literárias e para a consequente destruição de todo o valor metafórico, limitados, portanto, tão somente ao estatuto de "coisas". Esse processo de "coisificação" da literatura manifestado pelos personagens de Sorókin timbra em salientar que livros e autores consagrados surgem agora não como conteúdo estético ou espiritual, mas como simples meio de se atingir alguma sensação física ou fisiológica concreta.

Alguns exemplos são esclarecedores.

HOMEM 2 — (*Em tom de censura.*) Meus amigos! Mas pra que transformar esse nosso encontro em algo... desagradável? Nós nos reunimos aqui por livre e espontânea vontade, quer dizer, para... conseguir... bem, quero dizer, um barato coletivo. Então vamos esperar tranquilamente para que todos, isto é, para que possamos chegar juntos até o fim. Então, vamos nos amar.
MULHER 2 — Amar... vai se foder! Eu já estou sem uma dose há duas horas, e ele quer... amar!
HOMEM 2 — O amor faz milagres.
HOMEM 3 — Mas com o que ele está pirando?
MULHER 1 — Tolstói?
HOMEM 1 — (*Malicioso.*) Uma porcaria qualquer. Deus me livre e guarde! Tolstói! (*Ri.*) Me dá arrepios só de pensar.
HOMEM 2 — Não gostou, meu caro?
HOMEM 1 — Não gostei? (*Ri.*) Como é que se pode gostar disso? Tolstói! Há três anos, eu e um cara descolamos uma grana, e então demos uma boa relaxada em Zurique: primeiro Céline, Klossowski, Beckett, e depois como sempre algo mais leve: Flaubert, Maupassant, Stendhal. E no dia seguinte eu já acordei em Genebra. Mas em Genebra a situação já era bem diferente de Zurique.

(*Todos concordam acenando com a cabeça.*)

HOMEM 1 — Não espere muita variedade em Genebra. Vou caminhando e vejo uns negros. Chego perto do primeiro: Kafka, Joyce. Depois do segundo: Kafka, Joyce. Do terceiro: Kafka, Joyce, Thomas Mann.

(*Todos fazem caretas.*)

HOMEM 1 — Como sair dessa fissura? Será que nem Kafka? Chego perto do último: Kafka, Joyce, Tolstói. O que é isto, pergunto? Uma coisa sensacional, ele diz. Então levei. No início, nada de especial. No gênero Dickens ou Flaubert com Thackeray. Depois ficou bom, bom mesmo, um barato, tão forte, intenso, potente, porra; mas no final, uma merda! Que merda! (*Faz careta.*) Nem mesmo Simone de Beauvoir me deixou tão na merda como Tolstói. Saí me arrastando pela rua e peguei um Kafka. Melhorei um pouco. Fui ao aeroporto e em Londres, o nosso consagrado coquetel: Cervantes com Huxley — uma bomba! Depois um pouco de Boccaccio, um pouco de Gógol e saí dessa são e salvo!

HOMEM 2 — Meu amigo. Provavelmente lhe deram uma falsificação.

MULHER 1 — O verdadeiro é ainda pior.

HOMEM 3 — É verdade. Apesar de que Thomas Mann é uma merda também. Como meu fígado doeu depois dele.

HOMEM 1 — Uma metade de Kharms e ele melhora.

HOMEM 3 — Bem, com Kharms tudo cai bem. Até Górki.

HOMEM 4 — Quem é que se lembrou de Górki?

HOMEM 3 — Eu? E daí?

HOMEM 4 — Não me fale dessa merda. Fiquei com ele uns seis meses.

MULHER 1 — Por que diabos?

HOMEM 4 — Eu não tinha dinheiro. Então fiquei com aquela merda mesmo.

MULHER 1 — Sinto muito.

HOMEM 4 — E por acaso você não está curtindo Tchekhov?

MULHER 1 — (*Contorcendo-se penosamente.*) Não. Nabókov.

(*Todos olham para ela.*)

MULHER 2 — Mas é absurdamente caro!

MULHER 1 — Mas eu tenho condições.

MULHER 2 — E de que jeito. Você. Da fissura. Sai?
MULHER 1 — É meio difícil. No início é melhor meia dose de Búnin, depois meia dose de Biéli, e no final um quarto de Joyce.
MULHER 2 — Ah! Nabókov! É absurdamente caro (*balança a cabeça*). Supercaro. Com uma dose de Nabókov a gente pode comprar umas quatro de Robbe-Grillet e umas dezoito de Nathalie Sarraute. Simone de Beauvoir, então...

Os personagens, como se vê, "absorvem" esses grandes nomes do universo literário, destituindo-os de todo e qualquer prazer estético, mas dotando-os, isto sim, de um profundo gozo físico e corporal.

O traficante ao chegar oferece então para o deleite instantâneo e coletivo desses oito personagens um novo experimento, uma droga inusitada chamada "Dostoiévski". E tão logo eles ingerem as pílulas, se transformam imediatamente em personagens do romance *O idiota*, de Dostoiévski.

A viagem (*trip*) começa. Abre-se um segundo momento do texto: homens e mulheres da primeira parte desaparecem para se transformarem nos heróis dostoievskianos. Entram em cena: Nastácia Filíppovna, o príncipe Mychkin, Ippolit, Gânia Ívolguin, Vária Ivólguina, Liébedev.

Há, certamente, um movimento no sentido da estilização ou, talvez, de uma espécie de adaptação do texto dostoievskiano à *poeisis* contemporânea. Os traços psicológicos característicos dos personagens de *O idiota* de Dostoiévski estão evidenciados no texto de Sorókin, mas o leitor/espectador logo se dá conta de que não se encontra diante dos clássicos heróis da literatura russa, mas de caricaturas, ou melhor, de hipertrofias grotescas desses caracteres. Suas tendências psicológicas surgem agigantadas, acentuando a monstruosidade de suas obsessões e perversões.

Rogójin, por exemplo, surge como uma espécie de máquina erótica a expor uma corporalidade incontrolável, quase abjeta, diante da incontornável impotência sexual e da sua busca desesperada pela ereção. Vária, heroína positiva em Dostoiévski, nutre um amor desvairado pela irmã, e o príncipe Mychkin constitui no texto de Sorókin a figuração obsessiva do amor ao próximo. As características dos personagens são, assim, levadas ao paroxismo do absurdo e da loucura. O dramaturgo realiza uma descentralização dos heróis dostoievskianos, como que os torcendo pelo avesso, revirando-os pelo efeito de uma outra ótica, uma nova lente discursiva que a todos deforma. Até mesmo Mychkin, esse Cristo ideal de Dostoiévski, parece submeter-se a esse olhar contemporâneo desfigurador. Ippolit, por exemplo, grita em certo momento: "Na minha associação Juventude e Saúde ensinarei tudo às crianças! Mas a coisa mais importante que lhes ensinarei é a valorizar a juventude e preservar a saúde! A cultura do corpo saudável é uma coisa formidável!".

Essa releitura paródica dos heróis dostoievskianos proposta por Sorókin parece apontar, num primeiro momento, para um afastamento irônico, em tom de derrisão, daqueles protótipos bem enraizados na cultura russa e tornados ícones da literatura clássica do país e do período soviético.

Os personagens de Sorókin movem-se como sombras, verdadeiros espectros que parecem duplos dos heróis de Dostoiévski. Irrompe um outro universo destituído de valores morais e espirituais, em que o dinheiro (representado, em particular, por Nastácia Filíppovna), a sexualidade desvairada, as obscenidades discursivas, pautam relações humanas movidas pelo absurdo e pelo *nonsense* e marcadas por uma existência vazia e sem sentido.

Sorókin se vale de uma das cenas mais emblemáticas de Dostoiévski: aquela que acontece no capítulo XVI de *O idiota*, espécie de epílogo da primeira parte do romance, no qual um agrupamento de personagens é levado ao êxtase e ao desespero diante da ação tresloucada da anfitriã Nastácia Filíppovna, que durante uma festa lança uma enorme quantidade de dinheiro ao fogo. Por meio de uma analogia desestruturadora, que desconstrói em tom grotesco e ridicularizador o êxtase catártico dos heróis dostoievskianos, Sorókin leva ao paroxismo a fragmentação daqueles seres, postos agora em derrisão e que depois de tomarem vinho e champanhe, se exaltarem, espalharem e queimarem dinheiro na casa de Nastácia Filíppovna (como fazem os heróis dostoievskianos no romance),[20] de súbito abandonam o mundo de Dostoiévski para, supostamente devido ao enfraquecimento do efeito da droga, de novo reaparecem em cena desprovidos de nomes, mas desta feita com identidades mais definidas, dando início ao terceiro e conclusivo momento do texto. Os anti-heróis de Sorókin retornam da viagem-delírio e voltam a ser aqueles mesmos seres incógnitos. Todavia, não emergem da mesma forma como se apresentam na primeira parte do texto, antes da dose. Passam agora a contar suas histórias de vida em longos monólogos, sofridas rememorações em delírio contínuo, como uma espécie de catarses psicanalítica, repletas de infortúnios, assassinatos, estupros, incestos vividos por seres agônicos, amesquinhados e desarticulados, presas de um mundo insondável e caótico, que faz ressoar aquela nota de amargura do mundo dostoievskiano com violência e desespero multiplicados.

Uma última rememoração é relatada pelo personagem Homem 5. Ao final, todos os personagens se imobilizam e se mantêm congelados em seus gestos e posições. De novo entram em cena o traficante e um químico, em cujo diálogo, a fazer alusão à morte de todos os personagens, ecoa o epílogo da peça:

> QUÍMICO — Chega. (*Acende um cigarro.*) Como diz meu chefe: a fase experimental está concluída. Agora podemos constatar com segurança que Dostoiévski em estado puro é mortal.
> VENDEDOR — E o que fazer?
> QUÍMICO — Precisamos diluir.
> VENDEDOR — Com quê?
> QUÍMICO — (*Refletindo.*) Bem, vamos tentar com Stephen King. E então veremos.

Estaria nessa conclusão profundamente irônica a ideia essencial da peça de Sorókin de que o homem contemporâneo não pode

---

[20] Cf. F. Dostoiévski, *O idiota*, tradução de Paulo Bezerra, São Paulo, Editora 34, 2008, pp. 198-208.

suportar Dostoiévski? Ou que Dostoiévski seria uma dose mortal para o mundo contemporâneo, cuja ótica não mais admite os valores morais, religiosos e espirituais da literatura clássica?

Em última análise, a filosofia de Dostoiévski, expressa pela voz do príncipe Mychkin: "a beleza salvará o mundo", se encontra aqui destronada por via de um agudo deslocamento temporal. Nesse aparente processo de desconstrução do texto dostoievskiano efetivado por Sorókin à moda pós-estruturalista surge em paralelo o questionamento da ideia da tradição como repetição, com o intuito, talvez, de recuperá-la como elemento crítico do tempo presente. Em lugar da fixação de um modelo geral, a instabilidade ou a estabilização precária em estruturas parciais de enunciação apontam para a concepção da realidade como um conjunto de sistemas instáveis.

É certo que, em uma primeira leitura de *Dostoiévski-trip*, surgem os traços essenciais daquilo que hoje se convencionou chamar de pós-modernismo ou, no âmbito mais específico das artes cênicas, de "pós-dramático", conceitos-chave que buscam compreender a simultaneidade de canais de enunciação e a pluralidade de significados da arte e do teatro contemporâneo, certamente tendências-rótulo que tentam abarcar a radical e convulsiva pluralidade de manifestações artísticas de nossa época.[21]

---

[21] O conceito de "pós-dramático" foi elaborado pelo teórico alemão Hans-Thies Lehmann e explicitado em seu livro *Teatro pós-dramático* (*Postdramatisches Theater*, Frankfurt am Main, Verlag der Autoren, 1999; ed. bras.: tradução de Pedro Süssekind, São Paulo, Cosac Naify, 2007). O estudioso configura esse conceito levando em conta o aspecto multifacetado da cena contemporânea, em particular, aquela dos anos 1970-1990, que põe em questão a reprodução da realidade e da sua totalidade expressa pela vigência do teatro dramático ou do também chamado "drama bruguês". O teatro pós-dramático, alinhado a outras práticas artísticas de nossa contemporaneidade (o cinema, as artes plásticas, a dança, a performance, o vídeo, etc.) e incorporando muitos de seus procedimentos estéticos, adota uma estratégia poética que busca afirmar a sua própria constituição como linguagem do fragmentário (em oposição à estruturação do sentido único e totalizante), contrapondo-se, assim, ao princípio de mimese da ação e não se sujeitando, portanto, à lógica da representação. Cf. também a propósito J. Guinsburg e S. Fernandes (orgs.), *O pós-dramático*, São

Em primeiro lugar, a morte do sujeito-autor como único domínio da literatura parece metaforizada nesta peça, na medida em que a ideia e os significados expressos pelo autor literário não mais representam hoje o fundamento do texto literário. O texto pós-modernista (pós-dramático) tem vida própria, independente, uma escritura-artefato em que o autor parece desaparecer como único portador de ideias e verdades, preferindo fazer o seu leitor/espectador se confrontar com associações diferenciadas, citações e referências a outras obras, outros autores e a todo o amplo fenômeno da cultura. Daí a presença marcante da intertextualidade acompanhada não raro da ironia, da paródia, do humor, da metalinguagem e da colagem, a mirar com frequência a interpenetração e a pluralidade de discursos armazenados pela história da cultura.

Dessa forma, pode-se cogitar que a resposta da pós-modernidade à modernidade consiste na convicção de que, não sendo possível destruir o passado, porque isso significaria o silêncio eterno (como parece aludir a morte dos personagens no desfecho da peça de Sorókin), este deve ser tratado de forma nova. Diluir com a literatura massificada de Stephen King? Eis a interrogação provocadora de Sorókin na conclusão da peça, plasmada em ironia conscientemente não inocente, isto é, como "irônica transcontextualização",[22] na qual subsistem uma inversão e uma repetição com diferença crítica. Este processo aponta para uma releitura do texto clássico, situando-o em um contexto metadiscursivo para colocá-lo em evidência, mas segundo um refuncionamento das formas do passado, ao mesmo tempo, dentro de um processo de construção e de desconstrução.

No texto de Sorókin estão implícitos um distanciamento crítico e uma sobreposição estrutural de textos que indicam uma reapropriação dialógica do passado. Esse movimento assinala a inter-

---

Paulo, Perspectiva, 2008; e S. Fernandes, *Teatralidades contemporâneas*, São Paulo, Perspectiva, 2010.

[22] A expressão é de Linda Hutcheon em *A Theory of Parody: The Teachings of Twentieth-Century Art Forms*, Londres, Methuen, 1984 (ed. port.: *Uma teoria da paródia: ensinamentos das formas da arte do século XX*, trad. Tereza Louro Pérez, Lisboa, Edições 70, 1985).

secção da criação e da recriação, da invenção e da crítica nela implícita, e formula, afinal, um modo particular de consciência histórica que interroga, com seriedade, a forma criada perante os precedentes significantes. Trata-se por isso mesmo de focalizar um processo de continuidade estética e cultural, embora por meio de uma espécie de distância crítica instauradora da mudança.

Ora, um exame mais detido da tessitura dessa peça parece demonstrar, no entanto, que esse processo de desconstrução que marca boa parte da arte contemporânea, orientada com frequência à destruição ou mesmo à ridicularização de textos clássicos e a uma interveniente libertação provocadora de suas convenções (fenômeno caro à estética pós-modernista), mostra-se, no caso desta peça de Sorókin, um tanto problematizado.

Cabe aqui enunciar a especificidade não apenas de Sorókin, mas de vários autores e textos da literatura contemporânea russa, já muitas vezes enfatizada pela crítica,[23] no que se refere especialmente ao tratamento e ao jogo intertextual (ainda que paródico) com relação aos textos clássicos. Tratar-se-ia, em última hipótese, menos de uma destruição derrisória do que um reencontro afirmativo com os grandes temas e os escritores do passado.[24]

---

[23] Irina Iatsenko, estudiosa e especialista da literatura russa contemporânea, ao levar em conta a singularidade do movimento "pós-modernista russo" no final do século XX e início deste século, prefere considerar escritores como Venedikt Eroféiev, Tatiana Tolstaia, Viktor Eroféiev, Viktor Peliévin, Dmitri Prígov e outros como representantes da "prosa russa não tradicional" ou "literatura russa alternativa", em sua denominação. Cf. Irina Yatsenko, *Rússkaia ne traditsiónaia proza (A prosa russa não tradicional)*, São Petersburgo, Zlatoust, 2006. Cf. também I. S. Skoropánova, *Rússkaia postmodernístskaia literatúra: nóvaia filossófia, nóvyi iazýk (A literatura pós-modernista russa: nova filosofia, nova linguagem)*, São Petersburgo, Niévski Prostor, 2001.

[24] Cf. a propósito o ensaio de Viktória Kononova, "Svoboda i smysl v literature posmodernizma: analiz interteksta v piesse Valdímira Sorókina *Dostoevsky-trip*" ("Liberdade e sentido na literatura do pós-modernismo: análise do intertexto na peça de Vladímir Sorókin *Dostoiévski-trip*"), e também o de Anton Breiner, "Mekhanism interteksta. Nikolai Koliada i Vladimir Sorókin: Klassítcheskie teksty na sovreménnoi stsene" ("O mecanismo do intertexto. Nikolai Koliada e Vladímir Sorókin: textos clássicos na cena contemporânea"),

Essa luta da literatura russa contemporânea pela "liberdade" de expressão, num afrontamento a temas, autores, obras e convenções da literatura clássica, adquire uma orientação bastante singular dentro do panorama do movimento do pós-modernismo ocidental. Embora na sociedade pós-soviética muitos autores russos tenham identificado na tarefa principal de "luta contra os clássicos" a própria demolição da autoridade como tal, reconhecendo na literatura clássica o discurso totalitário que pautou por muito tempo as relações entre o estado e a arte na sociedade russo-soviética, observa-se, porém, sob a superfície dessa aparente dessacralização paródica, não exatamente um destronamento, mas sim a afirmação no reverso dessa irreverente tessitura dos autênticos valores de obras dessacralizadas pela contemporaneidade.

Parece ser o caso de Sorókin nesta peça teatral. O processo de destronamento do texto dostoievskiano vem acompanhado de uma espécie de condensação dos traços constitutivos da própria poética de Dostoiévski: a capacidade de expressar os desejos e paixões mais secretas de seus heróis, levando-os a situações-limite para, afinal, desvendar a verdade última, nem sempre positiva, dos seres humanos. Daí a frequente irrupção da crise, do escândalo, da confissão catártica, seguida muitas vezes de um momento de depressão e de uma espécie de epifania final.

Os três momentos do texto de Sorókin em sua estruturação mais profunda apresentam esses mesmos elementos essenciais, acentuando traços da filosofia de Dostoiévski: a compreensão ou o encontro com a verdade se opera por meio da "queda", do sofrimento e da exposição muitas vezes do lado mais sombrio da natureza humana.

Depreende-se, por esta ótica, uma leitura crítica que menos ridiculariza do que liberta o texto clássico dostoievskiano das convenções solidificadas, propiciando-lhe, ao contrário, novas e am-

---

em V. B. Kataev e E. Vakhtel (orgs.), *Ot Igrokóv do Dostoievsky-trip: intertekstuálnosti v rússkoi dramaturguii XIX-XXvv* (*De Os jogadores a Dostoiévski-trip: intertextualidade na dramaturgia russa dos séculos XIX-XX*), Moscou, MGU, 2006.

plas aberturas, formatando-o no presente por meio de um jogo intertextual que revigora e restaura seus sentidos estéticos e espirituais mais profundos.

Assim, se na primeira parte da peça de Sorókin os personagens não agem, imobilizados pela falta dos "narcóticos literários", já na segunda parte, movidos pelo efeito da "droga-Dostoiévski" eles passam a ter nomes, personalidades, ação e vontade, ainda que como duplos dos heróis dostoievskianos. E na terceira parte, ainda sob o influxo-Dostoiévski, os personagens de Sorókin passam a apresentar até mesmo traços biográficos, como que se afastando daqueles seres-marionetes dependentes expostos no início da peça. Mas o efeito-Dostoiévski é mortal, os heróis de Sorókin sucumbem ao final da peça.

O texto-narcótico O *idiota* teria assim uma ação fulminante sobre o homem contemporâneo. Ou, talvez, para que o homem contemporâneo possa suportar Dostoiévski, é preciso diluí-lo com a literatura de massa. O que pode parecer uma caçoada nessa peça, com relação à presença de Dostoiévski nos dias de hoje, torna-se, por meio dessa visada irônica sobre o nosso tempo, o próprio reconhecimento de seu vigor estético, aqui reforçado (e não apenas destronado) pela utilização que dela faz Sorókin para a estruturação de seu texto.

Se a proposta pós-modernista e, mais ainda, a proposta pós-dramática apostam na deposição do modelo dramático, atacando um dos seus principais pilares (o texto e o primado do enredo), nessa peça não nos defrontamos apenas com uma escritura que se autorrefere, mas, ao contrário, fazendo uso de associações intertextuais profundamente enraizadas na cultura russa, o texto se abre a questões filosóficas mais densas, certamente captadas na poética dostoievskiana. No entanto, por via de uma releitura contemporânea, tais questões ressurgem aqui como forma essencial para a captação de nosso tempo, carente de valores humanos e espirituais.

Um profundo e sub-reptício dialogismo se estabelece com a máxima proferida pelo príncipe Mychkin e que se tornou emblemática como referência ao romance O *idiota*: "a beleza salvará o mundo".

A expressão aparece duas vezes no romance de Dostoiévski: no capítulo 5 da terceira parte na fala de Ippolit, citando os dizeres do príncipe de forma irônica:

> Príncipe, é verdade que o senhor disse uma vez que a "beleza" salvará o mundo? Senhores — gritou alto para todos —, o príncipe afirma que a beleza salvará o mundo! Mas eu afirmo que ele tem essas ideias jocosas porque atualmente está apaixonado. Senhores, o príncipe está apaixonado; quando ele entrou há pouco eu me convenci disso. Não core, príncipe, vou sentir pena do senhor. Qual é a beleza que vai salvar o mundo? Kólia me contou isso... O senhor é um cristão cioso? Kólia afirma que o senhor mesmo se diz cristão.[25]

E também no capítulo 6 da quarta parte, referida por Agláia de modo não menos irônico em um de seus diálogos com o príncipe Mychkin:

> Ouça de uma vez por todas — finalmente não se conteve Agláia —, se você começar a falar de alguma coisa como da pena de morte ou da situação econômica da Rússia, ou de que "a beleza salvará o mundo", eu... é claro, vou ficar contente e vou rir muito, mas eu o previno de antemão: não me apareça depois diante dos meus olhos! Está ouvindo: eu estou falando sério! Dessa vez eu estou falando sério mesmo![26]

Sorókin faz alusão ao embate do belo e do feio, à dialética estética que justapõe a beleza e a fealdade e que constitui a marca essencial da arte de nosso tempo. Ao apresentar nessa peça o monstruoso, o disforme e o massacre do gosto estético, o escritor faz

---

[25] F. Dostoiévski, *O idiota*, tradução de Paulo Bezerra, São Paulo, Editora 34, 2008, p. 426.

[26] F. Dostoiévski, *op. cit.*, p. 586.

reverberar um tempo presente de desagregação, a obsessão do narcisismo, um mundo de simulacro e a projeção especular de uma Rússia contemporânea desconstruída, desarticulada, em que os grandes temas dostoievskianos, que até então estruturaram a percepção do leitor da literatura clássica, se deixam desestetizar.

No entanto, é justamente por meio da estética do feio, da estética do antibelo (ao mesmo do tempo repulsiva e fascinante) proposta pelo texto de Sorókin e da profanação provocadora de tudo o que é sagrado na tradição literária e cultural, posta aqui em relevo na representação do imundo, do ignóbil, do libidinoso e da decomposição do humano (em oposição à celebração soviética do corpo belo, saudável, íntegro e atlético como único ideal coletivo), que o dramaturgo proclama a salvação do mundo. Como se, ao clamar pela necessidade do belo pelo seu reverso, a estética do feio pudesse também tocar o absoluto e salvar o mundo por um caminho inverso àquele da tradição do belo, tradição essa que no desenvolvimento histórico de nossa cultura busca iluminar e orientar para o bem, para a harmonia e para a verdade, mas que se mostra impotente diante do mundo atual.

A fascinação contemporânea pelo feio implica, certamente, a ideia de destruição da harmonia pelo tempo e a irrupção da ruína e da morte. Em um instigante ensaio, o eslavista francês Georges Nivat[27] discute a questão da arte e da profanação do belo e identifica no adjetivo russo "uródlivy", cujo significado é disforme, feio, monstruoso (do substantivo "uródstvo": monstruosidade, deformidade, fealdade), a partícula "u", indicação da ideia de negatividade. O feio seria, portanto, o não belo, ou ainda o não fértil, pois "rod" significa fertilidade, nascimento, fé, donde a negação de "rod" "([u]rod)" implicaria também a ideia de desgraça.

Essa estética do feio viria expressar em nossos dias, talvez, a revolta colérica e torturada (purgação?) diante da triste constatação de que a beleza não pode mais salvar o mundo e de que resta ao feio ou ao antibelo estabelecer um novo acordo de harmonia

---

[27] Cf. G. Nivat, "Le salut par le beau, le salut par le laid: de Goya à Dado, et de *L'idiot* aux *Bienveillantes*", *Esprit — Revue Internationale*, Paris, julho de 2009, pp. 58-69.

entre o mundo e o homem. Seria o feio capaz de conformar uma outra convenção para a apreensão do belo, do absoluto, apta a salvar o mundo? Seria essa a aposta de Sorókin e de grande parte da literatura contemporânea na Rússia?

Se na modernidade o alvo estivera centrado na inopinada busca da verdade definitiva por meio de uma dolorosa descoberta do eu (*self*), talvez em tempos de pós-modernidade a descoberta de que a verdade não existe conduza o sujeito a um encontro mais terrificante, não com o *self*, mas com o horror da ausência, com o vazio do eu e o simulacro da existência perante a afirmação da impotência do discurso na contemporaneidade.

Dostoiévski-trip parece expor um dos grandes paradoxos da pós-modernidade russa: descrente da genialidade criativa de sua geração, mas marcada por uma autoconsciência profunda e pela estratégia de uma radical subversão da linguagem, ela afirma aquilo que nega. Por via da farta utilização da ironia e mesmo do deboche como modo de produzir um efeito permanente de dubiedade e desconfiança com relação ao texto, Sorókin nega e afirma Dostoiévski, criando dessa forma um outro paradigma para a sua interpretação no mundo contemporâneo.

Nos deslocamentos temporais e nas evocações da memória cultural ressente-se, assim, uma impostação metafórica subliminar, a aludir questões éticas, políticas e ideológicas da temporalidade russa atual.

Emerge, afinal, dessa escritura uma performatividade discursiva cuja potência encarna a intensa crise de nosso tempo, expressa aqui não apenas no colapso perturbador da tradição literária e cultural russa, mas também no profundo desarranjo de toda a herança humanista da civilização, a desestabilizar os pilares centrais da história da cultura.

O filósofo italiano Giorgio Agamben sublinha que "uma autêntica revolução não visa apenas a mudar o mundo, mas antes a mudar a experiência do tempo".[28] Todo o desenvolvimento da

---

[28] Cf. G. Agamben, *Infância e história: destruição da experiência e origem da história*, Belo Horizonte, Editora UFMG, 2005, p. 111.

criação artística de Sorókin, nos diferentes períodos de sua produção artística, parece nutrir uma tentativa velada, ainda que obstinada, de "fazer uma revolução": acertar as contas com o seu tempo e tomar posição com relação ao seu presente. Pois quem pertence realmente ao seu tempo, nos diz Agamben, é aquele que não coincide perfeitamente com seu tempo nem se percebe adequado às suas pretensões, sendo, nesse sentido, inatual. No entanto, é justamente por meio desse afastamento que ele se torna mais bem capacitado a perceber e apreender o seu tempo.

Ser contemporâneo equivale, assim, a ter uma singular relação com o próprio tempo: aderir a esse tempo e, simultaneamente, dele tomar distância. Por isso o artista contemporâneo é capaz de acolher o seu tempo por meio de dissociações e anacronismos. É justamente sobre essa experiência especial do tempo presente contida no pensamento e na criação de Vladímir Sorókin que nos cabe refletir.

Sorókin é um escritor contemporâneo porque mantém o olhar fixo em seu tempo para perceber não as suas luzes, mas as suas sombras. Sua contemporaneidade reside na capacidade de escrever, de acordo com a bela formulação de Agamben, "umedecendo a pena nas trevas do presente".

Referências bibliográficas

NIKOLAI GÓGOL

BAKHTIN, Mikhail. "Rabelais i Gógol: iskússtvo slóva i naródnaia smekhaváia kul'tura" ("Rabelais e Gógol: a arte do discurso e cultura cômica popular"). In: *Vopróssi litertúrii i estétiki* (*Questões de literatura e de estética*). Moscou: Khudójestvennaia Literatura, 1975. Ed. bras.: *Questões de literatura e de estética*. São Paulo: Hucitec/Unesp, 1988.

BIÉLI, A. *Masterstvó Gógolia* (*A maestria de Gógol*), Moscou: MALP, 1996.

CAVALIERE, Arlete. *O inspetor geral de Gógol/Meyerhold: um espetáculo síntese*. São Paulo: Perspectiva, 1996.

_____. *O nariz e A terrível vingança — A magia das máscaras*. São Paulo: Edusp, 1990.

DANIEL, Georges. *Gogol et le théâtre*. Troyes: Centre Culturel Thibaud de Champagne, 1982.

EIKHENBAUM, Boris. "Kak sdélana *Chinel* Gógolia" ("Como é feito *O capote* de Gógol"). In: *Texte der russischen Formalisten*. Munique: Fink Verlag, 1969. Ed. bras. In: TOLEDO, Dionísio de Oliveira (org.). *Teoria da literatura: formalistas russos*. Porto Alegre: Globo, 1973.

EVDOKIMOV, Andrei. "'Kak eto bylo tchertóvski razygrano!': intertekstuálny analiz komédi N. V. Gógolia *Igrokí*" ("'Como isto foi diabolicamente representado!': uma análise intertextual da comédia de N. V. Gógol *Os jogadores*"). In: KATAEV, V. B.; VAKHTEL, E. (orgs.). *Ot Igrokóv do Dostoievsky-trip: intertekstuálnosti v rússkoi dramaturguíi XIX-XXvv* (*De Os jogadores a Dostoievsky-trip: intertextualidade na dramaturgia russa dos séculos XIX-XX*). Moscou: MGU, 2006.

GÁRIN, I. *Zagádotchny Gógol* (*O enigmático Gógol*). Moscou: Terra-Knijnyi Klub, 2002.

GÓGOL, N. V. *Teatro completo*. Organização, tradução, prefácio e notas de Arlete Cavaliere. São Paulo: Editora 34, 2009.

_____. *Vybranye mestá iz perepíski s druziámi* (*Trechos escolhidos da correspondência com amigos*). São Petersburgo: Azbuka-Klassika, 2005.

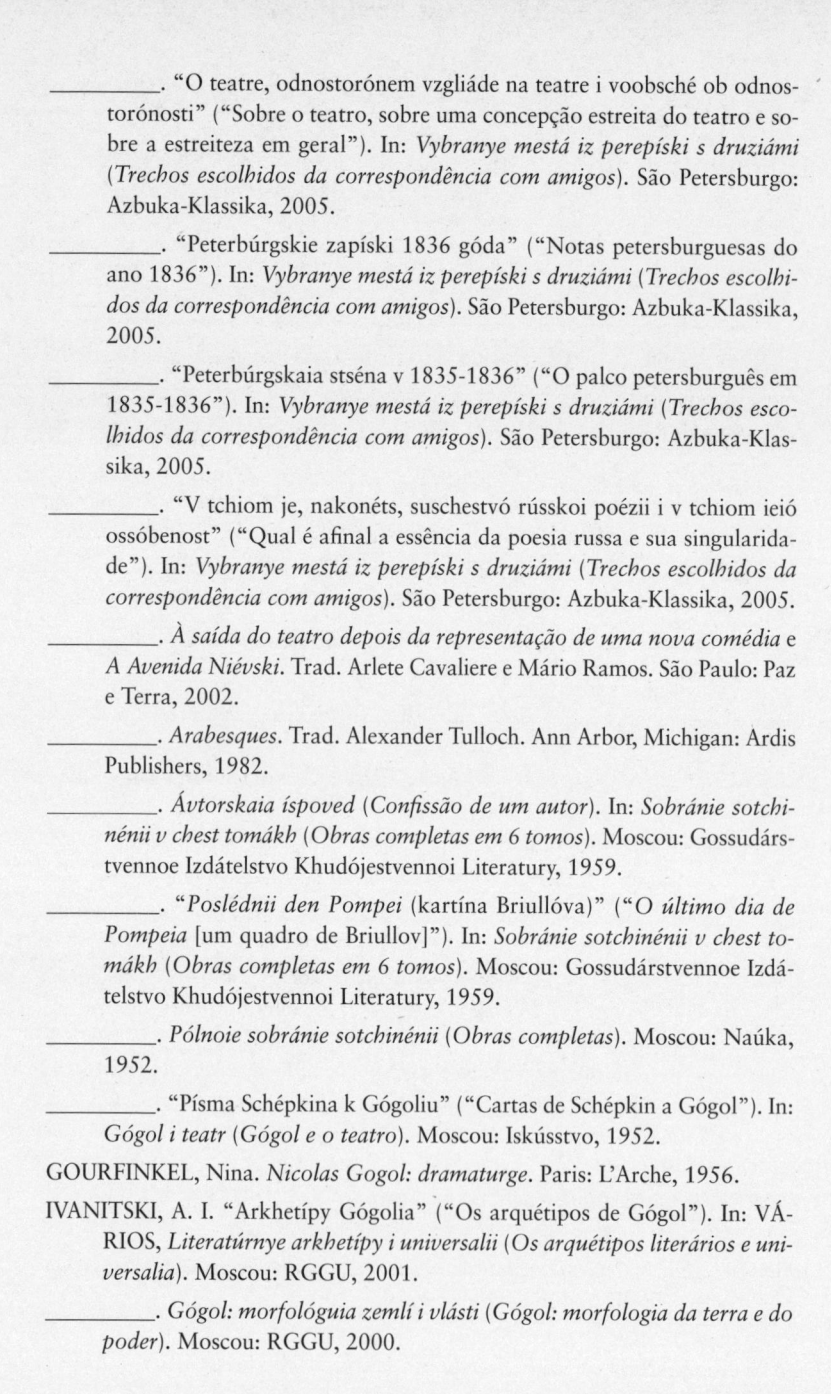

_____. "O teatre, odnostorónem vzgliáde na teatre i voobsché ob odnostorónosti" ("Sobre o teatro, sobre uma concepção estreita do teatro e sobre a estreiteza em geral"). In: *Vybranye mestá iz perepíski s druziámi (Trechos escolhidos da correspondência com amigos)*. São Petersburgo: Azbuka-Klassika, 2005.

_____. "Peterbúrgskie zapíski 1836 góda" ("Notas petersburguesas do ano 1836"). In: *Vybranye mestá iz perepíski s druziámi (Trechos escolhidos da correspondência com amigos)*. São Petersburgo: Azbuka-Klassika, 2005.

_____. "Peterbúrgskaia stséna v 1835-1836" ("O palco petersburguês em 1835-1836"). In: *Vybranye mestá iz perepíski s druziámi (Trechos escolhidos da correspondência com amigos)*. São Petersburgo: Azbuka-Klassika, 2005.

_____. "V tchiom je, nakonéts, suschestvó rússkoi poézii i v tchiom ieió ossóbenost" ("Qual é afinal a essência da poesia russa e sua singularidade"). In: *Vybranye mestá iz perepíski s druziámi (Trechos escolhidos da correspondência com amigos)*. São Petersburgo: Azbuka-Klassika, 2005.

_____. *À saída do teatro depois da representação de uma nova comédia* e *A Avenida Niévski*. Trad. Arlete Cavaliere e Mário Ramos. São Paulo: Paz e Terra, 2002.

_____. *Arabesques*. Trad. Alexander Tulloch. Ann Arbor, Michigan: Ardis Publishers, 1982.

_____. *Ávtorskaia íspoved (Confissão de um autor)*. In: *Sobránie sotchinénii v chest tomákh (Obras completas em 6 tomos)*. Moscou: Gossudárstvennoe Izdátelstvo Khudójestvennoi Literatury, 1959.

_____. "Poslédnii den Pompei (kartína Briullóva)" ("*O último dia de Pompeia* [um quadro de Briullov]"). In: *Sobránie sotchinénii v chest tomákh (Obras completas em 6 tomos)*. Moscou: Gossudárstvennoe Izdátelstvo Khudójestvennoi Literatury, 1959.

_____. *Pólnoie sobránie sotchinénii (Obras completas)*. Moscou: Naúka, 1952.

_____. "Písma Schépkina k Gógoliu" ("Cartas de Schépkin a Gógol"). In: *Gógol i teatr (Gógol e o teatro)*. Moscou: Iskússtvo, 1952.

GOURFINKEL, Nina. *Nicolas Gogol: dramaturge*. Paris: L'Arche, 1956.

IVANITSKI, A. I. "Arkhetípy Gógolia" ("Os arquétipos de Gógol"). In: VÁRIOS, *Literatúrnye arkhetípy i universalii (Os arquétipos literários e universalia)*. Moscou: RGGU, 2001.

_____. *Gógol: morfológuia zemlí i vlásti (Gógol: morfologia da terra e do poder)*. Moscou: RGGU, 2000.

KARLINSKY, S. *The Sexual Labyrinth of Nikolai Gógol*. Chicago: University of Chicago Press, 1992.

KIREEV, R. *Velíkie smérti: Gógol, Tolstói, Tchekhov* (*Grandes mortes: Gógol, Tolstói, Tchekhov*). Moscou: Globulus ENAS, 2004.

LEGER, Luis. *Nicolas Gógol: el humorista genial*. Buenos Aires: Suma, 1945.

LÓTMAN, Iuri. "Gógol i sootnessiónie 'smekhovói kultúry' s komítcheskim i serióznnym v rússkoi natsionálnoi tradítsi" ("Gógol e a correspondência da 'cultura do riso' com o cômico e o sério na tradição nacional russa"). In: *Istória i tipológuia rússkoi kultúry* (*História e tipologia da cultura russa*). São Petersburgo: Iskússtvo, 2002.

_____. "O realizme Gógolia" ("Sobre o realismo de Gógol"). In: *O rússkoi literatúre: staty i isslédovania, 1958-1993* (*Sobre a literatura russa: artigos e estudos, 1958-1993*). São Petersburgo: Iskússtvo, 1997.

LÓTMAN, Iuri; USPIÊNSKI, Boris. "À propos de Khlestakov". In: *Sémiotique de la culture russe*. Lausanne: L'Âge d'Homme, 1990.

MANN, Iuri. *Postigáia Gógolia* (*Para compreender Gógol*). Moscou: Aspekt Press, 2005.

_____. "Péred chedévrom: komédia Gógolia *Revizor*" ("Diante de uma obra-prima: a comédia de Gógol *O inspetor geral*"). In: *Postigáia Gógolia* (*Para compreender Gógol*). Moscou: Aspekt Press, 2005.

_____. *Gógol: trudy u dni, 1809-1845* (*Gógol: os trabalhos e os dias, 1809-1845*). Moscou: Aspekt Press, 2004.

_____. "La poétique de Gogol". In: *Histoire de la littérature russe — Le XIXe siècle: l'époque de Pouchkine et de Gogol*. Paris: Fayard, 1996.

NABÓKOV, Vladímir. *Nicolas Gogol*. Trad. Bernard Géniès. Paris: Éditions Rivages, 1988.

NIVAT, Georges. "L'interprétation et le mythe de Gogol". In: *Histoire de la littérature russe — Le XIXe siècle: l'époque de Pouchkine et de Gogol*. Paris: Fayard, 1996.

PARTAN, O. "'Shinel'-Polichinelle-Pulcinella: The Italian Ancestry of Akaky Bashmachkin". *Slavic and East European Journal*, Berkeley, Califórnia, 2005, v. 49, n° 4.

POMORSKA, Krystyna. "Ob izutchênii Gógolia: metodologuítcheskie zamétki" (Sobre o estudo de Gógol: notas metodológicas). In: *To Honor Roman Jakobson*. Paris: Mouton, 1967.

SLONIMSKI, A. *Tékhnika komítcheskovo u Gógolia* (*A técnica do cômico em Gógol*). Petrogrado: Academia, 1923.

SOLOKOV, B. *Gógol: entsiklopédia* (*Gógol: enciclopédia*). Moscou: Algoritm-Kniga, 2003.

TCHIJ, B. F. *Bolézn N. V. Gógolia* (*A doença de N. V. Gógol*). Moscou: Respublika, 2001.

TERTS, Abram (Andrei Siniávski). "Dva povoróta serébrianovo kliutchá v *Revisore*" ("Duas voltas de chave de prata em *O inspetor geral*"). In: *V teni Gogólia: Revisor i Miórtvye dúchi* (*À sombra de Gógol: O inspetor geral e Almas mortas*). Moscou: Globulus Enas, 2005.

_____. *Dans l'ombre de Gogol*. Trad. Georges Nivat. Paris: Éditions du Seuil, 1978.

TINIÁNOV, Iuri. "Dostoiévski i Gógol (k teórii paródii)". In: *Arkhaísti i novátori* (*Arcaizantes e inovadores*). Munique. Reedição da Wilhelm Fink Verlag, 1967.

VÁRIOS. "Gógol v kontékste tradítsi" ("Gógol na contexto da tradição"). In: *Poétika rússkoi literatúry* (*Poética da literatura russa*), A. Tamartchenko (org.). Moscou: RGGU, 2001.

VICHNIÉVSKAIA, I. V. *Gógol i ievó komédii* (*Gógol e suas comédias*). Moscou: Naúka, 1976.

_____. "O tchiom napíssana *Jenítba*" ("De que trata *O casamento*"). In: VICHNIÉVSKAIA, I. V. *Gógol i ievó komédii* (*Gógol e suas comédias*). Moscou: Naúka, 1976.

VOLOSKÓV, I. V. "Istóki religióznoi filossófii N. V. Gógolia" ("Origens da filosofia religiosa de N. V. Gógol"). *Véstnik Moskóvskovo Universitéta* (*Boletim da Universidade de Moscou*), Série 7, Filosofia, nº 2, 2002.

ZAGÓRSKI, M. B. (org.). *Gógol i teatr* (*Gógol e o teatro*). Moscou: Iskússtvo, 1952.

ZOLOTÚSSKI, Igor. *Gógol*. Moscou: Molodáia Gvárdia, 2005.

ANTON TCHEKHOV

ANGELIDES, Sophia. *Carta e literatura: correspondência entre Tchekhov e Górki*. São Paulo: Edusp, 2001.

_____. *A. P. Tchekhov: cartas para uma poética*. São Paulo: Edusp, 1995.

BONAMOUR, Jean. *Anton Tchekhov: théâtre*. Paris: Robert Laffont, 1996.

MURÁTOV, A. B. "*Medvéd*, 'chútka' A. P. Tchékhova" ("*O urso*, 'uma farsa' de A. P. Tchekhov"). In: VÁRIOS. *Analiz dramatítcheskovo proizvedénia* (*Análise da obra dramática*). Leningrado: Leningrádskovo Gossudárstvenovo Universiteta (LGU), 1988.

NIVAT, Georges. "La peau de chagrin tchekhovienne". In: *Vers la fin du mythe russe: essais sur la culture russe de Gogol à nos jours*. Lausanne: L'Âge d'Homme, 1988.

RIPELLINO, Angelo Maria. "El teatro de Chéjov". In: *Sobre literatura rusa: itinerario a lo maravilloso*. Trad. Antonio Pigrau Rodríguez. Barcelona: Barral Editores, 1970.

STRADA, Vittorio. "Anton Tchekhov". In: *Histoire de la littérature russe*. Paris: Fayard, 1987.

TCHEKHOV, A. P. *A gaivota*. Trad. Rubens Figueiredo. São Paulo: Cosac Naify, 2004.

_____. *Cartas a Suvórin, 1886-1891*. Trad. Aurora Fornoni Bernardini e Homero Freitas de Andrade. São Paulo: Edusp, 2002.

_____. *Os males do tabaco e outras peças em um ato*. Seleção, organização e notas de Homero Freitas de Andrade. São Paulo: Ateliê, 2001.

_____. *Ivánov*. Trad. Arlete Cavaliere e Eduardo Tolentino. São Paulo: Edusp, 1998.

_____. *Théâtre*. Trad. Anne Coldefy-Faucard e Denis Roche. Paris: Robert Laffont, 1996.

_____. *O jardim das cerejeiras*. Trad. Millôr Fernandes. Porto Alegre: L&PM Editores, 1983.

_____. *Pólnoie sobránie sotchinéni i píssem v 30 tomákh (Obras e cartas reunidas em 30 tomos)*. Moscou: Khudójestvennaia Literatura, 1974-1980.

ZINGUERMAN, Boris. *Teatr Tchékhova i ievó mirovóe znatchénie (O teatro de Tchekhov e o seu significado universal)*. Moscou: RIK Russanova, 2001.

ALEKSANDR BLOK

BLOK, Aleksandr. *Stikhí o prekrásnoi dame, 1898-1904 (Versos sobre a belíssima dama, 1898-1904)*. Moscou: Progress/Pleiada, 2005.

_____. *Oeuvres dramatiques*. Lausanne: L'Âge d'Homme, 1982.

_____. *Sobránie sotchinénii v 8 tomákh (Obras completas em 8 tomos)*. Moscou/Leningrado: Khudójestvennaia Literatura, 1962.

_____. "O drame" ("Sobre o drama"). In: *Sobránie sotchinénii v 8 tomákh (Obras completas em 8 tomos)*. Moscou/Leningrado: Khudójestvennaia Literatura, 1962.

ETKIND, Efim. "La poétique de Blok". In: ETKIND, E. *et al. Histoire de la littérature russe — Le XXe siècle: l'âge d'argent*. Paris: Fayard, 1987.

NIVAT, Georges. "Aleksandr Blok". In: ETKIND, E. *et al. Histoire de la littérature russe — Le XXe siècle: l'âge d'argent*. Paris: Fayard, 1987.

RIPELLINO, Angelo Maria. "Historia de Blok". In: *Sobre literatura rusa: itinerario a lo maravilloso*. Trad. Antonio Pigrau Rodríguez. Barcelona: Barral Editores, 1970.

VLADÍMIR MAIAKÓVSKI

AMIARD-CHEVREL, Claudine. "La cirquisation du théâtre chez Maïakovski". In: *Du cirque au théâtre*. Lausanne: L'Âge d'Homme, 1983.

BOLOGNESI, Mario. *Tragédia: uma alegoria da alienação*. Dissertação de Mestrado. São Paulo: ECA-USP, 1987.

FREVÁLSKI, A. "Pérvaia soviétskaia piéssa" ("A primeira peça soviética"). In: *V mire Maiakóvskovo: sbórnik statiéi* (*No universo de Maiakóvski: coletânea de artigos*). Moscou: Soviétski Pissátel, 1984.

INCHAKÓVA, E. Iu. "Ópit simvolízma v dramaturguíi V. Maiakóvskovo" ("A experiência do simbolismo na dramaturgia de Maiakóvski"). In: VÁRIOS. *Simvolizm v avangarde* (*Simbolismo na vanguarda*). Moscou: Academia de Ciências/Naúka, 2003.

JAKOBSON, Roman. *A geração que esbanjou os seus poetas*. Trad. Sonia Regina Martins Gonçalves. São Paulo: Cosac Naify, 2006.

KHARDJIEV, N. "Remarques sur Maiakóvski: Gogol dans la poésie de Maiakóvski". In: *La culture poétique de Maiakóvski*. Trad. Michel Wassiltchikov. Lausanne: L'Âge d'Homme, 1982.

MAIAKÓVSKI, Vladímir. *Mistério-bufo*. Tradução, posfácio e notas de Arlete Cavaliere. São Paulo: Editora 34, 2012.

_____. *O percevejo*. Tradução de Luís Antonio Martinez Corrêa. Cotejo com o original russo e posfácio de Boris Schnaiderman. São Paulo: Editora 34, 2009.

_____. *Théâtre*. Paris: Éditions Fasquelle, 1972.

_____. *Pólnoie sobránie sotchinénii v trinádtsati tomákh* (*Obras completas reunidas em 30 tomos*), tomo 11. Moscou: Khudójestvennaia Literatura, 1958.

RIPELLINO, Angelo Maria. *Maiakóvski e o teatro de vanguarda*. Trad. Sebastião Uchoa Leite. São Paulo: Perspectiva, 1971.

_____. "Releer Maiakóvski". In: *Sobre literatura rusa: itinerario a lo maravilloso*. Trad. Antonio Pigrau Rodríguez. Barcelona: Barral Editores, 1970.

SCHNAIDERMAN, Boris. *A poética de Maiakóvski através de sua prosa*. São Paulo: Perspectiva, 1971.

TCHUKÓVSKI, K. "Vladimir Maiakóvski". In: *Les futuristes*. Trad. Gérard Conio. Lausanne: L'Âge d'Homme, 1976.

TRIOLET, Elsa. "Maïakovski et le théâtre". In: *Maïakovski vers et proses*. Paris: Éditeurs Français Réunis, 1957.

VLADÍMIR SORÓKIN

BOGDANOVA, O. V. *Kontseptualist pissátel i khudojnik Vladímir Sorókin (O artista e escritor conceitualista Vladímir Sorókin)*. São Petersburgo: SPBGU, 2005.

BREINER, Anton. "Mekhanism interteksta. Nikolai Koliada i Vladimir Sorókin: klassítcheskie teksty na sovreménnoi stsene" ("O mecanismo do intertexto. Nikolai Koliada e Vladímir Sorókin: textos clássicos na cena contemporânea"). In: KATAEV, V. B.; VAKHTEL, E. (orgs.). *Ot Igrokóv do Dostoievsky-trip: intertekstuálnost v rússkoi dramaturguii XIX-XXvv (De Os jogadores a Dostoiévski-trip: intertextualidade na dramaturgia russa dos séculos XIX-XX)*. Moscou: MGU, 2006.

GENIS, Alexander. "Postmodernism and Sots-Realism: From Andrey Sinyavsky to Vladimir Sorokin". In: EPSTEIN, Mikhail; GENIS, Alexander; SLOBODANKA, Vladiv-Glover. *Russian Postmodernism: New Perspectives on Post-Soviet Culture*. Nova York: Berghahn Books, 1999.

KONONOVA, Viktória. "Svoboda i smysl v literature posmodernizma: analiz interteksta v piesse Valdímira Sorókina *Dostoevsky-trip*" ("Liberdade e sentido na literatura do pós-modernismo: análise do intertexto na peça de Vladímir Sorókin *Dostoiévski-trip*"). In: KATAEV, V. B.; VAKHTEL, E. (orgs.). *Ot Igrokóv do Dostoievsky-trip: intertekstuálnost v rússkoi dramaturguii XIX-XXvv (De Os jogadores a Dostoiévski-trip: intertextualidade na dramaturgia russa dos séculos XIX-XX)*. Moscou: MGU, 2006.

MARUSSENKOV, Maksim P. *Absurdopedia russkoi jizn Vladimira Sorokina: zaum, grotesk i absurd (A absurdopedia da vida russa de Vladímir Sorókin: zaum, grotesco e absurdo)*. São Petersburgo: Aleteia, 2012.

ROESEN, Tine; UFFELMANN, Dirk (orgs.). *Vladimir Sorokin's Languages*. Bergen: University of Bergen, 2013.

SOKOLOV, B. *Moia kniga o Vladimire Sorokine (Meu livro sobre Vladímir Sorokin)*. Moscou: AIRO, 2005.

SORÓKIN, Vladímir. *O dia de um oprítchnik*. Tradução e posfácio de Arlete Cavaliere. São Paulo: Editora 34, 2022.

_____. *Dostoiévski-trip*. Tradução e posfácio de Arlete Cavaliere. São Paulo: Editora 34, 2014.

_____. *Um mês em Dachau*. Trad. Mário Ramos e Yulia Mikaelyan). In: GOMIDE, Bruno Barretto (org.). *Nova antologia do conto russo (1792-1998)*. São Paulo: Editora 34, 2011.

_____. *Kapital: polnoe sabranie pies* (*O Capital: peças reunidas*). Moscou: I. P. Bogat, 2007.

_____. "Feodalizm s vyssokimi tekhnologuiami" ("Feudalismo com tecnologias de ponta"). Entrevista a Eduard Steiner. *Der Standard*, 11/12/2006.

_____. "Jizn-eto... teatr abssurda... V Rossii materiala dliá literatury vsegda bylo polno" ("A vida é... um teatro do absurdo... Na Rússia sempre houve muito material para a literatura"). Entrevista. In: SOKOLOV, Boris. *Moia kniga o Vladimire Sorokine* (*Meu livro sobre Vladímir Sorokin*). Moscou: AIRO, 2005.

_____. "Totalitarizm: rastenie ekzotitcheskoe i iadovitoe, kraine redkoe i oposnoe" ("O totalitarismo é uma planta exótica e venenosa, extremamente rara e perigosa"). Entrevista a Pilar Bonet e Rodrigo Fernandez. <http://www.isnosmi.ru/untitled/20020924/159243.html>.

_____. "Prochái, kontseptualizm!" ("Adeus, conceitualismo!"). Entrevista a A. Neverov. *Itógui*, nº 11, 2002.

_____. "Tekst kak narkotik" ("O texto como narcótico"). Entrevista a Tatiana Rasskazova. *Nezarissimaia Gazeta*, fevereiro de 1991.

UFFELMANN, Dirk. "*Manaraga* and Reactionary Anti-Globalism". In: *Vladimir Sorokin's Discourses: A Companion*. Boston: Academic Studies, 2020.

ESTÉTICA TEATRAL E TEATRO RUSSO

AMIARD-CHEVREL, Claudine. *Les symbolistes russes et le théâtre*. Lausanne: L'Âge d'Homme, 1994.

AMIARD-CHEVREL, Claudine (org.). *Théâtre et cinéma années vingt: une quête de la modernité*. Lausanne: L'Âge d'Homme, 1990.

AUTANT-MATHIEU, Marie-Christine. "L'Excentrisme au théâtre et au cinéma: la FEKS (1922-1926)". In: AMIARD-CHEVREL, Claudine (org.). *Théâtre et cinéma années vingt*. Paris: L'Âge d'Homme, 1990.

BENDER, Ivo C. *Comédia e riso: uma poética do teatro cômico*. Porto Alegre: UFRGS/EDIPUCRS, 1996.

BENTLEY, Eric. *A experiência viva do teatro*. Rio de Janeiro: Zahar, 1981.

BRIÚSSOV, V. "Iskániia nóvoi stsény" ("Pesquisas da nova cena"), publicado na revista *Vessy*, 1905, n° 12. In: VÁRIOS. *Meyerhold v rússkoi i teatrálnoi krítike* (*Meyerhold na crítica teatral russa*). Moscou: Artist/Rejissior/Teatr, 1997.

GUINSBURG, J. *Stanislávski, Meyerhold & Cia*. São Paulo: Perspectiva, 2001.

_____. *Stanislávski e o Teatro de Arte de Moscou*. São Paulo: Perspectiva, 1985.

KATAEV, V. B.; VAKHTEL, E. (orgs). *Ot Igrokóv do Dostoievsky-trip: intertekstuálnosti v rússkoi dramaturguíi XIX-XXvv* (*De Os jogadores a Dostoievsky-trip: intertextualidade na dramaturgia russa dos séculos XIX--XX*). Moscou: MGU, 2006.

LO GATTO, Ettore. *Historia del teatro ruso*. Buenos Aires: Editorial La Universidad, 1945.

MAETERLINCK, Maurice. *O tesouro dos humildes*. In: Monique Borie, Martine de Rougemont e Jacques Scherer (orgs.). *Estética teatral: textos de Platão a Brecht*. Trad. Helena Barbas. Porto: Fundação Calouste Gulbenkian, 1996.

MEYERHOLD, V. E. *Naslédie* (*Herança*). Moscou: OGI, 1998, v. 1.

_____. *Perepíska* (*Cartas*). Moscou: Iskússtvo, 1976.

_____. *Écrits sur le théâtre*. Tradução, prefácio e notas de Béatrice Piccon--Vallin. Lausanne, La Cité/L'Âge d'Homme, 1973 (t. I), 1975 (t. II), 1980 (t. III), 1992 (t. IV).

_____. *Statí, písma, bessédi* (*Artigos, cartas, conversas*). Moscou: Iskússtvo, 1968, v. I (1891-1917) e v. II (1917-1939).

_____. *O teatre* (*Sobre o teatro*). In: *Statí, písma, bessédi* (*Artigos, cartas, conversas*). Moscou: Iskússtvo, 1968, v. I (1891-1917).

PAVIS, Patrice. *Dictionnaire du théâtre*. Paris: Éditions Sociales, 1980.

PICCON-VALLIN, Béatrice. "De la stylisation au grotesque". In: *Meyerhold: les voies de la création théâtrale (17)*. Paris: CNRS, 1990.

POLIAKOV, M. I. A. *O teatre: poétika, semiótika, teoria, drámy* (*Sobre o teatro: poética, semiótica, teoria do drama*). Moscou: AD&T, 2001.

RIPELLINO, Angelo Maria. *O truque e a alma*. Trad. Roberta Barni. São Paulo: Perspectiva, 1996.

ROBERTI, J. C. *Fêtes et spectacles de l'ancienne Russie*. Paris: CNRS, 1980.

ROSENFELD, Anatol. "O fenômeno teatral". In: *Texto/contexto*. São Paulo: Perspectiva, 1976.

RUDNÍTSKI, K. L. "Teatr futurístov" ("O teatro dos futuristas"). In: *Rússkoe rejissiórskoe iskússtvo, 1908-1907* (*A arte dos diretores russos, 1908-1917*). Moscou: Naúka, 1990.

_____. *Rússkoe rejissiórskoe iskússtvo, 1898-1907* (*A arte dos diretores russos, 1898-1907*). Moscou: Naúka, 1989.

_____. "Sinvolístskie ópiti Meyerhólda i Stanislávskovo" ("Experiências simbolistas de Meyerhold e Stanislávski"). In: *Rússkoe rejissiórskoe iskússtvo, 1898-1907* (*A arte dos diretores russos, 1898-1907*). Moscou: Naúka, 1989.

_____. *Théâtre russe et soviétique*. Paris: Éditions du Regard, 1988.

_____. *Meyerhold*, Moscou: Iskússtvo, 1981.

SLONIM, Marc. *El teatro ruso: del imperio a los soviets*. Trad. Horacio Martínez. Buenos Aires: Editorial Universitaria, 1965.

STANISLÁVSKI, Konstantin. *Sobránie sotchinénii v 9 tomákh* (*Obras completas em 9 tomos*). Moscou: Iskússtvo, 1995, v. 7.

_____. *Iz zapisnykh kníjek* (*Dos cadernos de anotações*). Moscou: VTO, 1986, v. 1.

_____. *Moiá jizn v iskússtve* (*Minha vida na arte*). Moscou: Iskússtvo, 1983. Ed. bras. em tradução direta do russo de Paulo Bezerra: Rio de Janeiro: Civilização Brasileira, 1989.

_____. *Sobránie sotchinénii v 8 tomákh* (*Obras completas em 8 tomos*). Moscou: Iskússtvo, 1954, v. 7.

STRÓEVA, M. *Rejissiórskie iskániia Stanislávskovo* (*A busca artística de Stanislávski-diretor*). Moscou: Naúka, 1973, v. 1.

STRUTÍNSKAIA, E. I. *Iskânia khudójnikov teátra* (*As pesquisas dos artistas do teatro*). Moscou: Gossudárstvenii Institut Iskusstvoznánia (Instituto Estatal do Estudo das Artes), 1998.

TAMARTCHENKO, A. "Le théâtre et la dramaturgie au début du siècle". In: *Histoire de la littérature russe — Le XXe siècle: l'âge d'argent*. Paris: Fayard, 1987.

TCHULKÓV, Gueórgui. "Teatr-Stúdia" ("Teatro Estúdio"), publicado na revista *Vopróssy Jízni*, 1905, n° 9. In: VÁRIOS. *Meyerhold v rússkoi i teatrálnoi krítike* (*Meyerhold na crítica teatral russa*). Moscou: Artist/Rejissior/Teatr, 1997.

VÁRIOS. *Teatr XX veka* (*O teatro no século XX*). Moscou: Indrik, 2003.

ESTÉTICA, CRÍTICA LITERÁRIA E TEORIA DA CULTURA

AGAMBEN, Giorgio. *Infância e história: destruição da experiência e origem da história*. Trad. Henrique Burigo. Belo Horizonte: Editora UFMG, 2005.

ALBERTI, Verena. *O riso e o risível na história do pensamento*. Rio de Janeiro: Zahar, 2002.

BAKHTIN, Mikhail. *Sobránie sotchinénii (Coletânea das obras)*. Moscou: Rússkie Slovari, 2000, v. 2.

_____. "Formas de tempo e de cronotopo no romance: ensaios de poética histórica". In: *Questões de literatura e de estética: a teoria do romance*. Trad. Aurora Fornoni Bernardini, José Pereira Júnior, Augusto Góes Júnior, Helena Spryndis Nazário e Homero Freitas de Andrade. São Paulo: Hucitec, 1988.

_____. *Problemas da poética de Dostoiévski*. Trad. Paulo Bezerra. Rio de Janeiro: Forense Universitária, 1981.

_____. *Tvórtchestvo François Rabelais i naródnaia cultura sriednieviekóvia i renessansa (A obra de François Rabelais e a cultura popular da Idade Média e do Renascimento)*. Moscou: Khudójestvennaia Literatura, 1965. Ed. bras.: *A cultura popular na Idade Média e no Renascimento: o contexto de François Rabelais*. Trad. Yara Frateschi Vieira. São Paulo: Hucitec/UnB, 1987.

BATAILLE, Georges. *L'érotisme*. Paris: Minuit, 1957.

BERGSON, Henri. *O riso: ensaio sobre a significação do cômico*. Trad. Maria Adriana Camargo Cappello. Rio de Janeiro: Zahar, 1980.

CAMPOS, Haroldo de. "A escritura mefistofélica". In: *Deus e o diabo no Fausto de Goethe*. São Paulo: Perspectiva, 1981.

_____. "A escritura mefistofélica: paródia e carnavalização no *Fausto* de Goethe". In: *Sobre a paródia*, dossiê da revista *Tempo Brasileiro*, n° 62, jul.-set. 1980.

_____. *Morfologia do Macunaíma*. São Paulo: Perspectiva, 1973.

CAMPOS, Haroldo de (org.). *Oswald de Andrade: trechos escolhidos*. Rio de Janeiro: Agir, 1967.

CHATAIN, Jacques. *Georges Bataille*. Paris: Seghers, 1973.

ELIOT, T. S. "Tradition and Individual Talent" ("Tradição e talento individual"). In: *Ensaios*. Tradução, introdução e notas de Ivan Junqueira. São Paulo: Art Editora, 1989.

EPSTEIN, Mikhail. *After the Future: The Paradoxes of Postmodernism and Contemporary Russian Culture*. Trad. Anessa Miller-Pogacar. Amherst: University of Massachusetts Press, 1995.

EPSTEIN, Mikhail; GENIS, Alexander; SLOBODANKA, Vladiv-Glover. *Russian Postmodernism: New Perspectives on Post-Soviet Culture*. Nova York: Berghahn Books, 1999.

FATÉEVA. N. A. *Intertékst v mire tékstov: kontrapúnkt intertekstuálnosti* (*O intertexto no universo do texto: o contraponto da intertextualidade*). Moscou: KomKniga, 2007.

FERNANDES, Sílvia. *Teatralidades contemporâneas*. São Paulo: Perspectiva, 2010.

FREUD, Sigmund. *Obras completas*. Rio de Janeiro: Imago, 1977.

_____. *Os chistes e a sua relação com o inconsciente*. Trad. Jayme Salomão e Margarida Salomão. Rio de Janeiro: Imago, 1969.

GUINSBURG, Jacó; FERNANDES, Sílvia (orgs.). *O pós-dramático*. São Paulo: Perspectiva, 2008.

HAYMAN, David. "Um passo além de Bakhtin: por uma mecânica dos modos". In: *Sobre a paródia*, dossiê da revista *Tempo Brasileiro*, n° 62, jul.--set. 1980.

HUTCHEON, Linda. *A Theory of Parody: The Teachings of Twentieth-Century Art Forms*. Londres: Methuen, 1984. Ed. port.: *Uma teoria da paródia: ensinamentos das formas de arte do século XX*. Trad. Tereza Louro Pérez. Lisboa: Edições 70, 1985.

IEROFIÉIEV, Viktor. "Russkie Tsvety Zlá" ("As Flores do Mal russas"). In: *Russkaia literatura XX veka v zerkale kritike — Khrestomatia* (*A literatura russa do século XX no espelho da crítica — Antologia*). São Petersburgo: Akademia, 2003.

JAMESON, Frederic. *Pós-modernismo: a lógica cultural do capitalismo tardio*. Trad. Maria Elisa Cevasco. São Paulo: Ática, 1997.

KARÁTSON, André. "Le grotesque dans la prose du XXe siècle (Kafka, Gombrowicz, Beckett)". *Revue de Littérature Comparée*, Paris, abr.-jun. 1977.

KAYSER, Wolfgang. *O grotesco: configuração na pintura e na literatura*. Trad. J. Guinsburg. São Paulo: Perspectiva, 1986.

KHÁLIZEV, V. "Tchelovék smeiúschisia" (O homem que ri). In: KHÁLIZEV, V. *Tsénostnye orientátsii rússkoi klássiki* (*Os critérios de valor da literatura clássica russa*). Moscou: Gnozis, 2005.

LEHMANN, Hans-Thies. *Postdramatisches Theater*. Frankfurt am Main: Verlag der Autoren, 1999. Ed. bras.: *Teatro pós-dramático*. Trad. Pedro Süssekind. São Paulo: Cosac Naify, 2007.

LIKHATCHÓV, D. S.; PANTCHENKO, A. M.; PONYRKO, N. V. *Smékh v driévnei Rússí* (*O riso na Rússia antiga*). Leningrado: Naúka, 1984.

LO GATTO, Ettore. *La literatura rusa moderna*. Buenos Aires: Editorial Losada, 1972.

LÓTMAN, Iuri. "*Píkovaia dama* i tiéma kart i kártotchnoi igry v rússkoi literatúre natchála XIX véka" ("*A dama de espadas* e o tema das cartas e do carteado na literatura russa do começo do século XIX"). Trad. Helena Nazário. *Caderno de Literatura e Cultura Russa*, nº 1, São Paulo, Ateliê, 2004.

_____. *Istória i tipológuia rússkoi kultúry* (*História e tipologia da cultura russa*). São Petersburgo: Iskússtvo/SPB, 2002.

_____. "*Fatalist* i probléma Vostóka i Západa v tvórtchestve Liérmontova" ("*O fatalista* e o problema do Oriente e Ocidente na obra de Liérmontov"). In: *O rússkoi literatúre* (*Sobre a literatura russa*). São Petersburgo: Iskússtvo, 1997.

_____. "Théâtre et théâtralité comme composantes de la culture du début du XIXe siècle". In: LÓTMAN, I.; USPIÊNSKI, B. *Sémiotique de la culture russe*. Trad. Françoise Lhoest. Lausanne: L'Âge d'Homme, 1990.

LÓTMAN, Iuri; USPIÊNSKI, Boris; IVÁNOV, Viatcheslav. *Ensaios de semiótica soviética*. Trad. Victória Navas e Salvato Teles de Menezes. Lisboa: Livros Horizonte, 1981.

LÓTMAN, Iuri; USPIÊNSKI, Boris, *Tipologia della cultura*. Trad. Manila Barbato Faccani *et al*. Milão: Bompiani, 1975.

MELETÍNSKI, E. *Os arquétipos literários*. Trad. Aurora Fornoni Bernardini, Homero Freitas de Andrade e Arlete Cavaliere. São Paulo: Ateliê, 1998.

NIVAT, Georges. "Le salut par le beau, le salut par le laid: de Goya à Dado, et de *L'idiot* aux *Bienveillantes*". *Esprit — Revue Internationale*, Paris, julho de 2009.

_____. "Le 'Grand Jeu' russe". In: *Vers la fin du mythe russe: essais sur la culture russe de Gogol à nos jours*. Lausanne: L'Âge d'Homme, 1988.

_____. "Le symbolisme russe". In: ETKIND, E. *et al*. *Histoire de la littérature russe — Le XXe siècle: l'âge d'argent*. Paris: Fayard, 1987.

POMORSKA, Krystyna. *Formalismo e futurismo*. Trad. Sebastião Uchoa Leite. São Paulo: Perspectiva, 1972.

PROPP, Vladímir. *Probliémi komísma i smiékha*. Moscou: Iskússtvo, 1976. Ed. bras.: *Comicidade e riso*. Trad. Aurora Fornoni Bernardini e Homero Freitas de Andrade. São Paulo: Editora Ática, 1992.

RIPELLINO, Angelo Maria. "A época do construtivismo". In: RIPELLINO, A. M. *Maiakóvski e o teatro de vanguarda*. Trad. Sebastião Uchoa Leite. São Paulo: Perspectiva, 1971.

ROSENFELD, Anatol. "A visão grotesca". In: *Texto/contexto*. São Paulo: Perspectiva, 1976.

SANT'ANNA, Affonso Romano de. *Paródia, paráfrase & cia*. São Paulo: Ática, 1999.

SCHNAIDERMAN, Boris. "Paródia e mundo do riso". In: *Sobre paródia*, dossiê da revista *Tempo Brasileiro*, n° 62, jul.-set. 1980.

SKOROPÁNOVA, I. S. *Rússkaia postmodernístskaia literatúra: nóvaia filossófia, nóvyi iazyk* (*A literatura pós-modernista russa: nova filosofia, nova linguagem*). São Petersburgo: Niévski Prostor, 2001.

TERIÓKHINA, V. N.; ZIMENKÓV, A. P. *Rússkii futurizm: teória, práktika, krítika, vospominánia* (*Futurismo russo: teoria, prática, crítica, recordações*). Moscou: Nasliédie, 1999.

TODOROV, Tzvetan. *La littérature en péril*. Paris: Flammarion, 2007.

VAN BUUREN, Maarten. "Gombrowicz et le grotesque". *Littérature: Texte Contre-Texte*, Departement de Littérature Française de l'Université de Paris VIII, dez. 1982.

VÁRIOS. *Simvolizm v avangarde* (*O simbolismo na vanguarda*). Moscou: Naúka, 2003.

_____. *Sobre paródia*, dossiê da revista *Tempo Brasileiro*, n° 62, Rio de Janeiro, jul.-set. 1980.

VINOGRÁDOV, Viktor V. *O iazyké khudójestvennoi prozy* (*Sobre a linguagem da prosa artística*). Moscou: Naúka, 1980.

VOLKOV, Solomon. *São Petersburgo: uma história cultural*. Trad. Marcos Aarão. Rio de Janeiro: Record, 1997.

YATSENKO, Irina I. *Rússkaia ne traditsiónaia proza* (*A prosa russa não tradicional*). São Petersburgo: Zlatoust, 2006.

Sobre a autora

Arlete Cavaliere é professora titular de Teatro, Arte e Cultura Russa nos cursos de graduação e pós-graduação do Departamento de Letras Orientais da Faculdade de Filosofia, Letras e Ciências Humanas da Universidade de São Paulo. É mestre e doutora em Teoria Literária e Literatura Comparada pela mesma instituição, com pesquisas sobre a prosa de Nikolai Gógol e a estética teatral do encenador russo de vanguarda Vsiévolod Meyerhold. Organizou com colegas docentes da universidade publicações coletivas como a revista *Caderno de Literatura e Cultura Russa* (2004 e 2008) e os livros *Tipologia do simbolismo nas culturas russa e ocidental* (2005) e *Teatro russo: literatura e espetáculo* (2011). É autora de *O inspetor geral de Gógol/Meyerhold: um espetáculo síntese* (1996) e *Teatro russo: percurso para um estudo da paródia e do grotesco* (2009). Publicou diversas traduções, entre elas *O nariz* e *A terrível vingança*, de Gógol (1990), volume no qual assina também o ensaio "A magia das máscaras", e *Ivánov*, de Anton Tchekhov (1998, com Eduardo Tolentino de Araújo, tradução indicada ao Prêmio Jabuti). Pela Editora 34, publicou *Teatro completo*, de Gógol (2009, organização e tradução), *Mistério-bufo*, de Vladímir Maiakóvski (2012, tradução e ensaio), *Dostoiévski-trip* (2014) e *O dia de um oprítchnik* (2022), de Vladímir Sorókin (traduções e ensaios), além de participar como tradutora da *Nova antologia do conto russo* (2011), escrever o texto de apresentação da coletânea *Clássicos do conto russo* (2015) e organizar a *Antologia do humor russo* (2018).

Este livro foi composto em Sabon pela Franciosi & Malta, com CTP e impressão da Edições Loyola em papel Pólen Natural 80 g/m² da Cia. Suzano de Papel e Celulose para a Editora 34, em agosto de 2024.